"十二五"职业教育国家规划教材

经全国职业教育教材审定委员会审定

高等职业教育"互联网+"新形态教材·企业管理专业

企业经营管理
（第4版）

乔平平　林　莉　孙铁玉　主　编

韩力军　郭东阳　副主编

电子工业出版社

Publishing House of Electronics Industry

北京·BEIJING

内 容 简 介

本书以现代企业经营管理工作过程为脉络，以企业经营与管理实际工作中需要的知识、技能和素质为重点，融合现代企业经营管理的最新动态和研究成果，通过新颖的体例设计，突出现代高等职业教育必备、够用的教学特点，关注学生的知识储备及实践能力的培养和提高。

本书包括 8 个学习情境，依次为：企业经营管理基础、现代企业制度、战略管理、人力资源管理、生产运作管理、市场营销管理、财务管理和创新管理。

本书既可以作为各类高等职业院校经济类和管理类专业的教材，也可以为工商企业从业人员学习、培训提供有益的参考和借鉴。

未经许可，不得以任何方式复制或抄袭本书之部分或全部内容。
版权所有，侵权必究。

图书在版编目（CIP）数据

企业经营管理 / 乔平平，林莉，孙铁玉主编. -- 4版. -- 北京：电子工业出版社，2024.7
ISBN 978-7-121-47004-2

Ⅰ．①企… Ⅱ．①乔… ②林… ③孙… Ⅲ．①企业经营管理－高等学校－教材 Ⅳ．①F272.3

中国国家版本馆 CIP 数据核字（2024）第 007263 号

责任编辑：贾瑞敏
印　　刷：三河市鑫金马印装有限公司
装　　订：三河市鑫金马印装有限公司
出版发行：电子工业出版社
　　　　　北京市海淀区万寿路 173 信箱　邮编 100036
开　　本：787×1 092　1/16　印张：16.25　字数：469 千字
版　　次：2009 年 12 月第 1 版
　　　　　2024 年 7 月第 4 版
印　　次：2024 年 7 月第 1 次印刷
定　　价：54.00 元

凡所购买电子工业出版社图书有缺损问题，请向购买书店调换。若书店售缺，请与本社发行部联系，联系及邮购电话：(010)88254888，88258888。

质量投诉请发邮件至 zlts@phei.com.cn，盗版侵权举报请发邮件至 dbqq@phei.com.cn。

本书咨询联系方式：邮箱 fservice@vip.163.com；QQ 群 427695338；微信 DZFW18310186571。

前 言

党的二十大报告强调："高质量发展是全面建设社会主义现代化国家的首要任务。发展是党执政兴国的第一要务。"随着互联网、大数据、人工智能与实体经济深度融合，中高端消费、绿色低碳、共享经济、现代供应链、人力资源服务等领域成为新的增长点，经济增长新动能得到长足发展。企业是市场重要的主体，从全局看，中国企业正呈现"强者恒强，弱者恒弱"的特点，两极分化明显加快。党的二十大报告指出："完善中国特色现代企业制度，弘扬企业家精神，加快建设世界一流企业。"世界一流企业是国家经济实力、科技实力和国际竞争力的重要体现，是引领全球产业发展和技术创新的关键力量。在网络经济、知识经济的冲击下，企业的外部环境日趋开放，国际市场竞争更加激烈，企业产权结构走向多元化，企业文化成为核心竞争力，企业更加注重形象与品牌塑造，生产经营、市场经营与资本经营相结合，传统管理转向战略经营。强化企业经营管理，完善中国特色现代企业经营管理制度，是加快建设世界一流企业的重要制度基础。

编者以现代企业经营管理工作过程为脉络，兼顾基本理论，重点突出企业经营与管理的实践技能，内容丰富而不烦琐。从实用、适用角度出发，对《企业经营管理》进行了第 4 版的修订。

1．本次修订以习近平新时代中国特色社会主义思想为指导，全面落实"立德树人"根本任务，将思想政治教育渗透到"企业生产经营管理与改革发展"教育教学的各个环节中，引导学生重视企业的社会责任，践行社会主义核心价值观，感悟时代发展，培养良好的职业道德，增强创新精神、创造意识和创业能力。

2．本次修订保留原有体例结构和内容。

3．对全书内容进行校正，增加、删除、修改了部分案例。

4．每一单元增加了"边学边做"模块，以进行实践模拟。

本书由河南工业职业技术学院乔平平、厦门南洋职业学院林莉、海南开放大学孙铁玉担任主编；由浙江旅游职业学院韩力军、河南工业职业技术学院郭东阳担任副主编；中联企业管理集团有限公司福建区总经理陈建凡担任参编。具体的编写分工是：学习情境 1、学习情境 7 由孙铁玉编写；学习情境 2 由郭东阳编写；学习情境 3、学习情境 4 由林莉编写；学习情境 5、学习情境 8 由韩力军编写；学习情境 6 由乔平平编写；学习情境 1、学习情境 4 的应用案例由陈建凡编写。本书的微课由韩力军制作。

本书的修订工作由乔平平、林莉、孙铁玉主持，负责整体设计，并对全书的结构、文字做总体的修改、整理。

本书在编写过程中借鉴了国内外众多专家学者的研究成果和资料,在此向他们致以衷心的感谢。

限于编者水平,本书难免有疏漏之处,敬请广大专家、读者批评指正。

编 者

目 录

学习情境1　企业经营管理基础　2

情境任务1.1　认识企业经营管理/3
　1.1.1　了解企业/3
　1.1.2　企业经营管理/7
　1.1.3　企业管理的职能/9
情境任务1.2　企业管理组织与
　　　　　　　管理者/12
　1.2.1　企业管理组织的设计与
　　　　　人员配备/12
　1.2.2　企业管理组织的结构
　　　　　形式/14
　1.2.3　管理层次与管理部门的
　　　　　划分/18
　1.2.4　认识管理者/19
情境任务1.3　企业文化与企业核心
　　　　　　　竞争力/23
　1.3.1　企业文化的内容与功能/24
　1.3.2　企业文化的核心——
　　　　　企业精神/27
　1.3.3　企业核心竞争力/28
情境综述/32

学习情境2　现代企业制度　33

情境任务2.1　企业的设立/34
　2.1.1　企业设立的条件/34
　2.1.2　企业设立的程序/36
情境任务2.2　现代企业制度/39
　2.2.1　现代企业制度的特征/39
　2.2.2　现代企业制度的主要
　　　　　内容/41
情境任务2.3　现代企业治理制度/47
　2.3.1　认识现代企业治理制度/47
　2.3.2　建立公司治理结构/48
情境综述/56

学习情境3　战略管理　57

情境任务3.1　战略环境分析/58
　3.1.1　战略的层次/58
　3.1.2　战略环境分析/67
情境任务3.2　战略制定/69
　3.2.1　企业战略的构成/70
　3.2.2　企业战略的制定/71
情境任务3.3　战略实施/76
　3.3.1　战略实施的原则/77
　3.3.2　战略实施的内容/78
　3.3.3　战略实施的模式/79
情境任务3.4　战略控制/83
　3.4.1　战略控制的原则/83
　3.4.2　战略控制的内容/84
　3.4.3　战略控制的方法/85
　3.4.4　战略控制的方式/85
　3.4.5　战略控制的过程/86
情境综述/90

学习情境4　人力资源管理　91

情境任务4.1　认识人力资源管理/92
　4.1.1　人力资源/92

企业经营管理（第 4 版）

  4.1.2 人力资源管理实务/93
  4.1.3 工作分析/94
情境任务 4.2 人力资源的获取/99
  4.2.1 人力资源规划/100
  4.2.2 人员招聘与选拔/103
情境任务 4.3 人力资源培训与职业生涯
     管理/106
  4.3.1 人力资源培训/106
  4.3.2 职业生涯管理/108
情境任务 4.4 人力资源的使用/110
  4.4.1 绩效考核/111
  4.4.2 薪酬管理/113
  4.4.3 激励/116
情境综述/120

学习情境 5 生产运作管理 121

情境任务 5.1 生产运作计划/122
  5.1.1 生产运作计划的构成/122
  5.1.2 生产运作计划的制订/124
情境任务 5.2 库存管理/130
  5.2.1 库存的利弊与分类/130
  5.2.2 库存管理实务/132
情境任务 5.3 供应链管理/134
  5.3.1 认识供应链/134
  5.3.2 认识供应链管理/136
  5.3.3 采购管理/139
情境任务 5.4 质量管理/141
  5.4.1 质量与质量管理/142
  5.4.2 质量成本/144
  5.4.3 全面质量管理/145
  5.4.4 质量认证与质量管理
     体系/147
情境综述/151

学习情境 6 市场营销管理 152

情境任务 6.1 市场调研/153
  6.1.1 市场调研的内容/153

  6.1.2 市场调研的方法/155
  6.1.3 市场调研的步骤/156
情境任务 6.2 市场营销环境分析/157
  6.2.1 市场营销环境的构成/157
  6.2.2 市场营销环境分析的
     方法/161
情境任务 6.3 选择目标市场/163
  6.3.1 市场细分的标准和程序/163
  6.3.2 目标市场选择/165
  6.3.3 市场定位/167
情境任务 6.4 市场营销组合策略/170
  6.4.1 产品策略/171
  6.4.2 价格策略/176
  6.4.3 渠道策略/178
  6.4.4 促销策略/183
情境综述/187

学习情境 7 财务管理 188

情境任务 7.1 筹资管理/189
  7.1.1 资金筹集的基本要求/189
  7.1.2 资金筹集的渠道和方式/190
  7.1.3 资金筹集决策/194
情境任务 7.2 投资管理/197
  7.2.1 认识企业投资/197
  7.2.2 企业投资的基本程序/199
  7.2.3 企业投资决策指标/201
情境任务 7.3 资产管理/205
  7.3.1 认识资产/205
  7.3.2 流动资产的管理/206
  7.3.3 固定资产的管理/210
  7.3.4 无形资产的管理/212
情境任务 7.4 利润管理/213
  7.4.1 利润来源/213
  7.4.2 利润分配/215
情境任务 7.5 财务分析/216
  7.5.1 偿债能力分析/217
  7.5.2 营运能力分析/218
  7.5.3 盈利能力分析/219
情境综述/220

学习情境 8 创新管理 /221

情境任务 8.1　认识创新/222
  8.1.1　创新过程与创新主体/222
  8.1.2　创新的内容、策略与方法/223
情境任务 8.2　产品创新与服务创新/227
  8.2.1　新产品开发/229
  8.2.2　服务创新/233
情境任务 8.3　技术创新/236
  8.3.1　认识技术创新/236
  8.3.2　技术创新的决定因素/238

情境任务 8.4　现代企业文化创新/238
  8.4.1　认识现代企业文化创新/239
  8.4.2　企业文化创新过程中应注意的问题/242
情境任务 8.5　管理创新/243
  8.5.1　认识管理创新/243
  8.5.2　管理创新的基本条件及发展趋势/245
  8.5.3　中国企业的管理创新/247
情境综述/250

参考文献 /251

情境创设

与小李一起学习企业经营管理

人物介绍：

小李是刚刚从职业学院毕业的应届大学生，应聘到蓝天集团，即将开始为期6个月的实习。他对未来的工作充满信心。

王经理是蓝天集团人力资源部经理，负责对新员工进行职业培训和督导。

9月1日，小李正式到集团报到。在王经理的直接指导和安排下，她迈开了自己职业生涯的第一步……

学习情境 1
企业经营管理基础

管理就是界定企业的使命，并激励和组织人力资源去实现这个使命。界定使命是企业家的任务，而激励与组织人力资源是领导力的范畴，二者的结合就是管理。

——[美]彼得·德鲁克

情境导入

上班的第一周要先进行岗前职业培训，王经理给小李等一批新来的大学生上了企业经营管理的第一堂课。

学习目标

通过本学习情境的学习，能够掌握企业经营管理的基本职能，明确管理者的基本素质和技能，树立良好的企业文化，培养优秀的企业精神。

情境任务

1. 企业经营管理。
2. 企业管理组织与管理者。
3. 企业文化与企业核心竞争力。

学习建议

1. 结合一个著名企业的成长历程，分析其取得成功的管理之道。
2. 小组讨论企业经营管理的新发展。
3. 实地调研一家企业，感受企业文化的建设与塑造。

情境任务 1.1　认识企业经营管理

引导案例

海尔冰箱创立于 1984 年，当时（1985 年）是一个亏空 147 万元的集体所有制小厂。后来，一起"砸冰箱"事件改变了这家不知名小厂的命运。

1985 年 12 月的一天，时任青岛海尔冰箱总厂厂长的张瑞敏收到客户的一封来信，反映其生产的冰箱有质量问题。张瑞敏带领管理人员检查了仓库，发现仓库里的 400 多台海尔冰箱中有 76 台不合格。张瑞敏随即召集全体员工到仓库现场开会，问大家该怎么办。

当时多数人提出，这些冰箱是外观划伤，并不影响使用，建议作为福利便宜卖给员工。但张瑞敏却说："我要是允许把这 76 台海尔冰箱卖了，就等于允许明天再生产 760 台、7 600 台这样的不合格冰箱。放行这些有缺陷的产品，就谈不上质量意识。"于是张瑞敏宣布，把这些不合格的海尔冰箱全部砸掉，谁干的谁来砸，并抡起大锤亲手砸了第一锤。

"砸冰箱"砸醒了海尔人的质量意识，砸出了海尔"要么不干，要干就要争第一"的精神。同时，通过"砸冰箱"这一新闻事件的传播，海尔注重企业管理、注重产品质量的形象被正式树立了起来。

在 1988 年的全国冰箱评比中，海尔冰箱以最高分获得中国冰箱史上的第一枚金牌。在海尔冰箱的发展过程中，质量始终是海尔冰箱的根本。2019 年，海尔冰箱已经成为世界冰箱行业中销量排名第一的品牌，已经成长为世界第四大白色家电制造商。针对 2008 年开始的金融危机，海尔已从"砸冰箱"发展为"砸仓库"，探索"零库存下的即需即供"，以创新的企业经营管理模式求发展。2009 年第一季度，海尔冰箱在海外市场的销售业绩持续上升，其中"海外当地生产、当地销售"的销售额比 2008 年第一季度上升了 26%。

思考：张瑞敏砸冰箱给了我们什么启示？为什么说张瑞敏砸冰箱成就了海尔？

1.1.1　了解企业

1. 企业的定义及常见的几种企业类型

（1）企业的定义

企业是从事生产、流通与服务等经济活动的营利性组织。

企业的定义有两层意思：一是反映了企业的经营性，即企业根据投入产出进行经济核算，获得超出投入的资金和财物的盈余，企业经营的目的一般是追求盈利；二是反映企业是具有一定经营性质的实体。

西方经济学家认为，企业作为生产的一种组织形式，在一定程度上是对市场的一种替代。可以设想两种极端的情况。一种极端的情况是每一种生产都由一个单独的个人来完成，如一个人制造一辆汽车。那么，这个人就要与很多中间产品的供应商进行交易，而且还要与自己产品的需求者进行交易。在这种情况下，所有的交易都通过市场在很多的个人之间进行。在另一种极端的情况下，经济中所有的生产都在一个庞大的企业内部进行，如完整的汽车在这个企业内部被生产出来，不需要通过市场进行任何的中间产品的交易。由此可见，同一笔交易，既可以通过市场的组织形式来进行，也可以通过企业的组织形式来进行。企业之所以存在，或者说企业和市场之所以并存，是因为有的交易在企业内部进行成本更低，而有的交易在市场中进行成本更低。

（2）常见的几种企业类型

〈1〉按照所有制形式划分

按照所有制形式划分，企业可分为5种类型。

① 国有企业。这是指企业全部资产归国家所有，并按《中华人民共和国企业法人登记管理条例》规定登记注册的非公司制的经济组织。它不包括有限责任公司中的国有独资公司。通常情况下，资产的投入主体是国有资产管理部门的就是国有企业。

② 集体所有制企业。这是由部分劳动者共同占有生产资料的所有制形式，是公有制的形式之一。中国最早是在农业、手工业、商业和服务业中实行社会主义改造而建立起集体所有制经济的。它的特点是：第一，生产资料属于集体经济成员共同所有，成员共同进行生产经营活动，并根据其对集体经济的贡献来分配经营成果；第二，它的公有化程度低于全民所有制，范围较小；第三，集体经济单位之间存在着差别。在经济体制改革过程中，集体所有制经济的实现形式也在发生变化，出现了许多新的联合体，经营管理上已经不限于生产资料集体所有、统一生产经营、成果实行单一按劳分配的形式，而是实行了集体所有、分散经营、自负盈亏等多种形式。

③ 联营企业。联营具有法人型联营、合伙型联营和合同型联营3种形式。企业之间或各企业、事业单位之间联营，组成新的经济实体，独立承担民事责任，具备法人条件的，经主管机关核准登记，取得法人资格的企业称为联营企业。

④ 三资企业。通常把在中国境内设立的中外合资经营企业、中外合作经营企业、外资企业3类外商投资企业统称为三资企业。它是经我国有关部门批准，遵守我国有关法规规定，从事某种经营活动，由1个或1个以上的国外投资方与我国投资方共同经营或独立经营，实行独立核算、自负盈亏的经济实体。

⑤ 私营企业。这是指由自然人投资设立或由自然人控股，以雇佣劳动为基础的营利性经济组织。它包括按照《中华人民共和国公司法》《中华人民共和国合伙企业法》《中华人民共和国私营企业暂行条例》规定登记注册的私营有限责任公司、私营股份有限公司、私营合伙企业和私营独资企业。

〈2〉按照财产组织形式划分

按照财产组织形式划分，企业可分为3种类型。

① 个人独资企业。个人独资企业是指个人出资兴办，完全归个人所有和控制的企业。

个人独资企业的优点：设立、转让、关闭容易，出资人拥有绝对决策权，管理灵活。

个人独资企业的缺点：负无限责任，风险大；受资金和个人管理能力的限制，规模有限。

② 合伙企业。合伙企业是指由两个或两个以上合伙人共同出资、共同经营、共享收益和共担风险的企业。

合伙企业的优点：由于可以由众多合伙人共同筹资，因此可以扩大资本规模；由于合伙人共负偿债的无限责任，因此减少了贷款者的风险；比较容易成长和扩展。

合伙企业的缺点：合伙企业属无限责任企业，合伙人对经营有连带责任，风险大；合伙人皆能代表公司易使权力分散；多头领导使得易产生意见分歧，决策缓慢。

③ 公司。公司是由1个或1个以上自然人或法人投资设立的，具有独立法人资格和法人财

产的企业。

公司的优点：容易筹资；公司具有独立寿命，不受出资人寿命影响；容易扩大规模。

公司的缺点：手续复杂、透明度较高，而且容易受内部人控制。

〈3〉按照企业组织形式划分

按照企业组织形式划分，企业可分为公司制企业和非公司制企业。公司制企业又分为有限责任公司和股份有限公司。

〈4〉按照企业所属行业不同划分

按照企业所属行业不同划分，企业可分为农业企业、工业企业、商业企业、物流企业、交通运输企业、金融企业、建筑企业、通信企业、旅游企业、外贸企业等。

〈5〉按照生产要素的比重不同划分

按照生产要素的比重不同划分，企业可分为劳动密集型企业、技术密集型企业和资金密集型企业。

 情境链接

GDP是衡量一个国家或地区经济实力的重要指标。2020年，广东省经济总量超过11万亿元，连续32年稳居全国第一位。紧随其后的江苏省，成为第二个经济总量超过十万亿元大关的省份。排名第3位到第6位的分别是山东省、浙江省、河南省和四川省。福建省上升一位，超越湖北省排名第7位，GDP达到43 903.89亿元，同比增长3.3%。九地市全部突破2 000亿元大关，泉州市、福州市首次跻身"万亿俱乐部"，福建省也因此成为第5个拥有双万亿元GDP城市的省份，另外4个分别是广东省（深圳市、广州市、佛山市）、江苏省（苏州市、南京市、无锡市、南通市）、浙江省（杭州市、宁波市）、山东省（青岛市、济南市）。

泉州市（10 158.66亿元）连续22年蝉联福建省内GDP最高的城市。亮眼的成绩背后，是强大的特色产业，晋江鞋服（安踏、361°、匹克、特步等）、石狮服装（七匹狼、利郎、劲霸、柒牌等）、南安水暖、惠安石雕、安溪铁观音及藤铁、德化陶瓷、永春佛手等，可谓是全国闻名。

根据《2020福建企业100强》显示，共有9家泉州市企业上榜，仅次于福州市（45家）和厦门市（30家）。除福建联合石化、中化泉州石化外，其余7家均为民营企业，分别是安踏体育、恒安集团、达利食品、百宏实业、闽南建筑工程、福建路港集团、惠东建筑工程。数据显示，民营经济在当地经济中的比重接近九成。泉州第一大民营企业安踏，截至2021年2月23日，其市值高达3 625.16亿港元，不仅领跑国内同行业，更是超过露露乐蒙（lululemon）成为全球第三大运动服饰集团。

丁氏是晋江大族之一，与陈埭丁氏宗族紧密相关。例如，361°的丁建通、德尔惠的丁明亮、乔丹体育（中乔体育）的丁国雄、特步的丁水波……安踏的丁世忠也是其中一员。

20世纪70年代，丁世忠出生在一个农村家庭，从小就在父亲的制鞋作坊里耳濡目染。初中毕业后，17岁的他决定去北京闯荡，带着1万元及600双鞋就踏上了"北漂"的旅程。由于人生地不熟，所以丁世忠只能天天背着鞋往商场里面跑，希望能有个地方摆摊。经过一个月的软磨硬泡，"嬉皮笑脸地缠着人家"，终于说服一位商场负责人，同意让他试一试。结果第1个月成功卖掉100双鞋，这给了丁世忠巨大的信心。

之后，他在北京大部分商场开设了柜台，专门批发晋江鞋，生意很火爆。短短4年的时间，就赚到了20万元。不过在此过程中，他发现了一个问题：同样是晋江鞋，有牌子比没有牌子的价格高很多。由此暗下决心，要打造属于自己的品牌。20世纪90年代初，丁世忠回到家乡，创办了一家制鞋作坊，这便是安踏的前身。当时在晋江市，像这样的小厂有上千家，基本都是给外国品牌做代工。凭借此前积累的销售经验，他逐步在全国建立了代理分销模式。

经过几年的发展，安踏已小有名气。但丁世忠并不满足，为了彻底打响名声，他力排众议，花80万元邀请乒乓球世界冠军孔令辉担任代言人。在那个国内品牌从未找过明星代言的年代，这种做法无疑是铤而走险。他还砸下300万元在央视做广告，而当时公司一年的利润才400万元。结果赌对了，安踏自此名扬天下。站稳脚跟后，丁世忠开始谋求向国外发展，提出要做"世界的安踏"，并频频收购海外品牌。2009年，安踏以6亿港元从百丽手中拿到斐乐（FILA）在中国地区的经营权和商标使用权；2019年，安踏又完成了对芬兰高端体育用品公司亚玛芬体育（Amer Sports）的并购。

如今，安踏已形成专业运动、时尚运动、户外运动相结合的多品牌结构，拥有安踏、斐乐、迪桑特、可隆、始祖鸟、萨洛蒙等知名品牌，涉及综合训练、跑步、滑雪等八大领域。

资料来源：网易新闻.

2. 企业素质

（1）企业素质的定义

企业素质指的是企业各要素的质量及其相互结合的本质特征，是企业生产经营活动必须具备的基本要素的有机结合所产生的整体功能。

从这个定义可以看出，企业素质是一个质的概念而不是量的概念，因此衡量企业不能只看其规模，更要注重其内在质量。同时，企业素质也是一个整体的概念，在分析企业素质时，不仅要分析企业各个部分的质量，而且要注重各个要素之间的内在联系和相互整合。

（2）企业素质的内容

企业素质主要包括3个方面的内容：

① 企业的技术素质是企业素质的基础。它主要包括劳动对象的素质，即原材料、半成品和产成品的质量及水平；劳动手段素质，即企业的设备、工具工装及工艺水平。

② 企业的管理素质是企业素质的主导，是技术素质得以发挥的保证。它包括企业的领导体制、组织结构，企业基础管理水平及管理方法，管理手段、管理制度的水平，经营决策能力，企业文化及经营战略。

③ 企业的人员素质是企业素质的关键。它包括企业干部素质和企业职工素质。企业干部素质包括企业经理人员、科技人员的政治思想素质、文化素质、技术素质及身体素质，以及对与其工作相关的计划、组织、领导、协调、控制等的管理能力素质；企业职工素质包括基本生产工人、辅助生产工人、生活后勤工人的政治思想素质、文化素质、技术素质及身体素质等。另外，人员素质还包括企业各部门人员的结构性素质，即各类人员的搭配状况，以及各部门工作人员的积极性、主动性。

企业素质可以通过企业能力得到反映，企业能力是企业素质的表现形式。企业素质主要通过4种企业能力得到体现：

① 企业产品的竞争力。企业通过自己的产品去参与社会竞争、满足环境的要求。因此，产品竞争力是企业素质的综合反映。产品竞争力主要表现在产品盈利能力和产品适销能力两个方面。

② 企业管理者的能力。它包括决策能力、计划能力、组织能力、控制能力、协调能力，以及它们共同依赖的管理基础工作的能力。这些管理能力直接决定企业的人、财、物的潜力和潜在优势的充分发挥。

③ 企业生产经营能力。企业生产过程主要包括产品开发过程、资源输入过程、产品生产过程、产品销售过程、售后服务与信息反馈等过程。这些过程的好坏都是由企业的技术素质、人员素质和管理素质共同决定的，是三大素质在企业生产经营活动中的综合表现。

④ 企业基础能力。它包括企业的基础设施对生产的适应能力、技术设备能力、工艺能力、职工文化技术能力、职工劳动能力，以及职工团结协作、开拓创新和民主管理的能力。

3. 企业责任

一个企业存在于社会，在获取社会资源（包括环境资源等）、赚取企业利润的同时，应注重其自身对社会的回报与贡献——这就是企业应承担的社会责任，简称企业责任。一般来说，一个企业应承担如下社会责任。

① 承担明礼诚信、确保产品货真价实的责任。
② 承担科学发展与缴纳税款的责任。
③ 承担可持续发展与节约资源的责任。
④ 承担保护环境和维护自然和谐的责任。
⑤ 承担公共产品与文化建设的责任。
⑥ 承担扶危济困和发展慈善事业的责任。
⑦ 承担保护职工健康和确保职工待遇的责任。
⑧ 承担发展科技和创立自主知识产权的责任。

情境链接

2020年是极不寻常的一年。在抗击疫情中，中国品牌展现了时代担当。自新冠疫情发生以来，红豆集团听从党和国家统一指挥，起到了勇于担当的先锋表率作用。

疫情暴发初期，红豆集团连夜成立防护服项目指挥部，在10万级洁净厂房、成熟服装生产技术及熟练工人的支撑下，积极投入到抗击疫情的"战斗"中，通过技术改造快速展开医用防护服的生产。此前，在2003年抗击"非典"紧急关头，红豆集团就火速将自有的服装生产线改造成口罩生产线，组织900名工人加班加点突击生产口罩。

得益于强大的制造能力，红豆集团在疫情防控阻击战中展现了支援的"硬核力量"。第一时间交纳千万元特殊党费，践行党员初心；第一时间紧急转产防疫物资，展现勇担责任；第一时间积极组织复工复产，抢抓机遇进化；第一时间牵头民企发起倡议，践行八方共赢，为有效疫情防控做出了自己的贡献。

市场经济是品牌划分市场，在双循环新发展格局下，更加迫切需要高质量品牌，而形成高质量品牌是需要支撑的。红豆集团以高技术含量、高文化含量和高社会责任三大支撑积累高质量品牌的经验。在红豆集团独创的"现代企业制度+企业党建+社会责任"三位一体的中国特色现代企业制度中，将"社会责任"作为民营企业应尽的使命。高度的社会责任为红豆集团赢得了市场和口碑，让红豆集团得到了社会各界支持，使红豆品牌真正扎根人民心中。

资料来源：中国网财经频道，大众证券网．

1.1.2 企业经营管理

企业经营管理是对企业生产经营活动进行计划、组织、协调、指挥、控制和创新，以获取经济效益的一系列行为的总和。

 **情境提示**

经营是企业或经营者有目的的经济活动，是经营者在国家方针政策的指导下，根据计划目标、市场需求状况及企业自身的需要，以市场为对象，以产品生产和产品交换为手段，为实现企业目标，使企业的生产技术、经济活动与企业外部环境达成动态均衡的一系列有组织的活动。

管理是实现经营目标的一种有组织的活动，它通过计划、组织、指挥、协调、控制等职能，对企业的人力、物力、财力、信息及其要素进行合理利用，对再生产过程的产、供、销、分配等环节进行合理组织，保证各项经济活动顺利进行，从而实现经营目标。

经营与管理是两个既相互联系，又相互区别的经济概念，属于统一的经济范畴：管理是劳动社会化的产物，而经营则是商品经济的产物；管理适用于一切组织，而经营只适用于企业；管理旨在提高作业效率，而经营以提高经济效益为目标。

经营是管理职能的延伸与发展，两者是不可分割的整体。在市场经济条件下，企业管理从以生产为中心转变为以交换和流通过程为中心，经营的功能日益重要并为人们所重视，企业管理的职能自然要延伸到研究市场需要、开发适销产品、制定市场战略等方面，从而使企业管理必然地发展为企业经营管理。

1. 企业经营管理的内容

（1）制度管理

企业的制度管理包括制度制定、制度执行、制度执行的监督与考核、制度的更新与完善等内容。

（2）战略管理

企业的战略管理包括企业在完成具体目标时对不确定因素做出的一系列判断，以及企业在环境分析活动的基础上制定战略等。战略管理是一个不确定的过程，因为不同的企业对于危险和机遇有着不同的理解。因此，对一个企业在一定时期的全局的、长远的发展方向、目标、任务和政策，以及资源调配做出的决策和管理就是战略管理。

（3）人力资源管理

人力资源管理就是对企业经济活动中各个环节和各个方面的劳动及人事进行全面计划、统一组织、系统控制、灵活调节。

（4）生产运作管理

生产运作管理包括计划管理、生产管理与质量管理：计划管理是通过预测、规划、预算、决策等手段，使企业的经济活动有效地围绕总目标的要求组织起来，计划管理体现了目标管理；生产管理是通过生产组织、生产计划、生产控制等手段，对生产系统的设置和运行进行管理；质量管理是对企业的生产成果进行监督、考查和检验。

（5）市场营销管理

市场营销管理是为了实现企业目标，创造、建立和保持与目标市场之间的互利交换关系，而对设计方案进行的分析、计划、执行和控制活动。其环节有分析市场机会、选择目标市场、设计营销组合、管理市场营销活动。市场营销管理的本质是需求管理。

（6）财务管理

财务管理是对企业的财务活动进行管理，包括对固定资金、流动资金、盈利等的形成、分配和使用所进行的管理。

（7）创新管理

创新管理的内容是多方面的，它不仅体现为更新岗位设计和工作流程，更体现为对经营观念、经营战略、组织结构、激励和约束制度、组织行为、管理规范、管理方法和管理技术及企业文化整合进行系统性的调整。

2．企业管理的目的

企业管理的目的是建立和强化企业的核心利润源，谋取企业长期的、稳定的、增长的利润。企业管理水平影响和决定了整个社会的管理水平，从而能决定整个社会经济的发展水平。因此，企业管理是所有管理工作的基础，是企业生存和发展的根本。企业管理是在自己的领域内通过协调企业各项管理要素，运用各种管理职能，规范企业各类行为，求得管理的切实有效性，达到企业预定的目标。如果企业没有管理，则再好的资源也将无法发挥效用。企业管理对社会进步具有重大作用，负有重大责任。

1.1.3 企业管理的职能

企业管理的职能

管理者在管理过程中要开展的计划、决策、组织、领导和控制等一系列活动，就构成了管理者的职能，通常称之为管理职能（management function）。

1．计划职能与决策职能

（1）计划职能

计划职能是指对企业未来生产经营活动进行的筹划与安排。

〈1〉计划的内容

① 分析经营环境。经营环境分析包括企业外部环境分析和内部条件分析两部分：外部环境分析是分析企业活动的前提条件，主要是预测未来环境的发展趋势；内部条件分析主要分析企业内部各种资源的拥有状况和对这些资源的利用能力。

② 制定经营决策。企业在经营环境分析的基础上，通过环境机会和威胁及企业在资源方面的优势和劣势，确定企业在未来某一个时期的总体目标和方案。

③ 编制行动计划。确定了企业未来的活动目标和方案以后，还要详细分析为了落实这种决策，企业需要采取哪些具体行动。编制行动计划的目的，就是将决策所确定的目标在时间上和空间上分解落实到企业的各部门、各环节，对每个单位和每个成员的工作提出具体要求。

〈2〉计划的程序

第1步 估量机会。这是在实际的计划工作之前就应着手进行的工作，是对将来可能出现的机会的估计，并根据自己的长处和短处，搞清楚自己所处的地位，做到心中有数，知己知彼。

第2步 确定目标。首先确定整个企业的目标，然后确定每个下属工作单位的目标，以及长期和短期的目标。

第3步 确定计划的前提。这就是研究、分析和确定计划工作的环境，或者说预测执行计划时的环境。

第4步 制定可供选择的方案。一个计划往往有几个可供选择的方案。在选择方案时，不是寻找可供选择的方案，而是减少可供选择方案的数量，以便可以对最有希望的方案进行分析。

第 5 步　评价各种方案。在找出了各种可供选择的方案并明确了它们的优缺点后，就要根据前提和目标权衡它们的轻重，对方案进行评估。

第 6 步　选择方案。这是做决策的关键。有时会发现同时有两个可取的方案，在这种情况下必须确定首先采用哪个方案，并将另一个方案也进行细化和完善，作为后备方案。

第 7 步　制订派生计划。派生计划是总计划下的分计划。做出决策之后，就要制订派生计划。总计划要靠派生计划来扶持。

第 8 步　用预算形式使计划数字化。在完成上述各个步骤之后，最后一项工作便是把计划转化为预算，使之数字化。预算实质上是资源的数量分配计划。

（2）决策职能

决策职能是为了达到一定的目标，从两个以上的可行方案中选择一个合理方案的分析判断过程。

决策具有以下几个特征。

① 超前性。任何决策都是针对未来行动的，是为了解决将来会出现的问题。

② 目标性。决策目标就是决策所需要解决的问题，只有当存在必须解决的问题时才会有决策。

③ 选择性。决策必须具有两个或两个以上的备选方案，通过比较评定来进行选择。

④ 可行性。决策可选择的若干个备选方案应是可行的，这样才能保证决策方案切实可行。

⑤ 过程性。决策既非单纯的"出谋划策"，又非简单的"拍板定案"，而是一个多阶段、多步骤的分析判断过程。

⑥ 科学性。科学决策并非易事，要求决策者能够透过现象看到事物的本质，认识事物发展变化的规律性，做出符合事物发展规律的决策。

决策的程序：

第 1 步　确定决策目标。决策目标是指在一定的外部环境和内部环境条件下，在市场调查和研究的基础上所预测达到的结果。决策目标是根据所要解决的问题来确定的。

第 2 步　拟定备选方案。

第 3 步　评价备选方案。

第 4 步　选择方案。

2. 组织职能

组织职能就是通过建立组织结构、规定职务或职位、明确责权关系，使组织中的成员互相协作配合、共同劳动，有效实现企业目标。组织职能也称组织管理，是管理活动的一部分。

组织职能有两层含义：一是指为实施计划而进行组织结构的设计，如成立某些部门或对现有机构进行调整；二是指为达成计划目标而进行的必要的组织过程，如进行人员、设备、技术、物资等的调配。组织职能包括以下 4 个方面的工作。

（1）设计组织结构

根据工作要求设计岗位，确定各级机构及其作用，规定各级权力机构的责任，用制度规定各个岗位、机构的职责和上下左右的相互关系，形成一个有机的组织结构，使整个组织能够协调地运转。

（2）配备人员

根据各岗位的工作要求，以及企业所拥有员工的素质和技能特征，将适当的人员安置在适当的岗位上。

（3）运行组织

向配备在各岗位上的工作人员发布工作指令，提供必要的资源条件，从而使组织按设计的方案运行起来。

（4）变革组织

对组织运行的过程进行监控，根据组织活动的开展及内外环境变化的情况，研究并推行必要的组织变革。

3. 领导职能

领导职能就是通过各种手段，对企业成员施加影响，使他们努力地完成工作目标。手段包括指挥、激励、协调和沟通等。

企业领导职能的任务主要包括以下内容。

① 施展领导才能。作为领导职能的首要任务，就是一方面要通过采用适当而有效的领导方法，使企业成员协调一致地工作，去实现企业目标；另一方面要设法满足企业成员的需要，帮助他们实现个人目标，从而激发他们的积极性，为实现企业目标奠定基础。

② 以满足员工的需求为途径，激发员工发挥应有的潜力。领导职能的核心是调动员工的积极性，通过各种方式，激励企业中的个人和各种群体，挖掘他们的潜力。

③ 消除企业内部矛盾，增进和谐的工作关系。企业在运作过程中产生各种各样的矛盾也是必然的，所以领导职能的另一任务是通过协调，消除企业内部的矛盾。

④ 改善信息沟通，提高企业效率。借助于信息沟通，领导对企业中的个体成员和群体成员施加影响，使他们努力实现企业目标。

**情境链接**

汉高祖刘邦曾说："夫运筹策帷帐之中，决胜于千里之外，吾不如子房；镇国家，抚百姓，给饷馈，不绝粮道，吾不如萧何；连百万之军，战必胜，攻必取，吾不如韩信。此三者，皆人杰也，吾能用之，此吾所以取天下也。"

4. 控制职能

控制职能是指按既定目标和标准对组织的活动进行监督、检查，发现偏差，分析原因，并采取纠正措施，使工作能按原定计划进行，或者适当调整计划，以达到预期目的。

控制工作是一个延续不断的、反复发生的过程，其目的在于保证组织实际的活动及其成果与预期目标相一致，以确保组织目标的实现。控制职能的主要工作具体有以下几个方面。

① 确定控制标准。
② 衡量实际工作绩效。
③ 将实际工作绩效与标准进行比较并分析偏差。
④ 采取管理行动纠正偏差。

管理职能循序完成，并形成周而复始的循环往复，这就是管理的基本过程。其中，每项职能之间是相互联系、相互影响的，从而构成统一的有机整体。

情境任务 1.2　企业管理组织与管理者

引导案例

东原公司是一家新兴企业，6年前以房地产业务起家，创业时仅有几个人，资产1 500万元。如今，已形成以房地产开发为主，集娱乐、餐饮、咨询、汽车维护、百货零售等业务于一身的多元化经营格局，拥有1 300多名员工、5.8亿元资产。

随着公司的不断发展，东原公司人员开始膨胀，部门设置日益复杂。例如，总公司下设5个分公司及一个娱乐中心，娱乐中心下设戏水、餐饮、健身、保龄球、滑水等项目。另外，总公司所属的房地产开发公司、装修公司、汽车维修公司和物业公司又都自成体系。管理层次不断增加，总公司有3级，各分公司又各有3级以上的管理层，最突出的是娱乐中心的管理层次多达7级——职能部门重叠设置，管理混乱。事实表明，原有的直线-职能制已不适应公司的发展，需要进行组织变革。

但是，组织变革意味着利益的重新分配，可能会遇到阻力，东原公司的领导层面临着考验。

思考：产生目前问题的最主要原因是什么？假设你是该公司的最高领导，应采取哪些措施解决目前面临的问题？

组织是指按照一定的目的和程序组成的一种权责角色结构，是完成特定使命的人们为了实现共同的目标组合而成的有机整体。

1.2.1　企业管理组织的设计与人员配备

1. 企业管理组织的设计

（1）组织的类型

组织一般有正式组织与非正式组织两种类型：正式组织是指组织中体现组织目标所规定的成员之间职责的组织体系；非正式组织是在共同的工作中自发产生的，具有共同情感的团体。非正式组织形成的原因很多，如工作关系、兴趣爱好、血缘关系等。非正式组织常出于某些情感的需要而采取共同的行动。

（2）划分企业组织部门的原则

① 目标任务原则。企业组织设计的根本目的，就是实现企业的战略任务和经营目标。

② 责、权、利相结合的原则。责任、权力、利益三者之间是不可分割的、协调的、平衡的和统一的。权力是责任的基础，有了权力才可能负起责任；责任是权力的约束，有了责任，权力拥有者在运用权力时就必须考虑可能产生的后果，不至于滥用权力。利益的大小决定了管理者是否愿意担负责任及接受权力的程度。

③ 分工协作及精干高效原则。组织任务目标的完成，离不开组织内部的专业化分工和协作，因为现代企业的管理工作量大、专业性强，所以分别设置有不同的专业部门，从而有利于提高管理工作的效率。

企业管理组织的设计与人员配备

④ 管理幅度原则。管理幅度是指一个管理者能够直接有效地指挥下属成员的数目。受个人精力、知识、经验条件的限制，一个管理者所管辖的人数是有限的，但究竟多少比较合适，很难有一个确切的数量标准。管理幅度的大小与管理层次的多少成反比，所以在确定企业的管理层次时，还必须考虑到有效管理幅度的制约。

⑤ 统一指挥和权力制衡原则。统一指挥是指无论对哪一项工作来说，一名下属人员只应接受一位领导人的命令；权力制衡是指无论哪一位领导人，其权力运用必须受到监督，一旦发现某个机构或职务有严重损害组织的行为，就可以通过合法程序制止其权力的运用。

⑥ 集权与分权相结合的原则。在进行组织设计或调整时，既要有必要的权力集中，又要有必要的权力分散，两者不可偏废。集权有利于保证企业的统一领导和指挥，有利于人力、物力、财力的合理分配和使用，而分权则是调动下级积极性、主动性的必要条件。合理分权既有利于基层根据实际情况迅速且准确地做出决策，也有利于上层领导摆脱日常事务，集中精力抓大事。

2. 企业管理组织的人员配备

企业管理组织的人员配备是企业根据目标和任务需要正确选择、合理使用、科学考评和培训人员，安排合适的人员去完成企业组织结构中规定的各项任务，从而保证整个组织目标和各项任务完成的职能活动。

（1）人员配备的任务

① 物色合适的人选。组织各部门是在任务分工的基础上设置的，所以不同的部门有不同的任务和工作性质，这就必然要求具有不同的知识结构和水平、不同的能力结构和水平的人与之相匹配。人员配备的首要任务就是根据岗位工作需要，经过严格的考查和科学的论证，找出或培训为己所需的各类人员。

② 促进组织结构功能的有效发挥。要使职务安排和设计的目标得以实现，使组织结构真正成为凝聚各方面力量，保证组织管理系统正常运行的有力手段，就必须把具备不同素质、能力和特长的人员分别安排在适当的岗位上。

③ 充分开发组织的人力资源。在市场经济条件下，组织之间竞争的成败取决于人力资源的开发程度。在管理过程中，通过适当选拔、配备和使用、培训人员，可以充分挖掘每个人的内在潜力，实现人员与工作任务的协调匹配，做到人尽其才、才尽其用，从而使人力资源得到高度开发。

（2）人员配备的程序

第1步 制订用人计划，即用人计划的数量、层次和结构符合组织的目标任务及组织机构设置的要求。

第2步 确定来源，即确定是从外部招聘还是从内部重新调配人员。

第3步 对人员根据岗位标准要求进行考查，确定备选人员。

第4步 确定人选，必要时进行上岗前培训，以确保所选之人能适合组织需要。

第5步 将所定人选配置到合适的岗位上。

第6步 对人员的业绩进行考评，并据此决定人员的续聘、调动、升迁、降职或辞退事宜。

（3）人员配备的原则

① 经济效益原则。组织人员配备计划的拟订要以组织需要为依据，既不是盲目地扩大职工队伍，也不是单纯为了解决职工就业，而是以经济效益的提高为前提。

② 任人唯贤原则。在人事选聘方面，大公无私、实事求是地发现人才、爱护人才，本着求贤若渴的精神，重视和使用有真才实学的人。这是组织不断发展壮大，走向成功的关键。

③ 因事择人原则。人员的选聘应以职位的空缺和实际工作的需要为出发点，以职位对人员的实际要求为标准，选拔、录用各类人员。

④ 量才使用原则。根据每个人的能力大小安排合适的岗位。人的差异是客观存在的，一个人只有处在最能发挥其才能的岗位上，才能干得最好。

⑤ 程序化、规范化原则。

1.2.2 企业管理组织的结构形式

常见的组织结构形式有直线制、职能制、直线-职能制、事业部制、模拟分权制、矩阵制等。下面就几种主要的结构形式进行说明。

1. 直线制

直线制是最早、最简单的一种组织结构，如图 1.1 所示。它的特点是企业各级行政单位从上到下实行垂直领导，下属部门只接受一个上级的指令，各级主管负责人对所属单位的一切问题负责。企业不另设职能机构（可设职能人员协助主管人工作），一切管理职能基本上都由行政主管自己执行。

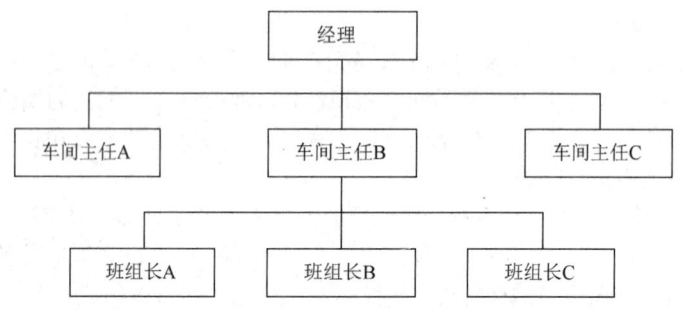

图 1.1 直线制组织结构

① 直线制组织结构的优点：结构比较简单，责任分明，命令统一。

② 直线制组织结构的缺点：要求行政负责人通晓多种知识和技能，亲自处理各种业务。企业在业务比较复杂、规模比较大的情况下，把所有管理职能都集中到最高主管一人身上，显然是难以胜任的。因此，直线制只适用于规模较小、生产技术比较简单的企业，对生产技术和经营管理比较复杂的企业并不适用。

2. 职能制

职能制组织结构是指各级行政单位除主管负责人外，还相应地设立一些职能机构，如图 1.2 所示。例如，在经理下面设立职能机构和人员，协助经理从事职能管理工作。这种结构要求行政主管把相应的管理职责和权力交给相关的职能机构，各职能机构就有权在自己的业务范围内向下级行政单位发号施令。

① 职能制组织结构的优点：能适应现代化工业企业生产技术比较复杂、管理工作比较精细的特点；能充分发挥职能机构的专业管理作用，减轻直线领导人员的工作负担。

② 职能制组织结构的缺点：妨碍了必要的集中领导和统一指挥，形成了多头领导；不利于建立、健全各级行政负责人和职能科室的责任制，在中间管理层往往会出现"有功大家抢、有

过大家推"的现象;在上级行政领导与职能机构的指导和命令发生矛盾时,下级就无所适从,会影响工作的正常进行,容易造成纪律松弛、生产管理秩序混乱等现象。

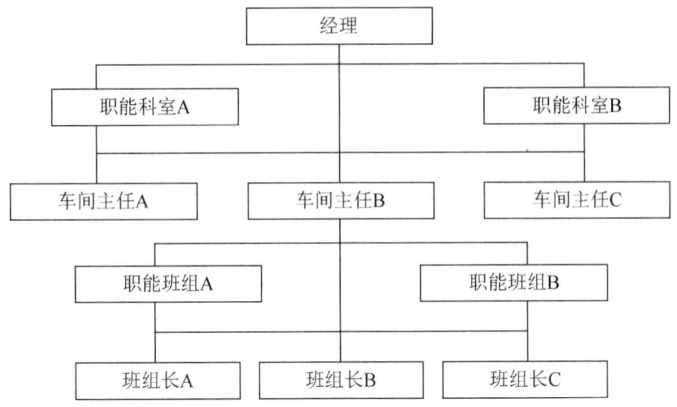

图 1.2 职能制组织结构

3. 直线-职能制

直线-职能制也称生产区域制或直线参谋制,如图 1.3 所示。其特点是:在直线制的基础上设置相应的职能部门;只有各级行政负责人才具有指挥和命令的权力;职能部门只有经过授权才有一定的指挥权力。

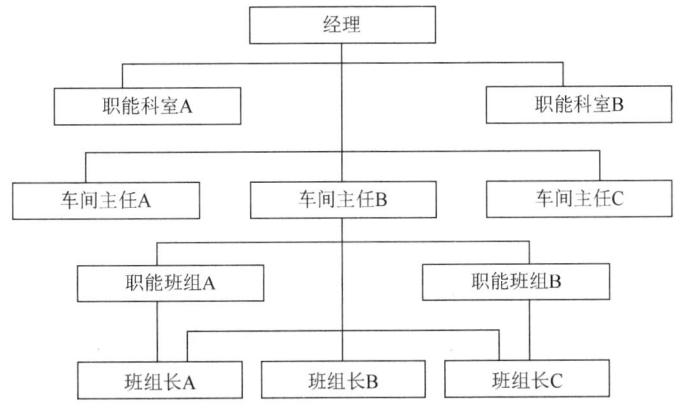

图 1.3 直线-职能制组织结构

① 直线-职能制组织结构的优点:综合了直线制和职能制的优点,既保证了各级领导者的集中统一指挥,又发挥了专业人员的咨询、参谋作用,将集中领导与分散管理相结合。

② 直线-职能制组织结构的缺点:各职能部门自成体系,不重视信息的横向沟通;工作容易重复,增加费用;职能单位之间可能出现矛盾和不协调,造成效率不高;职能部门缺乏弹性,对环境反应迟钝;职能部门之间的协作和配合性较差,职能部门的许多工作要直接向上层领导请示,加重了上层领导的工作负担。

4. 事业部制

事业部制最早是由美国通用汽车公司总裁斯隆提出的,是一种高度集权下的分权管理体制。

事业部制是把市场机制引入企业内部，按产品、部门、地区或顾客划分为若干独立经营单位，实行在集中指导下分散经营的一种管理组织模式。其组织结构也称为M形结构。

事业部制组织结构的特点：按企业的产出将业务活动组合起来，成立专业化的生产经营单位，每个事业部都拥有产品或服务的生产经营全过程，即从产品设计、原材料采购、生产制造、产品销售直至顾客服务完全由各个事业部负责；在横向关系上，事业部是独立核算、自负盈亏的利润中心，具有利润生产和经营管理的职能，同时也是产品责任单位或市场责任单位，对产品设计、生产制造及销售活动负有统一领导的职能；在纵向关系上，按照"集中政策、分散经营"的原则，处理企业高层领导和事业部制之间的关系，企业总部掌握人事决策、财务控制等大政方针和长期计划的安排，部分权力下放，事业部则充分发挥主观能动性，自行处理日常经营活动。

事业部制组织结构主要适用于产业多元化、品种多样化、拥有独立的市场且市场环境变化较快的大型企业，目前被国外大型企业及国内部分大型企业采用，如微软、海尔等。

① 事业部制组织结构的优点：统一管理、多种经营和专业分工的良好结合；责、权、利分明，易调动员工的积极性；能保证公司获得稳定的利润；能培养全面的高级管理人才；决策迅速（高度集权下的分权管理）；分担风险，经营成果一目了然；形成竞争（各事业部独立考核）；总部经营者负担减轻。

② 事业部制组织结构的缺点：需要许多高素质的专业人员；管理机构和人员较多，管理费用高；对事业部经理要求高；分权易产生架空公司领导的现象；各事业部争夺资源，易发生内耗，协调较难；机构重复，会出现管理人员和其他非生产性人员增加的倾向；每个事业部为一个利益中心，只考虑自身利益，协作能力差，同时人事、技术、管理方法不易交流；事业部之间、事业部和总部之间的一些关系被利益关系取代，总部、事业部之间关系松散。

事业部制又分为产品事业部制（见图1.4）和地区事业部制（见图1.5）两种。

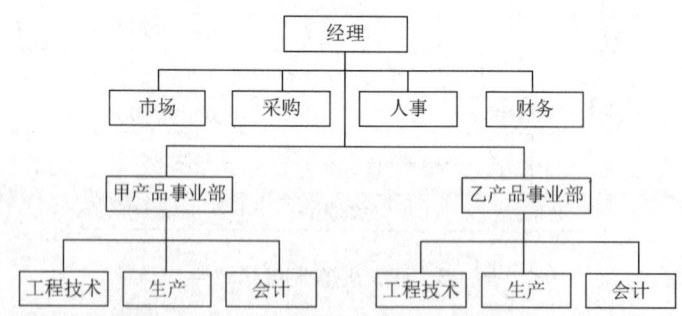

图1.4 产品事业部制组织结构

5．模拟分权制

模拟分权制组织结构（见图1.6）又称模拟分散管理组织结构，是指为了改善经营管理，人为地把企业划分成若干单位，实行模拟独立经营、单独核算的一种管理组织模式。它不是真正的分权管理，而是介于直线-职能制和事业部制之间的一种管理组织模式。随着组织规模的不断扩张，直线-职能制已难以适应企业的需要，虽然事业部制有较强的适应性，但是许多大企业，如连续生产的企业，由于产品品种或生产过程有限，无法分解成为几个独立的事业部，因此在这种情况下，就出现了模拟分权制。

学习情境1　企业经营管理基础

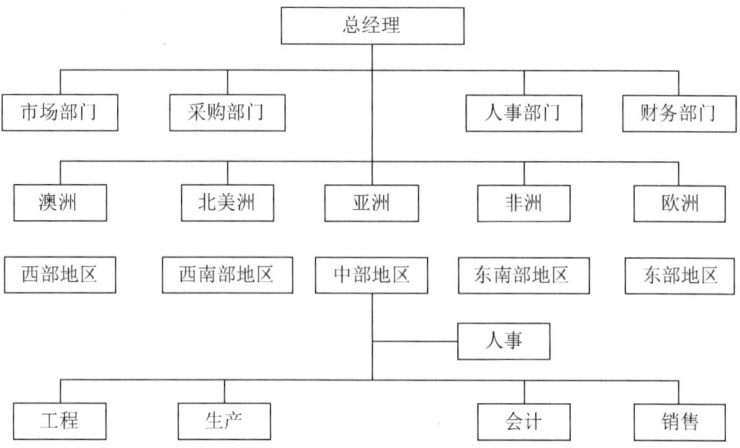

说明：中间部分的不同取舍分别形成国际地区事业部和国内地区事业部。

图1.5　地区事业部制组织结构

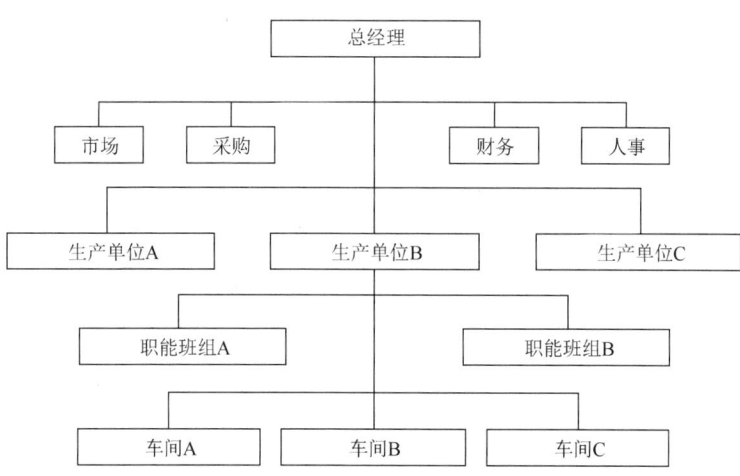

图1.6　模拟分权制组织结构

模拟分权制组织结构适用于规模庞大、不宜集权或生产经营整体性强、又不宜分权的企业，如大型化学工业、原料工业、银行、医药、玻璃制造业、钢铁业、造纸业、铝业等行业。

6．矩阵制

矩阵制（见图1.7）是指在组织结构上，既有按职能划分的垂直领导系统，又有按产品（项目）划分的横向领导关系的结构。其特点是：在直线-职能制垂直形态基础上，再增加横向的领导系统；适合临时性、非长期固定性组织。

① 矩阵制组织结构的优点：加强了各职能部门的横向联系，克服了职能部门相互脱节、各自为政的现象；专业人员和专用设备得到了充分的利用；具有较大的机动性，资源利用率高；各专业人员互相帮助，相得益彰。

② 矩阵制组织结构的缺点：成员有临时观念，责任性不够强；双重领导，有问题时难以分清责任；需要有善于调解人事关系的管理人员。

矩阵制组织结构适用于企业中涉及面广、多个部门参与、临时性（新产品开发、攻关项目）、复杂的重大工程项目。

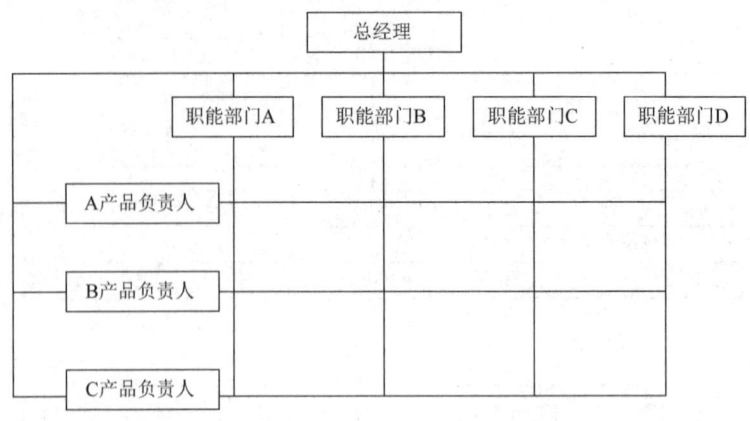

图 1.7 矩阵制组织结构

1.2.3 管理层次与管理部门的划分

1. 管理层次

管理层次就是将管理组织划分为多个等级。

管理者的能力是有限的,当下属人数太多时,划分层次就成为必然,不同的管理层次标志着不同的职责和权限。企业的组织结构犹如一个金字塔,从上至下责权递减,而人数递增。通常情况下,管理分为 3 个层次:高层管理、中层管理和基层管理。例如,在一个工厂中,影响全局的工作属于高层管理,各职能部门(如销售部、财务部等)的工作属于中层管理,而车间主任的工作则属于基层管理。

(1)高层管理

高层管理属于战略级管理,是指一个组织的最高领导层。其主要职能是根据企业内外的全面情况,分析和制定该企业的长远目标及政策。

(2)中层管理

中层管理有时也被称为控制管理,属于战术级管理,其主要任务是根据高层管理者确定的总体目标,具体对企业内部所拥有的各种资源制订资源分配计划和进度表,并组织基层单位来实现总体目标。

(3)基层管理

基层管理也称执行层或作业层管理,是按照中层管理制订的计划,具体组织人员去完成。

2. 管理部门的划分

管理部门的划分是在管理工作横向分工的基础上进行的。其任务是将整个管理系统分解成若干个相互依存的基本管理单位,这就形成了部门。简单地说,部门是指组织中不同的区域、部分或分支。

(1)按职能划分

按职能划分是企业最广泛采用的一种划分方法,即根据专业原则,以工作或任务的性质为基础来划分部门。由于各企业从事的业务不同,因此这些部门名称也就不同。例如,制造企业分为生产、销售、财务等部门;商业企业分为采购、销售和财务等部门。

（2）按地区划分

按地区划分是一种较普遍的划分方法。一些规模较大或业务分布较广的企业通常采用这种形式。这种方法是将一个地区的业务组织成一个部门，每一个部门委派一个管理者负责。

（3）按产品划分

在多种经营的大规模企业中，按产品或产品流水线划分部门的方法比较流行。例如，汽车制造企业可分为发动机分厂、车身分厂、轴承分厂等。

以上只是部门划分的基本方法。除此之外，实际管理活动中还有几种部门划分方法，如按顾客划分、按市场划分、按工艺或设备划分等，有些企业可能同时采用多种方法进行部门的划分，即采用混合的部门划分方法。

3. 管理层次与决策类型

管理学家把决策看作管理活动的中心。管理活动的高、中、基3个层次分别对应3种类型的决策过程，即结构化决策、半结构化决策和非结构化决策。表1.1所示给出了这3种决策类型的特点。

表1.1　3种决策类型的特点

类型特点	结构化决策	半结构化决策	非结构化决策
识别程度	问题确定，参数量化	问题较难确定	问题不确定，参数难以量化
复杂程度	不太复杂	较复杂	很复杂
模型描述	可用数学模型规范描述	较难描述	需要开发专用模型或无法建模
信息来源	内部	主要是内部	外部和内部综合信息
决策方式	自动化	半自动化	非自动化

（1）结构化决策

结构化决策通常是指确定型的管理问题。它依据一定的决策规则或通用的模型来实现决策过程的自动化。解决这类问题通常采用数据管理方式，着眼于提高信息处理的效率和质量，如账务处理、物资出入库管理等。

（2）半结构化决策

半结构化决策通常是指企业职能部门主管业务人员的计划、控制等管理决策活动。它多属于短期的、局部的决策，在结构化决策过程提供的信息基础上，通过专用模型来完成。专用模型主要用来改善管理决策的有效性，扩大和增强决策者处理问题的能力和范围，如市场预测、物资配送等。

（3）非结构化决策

非结构化决策很难用确定的决策模型来描述，它强调的是决策者的主观意志。这类问题一般都带有全局性、战略性和复杂性。它所需要的信息大多来自于系统的外部环境，来自内部的信息一般都带有综合性，最终的决策取决于领域内专家的知识水平。这类问题往往借助于人工智能技术来解决。通常情况下，人们力图把非结构化决策问题转化为半结构化决策问题处理，以利于非结构化决策问题的求解，如市场开发、企业发展战略等。

1.2.4　认识管理者

1. 管理者的角色

明茨伯格认为管理者在管理工作中表现为10种角色。这10种角色又分为以下三大类。

（1）人际角色

人际角色直接产生于管理者的正式权力的基础之上。管理者所扮演的3种人际角色：

① 挂名首脑角色。这是管理者所担任的最基本的角色。由于管理者是正式的权威，是一个企业的象征，因此要履行这方面的职责。作为企业的首脑，每位管理者有责任主持一些仪式，如接待重要的访客、参加某些职员的婚礼、与重要客户共进午餐等。很多职责有时可能是日常事务，然而对企业能否顺利运转非常重要，不能忽视。

② 领导者角色。管理者是一个企业的正式领导，要对该企业成员的工作负责，在这一点上就构成了领导者角色。管理者通常负责雇用和培训职员，负责对员工进行激励或引导，以某种方式使员工的个人需求与企业目的达到和谐。在领导者角色里，能最清楚地看到管理者的影响。

③ 联络者角色。这是指管理者与他所领导的企业以外的无数个人或团体维持关系的重要网络。这样的联络通常都是通过参加外部的各种会议、公共活动和社会事业来实现的。通过对各种管理工作的研究，我们发现管理者用在同事和单位之外的其他人身上的时间与用在自己下属身上的时间一样多。实际上，联络者角色是专门用于建立管理者自己的外部信息系统的——它是非正式的、私人的，却是有效的。

（2）信息角色

管理者负责确保与其一起工作的人员具有足够的信息，从而能够顺利地完成工作。整个企业人员的工作的完成依赖于管理机构和管理者获取或传递必要的信息。

① 监控者角色。作为监控者，管理者为了得到信息而不断审视自己所处的环境，他们询问联系人和下属，通过各种内部事务、外部事务和分析报告等主动搜集信息。担任监控者角色的管理者搜集的信息很多都是口头形式的，通常是传闻和流言，当然也有一些董事会的意见或社会机构的质问等。

② 信息传播者角色。管理者必须分享并分配信息，把外部信息传递到企业内部，把内部信息传播给更多的人。当下属彼此之间缺乏便利联系时，管理者有时会分别向他们传递信息。

③ 发言人角色。这个角色是面向企业外部的，管理者把一些信息传递给企业之外的人。而且，管理者作为企业的权威，要求对外传递关于本企业的计划、政策和成果信息，使得那些对企业有重大影响的人能够了解企业的经营状况。例如，首席执行官可能要花大量时间与有影响力的人联系，不仅要就财务状况向董事会和股东报告，而且要履行企业的社会责任等。

（3）决策角色

管理者通过决策让工作小组按照既定的路线行事，并分配资源以保证计划的实施。

① 企业家角色。这是指管理者在其职权范围之内充当本企业变革的发起者和设计者。管理者必须努力使企业适应周围环境的变化，并善于寻找和发现新的机会。

② 危机处理者角色。这显示管理者非自愿地回应压力，如管理者不再能够控制迫在眉睫的罢工、某个主要客户的破产或某个供应商违背了合同等变化。在危机处理中，时机是非常重要的，而且这种危机很难在例行的信息流程中被发觉——大多是一些突发的紧急事件，每位管理者必须花大量时间对付突发事件。

③ 资源分配者。管理者负责在企业内分配责任，并负责设计企业的结构，即决定分工和协调工作的正式关系的模式，分配下属的工作。在这个角色里，重要决策在被执行之前，首先要获得管理者的批准，这样能确保决策是互相关联的。

④ 谈判者。企业要不停地进行各种重大的、非正式化的谈判。这多数是由管理者带领进行的，一方面是因为管理者的参加能够增加谈判的可靠性；另一方面是因为管理者有足够的权力

来支配各种资源并迅速做出决定。谈判不仅是管理者不可推卸的工作职责，而且是其工作的主要部分。

以上10种角色是一个整体，它们是互相联系、密不可分的。这10种角色表明，管理者从企业的角度来看是一位全面负责的人，但事实上却要担任一系列的专业化工作——他们既是通才，又是专家。

2. 管理者的特点

（1）风格

管理者应具有一种令员工佩服、敬仰，使同行折服的管理风格。根据管理者的不同条件，管理风格各具特点。例如，有的管理者的风格是雷厉风行，说办就办；有的管理者的风格是稳重、谨慎，三思而后行；有的管理者的风格是积极听取各方面的意见和建议；有的管理者的风格是自己认定的事自己做主……这就要求管理者创新，绝不能一成不变地模仿别人的管理模式。

（2）人格

人格主要是指管理者的道德品质如何。管理者在实施管理时，必定会遇到各种涉及国家利益、企业利益及管理者个人切身利益的情况和问题。如何处理这些情况和解决这些问题，是将国家、企业的利益放在首位，还是将个人、小团体的利益放在首位？这时，管理者的人格就充分地表现出来了。

（3）品格

品格是指管理范畴的品格。容忍、果断、诚实、勇敢、热诚、公正、勤奋、宽容、明智、创新、忍耐等都是管理者应具备的品格。但是，一个人不可能同时具备所有品格，所以管理者应该加强学习，提高素质，以弥补自身的不足。

（4）性格

人的性格不易改变，所以管理者应该根据自己的性格，考虑找什么样的人与自己合作。性格因人而异，所以在管理层中最好进行性格搭配，既不能都是火爆性格的人，也不能都是内向型的人，而应该是既有外向型的领导，也有内向型的领导；既有急性子的，也有慢性子的；既有在前面冲锋陷阵的，也有在后面出谋划策的。

3. 管理者应具备的能力

对于处在企业中不同管理层次的管理者，对他们的能力要求也是不同的：低层管理者主要需要技术能力和人际沟通能力；中层管理者主要需要人际管理能力和思维能力；高层管理者最需要的是思维能力或战略能力。这是保证他们工作有效性的最重要的因素。因此，对于企业高层管理者来说，最重要的活动是制定战略和推进战略管理，以保证企业整体的有效性。

实例分析 1-1

小张和小李两人分蛋糕，他们都想分到更多的蛋糕。可是让小张切吧，小李不同意；让小李切吧，小张不同意。这时有3个人来给他们出主意：一位是政治家；一位是科学家；一位是企业家。政治家说："小张，你是党员，你要有思想上的觉悟，你要公平啊。"小李感觉还是不保险。这时科学家就说："这好办，拿一把尺子量一下从中间切。"最后企业家说："哪有那么麻烦，由小张切，小李选不就得了！"最后皆大欢喜。可见一个好的管理方法是很重要的。作为一个好的管理者，无论管理企业还是人，都应该以旁观者的角度看待问题。一个好的企业应配套一个好的工作制度。

（1）管理者必须具备的个人特点和管理能力

① 有管理的愿望。一个合格的管理者必须有从事管理工作、影响他人及通过与下级的共同努力取得成就的强烈愿望。较高的地位和优厚的薪金可能是促进有效管理的一个重要因素，但强烈的管理愿望才是管理者实现高效管理的原动力。

② 与人交往和感情交流的能力。一个合格的管理者必须具有通过书面报告、信件、谈话和讨论等与人交往的能力，要有理解他人感情的能力，并能应对交往中出现的各种情况。

③ 诚实直率。这是一个合格的管理者必须具备的最高道德品质。只有在工作、钱财方面及与他人相处中做到诚实直率，才能成为一个真正意义上的合格管理者。

④ 过去作为管理者的业绩。任何一个行业不可能从普通职工中挑选出高层的管理者，因为他们没有管理工作经验，而过去作为管理者的工作业绩可能是对管理者今后工作表现的最可靠的预报材料。从某种意义来讲，在企业里取得的工作经验是一个管理者事业成功的关键。

⑤ 技术能力。对于任何一项管理工作都包含特定领域所需要的特殊知识和技能，管理者只有具备了这些基本能力，才能实现高效的管理。

⑥ 与人合作的能力。这种才能体现了一种合作的力量，管理者只有具备了与他人共同工作的能力，才能开创一种环境，使人们感到放心，并可自由地表达意见。

⑦ 概念能力。管理者只有具备这种能力，才能看到"大局"，认识某种情况下的关键要素并懂得各要素之间的关系。

⑧ 设计能力。要成为一个较高层次的有效管理者，不仅要有能发现问题的能力，还必须具有优秀设计工程师的能力，能找出解决问题的办法。

（2）做一个合格管理者的要求

① 共同建设高度认同的企业文化。高度认同的企业文化是科学、有效管理的基石。良好的管理取决于员工对某些基本价值观的接受。管理工作必须借助于一个平台，也就是一个环境。这个环境包括物质环境和人文环境。对于现代化高科技企业最重要的既不是先进的技术，也不是雄厚的经济基础，而是训练有素的员工。任何一位员工，特别是新员工，要接受企业基本的价值观念。这是一个非常艰苦的过程，所以初期培训和后续教育是一个很重要的环节。

② 理解人们共有的需求。管理者最有价值的素质是耐心、和蔼和体贴他人。管理者的手下不仅是工程师、会计师、行政人员、销售人员，还是人——这是最重要的。他们有家人、朋友，有自己的喜好和厌恶。尊重他们的人格，就能得到他们的尊敬和忠心；反之，他们就会失去工作的动力。"己所不欲，勿施于人"，这也是管理上的金科玉律。在管理者批评下属或表达不满之前，应先问自己："我是否喜欢别人用这种方式对我说话呢？"想想如果自己处于他们的位置，希望得到哪种态度，然后以同样的态度施于下属。

③ 广开言路。一个真正具有生产效率的部门，每个人都应积极思考更好、更有效率的工作方法，以更少的时间和更低的成本，生产出更高质量的产品。要达成这种革新，必须接受新构想，而且还要鼓励下属创新。激励的办法很多，如发放奖金、给予假期或礼物，但最有效的动力是让员工知道管理层确实在聆听或将他们的建议和构想付诸实施。

④ 给下属一个上升的空间。如果员工没有渴望得到的上升空间，那么他的工作兴致就到头了。工作兴致到头的员工通常表现为烦恼、不愉快、生产效率低下。要把企业的部门组织起来，

让每个人都有晋升的机会，形成在头衔、职责、地位和薪酬方面的晋升阶梯。

⑤ 组建一个成功的团队。一个成功的管理者应该成为孜孜追求团队整体贡献的榜样，把一部分精力放在人才梯队的培养和管理的规范化上，不争功、不抢利。个人的力量永远是有限的，建设一个坚不可摧、百折不挠、人才辈出的团队却是至关重要的。如果集体的力量壮大了，那么虽然个人的表面成绩隐去了，但管理者对实现企业目标的贡献却是任何一个只突出个人业绩的管理者无法比拟的。

⑥ 善于授权。管理者并不是任何事情都必须亲力亲为的。一个似乎看不出有多大业绩的管理者，所带领的团队业绩突出、所培养的干部个个出类拔萃，他起到的就是一种催化剂和黏合剂的作用，同时起到给企业造血的作用。这样的人才是优秀的管理者。

 情境提示

英国著名历史学家斯古德·帕金森通过长时间的调查研究发现，在企业和单位总有一种现象，那就是：大部分能力不强的人不愿意使用能力比自己强的人。他曾写了一本书，名叫《帕金森定律》(*Parkinson Law*)。书中详细阐述了造成这种现象的原因，以及会产生的严重后果。他认为：一个单位、一个企业之所以机构膨胀，极有可能是能力不强的领导在位。对于一个能力不强、不称职的领导来说，当他执政一段时间后发现出了问题，他可能有3种选择：

① 自己申请辞职，把位置让给有能力的人。这几乎是不太可能的，因为管理者如果辞职，就会损失自己很大的利益。

② 找一个能力强的人做副手，协助自己做工作。要下这样的决心是非常不容易的，因为有不少管理者害怕副手今后成为自己的竞争对手。

③ 选用两个水平不高、能力没有自己强的人协助自己的工作。这是不少企业和单位管理者所选择的。其好处是：他们分担了自己的工作，可以将责任分到他们头上；自己可以高高在上，发号施令，有权威感；他们不会成为自己以后的障碍；有两个人在做工作，就很容易产生矛盾，自己可以像一个仲裁员一样来评判他们的对错。

情境任务 1.3　企业文化与企业核心竞争力

 **引导案例**

有两份关于企业组织员工去深圳欢乐谷游玩的通知。通知的主题基本相同，活动原则也几乎一致：一天时间，企业提供门票和来回用车。但从通知中我们可以直观地看出两个企业在文化上的巨大差异。

其中一家企业是这么写的：

通　　知

经研究决定，拟定于"三八"妇女节组织全体员工去深圳欢乐谷游玩，时间为1天。全体员工务必带好身份证，于当日早上8点前赶到公司门前集合，否则后果自负。另外，单位只负责门票和来回车费，游玩期间伙食自理。无特殊情况，不得请假。

而另一家企业是这样"通知"大家的：

邀请书

如果你想尖叫而办公室里又不允许，如果你想牵漂亮 MM 的手而又找不到借口和机会，如果你想忘记无处发泄的郁闷和不快，那么：请在下面签上你的大名，参加公司的"深圳欢乐谷之旅"吧！

大家在一大堆横写竖画的名字（包括几个老总的名字）中挤进了自己的名字。在启程的前一天，两位年轻的同事笑着送出两样东西：一张门票和一张制作精美的卡片。卡片上写着：×××，恭喜你已成为我们欢乐之旅的成员！请你做好行前准备：带好身份证，保管好你的门票；带好轻松、保暖的衣服；约好你的朋友；如果你嫌开私家车麻烦，步行又太累，请早上 8 点前到公司门前乘车；如果你不吃不喝，那可以不带一分钱。祝大家玩得愉快！

两份通知，两种不一样玩的心情，反映出两种不同的企业文化，收到的当然是两种不一样的效果。

思考：从两种不同的企业文化中你得到了什么样的启示？

企业文化是企业在生产经营实践中逐步形成的，为全体员工所认同并遵守的，带有本组织特点的使命、愿景、宗旨、精神、价值观和经营理念，以及这些理念在生产经营实践、管理制度、员工行为方式与企业对外形象方面体现的总和。

1.3.1 企业文化的内容与功能

企业文化的内容与功能

1. 企业文化的内容

（1）经营哲学

经营哲学也称企业哲学，是一个企业特有的从事生产经营和管理活动的方法论原则，是指导企业行为的基础。一个企业在激烈的市场竞争环境中，面临着各种矛盾和多种选择，这就要求企业有一个科学的方法论来指导，有一套逻辑思维的程序来决定自己的行为。这就是经营哲学。

（2）价值观念

价值观念是人们基于某种功利性或道义性的追求而对人们（个人、组织）本身的存在、行为和行为结果进行评价的基本观点。

价值观不是人们在一时一事上的体现，而是在长期实践活动中形成的关于价值的观念体系。企业的价值观是指企业员工对企业存在的意义、经营目的、经营宗旨的价值评价和为之追求的整体化、个性化的群体意识，是企业全体员工共同的价值准则。只有共同的价值观基础，才能产生企业正确的价值目标。有了正确的价值目标才会有奋力追求价值目标的行为，企业才有希望。因此，企业价值观决定着员工行为的取向，关系到企业的生死存亡。

情境链接

核心价值观：大河有水小河满

如果说愿景是企业与人类（或客户的客户）的对话、使命是企业与客户的对话，那么核心价值观则是企业与员工的对话。企业的员工来自五湖四海，成长环境、教育背景各不相同，思考和行为模式也各异，如果企业不建立一套思想和行为的"语法系统"，大家在一起就很难高效地分工合作。核心价值观就是这样一套"语法系统"，藉由核心价值观的教化作用，唤醒员工的心灵，让员工的思想和行为符合企业期望。

员工为什么愿意被教化？如果教化不能给员工带来好处，那么教化将不可能有效。管理层

必须清醒地认识到,利益既是员工生存的机会,也是员工从四面八方走到一起的原因,因此企业不应教化员工通过放弃个人利益来服从组织利益。例如,"不计个人得失"之类的教化,可以说基本起不到多大作用。按照亚当·斯密《国富论》的观点,利己心是人类一切经济行为的推动力。利己是人的自然属性,所以唯有顺应人的自然属性,给予人更大增值和更多实惠的教化,才会被他接受和内化。核心价值观就是要着力于此,它算的是利益账,并不直接影响员工的利益,而是抄底去影响员工对利益的看法,从而帮助员工建立正确的利益观。

以华为核心价值观(以客户为中心、以奋斗者为本、长期艰苦奋斗和坚持自我批判)为例,来看一看其中的算账过程。

1. 以客户为中心的算账逻辑

客户是企业价值之源,只有客户感觉到价值剩余才会选择买单。蛋糕不是企业从客户那里抢来的,是客户心甘情愿地从他的大蛋糕中切出来的,所以客户利益和企业利益本质上没有冲突,要把矛盾对立转变为矛盾统一,实现与客户的共赢。只有把客户的蛋糕做大了,企业的蛋糕才会跟着变大,因此企业要设法助力客户的商业成功。

总而言之,为客户创造价值,就是为企业和自己创造价值。一味强调为企业或个人创造价值,而忽略了客户价值,企业和个人价值也就失去了根基。强调以客户为中心,不过是把天平往客户那边倾斜了一些而已,即便华为提出"以宗教般的虔诚对待客户",也没见华为员工因此完全不顾企业和个人利益。

2. 以奋斗者为本的算账逻辑

企业为客户创造价值,就必须讲效率;讲效率,就必须崇尚强者;崇尚强者,就必须把发展机会、激励资源向奋斗者倾斜。结论就是,企业要建立不奋斗、没有交换价值的员工就没有出路的机制。

3. 长期艰苦奋斗的算账逻辑

企业长期生存是员工可获得持续生存资源的基础。企业要长期生存,不仅当下要创造价值,还要把一部分当下创造的价值转化为长期生存能力。生存是一个艰难的过程,挑剔的客户、激烈的竞争、充满不确定性的环境和未来、不断上升的社会成本、人才的吸引和保留、内部熵增、员工成长的冲动等因素叠加在一起,足见企业生存压力与日俱增。让员工感同身受地认识到企业要实现商业成功,唯有长期艰苦奋斗,企业不能变成老员工休息的地方。当然,这里的"艰苦"特指思想上的艰苦,即通过创新和创造性的服务产出高价值。

4. 坚持自我批判的算账逻辑

趋势的转变是一个企业生死存亡的关键,企业不能做昙花一现的英雄。成功是面向过去的,过往的成功不是未来前进的可靠向导,所以企业要谨防经验主义。只有自我批判才能自我进化,企业不能刻舟求剑,必须在实践中提高对业务发展规律的认识和把握。同时,自我批判不是自我否定,而是不断扬弃和成长。开放、包容、实事求是才是自我批判的前提,要营造包容试错、不容犯错的文化,鼓励经过组织确认的大胆尝试,允许偏差,在不完美中无限逼近合理。因此在华为看来,自我批判就是一个企业最大的战略储备!

此外,核心价值观也可以看作一种利益上的合理安排。以客户为中心,是客户和企业之间利益的合理安排;以奋斗者为本,是做出不同贡献的员工之间的利益的合理安排;长期艰苦奋斗,是员工和企业之间利益的合理安排;坚持自我批判,是企业短期和长期之间利益的合理安排。企业只有把各种利益关系安排好了,才能焕发活力。总之,核心价值观是对"以利他的方式利己"思想的具化,最后留给员工的是一种心理契约——大河有水小河满。人类价值浩如烟海,客户价值是江河,企业价值是湖泊,员工价值是径流,每个人既贡献人类价值,又共享人类价值。

资料来源:胡赛雄. 华为增长法[M]. 北京:中信出版社,2020.

（3）企业精神

企业精神是指企业基于自身特定的性质、任务、宗旨、时代要求和发展方向，并经过精心培养而形成的企业成员群体的精神风貌。

企业精神要通过企业全体员工有意识的实践活动体现出来，所以它又是企业员工观念、意识和进取心理的外化。

企业精神是企业文化的核心，在整个企业文化中居于支配地位。企业精神以价值观念为基础，以价值目标为动力，对企业经营哲学、管理制度、道德风尚、团体意识和企业形象起着决定性的作用。

（4）企业道德

企业道德是指调整本企业和其他企业之间、企业和顾客之间、企业内部员工之间关系的行为规范的总和。它从伦理关系的角度，以善与恶、公与私、荣与辱、诚实与虚伪等道德范畴为标准来评价和规范企业。

企业道德与法律规范和制度规范不同，不具有强制性和约束力，但具有积极的示范效应和强烈的感染力，当被人们认可和接受后，便具有了自我约束的力量。因此，企业道德具有更广泛的适应性，是约束企业和职工行为的重要手段。

（5）团体意识

团体意识是指组织成员的集体观念。团体意识是企业内部凝聚力形成的重要心理因素。企业团体意识的形成，使企业的每位员工把自己的工作和行为都看成实现企业目标的一个组成部分，使他们对自己作为企业的成员感到自豪、对企业的成就产生荣誉感，从而将企业看成自己利益的共同体和归属。因此，他们就会为实现企业的目标而努力奋斗，自觉地克服与实现企业目标不一致的行为。

（6）企业形象

企业形象是企业通过外部特征和经营实力表现出来的，被消费者和公众所认同的企业总体印象。由外部特征表现出来的企业形象称为表层形象，如招牌、门面、徽标、广告、商标、服饰、营业环境等，这些都给人以直观的感觉，容易形成印象；通过经营实力表现出来的形象称为深层形象，是企业内部要素的集中体现，如人员素质、生产经营能力、管理水平、资本实力、产品质量等。表层形象是以深层形象为基础的，没有深层形象这个基础，表层形象就是虚假的，不能长久地保持。

（7）企业制度

企业制度是在生产经营实践活动中形成的，对人的行为具有强制性，并能保障一定权利的各种规定。

从企业文化的层次结构看，企业制度属于中间层次。它是精神文化的表现形式，是物质文化实现的保证。企业制度作为员工行为规范的模式，使个人的活动得以合理进行、内外人际关系得以协调、员工的共同利益受到保护，从而使企业员工有序地组织起来，为实现企业目标而努力。

2. 企业文化的功能

① 企业文化的导向功能。它主要包括经营哲学和价值观念的指导、企业目标的指引。

实例分析 1-2

企业文化是可策划的，企业欲上市，管理先上市，价值观先上市。张瑞敏曾经说过："海尔

17年(来)只做了一件事情,(那)就是创新。"如果要问海尔的成功之道是什么,那就是海尔所建立的特色文化及持续多年只做一件事情。许多年来,很多企业到海尔取经,资料拿走了不少,但是却没能真正创造出几个"海尔"。为什么?因为形易似而神难似。

海尔前总裁杨绵绵也说过一句话:"人人都说海尔的核心就是创新文化,但是如何让创新落地?海尔的成功就在于坚持文化,坚持了20年。为什么海尔的管理模式搬不走?因为这种管理模式枯燥、辛苦。人有三商——情商、智商和韧商,而韧商最难达到,这也是海尔的文化。"

② 企业文化的约束功能。它主要通过完善管理制度和道德规范来实现。

③ 企业文化的凝聚功能。企业文化以人为本,尊重人的感情,从而在企业中形成了一种团结友爱、相互信任的和睦气氛,强化了团体意识,使企业员工之间形成强大的凝聚力和向心力。

④ 企业文化的激励功能。共同的价值观念使每位员工都感到自己的存在和行为的价值。自我价值的实现是人的最高精神需求,会形成强大的激励作用。在以人为本的企业文化氛围中,领导和员工、员工和员工之间互相关心,互相支持,特别是领导对员工的关心,会使员工感到受人尊重,自然会振奋精神,努力工作。

⑤ 企业文化的调适功能。调适就是调整和适应。企业各部门之间、员工之间,由于各种原因难免会产生一些矛盾,解决这些矛盾需要各自进行自我调节;企业与环境、与顾客、与企业、与国家、与社会之间都会存在不协调、不适应之处,这也需要进行调整和适应。

⑥ 企业文化的辐射功能。企业文化不只在企业内部起作用,还能通过各种渠道对社会产生影响。文化辐射的渠道很多,如传播媒体、公共关系活动等。

1.3.2 企业文化的核心——企业精神

1. 企业精神的内容

① 员工对本企业的特征、地位、形象和风气的理解和认同。
② 由企业优良传统、时代精神和企业个性融合的共同信念、作风及行为准则。
③ 员工对本企业的生产、发展、命运和未来抱有的理想与希望。

2. 培育企业精神的途径

① 长期形成。企业文化的形成非短时之力,需要长时间潜移默化和渗透到心灵深处,才能成为企业员工的共同行为规范和共同意志。企业可以通过简报、宣传栏、黑板报、标语、宣传品等舆论工具和媒介及报告、演讲、座谈、讨论等宣传方式,宣传、传播企业精神,从而对员工产生导向、熏陶、激励和制约作用,使企业精神深入人心。

② 领导示范。企业领导,特别是最高层领导,是企业文化的发起人。他不仅要做企业精神的积极倡导者,而且要做企业精神的率先垂范者。这是培育企业精神最有效的途径。

③ 实践锤炼。实践是培育企业精神的沃土。没有实践,就不可能产生企业精神。因此,企业从生产经营到后勤服务,从厂规厂纪到每一位员工的言行举止,都应成为培育企业精神的重要环节,并在日常实践中锤炼,逐渐养成、发展和升华,使企业精神成为企业群体生产经营实践的结晶。

④ 榜样示范。"榜样的力量是无穷的",企业模范人物是企业精神的集中体现和代表,是广大员工的榜样。树立企业模范,塑造先进典型,用榜样的力量培育企业精神,是一条非常有效的途径。

⑤ 主题活动。以企业精神为主题，经常组织开展各种各样的主题活动，如演讲会、联谊会、卡拉OK、歌咏比赛、文艺会演、书画展、摄影展、征文比赛、知识竞赛、棋类比赛、体育运动会、跳舞、文化沙龙等活动，在活动中潜移默化地熏陶、培养员工对企业精神的觉悟与意识，养成企业精神。

⑥ 制度规范。制定反映企业精神、促进企业精神培养的规章制度，是培育企业精神的又一途径。因为企业精神是一种导向、规范企业员工行为的思想意识，本身不具有强制性，所以培育企业精神还需要一定的规章制度来规范。应注意将强制性规范（如职业纪律）与柔性规范（如理想、道德等）有效结合起来，才能培育出良好的企业精神。

⑦ 教育培训。一方面，适当地举办有关企业文化、企业精神的培训班、研讨班，从理论上强化员工对企业精神的理解和认同；另一方面，通过企业员工自我教育、相互帮助、相互影响，自觉确立与企业精神一致的奋斗目标，并在工作中实践企业精神。

⑧ 形象塑造。企业精神虽是无形的、抽象的，但可以通过一定的方式物化为有形的、具体的东西，如通过厂旗、厂徽、厂服、厂歌、厂容、厂貌、广告、招牌、厂史展览等，展现企业精神的内涵，促进企业精神生长。

⑨ 典礼仪式。企业精神应借助于特定载体来予以宣扬和表达。典礼仪式是促进员工对企业精神认同、强化企业精神的有效途径。许多企业都有一些经常性的仪式，如升国旗、厂旗，唱厂歌，开展厂庆活动等，这些都可以弘扬企业精神。

1.3.3 企业核心竞争力

1. 企业核心竞争力的特征

企业核心竞争力是企业长期形成的，提供企业竞争优势基础的多方面技术、技能和知识的有机组合。形象地说，企业好比一棵大树，核心产品是树干，业务单位是树枝，树叶、花朵、果实则是顾客所需要的最终产品，而支持核心产品的核心能力就是树根。核心竞争力实际上是隐藏在核心产品里面的知识和技能或它们的集合。也有人把它称作核心专长，认为核心专长是对各种技术学习的心得和各种组织知识的总和。

核心竞争力具有5个特征：它是一种竞争性的能力，具备相对于竞争对手的竞争优势；它处在核心地位，是企业其他能力的统领，是企业独特的资源或核心理念、产品所形成的，带给顾客特殊价值的商品或体验；它是企业所独具的能力，不为个别人所拥有，不为其他企业所能模仿、不为其他竞争力所替代，它不像材料设备一样可以购买，难以转移或复制，包括企业运作模式、企业规章制度，员工的素质、能力、观念、行为方式等；它能长期起作用，一般不随环境的变化而发生质变；它具有品牌延展性，能保证企业多元化发展的成功——多元化战略成功的关键在于同心多元化，这个"心"正是企业核心竞争力。

核心竞争力被广泛看作企业取得竞争优势的前提，在现代企业战略管理中得到广泛应用。

2. 企业核心竞争力的表现

企业竞争力是多种多样的。对于具体企业来说，不是每种竞争力都同样重要、等量齐观的。企业竞争力中那些最基本的，能使整个企业保持长期的竞争优势，获得稳定超额利润和可持续发展的能力，就是企业的核心竞争力。

企业核心竞争力从其具体体现形式来看，可大体分解为10个方面。

(1) 决策竞争力

决策竞争力是企业辨别发展陷阱和市场机会，对环境变化做出及时有效反应的能力。不具有这一竞争力，核心竞争力也就成了一具"腐尸"。决策竞争力与企业决策力是一种同一关系。决策频频失误的企业，肯定没有决策竞争力。没有决策竞争力的企业，也就是企业决策力薄弱。

(2) 组织竞争力

企业市场竞争最终要通过企业组织来实施。也只有当保证企业组织目标的实现必须完成的事务工作，事事有人做，并且知道做好的标准时，才能保证由决策竞争力所形成的优势不落空。并且，企业决策力和执行力也必须以它为基础。没有强有力的组织明确而恰当地界定企业组织成员相互之间的关系，保障决策力和执行力的活动，没有恰当的人承担并完成，企业的决策力和执行力就无从而来。

(3) 员工竞争力

企业组织的大小事务，必须有人来承担。只有当员工的能力足够强，做好工作的意愿足够高，并且具有耐心和牺牲精神时，才能保证事事都做到位。否则，企业的决策力和执行力也就成了无源之水。保障企业决策力和执行力的活动有效率和效益，就是要保证活动的主体——员工具备与之相适应的能力、意愿、耐心和牺牲精神。

(4) 流程竞争力

流程就是企业组织各个机构和岗位角色个人做事方式的总和。它直接制约着企业组织运行的效率和效益。企业组织各个机构和岗位角色个人做事方式没有效率和效益，企业组织的运行也就不会有效率和效益。

(5) 文化竞争力

文化竞争力是由共同的价值观念、共同的思维方式和共同的行事方式构成的一种整合力，直接起着协调企业组织运行、整合其内外部资源的作用。

(6) 品牌竞争力

品牌需要以质量为基础，但仅有质量却不能构成品牌。它是强势企业文化在社会公众心目中的折射、体现，因而它也直接构成企业整合内外部资源的一种能力。没有品牌竞争力，企业组织的内部和外部都不认同企业的做事方式和行事结果，企业也就谈不上有什么竞争力，更谈不上有核心竞争力。品牌一旦形成就是一种资源，因而是构成企业核心竞争力的一个重要内容。

(7) 渠道竞争力

企业要获得盈利、发展，就必须有足够多的顾客接受其产品和服务。如果没有宽广有效的渠道沟通企业和顾客之间的关系，导致企业与顾客隔离，就必然会惨败。因此，渠道是一种资源，渠道竞争力是直接构成企业核心竞争力的一项内容。

(8) 价格竞争力

低价是顾客寻求的价值之一，没有不关注价格的顾客。在质量和品牌影响力同等的情况下，价格优势就是竞争力——没有价格优势，产品最终会被消费者淘汰。

(9) 伙伴竞争力

企业要为顾客提供全面超值的服务和价值满足，就必须建立广泛的战略联盟。如果一个企业失去了合作伙伴的支持，就无法适应顾客价值满足集中化的要求，也就必然在残酷的市场竞争中处于不利地位。因此，它的增强也就直接是企业支持力和执行力的提升。

(10) 创新竞争力

"一招鲜，吃遍天"是市场竞争中的不二法门。要"一招鲜"就必须不断地创新。谁能不断地创造出这"一招鲜"来，谁就能在市场竞争中立于不败之地。因此，它既是企业核心竞争力的一个重要内容，又是企业执行力的一个重要内容。

这十大竞争力，作为一个整体，就体现为企业核心竞争力。从整合企业资源的能力的角度进行分析，这10个方面的竞争力中任何一个方面的缺乏或降低，都会直接导致这种能力的下降，即企业核心竞争力的降低。这10个方面的竞争力又各自相对独立。任何一个企业，拥有了这其中任何一个方面的竞争力，就占领了市场竞争的一个制高点。

3. 企业文化与企业核心竞争力

从内容上看，真正意义上的企业核心竞争力不是一个或几个点的优势、强项，而是一个在独特的竞争环境和管理理念之下，经过长期磨合而形成的协调配合的整体实力。从特征来看，企业文化具有核心竞争力的独特性、扩展延伸性的特点。因此，企业文化具有企业成长和发展的原动力，而企业核心竞争力是企业的整个动力系统，两者共同作用，推动企业不断发展。

应用案例

AC航班坠落事件

一个初春的晚上，7点40分，AC航班正飞行在离目的地K市不远处的高空。机上的油量还可维持近2个小时的航程。在正常情况下，像AC这样的航班，由此处飞行到降落K机场，仅需要不到半小时的时间。可以说，飞机的缓冲保护措施是安全的。但没想到，AC航班在降落前遭遇了一系列问题。

晚上8点整，K机场航空交通管理员通知AC航班的飞行员，由于机场出现了严重的交通问题，他们必须在机场上空盘旋待命。8点45分，AC航班的副驾驶员向机场报告飞机的燃料快用完了。交通管理员收到了这一信息。然而，在9点24分之前，飞机并没有被批准降落机场。而在此之前，AC航班机组成员也没有再向K机场传递任何情况十分危急的信息，只是飞机座舱中的机组成员在相互紧张地通知说他们的燃料供给出现了危机。

9点24分，AC航班第1次试降失败。由于飞机高度太低及能见度太差的原因，所以飞机安全着陆没有保证。当机场指示AC航班进行第2次试降时，机组成员再次提到飞机的燃料将要用尽，但飞行员还是告诉航空交通管理员新分配的飞行跑道可行。几分钟后，准确时间是9点32分，飞机有两个引擎失灵了，1分钟后另外两个也停止了工作。耗尽燃料的飞机终于在9点34分坠毁于K市，机上73名人员全部遇难。

当事故调查人员分析了飞机座舱中的磁带并与当事的航空交通管理员交谈之后，他们发现导致这场悲剧的原因实际上很简单：机场方面不知道AC航班的燃料会这么快耗尽。下面是有关人员对这一事件所做的调查。

第一，飞行员一直说飞机燃料不足，航空交通管理员则告诉调查人员，这是飞行员们惯用的一句话。当因故出现降落延误时，航空交通管理员认为，每架飞机都不同程度地存在燃料问题，但是如果飞行员发出"燃料危急"的呼声，则航空交通管理员有义务优先为其导航，并尽可能迅速地允许其着陆。一位航空交通管理员这样指出："如果飞行员表明情况十分危急，那么所有的规则程序都可以不顾，我们会尽可能以最快的速度引导其降落。"事实上，AC航班的飞行员从未说过情况危急，由此导致K机场航空交通管理员一直未能正确理解飞行员所面临的真正问题。

第二，AC航班飞行员的语调也并未向航空交通管理员传递出有关燃料危急的信息。航空交通管理员普遍接受过专门训练，可以在多数情况下捕捉到飞行员声音中极细微的语调变化。尽管 AC 航班机组成员内部也表现出对燃料问题的极大忧虑，但他们向 K 机场传达信息时的语调却是冷静而职业化的。

另外，也应当指出，AC 航班的飞行员不愿意声明情况紧急是有一些客观原因的。例如，按条例规定，驾驶员在飞行中做了紧急情况报告之后，他们事后需要补写长篇的、正式的书面汇报交给有关方面。还有，紧急情况报告后如果飞行员被发现在估算飞机在飞行中需要多少油量方面存在严重的疏漏，那么飞行管理局就有理由吊销其飞行执照。这些消极的强化因素，在相当程度上阻碍了飞行员发出紧急呼救。在这种情况下，飞行员的专业技能和荣誉感便会变成一种"赌注"！

资料来源：豆瓣网.

问题讨论

① AC 航班坠落事件的根本原因是什么？

② 应当采取怎样的措施来避免此类事件再次发生（从沟通方面分析）？

边学边做

模拟企业经营管理，演绎事业兴衰成败

1. 模拟目的

① 通过企业经营管理的基础训练，加深对企业经营管理理论知识的理解。

② 对虚拟公司进行经营管理，锻炼和提高实际工作能力。

③ 培养与提高学生逻辑思维能力、计划能力、决策能力、组织协调能力、人际沟通能力、应变能力和创新能力。

④ 培养与提高学生对所学知识的综合运用能力，不断提高学生自身分析问题和解决问题的能力。

⑤ 培养学生用企业化的语言和职业化的规范进行模拟企业的实训。

⑥ 为学生提供动手和操作的平台，为其今后的事业和工作奠定基础。

2. 内容与形式

① 按照班级人数进行分组，每组 10 人左右。每组成员回答问题可以相互补充，但组和组之间不能相互补充。

② 运用企业管理知识对照案例进行分析。

3. 模拟案例：荣升总裁

郭宁最近被一家生产机电产品的公司聘为总裁。在准备接任此职位的前一天晚上，他浮想联翩，回忆起他在该公司工作 20 多年的情况。

郭宁大学所学的专业是工业管理，大学毕业后就到该公司工作，最初担任液压装配单位的助理监督。因为他对液压装配所知甚少，在管理工作上也没有实际经验，所以几乎每天都感到手忙脚乱。可是他非常好学，一方面仔细参阅该单位制定的工作手册，努力学习相关技术知识；另一方面监督长也主动指点他，使他渐渐摆脱了困境，胜任了工作。经过半年多的努力，他已有能力独自承担液压装配的监督长工作。可是，当时公司没有提升他为监督长，而是直接提升他为装配部经理，负责包括液压装配在内的 4 个装配单位的领导工作。

在他当助理监督时，他主要关心的是每日的作业管理，技术性很强，而当他担任装配部经理时，发现自己不能只关心当天的装配工作状况，还得做出此后数周乃至数月的规划，以及完成许多报告和参加许多会议，没有多少时间去从事他过去喜欢的技术工作。当上装配部经理后

不久，郭宁就发现原有的装配工作手册已基本过时，因为公司安装了许多新设备，吸收了一些新技术。这令他花了整整一年的时间去修订工作手册，使之切合实际。在修订过程中，他发现要让装配工作与整个公司的生产作业协调起来，需要做进一步的研究。郭宁还主动到几个工厂去访问，学到了许多新的工作方法，并把这些吸收到修订工作中。由于该公司的生产工艺频繁发生变化，因此工作手册也不得不经常修订。郭宁对此都完成得很出色。工作了几年后，他不但自己学会了这些工作，而且还学会了如何把这些工作交给助手去做，教他们如何做好。这样，他就可以腾出更多的时间用于规划工作和帮助他的下属工作得更好，用更多的时间去参加会议、批阅报告和完成自己向上级的工作汇报。

当郭宁担任装配部经理6年之后，正好公司负责规划工作的副总裁辞职，他便主动申请担任此职务。在与另外5名竞争者较量之后，郭宁被正式提升为规划工作副总裁。他自信拥有担任新职务的能力，可高级职务工作的复杂性仍使他在刚接任时碰到了不少麻烦。但是，他还是渐渐适应了，并做出了成绩。后来又被提升为负责生产工作的副总裁，而这一职位通常是由该公司资历最深、辈分最高的副总裁担任的。到了现在，郭宁又被提升为总裁。他知道一个人当上公司最高主管职位之时，应该自信能够处理可能出现的任何情况，但他也明白自己尚有欠缺。因此，他不禁想到自己明天就要上任了，今后数月的情况会怎么样，他不免为此而担忧。

4. 模拟要求

① 掌握在企业不同部门、岗位之间的工作协调能力与沟通技巧。

② 亲身感受现实环境中竞争的残酷性和科学有效管理的重要性。

围绕以上案例，分析讨论以下2个问题。

① 你认为郭宁当上总裁后，他的管理职责与过去相比有了哪些变化？

② 从管理者职能的角度，对郭宁20多年的管理工作进行分析。（提示：郭宁在20多年的工作中担任过各种层次的管理者，在担任这些层次管理者的过程中，职能有所不同。郭宁升任总裁以后，将成为决策指挥者，这一职能与他以前担任的管理者的职能是不一样的。）

5. 模拟效果

① 能够用简练的语言描述该案例本身。

② 回答问题准确，能够用管理学的一些原理来解释案例中的一些现象。

③ 根据个人发言讨论情况，小组成员相互打分，评定成绩。

情境综述

在学习情境1中，我们学习了：

① 企业、企业经营管理的相关概念，管理的职能。

② 企业管理组织、管理者。

③ 企业文化与企业核心竞争力。

学习情境 2

现代企业制度

什么制度是企业最好的制度？适合的就是最好的。海尔的制度好不好？联想的制度好不好？对于你的企业而言，难说。关键是适用。制度是从你的企业土壤里生长出来的，而不是从专家、学者的著述中生搬硬套来的。制度是生物，不是产品。

情境导入

10 月，小李在蓝天集团开发部实习，参与了集团设立子公司、制度建设等工作。

学习目标

通过本学习情境的学习，能够掌握不同类型的企业设立的条件和程序，认识和初步应用企业日常经营中的管理制度和管理体制。

情境任务

1. 企业的设立。
2. 现代企业制度。
3. 现代企业治理制度。

学习建议

1. 分组设计自主创业可行性方案。
2. 模拟设立一家有限责任公司。

情境任务 2.1　企业的设立

引导案例

大连工业大学环境艺术设计专业的大四学生王鹏带领 4 名同学从装修工做起，开始自主创业。如今，他们创建的大连美居装饰装修工程有限公司已渡过创业之初的难关，并利用在学校学到的知识，与同行展开了差异化竞争。

资料来源：半岛晨报.

思考：如何通过设立企业进行自主创业？

企业是依法成立的，实行自主经营、自负盈亏、独立核算的经济组织。

2.1.1　企业设立的条件

1. 公司制企业的设立条件

（1）有限责任公司的设立条件

有限责任公司是指在中国境内设立的，股东以其认缴的出资额为限对公司承担责任，公司以全部资产为限对公司的债务承担责任的企业法人。

① 股东符合法定人数。有限责任公司由 50 个以下股东出资设立。
② 有符合公司章程规定的全体股东认缴的出资额。
③ 股东共同制定公司章程。
④ 有公司名称，建立符合有限责任公司要求的组织机构。公司名称就是公司的称谓，是公司依法专有的与其他公司相区别的一种文字标志。公司名称既是公司成立的条件之一，也是公司从事生产经营活动的基础。

由于公司的名称是一个公司区别于其他公司的标志，具有排他性，因此一个公司只准登记、使用一个名称（只有确实出于业务活动的特殊需要，经省级以上登记机关批准，公司才可以在登记机关规定的范围内使用一个从属名称）。

因为公司名称是公司人格的基础，代表公司的形象，与公司实体紧密结合，具有很强的依附性，所以大多数国家的公司法都要求公司名称的转让应当随公司本身的全部或部分转让，而不允许公司名称的单独转让。

一般来说，有限责任公司的组织机构由股东会、董事会和监事会构成。其中，股东会为公司的权力机构；董事会为公司的决策执行机构；监事会为公司的监督机构。股东会由全体股东组成；董事会成员为 3～13 人；监事会成员不得少于 3 人，其中应有适当比例的职工代表，并且比例不得低于 1/3，具体比例由章程规定。

针对不同的公司类型，有限责任公司的组织机构有所不同：股东人数较少或规模较小的有限责任公司，可以不设董事会、监事会，只设 1 名执行董事、一两名监事；一人有限责任公司（包括国有独资公司）不设股东会；上市公司设立独立董事。

⑤ 有公司住所。住所是公司的主要办事机构所在地，通常是指负责决定和处理公司事务的中心机构的所在地。区分公司的主要办事机构与次要办事机构，通常以公司的登记为准，即以登记时注明的主要办事机构为准。

设立分公司的情况下，分公司也应有经营场所，并需要在经营场所所在地的登记机关办理登记。但分公司不是法人，而且我国法律不承认公司可以有多个住所，故分公司的经营场所不具有住所的地位和效力。

公司住所是公司开展经营活动的长期固定地点，是确定许多与公司相关的法律关系的基础。它具有以下 4 个重要的法律意义。

- 公司住所是确定公司登记机关和管理机关的前提。
- 公司住所是诉讼中确认地域管辖和诉讼文书送达地的依据。
- 公司住所是确定合同履行地的重要标志。
- 公司住所是涉外民事法律关系中确定准据法的依据之一。

（2）股份有限公司的设立条件

股份有限公司是指公司资本由股份组成，股东以其认购的股份为限对公司承担责任的企业法人。

① 发起人符合法定人数。设立股份有限公司，应当有 2 人以上 200 人以下的发起人，其中半数以上的发起人必须在中国境内有住所。

② 有符合公司章程规定的全体发起人认购的股本总额或募集的实收股本总额。

③ 股份发行、筹办事项符合法律规定。股份有限公司股份的发行、筹办事项，除要符合《中华人民共和国公司法》（以下简称《公司法》）的规定外，还要符合《中华人民共和国证券法》（以下简称《证券法》）等相关法律、行政法规的规定。

④ 发起人制定公司章程。采取募集方式设立的，经创立大会通过。

⑤ 有公司名称，建立符合股份有限公司要求的组织机构。

⑥ 有公司住所。

2. 非公司制企业的设立条件

（1）申请企业法人登记应当具备的条件

企业法人是指依据《中华人民共和国企业法人登记管理条例》《中华人民共和国企业法人登记管理条例实施细则》等规定，在各级工商行政管理机关登记注册的社会经济组织。具体而言，企业法人应是具有符合国家法律规定的资金数额、企业名称、组织章程、组织机构、住所等法定条件，能够独立承担民事责任，经主管机关核准登记取得法人资格的社会经济组织。

具备法人条件的下列企业，应当依照法律规定办理企业法人登记。

① 全民所有制企业。

② 集体所有制企业。

③ 联营企业。

④ 在中华人民共和国境内设立的中外合资经营企业、中外合作经营企业和外资企业。

⑤ 私营企业。

⑥ 依法需要办理企业法人登记的其他企业。

以上企业只有具备了法人条件，才可以进行法人登记，但上述类型的企业并不都是我国企业法人。

申请企业法人登记应当具备的条件：

① 名称、组织机构和章程。
② 固定的经营场所和必要的设施。
③ 符合国家规定并与其生产经营和服务规模相适应的资金数额及从业人员。
④ 能够独立承担民事责任。
⑤ 符合国家法律、法规和政策规定的经营范围。

（2）申请营业登记（非法人）应当具备的条件

营业登记是指登记主管机关对从事经营活动，又不具备法人条件的企业和经营单位进行审查核准并颁发营业执照，确认其合法经营权的登记行为。

办理营业登记的对象包括4种：

① 联营企业。不具备法人条件的联营企业，不能独立承担民事责任，因此只能申请营业登记。
② 企业法人所属分支机构。这是指企业法人设立的不能独立承担民事责任的分支机构，如分厂、分店、门市部等。
③ 外商投资企业设立的分支机构。
④ 其他从事经营活动的单位。

申请营业登记需要具备的条件：

① 有符合规定的名称。
② 有固定的经营场所和设施。
③ 有相应的管理机构和负责人。
④ 有经营所需要的资金和从业人员。
⑤ 有符合规定的经营范围。
⑥ 有相应的财务核算制度。
⑦ 联营企业还应有联合签署的决议。

2.1.2　企业设立的程序

1. 公司制企业设立的程序

（1）有限责任公司的设立程序

有限责任公司的设立主要采用准则主义，即除法律、行政法规明确规定须经审批外[1]，只要具备有限责任公司的设立条件，就可向公司登记机关直接办理注册登记。根据《公司法》的规定，设立有限责任公司必须经过如下程序。

第1步　发起人发起。这是设立有限责任公司的预备阶段，由发起人明确设立公司的意向，并做出必要准备。如果发起人为多人，则发起人之间应签订协议，以明确各发起人在公司设立

---

[1] 目前，我国除对一些与国计民生有密切关系行业的企业（如银行、保险等）实行审批之外，大多数情况下都不采用这一原则。

过程中的权利与义务。

第2步 公司名称的预先核准[1]。在我国，实行公司名称预先核准制度，即在设立有限责任公司时，应向公司登记机关申请拟设立公司名称的预先核准，只有待名称获得核准后，才能进行设立公司的后续行为。

第3步 制定公司章程。公司章程应当由全体发起人共同商议起草，并经全体股东共同通过方可生效。全体股东应当在公司章程上签名、盖章。

第4步 必要的审批手续。如果设立的有限责任公司是法律、行政法规规定需要报经批准的，则应当按照法律、行政法规的规定履行必要的批准手续。

第5步 缴纳出资。设立有限责任公司，除法律、行政法规规定不得作为出资的财产外，股东既可以用货币出资，也可以用实物、知识产权、土地使用权等可以用货币估价并可以依法转让的非货币财产作价出资，但是法律、行政法规规定不得作为出资财产的除外。对作为出资的非货币财产应当评估作价，核实财产，不得高估或低估作价。法律、行政法规对评估作价有规定的，从其规定。股东以货币出资的，应当将货币出资足额存入有限责任公司在银行开设的账户；以非货币财产出资的，应当依法办理其财产权的转移手续。

第6步 验资。股东应当按期足额缴纳公司章程中规定的各自所认缴的出资额。股东不按法律规定缴纳出资的，除应当向公司足额缴纳外，还应当向已按期足额缴纳出资的股东承担违约责任。公司成立以后，发现作为设立公司出资的非货币财产的实际价额显著低于公司章程所定价额的，应当由交付该出资的股东补足其差额，公司设立时的其他股东对此承担连带责任。

实例分析 2-1

A、B、C共同出资设立一家有限责任公司，其中B以房产作价出资30万元。公司成立后又吸收D入股。后查明，B作为出资的房产仅值20万元，B可供执行的个人财产现有3万元。下列处理方式中，符合法律规定的是（　　）。

A. B以现有可供执行的个人财产补缴差额，不足部分由B从公司分得的利润中予以补足
B. B以现有可供执行的个人财产补缴差额，不足部分由A、C补足
C. B以现有可供执行的个人财产补缴差额，不足部分由A、C、D补足
D. B无须补缴差额，A、C、D也不承担连带责任

第7步 申请设立登记。股东认足公司章程规定的出资后，由全体股东指定的代表或共同委托的代理人向公司登记机关报送公司登记申请书、公司章程等文件，申请设立登记。法律、行政法规或国务院决定规定设立有限责任公司必须报经批准的，还应当提交有关批准文件。

第8步 登记发照。依法设立的公司，由公司登记机关核发企业法人营业执照。公司营业执照签发日期为公司成立日期。公司凭公司登记机关核发的企业法人营业执照刻制印章、开立银行账户、申请纳税登记。

（2）股份有限公司的设立程序
<1> 发起设立程序
第1步 发起人发起。发起人之间订立发起人协议，明确各自在公司设立过程中的权利、

---

[1] 公司登记机关做出准予公司名称预先核准决定的，应当出具企业名称预先核准通知书。预先核准的公司名称保留期为6个月。预先核准的公司名称在保留期内，不得用于从事经营活动，不得转让。

义务及责任。

第2步 公司名称的预先核准。在公司名称获得核准后，再以核准后的公司名称进行设立公司的后续手续。

第3步 制定公司章程。发起设立股份有限公司时，应由全体发起人共同制定公司章程，并在章程上签名、盖章。

第4步 必要的行政审批。根据法律、行政法规规定需要报经审批的，应当根据有关规定办理必要的审批手续。

第5步 发起人认购公司股份。以发起方式设立股份有限公司的，发起人应当书面认足公司章程规定其认购的股份。

第6步 发起人缴纳出资。发起人应按照公司章程规定缴纳出资；以非货币财产出资的，应当依法办理其财产权的转移手续。

第7步 选举董事会和监事会。发起人认足公司章程规定的出资后，应当选举董事会和监事会。

第8步 申请设立登记。董事会向公司登记机关报送公司章程及法律、法规规定的其他文件，申请设立登记。

〈2〉募集设立程序

第1步 发起人发起。

第2步 公司名称的预先核准。

第3步 制定公司章程。全体发起人共同制定公司章程，并在章程上签名、盖章。与发起设立不同的是，公司章程需要经过创立大会通过后方能生效。

第4步 必要的行政审批。

第5步 发起人认购股份。以募集方式设立股份有限公司的，发起人认购公司的股份不得少于公司股份总数的35%；法律、行政法规对此另有规定的，从其规定。

第6步 公告招股说明书，制作认股书。招股说明书应当附有发起人制定的公司章程，并载明这些事项：发起人认购的股份数；每股的票面金额和发行价格；无记名股票的发行总数；募集资金的用途；认股人的权利和义务；本次募股的起止期限及逾期未募足时认股人可以撤回所认股份的说明。

第7步 签订承销协议和代收股款协议。发起人就股份的承销方式、数量、起止时间、承销费用的计算与支付等具体事项，与证券公司签订承销协议；发起人就代收和保存股款的具体事项，与银行签订代收股款协议。

第8步 召开创立大会。发起人应当在发行股份的股款缴足后30日内主持召开创立大会。

第9步 设立登记。以募集方式设立股份有限公司的，应当在创立大会结束后的30日内，由董事会向公司登记机关申请设立登记。

2. 非公司制企业设立的程序

非公司制企业设立的程序：

第1步 进行名称预先核准登记。

第2步 将注册资本的货币资金存入指定银行。

第3步 办理资产评估和验资手续。

第4步 填写登记注册书，制定企业章程。

第 5 步　提交登记文件、证件，受理后按约定日期领取营业执照。

情境任务 2.2　现代企业制度

引导案例

2008 年是魏家福成为中远集团掌门人的第 10 个年头。在他的领导下，中远集团取得了举世瞩目的成就：1998 年至 2008 年的 10 年间，中远集团的船队规模由 1998 年年底的 1 635 万载重吨提升到 2008 年 6 月底的 5 300 万载重吨，增长了 224%；企业利润总额由 1998 年的 5 亿多元提高到 2007 年的 340 亿元，增长了 60 多倍。2008 年全球金融危机爆发，给世界经济带来了巨大的冲击，国际航运业更是首当其冲。作为国际航运业的龙头企业，中远集团在全球经济低迷的情况下，2008 年业绩仍然实现盈利。随着金融危机逐渐蔓延到实体经济，这个"全球最具盈利能力的航运公司"依然表现得泰然自若。总裁魏家福对公司 2009 年的业绩前景表示乐观，他预测 2009 年全球航运市场将迎来反弹，给中远集团带来更大、更广阔的市场。

改革开放以来中远集团的快速发展，离不开现代企业制度和现代产权制度的完善。在中远集团几代领导班子的战略思维指导下，集团通过谋划一系列战略构想并努力加以实施，使得集团主业越来越突出，目标越来越明确，规模实力越来越强，其核心竞争力和盈利能力都得到了大幅度提高。

思考：现代企业制度与传统的国有企业制度有何不同？

现代企业制度是以完善的企业法人制度为基础，以有限责任制度为保证，以公司为主要形态，以产权清晰、权责明确、政企分开、管理科学为条件的新型企业制度。

2.2.1　现代企业制度的特征

1. 产权清晰

（1）产权的概念

产权是人们根据一定的目的对财产加以利用或处置，以从中获取经济利益的权利。

产权包括 4 种权利：占有权，这决定了企业的所有制；使用权，所有者可以根据意愿，在法律的限制范围之内来使用财产；转让权，产权可以通过市场进行交易；收益权，所有者有权获得生产所带来的收益。

产权的直接形式是人对物的关系，实质上是产权主体围绕各种财产客体而形成的人们之间的经济利益关系。这种利益关系在得到法律认可之后，就形成了法律上的产权关系，即在法律上对土地、房屋、设备、存款、现金、股票、债券、专利、商标、名誉等的所有、占有、支配和使用关系。法律上的产权关系是对经济关系的反映、认可和保护。一旦人们的财产占有关系在法律上得到认可和保护，产权就具有了排他性、独立性、交易性和可分割性的特征。当股份制成为企业的财产组织形式之后，就形成了财产所有权与实际占有权的分离，进而在财产所有权的基础上产生了企业依法享有对别人财产的占有、支配、使用和处置的权利，即法人财产权。

因此，现代产权的内容不仅包括法律上的财产所有权，还包括企业法人财产权，是以财产所有权为主体的一系列权利的总和。

所有制是在社会经济生活中一定的个人或社会组织对生产条件的独占或垄断。这种对生产条件的独占或垄断决定了生产要素的不同结合方式，决定了人们在生产过程中的相互关系、交换关系及分配关系，是形成生产关系的基础。所有制在法律上表现为所有权，因此以所有权关系为主要内容的产权关系构成了所有制的核心和主要内容。然而，所有制的内部关系并不是一成不变的。当经济关系不复杂时，所有制的范围是狭窄的，所有者可以完整地行使其权利并独享收益。但随着生产力的发展、经济规模的扩大，所有者要统管所有权会日益困难，因而需要把自己的财产委托给他人经营，即让渡一部分产权给别人。可见，所有制内部的所有权、占有权、支配权和使用权既可以全部归一个主体去行使，也可以拆分，还可以组合——同一所有制可能有不同的产权配置格局，有不同的实现形式。

情境链接

所有权与经营权分离

当我们追寻现代企业制度的源头时不难发现，现代企业源于家族企业和合伙人企业。家族企业和合伙人企业发展后遇到了一个共同的难题，即怎样把创业者的事业传承下去。中国有句俗语叫"富不过三代"。也就是说，当创业者第一代和守业者第二代十分勤勉地搏击后，第三代大多会贪图安逸。无数历史事实告诉我们，第三代守业者中不思进取的非常多。破解难题的唯一办法是实现所有权与经营权的分离，也就是请能人治理企业，让所有者分得股息和红利。如此一来，就演绎出了所有权与经营权相分离的现代企业制度。

（2）产权清晰的含义

产权清晰要求用法律手段来界定资者和企业之间的关系，使出资者所有权与企业法人财产权相分离，企业法人财产权保持独立、完整，同时明确出资者和企业法人的权利、责任。

以国有资产为例，产权清晰主要有两层含义：

① 有具体的部门和机构代表国家对某些国有资产行使占有、使用、处置及收益等权利。

② 国有资产的边界要"清晰"，也就是通常所说的"摸清家底"。首先，要搞清实物形态国有资产的边界，如机器设备、厂房等；其次，要搞清国有资产的价值和权利边界，包括实物资产和金融资产的价值量、国有资产的权利形态（股权或债权，占有、使用、处置和收益权的分布等）、总资产减去债务后净资产的数量等。

2. 权责明确

权责明确是指合理区分和确定企业所有者、经营者与劳动者各自的权利及责任。

所有者、经营者、劳动者在企业中的地位和作用是不同的，因而他们的权利和责任也是不同的。

（1）权利

所有者按其出资额，享有资产受益、重大决策和选择经营者的权利，企业破产时则对企业债务承担相应的有限责任。企业在其存续期间，对由各个投资者投资形成的企业法人财产拥有占有、使用、处置和收益的权利，并以企业全部法人财产对其债务承担责任；经营者受所有者的委托，在一定时期和范围内拥有经营企业资产及其他生产要素并获取相应收益的权利；劳动者根据与企业的合约拥有就业和获取相应收益的权利。

（2）责任

与权利相对应的是责任。从严格意义上说，责任也包含了通常所说的承担风险的内容。要做到权责明确，除要明确界定所有者、经营者、劳动者及其他企业利益相关者各自的权利和责任外，还必须使权利和责任相对应或相平衡。此外，在所有者、经营者、劳动者及其他利益相关者之间应当建立起既相互依赖，又相互制衡的机制。这是因为他们之间是不同的利益主体，既有共同利益的一面，也有不同乃至冲突的一面。相互制衡就是要求明确彼此的权利、责任和义务，要求相互监督。

3. 政企分开

政企分开的基本含义是政府的行政管理职能、宏观和行业管理职能要与企业经营职能分开。

① 政企分开要求政府将原来与政府职能合一的企业经营职能分开后还给企业。改革开放以来进行的"放权让利""扩大企业自主权"等就是为了解决这个问题。

② 政企分开还要求企业将原来承担的社会职能分离后交还给政府和社会，如住房、医疗、养老、社区服务等。应该注意的是，政府作为国有资产所有者对其拥有股份的企业行使所有者职能是理所当然的，不能因为强调"政企分开"而改变这一点。当然，关键还在于政府如何才能正确地行使而不是滥用其拥有的所有权。

4. 管理科学

管理科学是一个含义宽泛的概念。从较宽的意义上说，它包括了企业组织合理化的含义；从较窄的意义上说，管理科学要求企业管理的各个方面，如质量管理、生产管理、财务管理、销售管理、研究开发管理、人力资源管理等方面的科学化。管理致力于调动人的积极性、创造性，其核心是激励、约束机制。要使管理科学，要学习、创造、引入先进的管理方式，包括国际上先进的管理方式。对于管理是否科学，虽然可以从企业所采取的具体管理方式的先进性上来判断，但最终还是要从管理的经济效率上，即管理成本与管理收益的比较上做出评判。

2.2.2 现代企业制度的主要内容

1. 现代企业产权制度

以既定产权关系和产权规则为基础形成的，且能对产权关系实行有效组合、调节、保护的制度安排，就是产权制度。

（1）现代产权制度的基本要求

完善的产权制度是划分、界定、实施、保护和调节产权，确认和处理产权主体责、权、利关系的规则基础。其根本要求就是在产权关系上做到归属清晰、权责明确、保护严格、流转顺畅。

〈1〉在产权的划分上要归属清晰

归属清晰主要包括两个方面的内容：

① 产权主体归属明确。产权是一种排他性的权利，产权的某项权利主体必须是明确的。这个主体既可以是一个人，也可以是一个组织。它对产权的某项特定权利具有垄断性和排他性，对一切非主体的行为进行排斥。进一步说，产权就是人们对财产的各种用途进行选择的权利。没有排他性的产权主体，就没有清晰的产权归属，结果必然是产权主体的缺位或错位。

在归属不清的产权制度下，导致产权制度效率下降的重要原因是"搭便车"现象，即当产权受到侵害时，由于对相关的某个个人来说利益关系很小，所以他往往倾向于依赖他人的行动来制止这种侵权行为，而自己则从中获利。如果人人都这样想、这样做，那么最后的结果是整体利益受损。因此，明确产权的归属和排他性，实际上是对产权收益的保护，是激励人们有效使用资源的手段。

② 产权收益归属明确。这是产权主体归属明确的必然要求和结果。收益性是产权的各种权利的集中体现。所谓产权的收益性，是指某项经济物品产权能给行为者带来利益和效用的特性。没有收益性，便不存在真正的财产权利，一项没有收益或收益不确定的财产，其产权主体肯定是不清晰的。正因为如此，可以说产权就是市场主体受益或受损的权利。产权的收益归属是否明确是影响产权制度激励效率的直接因素。市场主体行为的基本动力和目的是追求自身利益及满足某种需求，产权是保障这一目的实现的一项最基本的条件。产权的收益性是市场主体追求自身效用最大化在产权上的反映。市场主体只有在获得一定的产权收益时，才有行动上的积极性。一项财产能否给财产主体带来收益，也是判断财产权利归属是否明确的重要标志，不能带来收益的财产权利只是"虚设"或"残缺"的产权而已。

〈2〉在产权运用过程中要权责明确

明确的产权关系必须是主体责任、权力和利益的统一。不仅要明确规定产权主体对财产能做什么，还应当包括它们不能做什么，同时还要规定它们应尽的义务和责任。那种对权力无限制的制度实际上就是无权力的制度。

〈3〉在维护产权关系上要保护严格

产权关系要真正发挥作用，需要通过法律使其制度化，成为具有强制力的约束规则，这样才能降低产权关系确立和纠纷解决中的交易成本，提高产权制度的效率和公平性。

〈4〉在产权的配置上要流转顺畅

产权主体有动力并有权力按照自己的意愿来配置其权利，包括使用的方向、数量、权利的让渡等。这种权利的自由配置是产权激励作用的要求和体现，是市场机制产生效率的条件。改革开放以来，非公有制经济之所以发展迅速，就是因为在产权利益的激励下，能够根据市场供求的变化自由地把财产配置到市场需求最大的领域中，从而获得最大的经济利益。因此，要适应发展市场经济、建立健全现代产权制度的需要，自由地拆分、组合各种财产权利关系，灵活地安排具体产权运行方式，使产权主体能够发挥最大的积极性和创造性，从而最大限度地挖掘财产的经济效益和社会效益。

要实现产权流转顺畅，就要使产权主体能够灵活地配置其权能，自由地选择其所有权的实现方式。对于财产的所有者来说，既可以完全拥有完整的所有权，自由支配其财产的使用，承担风险并获得收益，也可以根据实际需要，把狭义所有权之外的其他权利让渡出去，而拥有占有权、支配权和使用权的主体也可以根据自己的需要，决定其权利的取舍。即使在同一所有制经济内部，也可以采取灵活多样的具体产权制度。对不同财产的所有者而言，它们可以根据相互之间的需要，自由让渡和组合各种财产权利。不同所有制经济之间，可以组成不同形式的混合所有制经济组织，包括有限责任公司和股份有限公司等多种产权实现形式。

从产权客体来看，不同产权的让渡和流转，能够实现在一个财产客体上附着的多种财产权利关系，发挥财产的多种用途，满足不同产权主体对财产客体的差异化利益需求。例如，对财产的股权拥有者而言，既可以享有股息和分红的权利，又不必参与资产的经营，从而减少精力和时间的投入，而且能够自由地"用脚投票"，以规避风险，增加收益；对财产的经营者而言，既可以利用他人的股权弥补自己资本的不足，又可以"借鸡生蛋"，为自己获得经济利益。

学习情境 2　现代企业制度

（2）产权明晰的界定

只有产权明晰才能做到企业的权、责、利三者之间的一致，实现高效率运营。产权明晰要做到 3 点：

① 有明确的所有者。

② 股权要多元化。股份制企业是现代经济中的主要形式。多元化的产权有 3 个好处：一是能把企业做大；二是能减少企业风险；三是有利于实现民主决策，避免个人决策的重大失误。企业的风险小了，运行效率就会提高。例如，早期的福特汽车公司是典型的一股独大，所有决策都由福特汽车公司的创始人亨利·福特做出，他一旦犯了错误，就会给公司带来毁灭性的打击；小福特接班之后，把家族公司变成了上市公司，实现了产权的多元化，使福特汽车公司重新走上了振兴道路。

③ 股权要相对集中。股份制企业中一定要有几家大股东，如果都是小股东，对企业的利益关心程度就低，也就容易造成决策效率低下。

国有企业要建立现代企业制度，首先要进行公司化改造，明晰企业的产权划分和归属主体，在此基础上引导出多元化的投资来源。同时，根据投资的多少，确立对称的责任和权利。在所有权与经营权分开的前提下，企业依照自己的法人财产开展各项经济活动，独立地对外承担民事权利和民事义务。在现代企业产权制度的规范下，企业不再是国家行政机关的附属物，国家也不再是企业的唯一投资主体。在企业的所有资产中，所有权属于分散的股东，企业通过自己独立的法人地位运营全部资产。企业和国家之间、企业和分散的股东之间，各自的责任与权利是明确的。国有企业经过公司化改造后，在其内部建立股东会、董事会、监事会和经理部门，形成相互制衡的公司治理结构，确保企业产权关系的有效实施。

（3）建立现代产权制度

① 推动现代企业制度构建进程，奠定充满生机与活力的市场经济的微观基础。市场经济从简单的商品经济初始形态发展为现代市场经济的过程，是一个企业制度从简单向复杂、从低级向高级的演变过程，即从早期的独资企业发展到合伙企业，进一步发展为公司制现代企业的过程。与此同时，不同企业制度的产权组织形式也在不断发展变化——从集所有产权关系于个人一身的独立的完整产权拥有者，发展为合伙出资、共同享有产权的集体产权关系，最后发展为现代股份公司中的所有权与经营权相分离的产权制度。从中可以看出，产权制度是企业制度的基础，构建现代企业制度就要建立和健全现代产权制度。

② 建立有效的产权激励和约束机制。现代产权制度在现代企业制度中的作用主要在于建立一种有效的产权激励和约束机制，使产权主体能够根据市场需求，独立做出自己的生产经营决策，从而谋求最大的经济利益，同时不侵害相关产权的合法权利。在市场竞争机制作用下的不同产权主体迫于竞争的压力，进行技术发明和创造，改善经营管理，促进了社会生产力的发展。因此，有效的产权制度就表现为有效的企业制度，那些不能适应市场要求的企业，必须从其产权结构上进行改革，完善企业制度和治理结构，才能真正提高企业的竞争能力和盈利能力。

③ 重新配置国有企业的产权关系。我国国有企业原有的产权制度无法激励企业提高竞争能力和盈利能力，又没有健全的机制来约束所有者和经营者的越权及侵权行为，致使大量国有资产在低效的产权制度下运行。因此，重新配置国有企业的产权关系，构建高效的现代产权制度，是搞活国有企业的制度基础。在改革开放中成长起来的大量民营企业，基本上以家族经营为主，没有按照现代公司制的要求进行产权结构调整，限制了企业规模的壮大和经营机制的改善。著

名企业史专家钱德勒在比较美国和英国现代企业成长规律及其对工业发展的贡献时发现,以所有权和经营权分离为特征的现代公司在美国的发展是工业增长的原动力,而以家族化经营为特征的英国公司制企业阻碍了英国工业保持其自工业革命以来的优势的能力,致使英国工业逐渐落后于美国。因此,我国国有企业和民营企业必须通过构建现代产权制度来建立起现代企业制度。

④ 保障各种不同所有制的产权主体平等竞争,加快混合所有制经济发展。依法构建现代产权关系,既是公有制经济发展的制度保证,也为非公有制经济的发展及不同所有制经济的产权融合创造了条件。在公有制经济中,随着国有企业的产权关系得到理顺、公司治理结构不断完善,国有资本保值增值的目标就能够更好地实现。通过资本市场、产权市场,盘活存量资产,使原来沉淀的大量国有资产顺畅地流转起来,把国有资产配置到能够发挥其社会和经济效益的领域,推进国有经济战略调整步伐和提高国有资产重组质量,可以更好地发挥国有经济在国民经济中的主导作用。受到严格保护的非公有制经济的产权主体,能够在产权制度的有效激励下,在更大范围内发挥其创造性和积极性,活跃市场,增加就业,满足社会需求。

⑤ 优化资源配置。资源的优化配置过程就是资源从低效领域向高效领域流动的过程,实际上是各种资源要素的所有者在逐利动机的驱使下,根据市场供求矛盾的发展变化,把财产配置到产权收益更大领域的过程。只有建立现代产权制度,市场机制对资源配置的有效性才能发挥作用。现代产权制度首先为优化资源配置创造了动机。只有产权主体的权、责、利关系统一,产权主体才会积极、主动地去寻求市场机会,把资源运用到效率更高的用途上,从而提高微观经济效益。只有产权主体的风险和收益对称均衡,资源的使用者为规避市场风险、降低损失,才可能想方设法地去减少资源的沉淀和浪费,增加资源的利用效率。如何盘活大量国有存量资产,使沉淀死滞的资源重新进入市场交换系统焕发活力,这个问题尤为重要。随着现代产权制度的建立,盘活国有资产的初始动机才有可能建立起来。流转顺畅的产权运行机制为资源的优化配置提供了条件。产权主体的权、责、利关系明确,使产权交易过程的产权矛盾减少,纠纷变得容易解决,降低了产权交易的成本。随着产权制度的规范,产权的可交易性、可转换性、可分割性、可竞争性越来越强,产权流转的速度也随之加快,资源流动会更加顺畅,使用效率会相应提高。

⑥ 促进市场秩序和信用制度完善。完善的现代市场经济是一种交易秩序规范的信用经济。目前我国存在的市场无序和失信现象,其根源主要是产权不清和保护不力。因此,建立完善的现代产权制度,为我们从产权入手加强信用体系建设提供了重要条件。

2. 现代企业组织制度

现代企业有一套完整的组织制度。其基本特征是:所有者、经营者和生产者之间,通过公司的决策机构、执行机构、监督机构,形成各自独立、权责分明、相互制约的关系,并以国家相关的法律、行政法规和公司章程加以确立与实现。

现代企业组织制度有两个相互联系的原则,即企业所有权和经营权相分离的原则,以及由此派生出来的决策权、执行权和监督权三权分立的原则。在此原则基础上形成股东会、董事会、监事会和经理层并存的组织机构框架,如图2.1所示。

(1) 决策机构

股东会作为权力机构行使的职权:决定公司的经营方针和投资计划;选举和更换非由职工代表担任的董事、监事,决定有关董事、监事的报酬事项;审议批准董事会的报告;审议批准监事会或监事的报告;审议批准公司的年度财务预算方案、决算方案、利润分配方案和弥补亏损方案;对公司增加或减少注册资本做出决议;对发行公司债券做出决议;对

学习情境 2　现代企业制度

公司合并、分立、解散、清算或变更公司形式做出决议；修改公司章程；公司章程规定的其他职权。

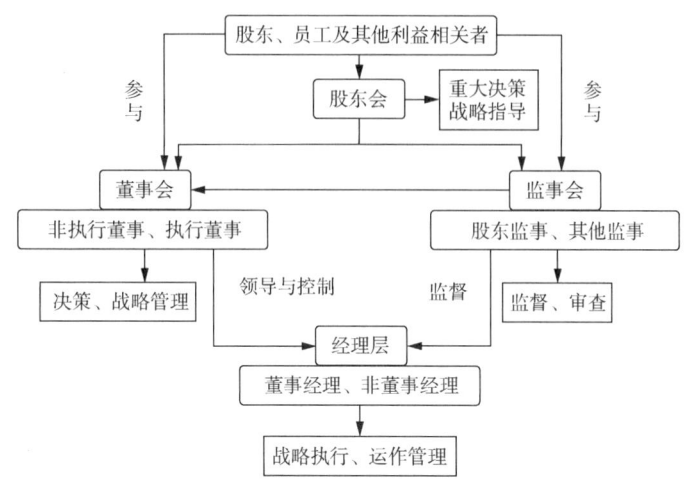

图 2.1　现代公司组织机构框架

情境提示

股东会会议由股东按照出资比例行使表决权，但是公司章程另有规定的除外。

股东会会议做出修改公司章程、增加或减少注册资本的决议，以及公司合并、分立、解散或变更公司形式的决议，必须经代表 2/3 以上表决权的股东通过。

股东会所形成的决议是最终决议，具有法律效力。

（2）执行机构

董事会是代表公司并行使经营决策权的常设机关，对股东会负责。董事会行使的职权：负责召集股东会，并向股东会报告工作；执行股东会的决议；决定公司的经营计划和投资方案；制定公司的年度财务预算方案、决算方案、利润分配方案和弥补亏损方案；制定公司增加或减少注册资本的方案；制定公司合并、分立、解散、清算或变更公司形式的方案；决定公司内部管理机构的设置；决定聘任或解聘公司经理及其报酬事项，并根据经理的提名决定聘任或解聘公司副经理、财务负责人及其报酬事项；制定公司的基本管理制度；公司章程规定的其他职权。

情境提示

董事会会议应由半数以上的董事出席方可举行。因为董事会成员人数是有限的，所以以全体董事人数为基数，只有在半数以上的董事出席时，会议才能召开，否则会因出席会议的董事人数太少，而使会议的代表性、权威性大大降低。

董事会会议由董事长主持，如果董事长不能主持，则由董事长指定的副董事长主持。

董事会做决议实行一人一票，必须经全体董事的过半数通过。这是决议程序的严格规定：必须以全体董事人数为基数，而不是以出席会议的董事人数为基数。这样才有必要的代表性，从而有利于决议的实施。

(3) 监督机构

监事会作为公司的又一常设机构,其主要职能是对董事会和经理人员行使职权的活动进行监督,审核公司的财务和资产状况,提请召开临时股东会等。

(4) 管理机构

经理人员是企业的管理层,包括公司的总经理、副总经理和部门经理等,负责公司日常经营管理活动,依照公司章程和董事会的决议行使职权。经理层对董事会负责,实行聘任制,不实行上级任命制。

情境链接

CEO 制度

在美国等西方国家,总经理通常被称为总裁,主管着公司的日常经营管理活动,但公司的法人代表却是董事长。这种职能分工固然有利于董事会对经理人员的监督,但也存在着由于权力的相互制约而造成的公司运转不灵的问题。同时,现代企业制度存在两种不同的发展趋势:一种是公司被大股东,特别是控股股东控制,牺牲广大中小股东的利益;另一种是公司被专职支薪经理人员组成的管理层操纵,形成内部人控制。

随着市场竞争的进一步加剧和公司股权结构的进一步分散,到了1960年,大股东与公司管理层两股势力相互妥协、相互融合,逐渐形成和发展出一种更高级的组织管理制度,即CEO (Chief Executive Officer,首席执行官) 制度。CEO的出现代表着将原来一部分董事会决策的权力过渡到经理层,是对传统的"董事会决策,经理层执行"的公司体制的一种变革,意味着公司治理结构的变革和公司机关权力的重新配置。

由股东会、董事会、监事会及经理层相互制衡的现代企业组织制度,既赋予了经营者充分的自主权,又切实保障了所有者的权益,同时又能调动生产者的积极性,是我国企业建立现代企业制度的核心依托。

在现代企业组织制度的建立中,最关键的是要形成合理的公司治理结构,即要形成公司法人治理结构的制衡关系。

3. 现代企业管理制度

管理科学是现代企业制度的特征之一,现代企业制度的建立必须以科学的管理制度作为保障。

现代企业管理制度的重点是从企业领导制度、人力资源管理制度、财务制度等方面入手,建立严格的责任制体系。它包括以下几个方面的内容。

(1) 现代企业领导制度

建立科学、完善的企业领导制度,是搞好企业管理的一项最根本的工作。企业战略决策制度是企业领导制度的核心,现代企业领导制度应体现出领导专家化、领导集团化和领导民主化的原则,建立起一套股东会、董事会、监事会与经理层相互制衡的公司治理结构,以便能够确定正确的经营思想和能够制定适应企业内外环境的变化,推动企业发展的经营战略。企业经营管理制度是现代企业领导制度的基础,它通过调节所有者、经营者和员工之间的关系,形成激励和约束相结合的经营机制。

(2) 人力资源管理制度

人力资源管理是指应用现代化的科学方法,对人力进行合理的培训、组织和调配,使人力、物力经常保持最佳比例,同时充分发挥人的主观能动性,使得人尽其才。在现代企业经营管理中，能否拥有熟练掌握现代管理知识与技能的管理人才和具有良好素质的员工队伍，能否在生产经营各个主要环节普遍地、有效地使用现代化管理方法和手段，是实现企业经营目标的重要条件。

（3）财务制度

现代企业财务制度是用来处理企业法人与国家、股东、劳动者之间财务信息沟通和财产分配关系的行为总则。其目的是保护国家、股东和劳动者的利益不受侵犯。

（4）企业文化建设与员工队伍建设

要全面提高企业素质，企业文化建设与员工队伍建设是非常关键的内容，要建设以企业精神、企业形象、企业规范等内容为中心的企业文化，培育良好的企业精神和企业集体意识。

现代企业产权制度、现代企业组织制度、现代企业管理制度三者之间是相辅相成的，共同构成了现代企业制度的总体框架。

情境任务 2.3　现代企业治理制度

引导案例

美国王安电脑公司创始人，美籍华人王安博士是一位传奇人物。他创办的王安电脑公司年营业额曾高达 30 亿美元，他本人也曾名列美国第五大富豪。然而，就在 1990 年 8 月 18 日，王安电脑公司宣布申请破产保护。这一事件惊动了华尔街和全世界。曾几何时，王安电脑公司叱咤电脑业，下属员工 31 000 人，公司如果能保持 20 世纪 80 年代初的增长步伐，今日可能已超过 IBM，成为年营业额逾千亿美元、全球首屈一指的电脑公司。

王安电脑公司申请破产，是家族化的治理模式及独裁型决策机制导致的。借助家庭关系，虽然使企业在最艰苦的创业期可以保持凝聚力，还有助于减少企业的委托代理成本，并可以减少市场交易成本等，但是家族企业一旦做大、做强后，其治理结构的严重弊端必然会阻碍它的生存与发展。

资料来源：李小风．昙花一现的王安电脑[J]．企业改革与管理，2006（1）．

思考：现代企业治理制度对家族公司的经营管理有何借鉴意义？

现代企业治理制度即企业法人治理制度，是企业在生产运作、财务会计、人力资源等各方面进行规范治理，对企业的权力制衡关系和决策系统所做出的制度安排。其核心是如何对企业进行有效的控制。

2.3.1　认识现代企业治理制度

1. 对企业治理制度的理解

① 企业治理制度的目标与依据就是维护以股东为核心的相关权益主体的利益。

② 企业治理制度所规范的基本内容包括：各相关权益主体之间的权力制衡关系；为保证企业绩效最大化而建立的科学决策系统。

③ 企业治理制度的基本构成是法人与治理机制。

2. 企业治理制度的重要性

① 改革与完善企业治理制度是建立现代企业制度的核心。
② 企业治理制度是构成现代企业管理系统的关键环节。
③ 企业治理制度对企业绩效起决定作用。

2.3.2　建立公司治理结构

1. 现代公司治理模式

（1）公司治理结构

〈1〉认识公司治理结构

公司治理结构（corporate governance structure）又称法人治理结构、公司治理，是一个多角度、多层次的概念，很难用简单的术语来表达。但从公司治理这一问题的产生与发展来看，可以从狭义和广义两方面去理解。

① 狭义的公司治理结构，是指所有者，主要是股东对经营者的一种监督与制衡机制，即通过一种制度安排来合理地配置所有者和经营者之间的权利与责任关系。公司治理的目标是保证股东利益的最大化，防止经营者对所有者利益的背离。其主要特点是通过股东会、董事会、监事会及管理层所构成的公司治理结构进行的内部治理。

② 广义的公司治理结构不局限于股东对经营者的制衡，而是涉及广泛的利益相关者，包括股东、债权人、供应商、雇员、政府和社区等与公司有利益关系的集团，是一种规范股东（财产所有者）、董事会、高级管理人员权利和义务分配，以及与此有关的聘选、监督等问题的制度框架。简单地说，就是如何在公司内部划分权力。

良好的公司治理结构可以解决公司各方的利益分配问题，并对公司能否高效运转、是否具有竞争力起到决定性的作用。我国公司治理结构采用"三权分立"制度，即决策权、经营管理权、监督权分属于股东会、董事会（或执行董事）、监事会（或监事），通过权力的制衡，使三大机关既各司其职，又相互制约，从而保证公司顺利运行。

〈2〉公司治理结构解决的问题

① 保证投资者（股东）的投资回报，即协调股东与企业的利益关系。在所有权与经营权分离的情况下，由于股权分散，所以股东有可能失去控制权，致使企业被内部人（即管理者）控制[1]。这时控制了企业的内部人有可能做出违背股东利益的决策，从而侵犯股东的利益。这种情况会引发投资者不愿投资或股东"用脚投票"，因而有损于企业的长期发展。公司治理结构正是要从制度上保证所有者（股东）的控制与利益。

② 企业内各利益集团的关系协调。这包括对经理层与其他员工的激励，以及对高层管理者的制约。这个问题的解决既有助于处理企业各集团之间的利益关系，又可以避免因高管决策失误给企业造成的不良影响。

（2）公司治理机制

公司治理机制是指公司治理结构产生的功能与权益关系、决策运作的机理。

公司治理是指通过一套包括正式或非正式的、内部的或外部的制度，或者机制来协调公司和

---

[1] 所谓内部人控制，是指企业高级管理者利用对企业经营的决策权、管理权、财务支配权、人事任免权，在企业薪酬制定、企业红利分配上实现利益自我输送，并利用话语权影响社会舆论，维护自我偏好。

所有利益相关者之间的利益关系，以保证公司决策的科学化，从而最终维护公司各方面的利益。

因为在广义上，公司已不仅仅是股东的公司，而是一个利益共同体；公司的治理机制也不是仅限于以治理结构为基础的内部治理，而是利益相关者通过一系列的内部、外部机制来实施共同治理；治理的目标不仅是股东利益的最大化，而且要保证公司决策的科学性，从而保证公司各方面利益相关者的利益最大化。

公司治理不仅需要一套完备有效的公司治理结构，更需要若干具体的超越结构的治理机制。公司的有效运行及决策科学不仅需要通过股东会、董事会和监事会等发挥作用的内部监控机制，而且需要一系列通过证券市场、产品市场和经理市场等来发挥作用的外部治理机制，如公司法、证券法、信息披露、会计准则、社会审计和社会舆论等，从而形成现代公司治理的系统模式，如图2.2所示。

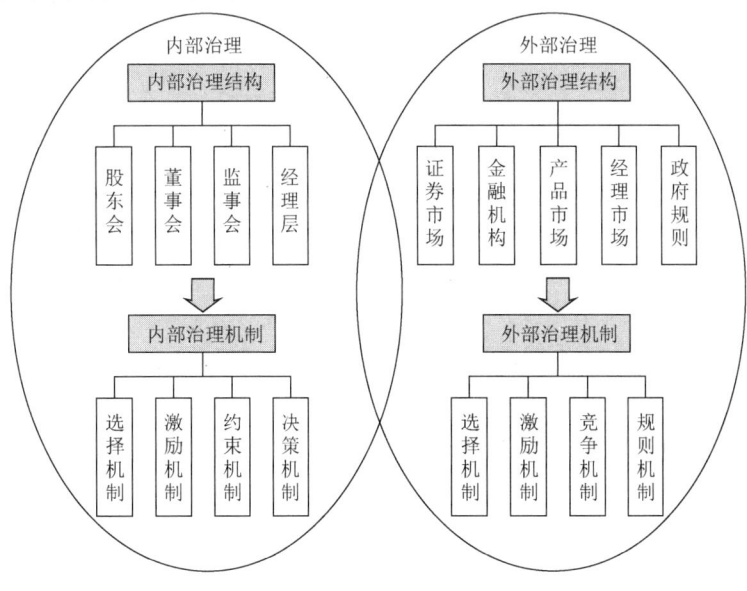

图 2.2　现代公司治理模式

情境提示

经济合作与发展组织（Organization for Economic Co-operation and Development，OECD）制定的《公司治理原则》中，已不再单纯强调公司治理结构的概念和内容，而涉及许多具体的治理机制。该原则主要包括以下5个方面的内容。

① 股东的权利。
② 对股东的平等待遇。
③ 利益相关者的作用。
④ 信息披露和透明度。
⑤ 董事会责任。

显然，治理机制是比治理结构更为广泛、更深层次的公司治理观念。

2. 建立公司治理结构

（1）建立健全的决策机制

决策机制是企业在享有充分的法人财产权的情况下，对生产、经营等经济活动做出抉择的机制。这种机制包括决策主体的确立、决策权划分、决策组织和决策方式等方面的内容。

在企业经营运行机制中，决策系统各要素之间的相互关系和内在机能客观地反映着决策机体的运动变化规律，并决定着企业决策行为的有效程度。企业决策机制在经营机制中处于主要地位，它不仅是设计其他机制的基础，而且又贯穿于其他各机制运行的始终。健全的决策机制是有效决策的必要条件，其衡量标准就是看其是否与决策的运行规律相符。

公司的决策容易出现很多失误，因而要实行内部人和外部人共同决策。外部人决策是指聘请外部董事、独立董事来进行决策。

情境链接

对于什么是外部董事（outside director），理论界的定义并不一致。一般认为，所谓外部董事，就是非本公司职员的董事，包括不参与管理和生产经营活动的企业外股东及股东会决定聘任的非股东的专家、学者等。与外部董事相对应的是内部董事或执行董事，是指董事是本公司职员。

所谓独立董事（independent director），是指独立于公司股东且不在公司内部任职，与公司或公司经营管理者没有重要的业务联系或专业联系，并对公司事务做出独立判断的董事。中国证监会在《关于在上市公司建立独立董事制度的指导意见》中认为，上市公司独立董事是指不在上市公司担任除董事外的其他职务，并与其所受聘的上市公司及其主要股东不存在可能妨碍其进行独立客观判断关系的董事。

〈1〉外部董事或独立董事应具备的条件
- 不拥有本公司的股份。
- 与公司的主要股东和高层董事没有亲属关系。
- 与公司没有股份关系。

〈2〉独立董事在公司决策中的作用
- 代表和维护中小股东的利益。
- 协调各个股东之间的关系。
- 参与公司的重大决策，避免决策出现重大错误。

独立董事最根本的特征是独立性和专业性：独立性是指独立董事必须在人格、经济利益、产生程序、行权等方面独立，不受控股股东和公司管理层的限制；专业性是指独立董事必须具备一定的专业素质和能力，能够凭自己的专业知识和经验对公司的董事与经理及有关问题独立地做出判断并发表有价值的意见。

（2）实现所有权和经营权的分离

所有权和经营权分离是有利于企业发展的，并有利于企业履行自己的社会责任。这种分离表明了企业既有创造价值的经济责任，也有维护稳定的社会责任。

（3）建立科学的管理体系

管理体系是企业的运行制度，是企业为了建立方针和目标并实现这些目标，而由企业战略、组织、人力资源管理、业务、信息、文化等组成的相互关联或相互作用的一组要素。企业中各级员工必须具有认真遵从企业各项制度、认可企业文化、踏实肯干的态度和能力，即执行力，才能将企业的管理体系落到实处。

情境链接

分粥的故事

对权力制约的制度一直是让人头疼的问题。

有7个人组成了一个小团体共同生活，其中每个人都是平凡且平等的，没有什么凶险害人之心，但不免自私自利。他们想用非暴力的方式，通过制定制度来解决每天的吃饭问题：要分食一锅粥，但并没有称量用具和有刻度的容器。

大家试验了不同的方法，发挥了聪明才智，经过多次博弈形成了日益完善的制度。大体来说，主要有以下5种。

方法一：拟定一个人负责分粥事宜。很快大家就发现，这个人为自己分的粥最多，于是又换了一个人，但总是主持分粥的人碗里的粥最多最好。由此，我们可以看到：权力导致腐败，绝对的权力导致绝对腐败。

方法二：大家轮流主持分粥，每人一天。这样等于承认了每个人都有为自己多分粥的权力，也就给予了每个人为自己多分粥的机会。虽然看起来平等了，但是每个人在一周中只有一天吃得饱且有剩余，其余6天都饥饿难耐。于是，我们又可以得出结论：绝对权力导致了资源浪费。

方法三：大家选举一个信得过的人主持分粥。开始品德尚属上乘的人还能基本公平，但不久后就开始为自己和溜须拍马的人多分。因此，不能放任其堕落和风气败坏，还要寻找新思路。

方法四：选举一个分粥委员会和一个监督委员会，形成监督和制约。公平基本上做到了，可是由于监督委员会常提出多种议案，分粥委员会又据理力争，等分粥完毕时，粥早就凉了。

方法五：每个人轮流值日分粥，但是分粥的那个人要最后一个领粥。令人惊奇的是，在这个制度下，7只碗里的粥每次是一样多，就像用科学仪器量过一样。每个主持分粥的人都认识到，如果7只碗里的粥不相同，他确定无疑将享有那份最少的。

同样是7个人，不同的分配制度，就会有不同的风气。因此，一个企业如果有不好的工作习气，则一定是机制问题，一定是没有完全公平、公正、公开，没有严格的奖勤罚懒。如何制定一个好的分配制度，是每个领导需要考虑的问题。

（4）完善激励机制

激励机制旨在使经营者获取其与经营一个企业所付出的努力和承担的风险相对应的利益，同时也使其承担相应的风险和约束。其最终目标就是最大限度地挖掘经营者的潜力和效能，实现股东与经营者"双赢"的利益格局。

〈1〉经理的激励

① 薪酬激励。薪酬激励是企业目前普遍采用的一种激励手段，是指企业通过一系列薪酬政策激发员工的工作激情和创造潜能的方法。目前，我国企业经理人的薪酬结构非常单一，大部分公司实行的是以工资、奖金为主体的传统薪酬制度。

② 分红激励。着重于短期激励。据调查，美国大企业总经理收入的1/3左右来自分红。

③ 股权激励。股权激励是现代企业以公司股权为利益载体，借助于企业的价值追求与企业员工个人利益协调互动的模型，谋求极大地激发员工主动性和创造力的一种全新的激励方式。有关统计数据表明，全球前500家大工业企业中，有89%的公司已对其高级管理人员采取了股票期权激励机制。美国通用电器公司的总裁杰克·韦尔吉在1998年的总收入高达2.7亿美元以上，其中股票期权所获得的收益占96%以上。在西方发达国家，以股票期权为主体的薪酬制度已经取代了以"基本工资＋年度奖金"为主体的传统薪酬制度。

经理股票期权作为长期激励机制,有助于解决股东和经营者之间的代理问题,可以鼓励经理人员克服短期行为,更多地关注公司的长期持续发展。

〈2〉员工的激励

① 效率工资。这是指企业支付给员工比市场平均水平高得多的工资,以促使员工努力工作的一种激励与薪酬制度。它的主要作用是吸引和留住优秀人才。

实例分析 2-6

1914年美国汽车工人的市场工资是 2.34 美元,福特公司把工资提为 5 美元,这就是效率工资。它提高效率的表现体现在 3 个方面。第一,福特公司招到了最好的工人,保证了工作效率。第二,工人工作勤奋,减少了机会主义行为。搞机会主义的工人有被解雇的风险,如果工人只拿 2.34 美元,那么他不怕被解雇,反正换个地方干还是这个价格,而 5 美元的工资,他就会特别珍视,勤勤恳恳地干。第三,工人的流动性小。工人从进工厂到上岗有一段培训和适应时间,如果人员流动性大,就要不断地招聘、培训,导致工作效率低下,成本增加。实行了效率工资,工人都愿意在这个企业工作,流动率小了,对工厂非常有利。

亨利·福特后来在自传里说,实行效率工资是他一生中提高效率最有效的手段。

② 员工持股。这是指根据企业的业绩收入,按照一定比例,将企业的股份奖励给员工。目前,企业进行员工持股有 3 种方式可供选择。第一,企业送股。送股的对象是企业关键的管理层人员与技术人员,送的是企业的分红权,即员工每年可以参与企业的分红。但是股份不能转让,一旦人离开企业,这个股份就自动消失,公司也有权随时收回这个股份。这种做法的缺点是激励的力度不够,所以企业通常会规定,如果在一定的年限内达到相关要求,就可以把这部分股份转为普通股,普通股就成为个人财产。这样,员工工作的积极性就会提高。第二,让员工购买股份。购买的时候给员工相应的优惠。第三,虚拟持股。这种方式是让员工在没有进行实际持股的情况下,设计一些相关的制度与激励计划,使其达到与实际持股相类似的激励和约束效果。

③ 分享制。企业全体员工的收入与企业经营业绩直接挂钩,员工的工资分成两部分:一部分是固定工资;另一部分是分红,分红的多少取决于公司的经营业绩。分享制相对于工资制来说,具有较高的稳定性。例如,劳动人口迅速增加,在分享制下企业就愿意吸收大量员工,扩大就业;当需求突然减少时,企业也不会减员,从而在宏观上有助于解决滞胀,微观上也使企业更加关心员工。分享制下的员工,就相当于买方市场下的消费者,有充分的选择自主权。

〈3〉激励注意事项

① 从企业的实际情况出发。

实例分析 2-7

20 世纪 70 年代,美国企业生产率低下,经济增长停滞。相比之下,日本企业生产效率高,而且经济增长率高。当时美国学界都在研究"为什么日本企业效率高""为什么日本增长世界第一"。于是,美国经济学家和管理专家就到日本考察日本企业。他们发现,日本企业普遍采取了分享制这种激励方式。这种制度把员工的利益与企业整体利益联系在一起,有效地激发了员工的工作积极性。美国人认为,分享制是日本企业高效率的秘密武器。他们回国后宣传日本的分享制。哈佛大学经济学教授魏茨曼曾写过一本名为《分享经济》(*The Participatory Economy*)的

学习情境 2　现代企业制度

书，认为分享经济是最有效率的经济。该书当时被称为"自凯恩斯以来最好的经济思想"。在这些专家的倡导之下，个别美国企业也试行分享制。结果却出乎这些专家意料之外，试行分享制的企业无一成功。

为什么分享制在日本有效，在美国就不行呢？原因在于美国和日本两个国家的具体情况不同。日本人具有很强的集体主义意识，强调"有国才有家，有家才有我"的观念，员工把企业当成自己的家。在这种文化传统下，人容易有归属感，对集体具有认同感。例如，索尼公司的员工都会为公司感到自豪、骄傲，愿意把自己的利益与集体联系在一起。而美国人的传统观念是个人主义，"天老大，我老二"。例如，在通用公司工作的员工不觉得自己有什么骄傲之处，他们觉得，通用是通用，我是我，我工作，企业给我工资，清清楚楚；如果通用公司搞分享制，让员工先付出后再拿工资，那他们就不干了。日本企业采取终身雇佣制，这种体制下员工与企业的利益紧紧联系在一起，员工就会更多地考虑集体和个人之间的关系。美国企业是短期雇佣制，分享制就不适用。因此，同样的制度实行的结果大相径庭，是东西方文化的差异、是两个国家的具体情况不一样造成的。

② 物质激励和精神激励相结合。企业实行激励机制最根本的目的是正确地引导员工的工作动机，使他们在实现企业目标的同时实现自身的需要，增加其满意度，从而使他们的积极性和创造性继续保持与发扬下去。

物质激励是指通过物质刺激的手段鼓励员工工作。它的主要表现形式有：正激励，如发放工资、奖金、津贴、福利等；负激励，如罚款等。物质需要是人类的第一需要，是人们从事一切社会活动的基本动因。因此，物质激励既是激励的主要模式，也是目前我国企业内部使用得非常普遍的一种激励模式。随着我国改革开放的深入发展和市场经济的逐步确立，"金钱是万能的"思想在相当一部分人的头脑中滋长起来，有些企业经营者也一味地认为只有奖金发足了才能调动员工的积极性。但在实践中，不少企业在使用物质激励的过程中耗费不少，而预期的目的却并未达到，员工的积极性不高，反倒贻误了企业发展的契机。例如，有些企业在物质激励中为了避免矛盾，实行不偏不倚的原则，极大地挫伤了员工的积极性，因为这种平均主义的分配方法非常不利于培养员工的创新精神。平均主义等于无激励。

事实上，人类不但有物质上的需要，更有精神方面的需要。据经济学家调查发现，人的幸福感只有 20%是来自于物质。对于低收入人群而言，物质与幸福的关系相当密切；对于高收入人群来说，精神比物质更重要。因此，对一般员工来说，物质刺激非常重要；而对很多高层管理者来说，精神激励更重要。精神激励就是创造一种企业文化，让人工作得心情愉快。

③ 及时激励。激励只有及时，才能使员工迅速看到做好事的利益和做坏事的后果，才能真正做到"奖一劝百、罚一警众"。

④ 公开化、制度化。激励要显得公平、公正，而公平、公正的核心就是在程序上完全合法，根据制度来执行，做到考核指标量化。只有考核指标量化，才能让企业的员工感觉到公平、公正。例如，什么条件下员工可以获赠股份、赠送的股份在什么条件下可以转为普通股，都要由制度来实现。同时，制度要得到员工的认可，是公开透明的。这样，奖励与惩罚才会具有激励作用。有些企业是领导说了算，领导认为谁好就给谁奖励，谁不好就给予一定的惩罚，这种做法恰恰与激励的初衷完全背离。

目前，我国大多数企业普遍采用了以"差异性"为主要特征的新型薪酬激励机制，强调在差异中求得薪酬资源与员工贡献的最佳配置，以期克服过去"平均主义"薪酬制度带来的酬劳不对等、激励效能低下等弊端，使得薪酬分配公开、公正、公平，从而顺利达到薪酬激励的根本目的。

此外，激励具有"抗药性"，一种方法用几次可能就不管用了。因此，对不同的人用不同的激励方法，对相同的人在不同的发展阶段也要用不同的方法。

应用案例一

娃哈哈：在市场裂缝中寻找商机

1998年之前，中国的碳酸饮料市场基本被可口可乐和百事可乐垄断。

1998年，杭州娃哈哈集团有限公司（以下简称娃哈哈集团）正式推出非常可乐，开始向国际饮料业的巨头可口可乐和百事可乐发起挑战。

当时财大气粗的可口可乐预言："非常可乐，非死不可。"但是，仅仅一年时间，非常可乐以自己的销售业绩打破了世界第一品牌不可战胜的神话。据统计，到1999年，非常可乐的销售量已从1998年的7万吨猛增到40万吨，占中国碳酸饮料市场10%的份额，其势直逼在中国年销售量50多万吨的百事可乐，竞争矛头直指可口可乐。非常可乐成为娃哈哈集团手里一块不断做大的"蛋糕"。

随着企业规模的扩大，时任娃哈哈集团董事长的宗庆后意识到要占领全国市场，光靠杭州市的公司是不行的：一方面是企业规模的限制；另一方面是运输成本太高。经过深思熟虑，宗庆后提出了"销地产战略"，即哪里有市场，哪里就有娃哈哈集团的工厂。

1994年，杭州市体改委专家深入考察了娃哈哈集团，总结说："从这家典型企业的实践看，它具有现代企业制度的3个基本特征，即产权清晰、资源配置市场化，以及形成了以市场风险来激励和约束企业行为的经营机制。其中，产权清晰是这种制度得以扩张的基础。"

宗庆后之所以对产权关系十分重视，是有其深谋远虑的。他认为，在以往的企业改革中，无论是"放权"还是"政企分开"，都没有从根本上解决产权关系问题，政府仍然是企业的管理者，既充当资产拥有者，又是资产的支配者，而企业实际经营仅仅是个"影子法人"。这是各种侵权、干涉、摊派、扯皮现象难以杜绝的根源。而娃哈哈集团用8411万元买下了杭州罐头食品厂，可以说从那时起便确定了与政府之间的全新关系：政府无权干涉娃哈哈集团的经营活动，企业以生产经营为主，科室的设置应与市场竞争对口，而不是与上级部门对口；如果部门林立、行政人员过多，则势必人浮于事、层层扯皮，最后影响生产经营。因此，宗庆后坚持能推的推掉，推不掉的合并，根据市场竞争需要进行企业组织的设计。

如今，娃哈哈集团的发展得到了社会和国家的高度肯定，被国务院认定为520家国家重点企业之一，被市场监督管理总局认定为520家重合同守信用企业之一，并多次荣获"全国质量效益型企业""全国质量管理先进企业""中国食品工业优秀企业""中国企业管理杰出贡献奖""全国食品工业科技进步优秀奖""全国对口支援三峡工程移民工作先进单位"等殊荣，连续两年荣获"中国最受尊敬企业"称号，"娃哈哈"商标也被评为中国驰名商标。

问题讨论

试分析娃哈哈集团经营管理的成功之道。

应用案例二

雀巢奶粉："关系文化"管理的负面案例

大家知道，"关系"是中国文化中特有的一个人文现象，靠朋友、靠关系好办事这种思想在几乎所有中国人的观念中根深蒂固。当然，任何国家、任何文化都知道"关系"（人脉资源）的重要性。因此，许多跨国公司，无论是在本国还是在其他国家市场，都设有相应的人力资源管

学习情境 2　现代企业制度

理职位，为企业开展经营活动开辟道路。

但是，中庸的中国文化还强调"过犹不及"，事实上部分跨国公司似乎没有把握好关系的"度"。2005年发生的雀巢奶粉事件就是个例子。

2005年5月25日，浙江省工商局公布了一份儿童食品质量抽检报告，其中雀巢"金牌成长3+"奶粉被发现碘含量超过国家标准要求。中国消费者协会透露，有关部门在公布检测结果前，曾给了雀巢公司15天的时间让它说明情况，然而雀巢公司既不说明也不申辩。也就是说，雀巢公司明明在5月10日左右就知道了检测结果，却仍然销售问题产品近20天。

直到6月5日，迫于市场压力，雀巢公司才首次公布了这批碘超标奶粉的批次和流向，并就此事向消费者道歉，表示愿意接受换货。尽管雀巢公司提出可以换货，但对于消费者如何辨别产品的批次号、根据什么凭证到超市换货、是否可以退货等具体问题却并没有做出明确答复。

作为世界上较大的食品公司之一，雀巢公司对待问题奶粉为何如此遮遮掩掩？是对中国消费者健康的漠视，还是割舍不下自己的区区小利，抑或是有其他原因？

事实上，在雀巢公司进入中国市场的创业初期，政府人脉关系为其落地中国立下了汗马功劳。此次雀巢奶粉危机事件发生后，雀巢公司仍旧寄望于"关系"。据媒体报道，事件发生后，雀巢公司没有及时采取措施改正自己，反而积极去相关政府部门诉说自己的委屈，仍旧希望借助"关系"来摆平事件。然而，任何一个有良知、有判断力的人都知道：奶粉是用来喂养婴幼儿的，喂养的是中国人民的未来，养育的是祖国的花朵。这么重要的事情，能容得下在产品质量上出问题吗？

中国改革开放以来，跨国公司已经在中国深深扎下了根，许多公司已经逐渐实现了与中国文化的融合。根据现在的媒体透明度和先进的现代科技传播手段，没有任何人能够把一件关系国计民生、关系一个民族未来生命力的事件借助"关系"来化解，并试图侥幸逃脱公众的批评。雀巢奶粉事件中雀巢公司傲慢的表现、无所谓的态度，也许并不是一家有着100余年历史的优秀企业的本来面目，但却是它在实施中国式管理过程中的一次失足。过度地依赖"关系"，使雀巢公司错失了解决公关危机的最佳时机。其后果是：雀巢公司的CEO几次出面道歉，本来可以最多只损失几百万元，现在却砸了用10多年时间才在中国树立起来的牌子……这就是发生在我们眼前的、活生生的中国式管理的负面案例。

正所谓，"有所为，有所不为"。跨国公司实行中国式管理的进程还是路漫漫，然而求索什么、如何求索，值得每一家跨国公司的管理者思考。

问题讨论：

试分析中国传统文化对建立现代企业制度的影响。

边学边做

公司治理模拟

1. 模拟背景

现有一家企业，在其经营管理过程中存在以下问题。

① 尽管企业的总体产权清晰，但创业的企业成员之间的产权界定不清晰，容易导致分配出现问题，并最终影响企业的稳定和长期发展。

② 股东会、董事会形同虚设，也不召开股东会议、董事会议。不清楚该干什么，只是一种包装。

③ 董事会成员和经理班子高度重叠，决策和执行责、权不分，使企业经营管理低效，甚至出现误差、漏洞，给企业造成经济损失。

④ 董事会成员多年未改选，且全部由内部人员构成，不利于科学决策。

⑤ 监事会不健全，监督权落空。

⑥ 企业经营决策不是按照章程规定进行，常常是领导自己拍板说了算。过去"一人说了算"的专断性，没有随着企业改制彻底消除，而是继续存在。原因是，改制后经营者变成董事长、经理，对新的管理体制运行不懂、不熟悉、不清楚和不习惯，在企业管理中仍然是过去那一套，使得企业改制是"新瓶装旧酒"。

⑦ 新进入企业的管理团队未享有股权。

⑧ 与企业治理有关的信息没有很好地披露。

⑨ 企业治理的缺陷不利于新老管理团队交替。

2．模拟要求

企业治理是现代企业制度的核心。研究证明，企业治理水平与企业的绩效息息相关。针对企业存在的上述问题，请你为企业量身定做一套合理的企业治理模式，帮助企业形成科学的企业治理机制，如科学决策机制、激励机制及权力制衡机制，并通过组织、流程和制度的设计，使企业治理真正有效运转，为企业发展保驾护航。

具体工作包括以下几个方面的内容。

（1）企业治理现状分析。

（2）企业治理机构设置及权责、议事规则。

（3）经理层激励方案设计。

3．模拟效果

① 通过模拟训练，对现代企业制度有一个全面的了解。

② 通过模拟训练，能够初步制定现代企业治理制度。

情境综述

在学习情境2中，我们学习了：

① 设立不同类型的企业的条件和程序。

② 现代企业制度的特征和主要内容。

③ 如何建立现代企业治理制度。

学习情境 3

战略管理

对没有战略的企业来说，就像是在险恶气候中飞行的飞机，始终在气流中颠簸，在暴风雨中沉浮，最后可能迷失方向……如果对未来没有一个长期的明确方向，对企业未来模式没有一个实在的指导方针，那不管企业的规模多大、地位多稳固，都将在新技术革命和经济大变革中失去其生存条件。

——[美]托夫勒（经济学家和未来学家）

情境导入

转眼到了 11 月，小李的实习工作也有了新内容：协助经理为上个月刚刚成立的子公司制定战略规划，为子公司运营管理做前期的准备。

学习目标

通过本学习情境的学习，能够初步了解企业经营战略计划，明确战略实施和控制的内容。

情境任务

1. 战略环境分析。
2. 战略制定。
3. 战略实施。
4. 战略控制。

学习建议

1. 分组讨论某一知名企业经营管理中的战略模式。
2. 实地调研，为当地一家企业制定经营发展战略规划。

情境任务 3.1 战略环境分析

引导案例

巨人大厦本应是史玉柱及其巨人集团的一个丰碑式建筑,结果却成了一家拥有上亿元资产的庞大企业集团衰落的开始标志。促成巨人集团失败的原因既有客观因素,又有主观因素,但最关键的还是史玉柱本人主观上没有看清"巨人"究竟是一个怎样的企业、"巨人"应该朝什么方向发展。当一家白手起家的民营企业资本规模迅速扩大,真正成长成一个"巨人"时,其战略规划开始显得越来越重要。"巨人"的衰落正是由于严重的战略失误导致的——可以归结为一句话:在没有有效的环境分析、稳健的资金保障和完善的管理机制下,采取了激进的扩张战略。

思考:我国民营企业的发展壮大缺少什么?

企业战略是企业面对激烈变化、严峻挑战的经营环境,为求得长期生存和发展而进行的总体性谋划,是在符合和保证实现企业使命的条件下,在充分利用环境中存在的各种机会和创造新机会的基础上,确定企业与环境的关系,规定企业的经营范围、成长方向和竞争对策,合理地调整企业结构和分配企业的全部资源,从而使企业获得某种竞争优势。

对企业战略的理解,包含 4 个要点:
① 战略就是企业的谋划和决策。
② 战略谋划的主体是企业。
③ 谋划的目的是使企业适应未来环境的变化,寻求持续与稳定发展。
④ 谋划的核心是具有全局性、长远性、纲领性的重大问题。

企业战略决策关系到企业的生存与发展。企业必须树立"战略制胜"的观念,增强经营者和全体员工的战略意识。因此,现代企业必须把战略管理放在企业管理的首要位置。

企业战略管理是企业为了长远生存与发展的需要,根据企业环境和企业发展各个层次的目标进行的企业战略制定、战略实施和战略控制等全部活动的总称。

对企业战略管理的理解,包含 3 个要点:
① 战略管理是一项综合性的管理活动,包括战略制定、战略实施和战略控制 3 个主要内容。
② 战略管理是一个无止境的管理过程,只要企业需要生存与发展,就一直需要战略管理。
③ 战略管理是一种科学和艺术相结合的管理活动。

3.1.1 战略的层次

企业战略有着自己的层次。一般来说,规模较大的企业的战略可以划分为 3 个层次,即企业总体战略、经营单位战略、职能战略,如图 3.1 所示。

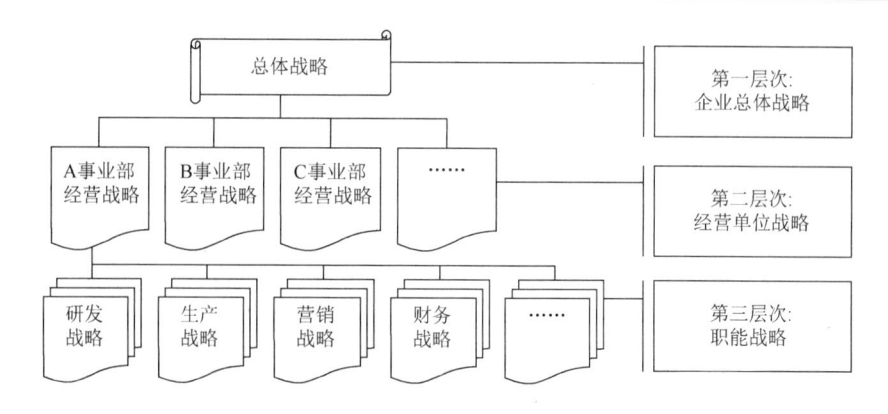

图 3.1　企业战略层次结构

1. 企业总体战略

企业总体战略是企业在对内、外环境进行深入调查分析的基础上，所确定的统率和指导企业全局、长远发展的谋划与方略。它是企业战略中的第一层次，也是最高层次的战略。企业总体战略决定着企业今后的长期主营方向、规模及实现这些目标的重要措施等，是战略体系的主体和基础，起着统率全局的作用。

企业总体战略可以从不同的角度划分为不同的类型，从而形成可供企业选择的多个总体战略方案。按企业所处的经营态势，企业总体战略可分为稳定型战略、紧缩型战略和发展型战略。

（1）稳定型战略

稳定型战略是企业不改变现有的经营范围和规模的战略。其指导思想是在现有条件下提高经济效益。

实施该战略的原因：企业面临的外部环境较为稳定，而企业感到自己是成功的；企业负责人宁可墨守成规，也不愿意冒风险；对于获得成功的大型企业来说，稳定地保持大规模经营是为了减少和避免风险。

（2）紧缩型战略

紧缩型战略是企业减少投入，封存或出卖部分设备，从而缩小其经营规模的战略。其指导思想是通过紧缩来摆脱目前或将要出现的困境，使其财务状况好转，以求将来的发展。

实施该战略的原因：企业目前执行的战略失败，只有通过紧缩才能重新积蓄力量；企业处境困难，但又缺乏足够的力量予以扭转；环境中存在着较大的威胁因素，而企业的内部条件又不足以解决这些威胁；所处的本行业环境已无发展机会，通过紧缩现有业务，准备进入新的行业。

紧缩型战略的类型有 3 种：

① 抽资转向战略。这是企业在现有的业务领域不能维持原有的市场规模，或者发现新的、更好的发展机遇的情况下，对原有的业务领域压缩投资、控制成本的战略。通常情况下，抽资转向战略的具体方式有调整企业结构、降低成本和投资、减少资产、加速回收企业资金等。

② 放弃战略。这是将企业的一个或几个主要部门转让、出卖或停止经营的战略。这个部门可以是一个经营单位、一条生产线或是一个事业部。

③ 清算战略。这是卖掉其资产或停止整个企业的运行，即终止该企业存在的战略。显然，选择这种战略等于承认失败，是一种感情上最难以接受的战略，也是企业在确实无救的情况下才采取的一种战略。

（3）发展型战略

发展（增长、扩张）型战略是企业扩大原有主要经营领域的规模，或者向新的经营领域开拓的战略。其核心是通过企业竞争优势谋求企业的发展和壮大。

实施该战略的原因：扩张能使企业获得许多社会效益，如扩大企业的社会影响力、受到政府的重视等；获得规模经济的效益，增强企业的市场竞争地位。当环境中存在新的机会，并与企业的内部条件基本吻合时，企业一般会采用发展型战略。当企业所在行业发生剧烈变化时，为了保证企业在变动中不至于处于被动地位，采用发展型战略是必要的。

发展型战略是一种使企业在现有的战略水平基础上向更高一级的目标发展的战略。它以发展作为战略的核心内容，引导企业采用新的生产方式和管理方式开发新产品、开拓新市场，以便扩大企业的生产规模，提高其竞争地位。从企业发展的角度来看，任何成功的企业都经历了长短不一的发展型战略实施过程。从本质上说，只有发展型战略才能使企业规模不断地扩大，使企业的竞争力由弱变强。

发展型战略又可细分为规模增长战略、多元化发展战略、一体化发展战略。

① 规模增长战略。这是企业在原有生产范围内，充分利用产品和市场方面的潜力求得增长的战略。

② 多元化发展战略。这是相对于集中化、专业化发展战略而言的一种常用战略，往往涉及多个经营领域。

③ 一体化发展战略。这是根据企业所确定的经营范围，着力解决与企业当前活动有关的竞争性、上下游生产活动的问题的战略。

情境链接

企业经营战略还可以按照下面的标准划分为不同的类型。

① 按企业的经营领域不同，分为专业化经营战略和多元化经营战略。

② 按企业制定经营战略的主客观条件，分为保守型、可靠型、风险型3种战略。

③ 按企业规模不同，分为中小企业经营战略和大型企业经营战略。

2. 经营单位战略

经营单位战略又称经营战略，是企业第二层次的战略。它是指在企业总体战略的制约下，指导和管理具体经营单位的计划与行动，以提高各经营单位间的协同，为企业的整体目标服务。

这里所说的经营单位多指大型企业或企业集团中的事业部或子公司，它们一般有着自己独立的产品和细分市场。一方面，经营单位战略要针对各经营单位所在的、不断变化的外部环境，使其在各自的经营领域里有效地竞争，保证各单位的竞争优势，促使各经营单位有效地控制资源的分配和使用；另一方面，经营单位战略还要协调各职能层的战略，使之成为一个统一的整体。

经营单位战略可以从不同的角度分类。按战胜其他竞争对手、取得竞争优势的途径划分，可分为成本领先战略、差别化战略和集中型战略。这也是经营单位经常采用的常规竞争战略。

（1）成本领先战略

成本领先战略的指导思想：企业力争以最低的总成本取得行业中的领先地位，并按照这一基本目标采用一系列的方针。

成本领先战略的优点：在与竞争对手的竞争中，企业具有进行价格战的良好条件，即企业可以利用低价从竞争对手中夺取市场，以提高自己的市场占有率、扩大销售量、增加利润。

成本领先战略的缺点：首先，投资较大，因为企业必须具备先进的生产设备，才能高效率地进行生产，以保证较高的劳动生产率；其次，把过多的注意力集中于低成本战略，可能导致企业忽视顾客需求特性和需求趋势的变化，忽视顾客对产品差异的关注，使企业很容易被采用产品差异化战略的竞争对手所击败；最后，由于企业集中大量投资于现有技术及现有设备，因此对新技术的采用及技术创新反应迟钝。

实施成本领先战略的条件：第一，要求企业必须具有先进的设备和生产设施，并能有效地提高设备利用率；第二，要利用管理经验加强成本与费用的控制，全力以赴地降低成本；第三，最大限度地减少研究开发、推销、广告、服务等方面的费用支出；第四，该战略适用于大批量生产的企业，要求产量达到经济规模，才能保证企业的生产维持在低成本的水平上。总之，要采用各种措施降低经营总成本，使企业的成本低于竞争对手，以便依靠处于领先地位的低成本获得高额利润，使企业在竞争中占据有利的地位。

（2）差别化战略

差别化战略的指导思想：企业提供的产品与服务在行业中具有与众不同的特色，这种特色可以表现在产品、设计、技术特性、产品品牌、产品形象、服务方式、销售方式等手段的某一个或多个方面。差异化战略应该体现在能使顾客感受到的、对其有实际价值的、独特的产品或服务上。

差别化战略的优点：利用顾客对产品特色的注意和信任，降低对产品价格的敏感度，可以使企业避开激烈的市场竞争，在特定领域形成独家经营的市场，使其他企业在短时间内难以追赶，以此来保持市场领先的地位。

差别化战略的缺点：保持产品的差异化往往以成本的提高为代价。实施这一战略，企业要把产品的特色放在第一位，要增加设计和研究开发费用，要用高档的原材料，因而产品差异化所取得的利润中有很大一部分被产品成本的提高所抵销。另外，特色产品的价格较高，很难拥有较大的销售量。因此，该战略不可能迅速提高市场占有率。

差别化的方法有两种：一种是使产品的内在因素产生差异化；另一种是使产品的外在因素产生差异化。内在因素的差异化是指企业在产品性能、设计、质量及附加功能等方面与竞争对手相区别，使产品别具一格，能开创独特的市场；外在因素的差异化是指要创造良好的产品形象，即要充分地利用产品的定价、商标、包装、销售渠道及促销手段等方法，使其与竞争对手在营销组合方面形成差异化。

（3）集中型战略

集中型战略又称集中一点或专业化战略。

集中型战略的指导思想：通过满足特定消费群体的特殊消费需求，或者集中服务于某一有限的区域市场来建立企业的竞争优势及市场地位。

集中型战略最突出的特征是企业专门服务于总体市场中的一部分，也就是对某一类型的顾客或某一地区性市场做密集型的经营。

集中型战略包括3种具体形式：第一，产品类型的专业化，即企业集中全部资源来生产经营特定的产品系列中的一种产品；第二，顾客类型的专业化，即企业只为某种类型的顾客提供产品和服务；第三，地理区域的专业化，即企业的经营范围仅局限于某一特定的地区。

集中型战略的优点：一方面，企业能够控制一定的产品势力范围，在此势力范围内其他竞争者不易与之竞争，因此其竞争优势地位较为稳固；另一方面，其经营目标集中，管理简单方便，可以集中使用企业所拥有的资源要素，有条件深入研究，以至于精通有关的专门技术。

集中型战略的缺点：当市场发生变化，技术创新或新的替代品出现时，该产品的需求下降，企业将受到严重的挑战。

情境提示

一般规模较小的企业没有二级经营单位，而且有的企业虽然也叫公司，但只有一个经营单位。在这种情况下，把企业总体战略与经营单位战略合二为一，此类企业的经营战略体系就只有两个层次，即总体经营战略层次与职能战略层次。

应用案例

台州银行的中国小本模式　十年情怀为小微筑梦

浙江省台州市民营企业占到了企业总数的99%，其中小微企业更是达到10万家之多。在这样的经济环境下逐渐发展起来的台州银行，从创业之初就坚持为小微企业提供金融服务的市场定位，在服务小微企业的过程中不断探索创新。

小本贷款是一款为解决小微企业、个体工商户、农户融资难问题的特色产品，自2006年推出以来，小本贷款已走过10年。截至2016年4月末，小本贷款累计发放716亿元，支持了近53万个小微客户，并为地方创造了近130万个就业机会，约60%的客户生平第一次获得银行贷款。

10年间，台州银行小本贷款在产品设计、服务提升等方面日趋完善，并通过该行异地机构的不断推行，被证明是行之有效并可复制的。随着台州成为小微企业金融服务改革创新试验区，小微金融的台州模式成为业界关注焦点。小本贷款承载着台州银行的核心信贷技术和文化，已形成小微金融服务小本模式，并获得市场和业界的广泛认可。

1. 小本贷款的10年和小微客户的创业人生

民营经济活跃的台州，民间创业的气氛非常活跃，很多农民在城市里开展小本经营，在乡村开展作坊生产。

台州市的乡镇和农村也有着鲜明的特点：基本以家庭作坊式的个体户为单位，这些个体户规模一般较小，资本积累较少；其次，除当地农村信用社外，他们难以获得贷款支持，融资能力较差。同时，居住以村为单位，邻里之间联系较多，社会关系简单明了，一款好的产品推开后口碑效应比较容易显现。

小本贷款在这样的环境下应运而生，额度设计为2000元至100万元，几乎不设门槛，并且不强制客户提供经营资料证明等，只要客户有创业意愿，又有一定的劳动技能，持续经营3个月以上，就可以携带身份证来贷款。这既为客户提供了更多机会，也为银行带来了更大的市场空间。

此外，台州银行还注重对客户的长期培育，当客户出现短期风险时并不过激反应，而是为客户提供额外的行业信息、经营建议等，帮助客户渡过难关。

例如，来自江西的养殖户杨平子，人到中年才开始创业。他创业起步时所有资产只有5头奶牛，初次申请银行贷款被拒绝，申请小本贷款成功获得2万元资金。三四年后，奶牛养殖规模扩大至100头，年利润达到20万元，他不但家庭生活显著改善，还把老家的亲戚都带到了台州市，引领他人勤劳致富。

学习情境3 战略管理

路桥老陈经营一家鞋厂，曾经一度因为生产的女鞋出了质量问题，存货积压导致资金链差点断裂。台州银行信贷员在充分了解情况后，综合了老陈的行业经验、财务状况和一直以来良好的信用情况，及时发放了60万元的小本贷款帮助他渡过难关。之后，老陈的鞋厂顺利转危为安，不但生意稳当，还雇用了村民，增加了当地就业。

台州银行还根据客户群体的延展，对产品线不断进行丰富。例如，对贫困创业者推出扶贫创业基金。这是台州银行联合台州银监分局于2011年12月设立的一个慈善公益性质的基金项目，旨在帮助有劳动能力和有创业意愿的贫困创业者。它采用免息、免抵押、免担保、免任何费用的形式发放贷款，让创业者甩开包袱，勇敢去追梦。对于产业集聚程度较高的农村，推出兴农卡。兴农卡是一款预授信、随借随还的产品，一次授信6年有效，大大提升了农村客户的融资效率。

10年间，台州银行不断完善小本贷款产品功能，并以此为核心，形成了标准化、可复制、商业化、可持续的小额信贷商业模式，为过去无法从正规金融机构得到贷款的弱势群体创造了平等获取银行贷款的机会，探索出了一套适合中国国情的金融帮扶低收入群众的可持续发展的技术，取得了可观的社会效益和经济效益，被誉为在国际小额信贷领域确立了中国小本模式。

2. 小额信贷业务：学的是技术，玩的是走心

2006年1月19日，浙江省台州市黄岩区的一位叫符亚平的客户获得了一笔金额为10万元的贷款。这是台州银行发放的第一笔小本贷款。

之前，台州银行与世界银行、国家开发银行合作，经由德国IPC公司引进了欧洲先进的小额信贷技术，进行了本土化改造，并将这一特色贷款产品命名为小本贷款，意为支持做小本生意的贷款。这也成了中国首个小微企业信贷服务的专用注册商标。

当年年末，台州银行共在8家支行试点开办小本贷款业务，累计发放小额贷款2 559笔，金额15 910万元，平均放款额度仅为6.2万元。遵循额小、面广的原则，小本贷款在台州市迅速打开了局面。

外来的信贷调查技术与台州银行的信贷文化怎么融合？作为首批信贷员，台州银行小额信贷部经理林鑫深有感触："我们常常不是去做调查，就是在去调查的路上，有时甚至哪个客户猪圈里养了几头猪、哪个客户冰箱里还有几盘剩菜都一清二楚。"

资深小额信贷人员回忆，当年德国IPC公司专家的技术培训十分严格，在贷审会环节经常会把信贷人员问得张口结舌。这是由于小本贷款的客户缺乏经营资料，不能提供财务报表，信贷人员需要自编报表（通常是资产负债表和损益表）并进行交叉检验。这也是后来被称为台州银行核心信贷调查技术的"十六字方针"：下户调查、眼见为实、自编报表、交叉检验。

借鉴IPC公司专家先进的培训理念和具体做法，台州银行小额信贷团队建立起理论与实践相结合的培训体系，组建了一支小额信贷人员队伍，建立了内部导师制。专业的培训加上师徒"传帮带"机制，信贷调查技术得以在一批批员工中继承与实践。

吃苦、求实、创新的台州银行，与小额信贷"洋技术"碰撞出的火花，让德国IPC公司十分赞赏。IPC公司曾表示，台州银行是他们曾经合作过的所有银行中在各方面评价最高的银行。

"接地气"的原因在哪里？客户们有自己的感受。很多客户在台州银行办理的小本贷款达到十多笔，生产经营性的资金需求仅用小本贷款就全部满足。除了产品本身方便好用，客户忠诚度高的原因还在于信贷人员的"走心"服务。

"走心"就是台州银行一直提倡的"与客户交朋友"，台州银行向信贷人员传达这样一种理念：哪怕是贷款1万元的小客户，也要用最亲切的方式去对待。信贷员们除做好基本的工作外，还常常自发地去为小微客户提供力所能及的帮助。

例如，玉环清港小微企业专营支行的信贷员陈晨主动为菜市场卖猪肉的商贩搜集零币，每月为商贩提供金额达4 000~5 000元的零币，并定时送服务上门；三门银座花桥支行的信贷

员叶银燕，在村居走访中发现养殖户们在洗蛏苗季节十分辛苦，吃不上热饭喝不上热水，就自发地去集市买来红枣、桂圆，早起煮好红枣桂圆汤送到养殖塘岸边，让养殖户们大为感动。

事实上，这样温暖的个性化服务，在美国等发达国家的银行业也备受推崇，被认为是自助设备不可替代的人文关怀。很多初入行的台州银行信贷员从走街串户和公益活动中融入周边环境，银行也十分鼓励员工们去挖掘小微客户的需求，举行各类暖心的活动。员工们看到周边社区或村居存在着需求，会坐下来讨论，然后想方设法去满足。例如，夏天到了，支行团队会采购电影放映设备，去给村民们放映露天电影，整个夏季走遍周边村居，村民们对此十分欢迎。很多机构还分季节、分行业进行专门的活动策划，把"走心"做成了常态化。

3. 从3天到90分钟：一家传统银行的"互联网化"

把简单、方便、快捷的理念直接设计进LOGO的台州银行，对于速度和效率的重视不言而喻。这其实也是小微客户的特性导致的。

小微客户的现金流动性不强，大多数客户资产集中在机器设备、原材料及存货等上面，还款资金来源要么是临时应收账款回笼，要么是朋友之间的调剂，基本上都希望贷款手续办得越快越好。因此，台州银行在设计小本贷款产品时，要求信贷人员3天内处理好新客户的业务需求，在确定风险可控的前提下，在贷款归还的第2天给予客户续贷。

在实际工作中，台州银行信贷人员基本会将时间提前1天，对贷款即将到期的客户提前走访，以及时快速地处理续贷。

高效率也是小本贷款受欢迎的"秘密武器"，不少客户自己贷款后介绍他人来贷款，保证人见借款人贷款后也来申请贷款，市场反响积极。

但是基于人工作业的信贷流程，存在着很多必不可少的步骤：小微企业主有信贷需求，信贷人员上门走访调查后，需要再回到办公室制作报表等候审批，然后通知客户上门签合同。通常客户要往返银行一次。基于必备流程和风控的要求，这几乎已经达到了传统服务模式的速度上限。

这个上限随着移动工作站的推出，正在被打破。2015年，台州银行推出了基于移动互联网技术的移动工作站——通过实时接入银行系统可以进行远程视频协作，支持影像、客户信息实时搜集和校验的移动智能终端。对于信贷员和客户来说，这个智能终端就是一台平板电脑。2016年时，台州银行信贷员拿着平板电脑走访客户，遇到急需资金的客户可直接在平板电脑上完成贷款申请、征信授权。申请提交后，通过平板电脑完成数据和影像采集，将数据整合后提交给后台审批人员。一笔小本贷款在90分钟内便可完成所有环节的操作。

在控制风险方面，大数据应用也有大作为。2016年，台州银行推出信用评分卡。信用评分卡应用数据模型对客户信息进行量化分析，这类似于芝麻信用分——根据客户的消费习惯、账户数据等形成的大数据对客户信用做出评分，以分值评估信用状况。信用评分卡包含一整套的决策模型及其支持技术，能够大大提升获客的精准性，量化风险，从而提高信贷工作效率。

另外，台州银行也借助"钱在台行"App、微信银行、在线申请贷款等的推广，使服务模式"互联网化"，以进一步贴合"80后""90后""00后"人群的需求。

对于台州银行来说，在当下城镇化持续推进、创业创新热潮下，小微客户的资金需求依然存在很大的市场，结合擅长的"与客户交朋友"模式并运用互联网技术提高获客和风险管理信息化水平，小本贷款及小额信贷领域还大有可为。

3. 职能战略

职能战略也称分战略，是为了保证企业总体战略和经营单位战略的实现，运用各种专业的职能使企业开展经营活动，以便更加有效地适应内、外环境的要求所制定的长远性谋划和方略。

职能战略是企业内部主要职能部门的战略计划，能使职能部门的管理人员更加清楚地认识到本职能部门在实施企业总体战略中的责任和要求，从而有效地运用研究、开发、营销、生产、财务、人力资源等方面的经营职能，以保证实现企业目标。

企业的主要职能战略有以下几种。

（1）市场营销战略

市场营销战略是企业最重要的职能战略，有效的市场营销战略是企业成功的基础。市场营销活动包括市场调研、预测，分析市场需求，确定目标市场，制定营销战略，实施和控制具体营销战略的全过程。高层市场营销战略决定市场营销的主要活动和主要方向，基本内容包括市场细分战略、市场选择战略、市场进入战略、市场营销竞争战略和市场营销组合战略。

（2）财务战略

财务战略是根据企业经营战略和其他职能战略的要求，对企业资金进行筹集、运用、分配，以取得最大经济效益的战略。其主要内容包括资金筹集战略、资金运用战略、利润分配战略等。

（3）生产战略

生产战略是将各种投入要素（原材料、零部件、人、机器设备等）结合起来，转化为有一定产出的经济活动的战略。从生产与企业整体发展关系看，生产战略是企业取得战略成功的关键因素；从生产与其他职能部门的关系看，生产战略必须协调与其他职能战略之间的关系。

（4）研究与开发战略

研究是指用科学方法，探求未知事物的本质和规律；开发是指充分利用现有科学技术成果，把生产、技术或经营方面的某种可能性变为现实的一系列活动。研究与开发是企业科技进步的原动力，强化研究与开发工作对促进企业科技进步、加快产品更新换代、增强市场竞争能力、提高经济效益都有重要的推动作用。研究与开发战略的选择常常受企业总体战略和经营战略的影响。在不同的环境条件下，企业可采用3种不同的研究与开发战略：第一种是在进攻和防守之间进行选择的基本型研究与开发战略；第二种是以新技术作为进入新市场主要手段的渗透型研究与开发战略；第三种是竞争对手和技术自身产生技术威胁时的反应型研究与开发战略。

（5）人力资源战略

人力资源战略是根据企业总体战略的要求，为适应企业生存和发展的需要，对企业人力资源进行开发，提高员工队伍的整体素质，从中发现和培养出一大批优秀人才所进行的长远性的谋划与方略。人力资源战略是为实现企业总体战略服务的，所以必须根据企业总体战略的要求来确定人力资源战略的目标。其内容包括人力资源开发战略、人才结构优化战略、人才使用战略等。

情境链接

海底捞是起家于四川省简阳市的一家全国性连锁火锅店。去过他们店的顾客有以下几个最直观的感觉。第一，顾客多。排队两个小时吃一顿火锅很常见。第二，服务好。筷子的长度让人烫不到手，还有专门供勺子搭着的钩；排队时有人帮你擦鞋；饭桌上刚准备打手势，服务员已经心领神会地跑过来了。第三，服务员总是保持微笑。这些经营特色，近年来成了企业管理界津津乐道的话题。

海底捞成功的奥秘在哪里？黄铁鹰的总结重点在一段话：养而不爱如养猪，爱而不敬如养狗。而人呢，只给吃和爱是不够的，还需要尊敬。什么是对人的尊敬？见老板鞠躬给领导鼓掌？那是对地位和权力的尊敬。对人的尊敬是信任。信任你的操守，就不会把你当贼防；信任你的能力，就会把重要的事情委托给你。人被信任了，才会有责任感。而信任的唯一标志就是授权——海底捞不仅给予火锅店的普通员工物质回报，还给予他们信任与授权，让他们一同收获幸福感和成就感。

信任不是说出来的，而是做出来的。张勇在海底捞公司的签字权是100万元以上；100万元以下由副总经理、财务总监和大区经理负责；大宗采购部长、工程部长和小区经理有30万元的签字权；店长有3万元的签字权。

这等于海底捞的服务员都是经理，因为这种权力在所有餐馆都是经理才有的。德鲁克认为，企业的员工是否是管理者并不取决于他是否管理别人，所有必须坚持自己的目标和标准进行决策，并对组织做出贡献的员工，实际上都在行使管理者的职责。显然，在海底捞的管理体系中，每一个基层服务员都是一个管理者，对服务品质起到关键的影响，对公司至关重要。

每个员工都是管理者的餐馆显然具备了不可复制的核心竞争力。这就是一些餐馆使劲从海底捞挖人，试图抄海底捞的模式，却抄不出结果的真正原因。真正的核心竞争力是难以复制的。这也从侧面印证了IBM前CEO沃森提出的原则：就经营业绩来说，企业的经营思想、企业精神和企业目标远远比技术资源、企业结构、发明创造及随机决策重要得多。

资料来源：黄铁鹰. 海底捞你学不会[M]. 北京：中信出版社，2015.

实例分析 3-1

格兰仕集团的职能战略

1. 市场营销战略

格兰仕集团在微波炉市场上的营销战略主要包括以下内容。第一，培育市场。通过赠送微波炉食谱等图书、在报刊上开辟专栏等方式，培育中国的微波炉市场。第二，启动市场。通过建立全国性的营销网络，主要是与各地代理商合作，共同启动微波炉市场。第三，占领市场。在微波炉市场上，主要选择价格竞争战略；在电饭煲市场上，通过多年的赠送活动来占领市场。第四，巩固市场。通过不断推出新产品，针对不同的市场推出合适的产品及提高产品服务质量和水平来巩固市场。例如，"四心级"服务（为顾客诚心、精心，让顾客安心、放心）、"三大纪律、八项注意"的规范服务，以及一地购物、全国维修的跨区域服务等，都是格兰仕集团巩固市场的重要策略。

2. 研究与开发战略

格兰仕的技术战略经历了引进、消化吸收、合作开发、自主开发阶段。在1997年以前，格兰仕集团主要是以引进、消化吸收为重点；1992年引进东芝公司的生产线和技术、1996年引进世界最先进的微波炉生产设备和技术，并在消化吸收的基础上进行集成；1997年，格兰仕集团设立研究与开发部门；1998年在美国设立技术开发机构，开始走向合作和自主开发的新阶段。

3. 财务战略

为了适应国际化经营的战略需要，格兰仕集团自1998年开始聘请全世界著名的咨询公司Andersen公司为财务顾问，具体制定和实施格兰仕的财务战略。这在中国企业，尤其是乡镇企业中是罕见的。以Andersen公司的实力和经验，可以推断格兰仕集团的财务战略对其企业经营战略的实现将会起到巨大的推动作用。

4. 人力资源战略

引进人才并大胆使用是格兰仕集团的传统战略。早在1991年，格兰仕集团就聘请了5名来自上海市的中国微波炉专家，正是这5名高级工程师组成了格兰仕集团微波炉技术队伍的核心，奠定了其后与外国进行技术合作的基础。之后，格兰仕集团于1993年聘请日本人从事生产管理；1998年为实施国际化战略，又聘请韩国人担任国际营销主管。

3.1.2 战略环境分析

战略环境分析是指对企业所处的内、外部竞争环境进行分析，以发现企业的核心竞争力，明确企业的发展方向、途径和手段。

战略环境分析既是战略管理过程的第一个环节，也是制定战略的开端。战略环境分析的目的是展望企业的未来，这是制定战略的基础。战略是根据环境制定的，是为了使企业的发展目标与环境变化和企业能力实现动态的平衡。

1. 外部环境分析

（1）宏观环境分析

宏观环境分析的目的在于，评价这些因素对企业战略目标和战略制定的影响。为了更好地从总体上把握宏观环境分析的概貌，一个常用的工具就是PEST分析模型。

PEST分析是对宏观环境的分析。不同行业和企业根据自身特点与经营需要，分析的具体内容会有差异，但一般都应对政治（Political）、经济（Economic）、社会（Social）和技术（Technological）这四大类影响企业的主要外部环境因素进行分析。

（2）产业环境分析[1]

① 潜在进入者的威胁。所谓潜在进入者，是指产业外随时可能进入某行业的成为竞争对手的企业。由于潜在进入者的加入会带来新的生产能力和物质资源，并要求取得一定的市场份额，因此会对本产业的现有企业构成威胁，这种威胁被称为进入威胁。进入威胁的大小主要取决于进入壁垒的高低及现有企业的反应程度。

进入壁垒是指要进入一个产业需要克服的障碍和付出的代价。影响进入壁垒高低的因素主要有规模经济、产品差异、资本需求、转换成本、销售渠道和与规模经济无关的成本优势。

② 现有企业之间的竞争。现有企业之间的竞争是指产业内各个企业之间的竞争关系和程度。不同产业内部的竞争激烈程度是不同的。如果一个产业内的主要竞争对手基本上势均力敌，则无论产业内企业数量有多少，企业之间的竞争必然激烈，这种情况下某个企业要想成为产业的领先企业或保持原有的高收益水平，就要付出较高的代价；反之，如果产业内只有几个大的竞争者，形成了半垄断状态，则企业之间的竞争便会趋于缓和，企业的获利能力就会增大。

决定产业内企业之间竞争激烈程度的因素有：竞争对手的多寡及力量对比；市场增长率；固定成本和库存成本；产品差异性及转换成本；产业生产能力的增加幅度；产业内企业采用的策略和背景的差异及竞争中利害关系的大小；退出壁垒。

③ 替代品的压力。替代品是指那些与本企业产品具有相同功能或类似功能的产品。决定替代品压力大小的因素主要有：替代品的盈利能力；替代品生产企业的经营策略；购买者的转换成本。

---

[1] 按照迈克尔·波特（Michael Porter）的观点，一个行业中的竞争远非在原有竞争对手之间进行，而是存在着5种基本的竞争力量，即潜在进入者的威胁、现有企业之间的竞争、替代品的压力、供方讨价还价的能力和买方讨价还价的能力。波特教授依此构建了著名的五种力量模型。我们认为该模型忽略了其他利益相关者这一力量，所以我们从6个方面对产业环境进行分析。

④ 供方讨价还价的能力。供方是指企业从事生产经营活动所需要的各种资源、配件等的供应单位。它们往往通过提高价格或降低质量及服务的手段，向产业链的下游企业施加压力，以此来榨取尽可能多的产业利润。

决定供方讨价还价能力的因素主要有：供方产业的集中度；交易量的大小；产品差异化程度；转换供方成本的大小；前向一体化的可能性；信息的掌握程度。

⑤ 买方讨价还价的能力。作为买方（顾客、用户）必然希望所购产业的产品物美价廉、服务周到，且从产业现有企业之间的竞争中获利。因此，他们常常会为压低价格、要求提高产品质量和服务水平而与该产业内的企业讨价还价，使得产业内的企业相互竞争残杀，导致产业利润下降。

影响买方讨价还价能力的因素主要有：买方的集中度；买方从本产业购买的产品在其成本中所占比重；买方从产业购买产品的标准化程度；转换成本；买方的盈利能力；买方后向一体化的可能性；买方信息的掌握程度。

⑥ 其他利益相关者的影响。政府机构及企业的股东、债权人、工会组织等其他利益相关者群体对产业竞争的性质与获利能力也有着直接的影响。每个利益相关者都用自己的标准衡量企业经营业绩，按照对自己影响的好坏来衡量企业高级管理层的决策行为。

（3）竞争环境分析

作为产业环境分析的补充，竞争对手分析的重点集中在与企业直接竞争的每一个企业身上。尽管所有的产业环境都很重要，但产业环境分析着眼于产业整体，是中观分析。因此，从个别企业视角去观察、分析其竞争对手竞争实力的微观分析——竞争对手分析就显得尤为重要，特别是在企业面临着一个或几个强大的竞争对手时。

2. 内部环境分析

（1）技术素质方面

① 生产能力。它包括：生产的组织与计划调度、技术质量保证与工艺装备、人员操作水平、消耗定额管理；在制品、半成品及成品流程管理；运输工具、劳动生产率水平；环境保护与安全生产，等等。

② 技术开发能力。它包括：科研、设计、工艺开发的物资与设备水平；技术人员的数量技术水平与合理使用；获取新的技术情报的手段、计量检测手段。此外，还有技术管理水平与技术开发、更新产品的综合能力。

（2）经营素质方面

① 企业的发展史。分析企业在开办、合并、转产及发展壮大等方面的历史演变，目前的状况及今后发展的可能性。

② 销售能力。除了分析销售量是否充足、市场调研和市场开发能力如何、现有销售渠道状况，还应分析企业的销售组织是否健全、推销手段是否有效、售后服务如何、满足交货条件的能力、收回货款的能力及运输能力如何等。

③ 获利能力与经济效益。分析企业获利能力的大小与途径，进行目标利润与目标成本分析；各种资金利润率分析与盈亏平衡点分析。

④ 产品、市场状况。分析企业现在的经营业务范围、主要产品的技术性能与技术水平、产品结构和发展前景、市场占有率如何、产品获利能力大小与竞争能力强弱、产品属于生命周期的哪一阶段。

⑤ 物资采购供应能力。分析企业在物资资源方面的组织、计划、采购、仓储、资金、管理等一系列工作的能力与存在的问题。

（3）人员素质方面

人员素质包括领导人员素质、管理人员素质和职工素质。

（4）管理素质方面

管理素质包括企业的领导体制及组织机构的设置是否合理，信息的沟通、传递、反馈是否及时，日常业务性的规章制度是否健全可行等。

（5）财务素质方面

财务素质主要指资金运筹能力，包括资金的筹集使用和分配。

情境任务 3.2　战略制定

引导案例

一提起"雀巢"，许多人马上就会想起雀巢咖啡，因为国内大众对"雀巢"的认识，也许大多是从雀巢咖啡那句家喻户晓的广告词"味道好极了"开始的。其实，雀巢公司的经营范围很广泛，包括饮品、巧克力、冰激凌等 300 多种产品，其产品在 79 个国家的 354 个工厂中生产。很多业内人士都熟悉雀巢公司的一个经典掌故，那就是雀巢咖啡在诞生之初，曾因为过于强调其工艺上的突破带来的便利性（速溶）而一度使销售陷入危机。原因在于，许多家庭主妇不愿意接受这种让人觉得是自己"偷懒"才使用的产品。

雀巢公司的成功是多种因素共同作用的结果。其中，模块组合营销战略的实施是一个重要因素。公司设在瑞士日内瓦湖畔的小都市贝贝（VEVEY）的总部对生产工艺、品牌、质量控制及主要原材料做出了严格的规定。而行政权基本属于雀巢公司各国分公司的主管，他们有权根据各国的要求，决定每种产品的最终构成。这意味着公司既要保持全面分散经营的方针，又要追求更大的一致性。为了达到这样的双重目的，必然要求保持一种微妙的平衡。这既是国际经营和当地国家经营之间的平衡，也是国际传播和当地国家传播之间的平衡。如果没有按照统一基本方针、统一目标执行，没有考虑与之相关的所有因素，那么这种平衡将很容易受到破坏。

为了正确贯彻新的方针，告知分公司如何实施，雀巢公司颁布了 3 个重要的文件，内容涉及公司战略和品牌的营销战略及产品呈现的细节。

① 标签标准化（label standardization）。这只是一个指导性文件，对标签设计组成的各种元素做出了明确的规定，如雀巢咖啡的标志、字体和所使用的颜色，以及各个细节相互之间的比例关系。这个文件还列出了各种不同产品的标签图例，建议各分公司尽可能早地使用这些标签。

② 包装设计手册（package design manual）。这是一个更为灵活使用的文件，提出了使用标准的各种不同方式，如包装使用的材料及包装的形式。

③ 品牌化战略（branding strategy）。这是最重要的文件，包括了雀巢产品的营销原则、背景和战略品牌的主要特性的一些细节。这些主要特性包括品牌个性、期望形象、与品牌联系的公司，其他两个文件涉及的视觉特征及品牌使用的开发等。

经济形势对企业提出了更高的要求，要在激烈的市场竞争中立于不败之地，不仅要有适销对路的产品，更重要的是要有正确的经营思想指导。雀巢公司的管理层认识到经济全球化已使企业营销活动和组织机制由过去的"大块"结构变成了"模块"结构，从而将其工作重点转向模块组合，实施模块组合营销。基于上述事实，我们把模块组合的战略定义为：将公司的营销部门划分成直接运作于市场的多个规模较小的经营业务部门，灵活运作于市场，及时做出应变决策，各经营业务部门虽具有独立性，但服从于企业的总战略。在雀巢公司的模块组合战略中，各分公司就是作为一个模块，独立运作于所在的市场，有权采取独特的策略，但又接受公司总部的协调。

思考：雀巢公司成功的原因是什么？

3.2.1　企业战略的构成

1. 战略指导思想

战略指导思想是指导战略制定和实施的基本思想，是企业负责人和员工对经营中发生的各种重大问题的认识与态度的总和，是企业总体战略的灵魂，具有统率、导向作用。

2. 战略目标

战略目标既是一定战略时期内的总任务，也是战略主体的行动方向。企业的战略目标不同于企业的中间目标、具体目标。战略目标是由企业的经营目的决定的，是经营目的的对象化和数量化。不同的企业有不同的经营目的，但都是为了提高企业的经营能力。可以说，经营目的决定经营目标，经营目标决定经营战略及战略目标的形成。企业战略目标是由一系列的具体目标所构成的体系。其层次结构如下。

（1）长期基本目标

长期基本目标是企业在战略期要达到的总体经营状态，包括销售增长率、销售额、资金利润率、资金结构、盈利的分配比例等指标。这些指标是企业在战略期应达到的总体经营状态的数量方面，有些目标还应该用语言来表示，如"要成为行业中的领导者"或"资本利润率要高于行业的平均利润率"，以及有关社会责任和为社会做出相应贡献的战略重点等。

（2）产品/市场目标

为了保证长期基本目标的实现，企业要根据未来市场的情况和自身的条件，来决定企业应该对市场环境中的哪类顾客提供什么样的具体产品和服务，并且应该达到什么样的水平。这一层面上的目标主要由产品结构、新产品的开发、市场占有率、市场开发等来衡量。

（3）经营结构目标

这一层次的目标是实现产品/市场目标，对企业拥有的各种资源进行合理配置。其主要是对人员、设备、生产技术结构、组织机构做出相应的规划，使之能保证以上两个层次战略的实现，具体包括设备投资、人员结构、研究开发费、组织结构的调整等。

（4）生产效率目标

这一层次的目标是，通过对优化生产工序、严格质量控制、改进工作方法、激励员工等具体目标的制定来降低成本，提高生产效率，保证以上层次目标的实现。

确定企业的战略目标时，必须符合一定的要求，如先进性和可靠性的统一、定量与定性的有机结合等。

3. 战略重点

战略重点是指那些对实现战略目标具有关键作用的方面（如部门、环节、项目等）。这既是企业资金、劳动和技术投入的重点，也是决策人员实行战略指导的重点。一个企业是否有明确的战略重点、战略重点的选择正确与否，是企业经营成败的关键。例如，同样是多元化，很多企业走向了破产，而海尔、春兰却走向了成功。

4. 战略对策

战略对策是指为实现战略目标而采取的重要措施和重要手段。它具有预见性、针对性、多重性和灵活性的特点。

情境链接

西方理论界认为企业战略一般由4种要素构成，即产品与经营领域、成长方向、竞争优势和协同作用。这4种要素共同作用可产生合力，成为企业共同的经营主线。

1. 产品与经营领域

经营领域是指企业生产什么产品、提供什么劳务、市场定位在哪里、市场规模有多大，说明了企业的使命属于什么特定的行业和寻求新机会的领域。在具体制定过程中，该要素常常需要用"分行业"来描述，因为"大行业"的定义过宽，经营的内容过于广泛，用以反映经营战略不能明确界定企业的经营主线。而分行业是指大行业内具有相同特征的产品、市场、使命和技术的小行业。例如，娃哈哈集团的领域是食品行业中的饮料和保健品细分领域。经营领域过宽或过窄，都不利于企业的发展。

2. 成长方向

成长方向说明企业从现有产品与市场组合向未来产品与市场组合转移的方向。例如，市场渗透战略是在现有产品和市场的基础上，通过改善产品和服务等措施逐渐扩大销售，提高产品的市场占有率；市场开发战略是为企业现有产品寻找新的市场空间；产品开发战略是创造新的产品，以替代目前的产品。新兴企业应着力于市场的开发，处于产品衰退期的企业应选择产品开发战略。

3. 竞争优势

竞争优势是企业优于竞争对手并形成特色的相对优势。它体现了企业某一产品与市场组合的特殊属性，凭借这种属性可以给企业带来强大的竞争能力。一个企业想在一切方面都占有优势必然会力不从心，所以往往只能选择一个或几个最有利于自己的差别优势。例如，索尼公司的优势在于新产品的开发；海尔的优势在于良好的产品质量和企业形象。

4. 协同作用

协同作用是说明企业为达到战略目标，而要求企业内部各部门采取的协调动作，主要有销售协调（如企业所有产品使用共同的销售渠道）、运行协调（如在企业内分摊间接费用）、管理协调（如在一个经营单位内使用另一个经营单位的管理经验）。协同作用的目的是发掘企业总体获利能力的潜力。

3.2.2 企业战略的制定

1. 企业战略制定需要考虑的重大关系

① 企业与投资者的关系。
② 企业与顾客的关系。有顾客就有市场，市场是企业经营活动的出发点和归宿。企业战略

71

制定中考虑的企业和顾客之间的关系，主要包括服务与被服务的关系、卖与买的关系、选择与被选择的关系、争夺与被争夺的关系。

③ 企业与供应者的关系。这是指企业和为保证企业进行生产经营活动所需要的各种要素的来源单位之间的关系。

④ 企业与竞争对手的关系。这是指企业与本企业争夺销售市场和资源的竞争对手相互争夺的关系、控制与反控制的关系。

⑤ 企业与经销者的关系。这是生产与流通的关系、卖方与买方的关系、服务与被服务的关系、选择与被选择的关系、争夺与被争夺的关系。

⑥ 企业与政府的关系，即被管理与管理的关系。

⑦ 企业与社区的关系。热心社会公益事业的发展、保护社区生态环境，有利于树立良好的企业形象，提高企业的知名度和美誉度，赢得社区的广泛支持。

⑧ 企业与其他方面的关系。

2. 企业战略制定的步骤

为了保证企业战略的科学性，制定企业战略必须遵循一定的程序——一般分为 8 个步骤，如图 3.2 所示。

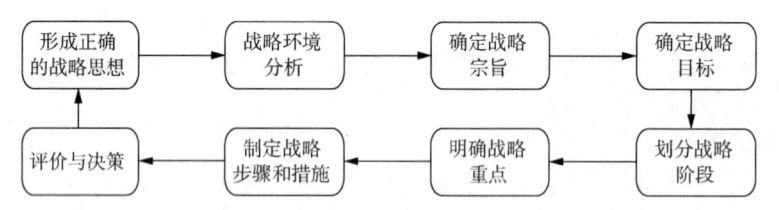

图 3.2　企业战略制定的步骤

（1）形成正确的战略思想

（2）战略环境分析

这一步是为了深入了解和分析企业内部、外部环境，为战略的制定提供依据和前提条件。它包括内部环境分析和外部环境分析两大部分。内部环境分析主要是解决"知己"的问题，明确各种条件及组合的优劣；外部环境分析的目的是把握市场需求态势、资源供应态势和竞争态势，明确企业的市场机会和威胁。

（3）确定战略宗旨

战略宗旨是指出企业在相当长的时期内要服务于哪些顾客（市场），以及企业的基本使命和任务是什么。它为企业经营指明了方向，既是企业发展的灵魂和主线，也是战略实施和战略评估的基础。

企业必须有自己的宗旨，在宗旨中明确自己是一个什么样的企业、希望成为一个什么样的企业、企业的主要业务是什么。也就是说，企业必须给自己一个明确的定位，以区别于其他企业。这个定位应反映环境变化与企业自身优势。它为企业的研究开发、目标市场、产品定位、企业文化建设等内容奠定了基调。

（4）确定战略目标

战略目标是指企业以战略思想为指导，根据对主、客观条件的分析，在战略期内要达到的总目标。战略目标是经营战略的实质性内容，是构成战略的核心。正确的战略目标是评价和选择经营战略方案的基本依据。

① 制定战略目标的要求。目标要建立在可行的基础上；目标要有激励作用，鲜明生动，通过努力可以达到；目标要层次清楚，区别总目标和分目标、区别关键目标和一般目标；目标的指标要定性与定量相结合；目标要经过综合平衡，且保持相对稳定。

情境提示

现在很多企业把战略混同于一般计划，它们制定的战略不是着眼于未来，而是局限于过去，强调企业的现状，以经验作为战略制定的基本指导思想，目标是根据过去的目标略加修改而得的，战略、战术也是来源于过去的成功经验，目标加上实现的时间表就构成了它们的战略。这样的战略显然不能为企业在迅速变化的环境中指明道路。因为环境瞬息万变，没有对未来环境的把握，也就无法选择合适的竞争方式，所以很多企业往往一遇局势变化就束手无策、一蹶不振。从根本上说，就是它们制定的战略只是一般计划而已，只能说明缺乏正确的战略思想。因此，企业必须从广阔的领域观察世界的变化，包括社会价值、技术发展、消费模式、政治环境和国际金融方面的变化。同时，又要回过头来考虑这些变化会对企业产生什么影响、企业应如何应对、应选择何种竞争方式。建议企业建立专门的政策研究室或聘用专门的环境监测员来监测环境、搜集信息，这样能增强企业对环境的敏感性和反应能力。例如，壳牌公司就聘请了一些富有洞察力和想象力的人员，建立了专门的远景规划部门，他们经常考虑诸如"石油用完后公司怎么办？""如果爆发世界大战，壳牌应如何调整？""经济危机会不会再次来临？"等问题。由于壳牌公司时刻关注未来，所以成功地预见了1973年和1979年的能源危机，使公司提前做好了调整，正确应对了环境的变化。这是壳牌公司的一大竞争优势。

② 战略目标的内容。它包括竞争目标、发展目标、企业文化目标等。企业制定战略目标时，首先，一方面要根据自身能力和环境发展的趋势，提出在战略期结束时可能达到的企业总体经营状态，对照现实经营状态找出存在的问题和差距；另一方面要根据未来环境和企业内部条件，分析企业将面临的机会和威胁、优势和劣势。其次，明确企业在战略期弥补差距的能力。最后，通过能力和差距的综合平衡来确定企业的长期基本目标与各层次的目标。

（5）划分战略阶段

战略阶段是根据战略目标的要求，在规定的战略期内划分的若干阶段。每个战略阶段都有其特点和相对的独立性，各个阶段不可相互混淆和倒置；各个阶段又是相互联系且不可分割的，前一阶段是后一阶段的基础，后一阶段是前一阶段的继续。

实例分析 3-2

以"发展自我，兼善天下"为社会责任理念的福耀集团，自成立起就从"为中国人做一片属于自己的玻璃"的愿景出发，以"打造全球最具竞争力的汽车玻璃专业供应商"为奋斗目标，秉承勤劳、朴实、学习、创新的企业核心价值观，坚持走独立自主、应用研发、开放包容的战略路线。福耀集团从只有几间平房的小厂起步，以全产业链协同发展模式，从一粒砂到浮法玻璃，到汽车玻璃深加工，到外饰件及玻璃总成，到"最后一公里"送入客户受众，满足全球客户的全面需求。福耀集团为宾利、奔驰、宝马、奥迪、通用、丰田、大众、福特、克莱斯勒、日产、本田、现代、菲亚特、沃尔沃、路虎等世界知名品牌，以及中国各汽车厂商提供全球OEM

配套服务。其全球市场占有率超过30%，中国市场占有率超过68%，成为汽车玻璃行业内中国第一、世界领先的知名民族品牌企业。

战略阶段的划分没有统一的模式，而是根据企业各自的战略重点来划分。例如，一个20年的战略目标，可用5年计划的形式，分4个战略阶段去实现。

情境提示

企业在进行战略设计时经常混淆目标与限制这两个概念。

制定的目标不是真正的目标，而是企业存在和发展的限制条件。例如，很多企业把满足企业相关者的利益作为企业的宗旨，如为股东提供满意的回报率、为顾客提供物超所值的产品、为职工提供优良的生活待遇、为社会做贡献等。

这些经常出现在企业的战略中。然而，任何企业不提供令股东满意的回报，就无法取得企业决策层的充分支持；不生产社会所需的产品，就无法进行销售；不为员工提供优良的工作条件，就无法招聘到优秀的员工。缺乏这些条件，企业必然无法生存，更谈不上发展了。因此，上面这些内容实际上都是企业正常运转的限制条件，无法对企业制定战略起指导和激励作用。企业达到了这些要求，只能维持生存，并不能取得竞争优势。同时，在这样的目标指导下制定的战略，无法指明企业的发展方向。在眼前利益的诱惑下，企业容易进入不相关或不熟悉的领域和行业，造成资金紧张和战术失误，导致经营失败。此外，管理者还可能在目标的压力下行为短期化，采用削减研发开支、降低人力培训成本、减少社会公益支出等长期费用的手段来换取既得利益集团的短期所得，这对企业的长期发展有害。

（6）明确战略重点

战略重点是那些对于实现战略目标具有关键性作用而又具有发展优势或自身需要加强的方面，是企业资金、劳动和技术投入及决策人员实行战略指导的重点。战略重点应具有长期性，否则只能是战术重点。在资源分配上，首先要保证战略重点的需要。战略重点既可以是一个，也可以是几个，但不宜太多。

（7）制定战略步骤和措施

（8）评价与决策

3. 制定战略的方法

制定战略的方法

不同类型企业的战略形成过程是不相同的：小企业通常比较随意、求快；大企业的战略形成往往比较规范，有以下4种方法。

（1）自上而下的方法

自上而下的方法是先由企业总部的高层管理人员制定企业的总体战略，然后由下层部门根据自身的实际情况将企业的总体战略具体化，形成系统的战略方案。

这种方法的优点：企业的高层管理人员能够牢牢地把握住整个企业的经营方向，并能对下属各部门的各项行动实施有效控制。

这种方法的缺点：要求企业的高层管理人员制定战略时必须经过深思熟虑，战略方案务必完善，并且还要对下属各部门提供详尽的指导；约束了各部门的手脚，难以充分发挥中下层管理人员的积极性和创造性。

学习情境 3　战略管理

（2）自下而上的方法

自下而上的方法是一种"先民主后集中"的方法。在制定战略时，企业最高管理层对下属部门不做具体硬性的规定，而是要求各部门积极提交战略方案。企业最高管理层在各部门提交的战略方案基础上加以协调和平衡，对各部门的战略方案进行必要的修改后加以确认。

这种方法的优点：能充分发挥各个部门和各级管理人员的积极性与创造性，集思广益；由于制定的战略方案有广泛的群众基础，所以在战略的实施过程中容易得到贯彻和落实。

这种方法的缺点：各部门的战略方案具有明显重视局部的特点，较难协调，会影响企业整体战略计划的系统性和完整性。

（3）上下结合的方法

上下结合的方法是在战略的制定过程中，企业最高管理层和下属各部门的管理人员共同参与，通过上下各级管理人员的沟通和磋商，制定出适宜的战略。

这种方法的优点是可以产生较好的协调效果，制定出的战略更具有操作性。

（4）战略小组的方法

战略小组的方法是指企业的负责人与其他高层管理人员组成一个战略制定小组，共同处理企业面临的问题。在战略小组中，一般由总经理任组长，其他人员的构成则有很大的灵活性——根据小组的工作内容而定，通常吸收与所要解决问题关系最密切的人员参加。这种战略制定方法的目的性强、效率高，特别适合制定产品开发战略、市场营销战略等战略和处理紧急事件。

情境提示

很多企业采用上述方法制定战略，但在实际操作中很容易造成各环节的脱节，原因是在企业经营中由高层经理和外部专家来负责战略设计的前几个步骤，而战术设计则通常由基层经理来进行。这里潜在的危险是，高层经理和外部专家虽然对企业的外部客观环境有更多的把握，但对于企业自身的战术能力却不一定了解。结果是：高层经理或管理专家制定的激动人心的目标与宏伟战略由于得不到相关战术的保证而不能得到完全实行，或者目标过于容易实现，缺乏挑战性，导致企业资源的浪费。这都是明显的战略脱节，都容易导致企业在竞争中处于不利的地位。

合理的战略制定是反复、交互、各环节并进的过程。企业在确定宗旨和目标时，必须考虑自身制定、执行战略战术的能力，以避免目标流于空洞。企业中低层经理参与战略的制定是确保这一点的好方法，因为中低层经理往往更清楚企业的战略、战术执行能力。而单纯由高层经理或管理专家制定的战略，有使目标成为空中楼阁的危险。因此，战略的制定既可采用目标管理上下协商设定的方法，也可由各层管理人员组成战略委员会共同制定。另外，在战略执行过程中，也应经常对照目标和外界环境及时纠正战略的偏差，发现更优战略，以保证战略的方向和有效性。

4. 企业战略方案的评价与选择

战略方案评价是在对战略分析的基础上，论证战略方案可行性的过程。当企业选定了战略目标后，可以有多种途径和方法，依靠各种资源组合的支持来达到战略目标，由此就形成了多个可供选择的战略方案。必须对这些方案进行论证，从多个备选方案中选出最适合企业外部环境与内部条件的最优战略方案作为决策。这就决定了战略评价要把重点放在评价企业经营战略目标与企业的总体目标是否一致、企业的战略与企业的环境是否一致、战略方案本身所包含的目标和方针是否一致、预期取得的经营成果与战略假设的基础是否一致等方面。

(1) 适宜性

判断所考评的战略是否符合适宜性，要求这个战略具有实现企业既定的财务和其他目标的良好前景，即与企业的任务说明书要求一致。任务说明书被许多管理者看作企业策划的替代物，建立了企业扩展其业务能力的基本原则。

好的任务说明书通常有下列特点。

① 共同的信仰和价值观。

② 非常明确的业务管理，包括满足需求、选择市场、如何打入市场、在提供产品或服务中使用何种方法。

③ 包含利益相关团体，如雇主、股东、顾客、社团和城市的合法要求。

④ 对发展、筹资、分散权力和革新的态度。

因此，适宜的战略应处于企业希望经营的领域，必须具有与企业道德哲学相协调的文化。如果可能的话，它还必须建立在企业优势的基础上，或者以某种人们可能确认的方式弥补现有的缺陷。所有选定的战略都必须通过适宜性检验。当然，在不同企业之间和不同的条件下，根据这个标准产生的具体问题都存在着很大的差异。

(2) 可行性

判断所考虑的战略基本上符合适宜性标准以后，就需要回答可行性问题：假如选择了该战略，企业能够成功地实施吗？这里，需要考虑企业是否具有足够的财力、人力或其他资源、技能、技术、诀窍和组织优势。换言之，就是考虑企业是否具有有效地实现战略的核心能力。

(3) 可接受性

可接受性强调的问题是：与企业有利害关系的人员是否对推荐的战略非常满意，并且积极支持。

以适宜性、可行性、可接受性 3 个标准评价备选方案，其前提是应对每一个备选方案的风险程度有所把握。

情境任务 3.3　战略实施

引导案例

1995年，UT斯达康国际通信有限公司（以下简称 UT 斯达康）成立（由 Unitech 公司与斯达康公司合并而成，吴鹰担任总裁兼 CEO），2000 年 3 月在纳斯达克成功上市，2004 年 3 月入选《财富》1000 强企业。此间，UT 斯达康绘出了一道完美的成长曲线——从 2000 年到 2004 年第二季度，连续 17 个季度实现并超过华尔街对其的财务预期。但在 2004 年第三季度，其利润锐减到 500 万美元，第四季度开始出现亏损。2005 年全年，UT 斯达康的营业亏损更是高达 4.3 亿美元；2006 年第一、二季度运营亏损分别为 1 200 万美元和 2 140 万美元。此后，始终未能走出亏损的阴影。吴鹰被迫离开了 UT 斯达康，原因归结为他与董事会之间的战略分歧：吴鹰坚持收缩海外战线，深耕中国市场，董事会则看好继续在全球范围扩张。那么，分歧的背后，究竟是以往的战略出现了问题，还是战略执行没有达到预期的效果？

UT 斯达康过往的辉煌和今天的挫败，其实对应的正是战略的成功和实施的乏力。其道理就如同"田忌赛马",企业对关注业务的顺序选择不同,结果也不同。

在中国企业遇到的现实情况中,战略执行是更为迫切需要解决的问题。战略制定可以聘请咨询公司,但执行一定是企业自己的事情,别人无法代劳。从惠普、IBM这些知名企业成长历程来看,企业持续成长的动力皆源自卓越的执行能力。

资料来源:数字英才网.

思考:战略与实施,到底哪个更重要?

战略实施是企业战略管理过程的第二阶段,它是把企业战略方案变为实践活动,并实现其战略目标的过程。

3.3.1 战略实施的原则

1. 适度合理性的原则

在经营目标和企业战略的制定过程中,制定者会受到信息、决策时限及认识能力等因素的限制,对未来的预测不可能很准确,所制定的企业战略也不一定是最好的,而且在战略实施的过程中由于企业外部环境及内部条件的变化较大,情况比较复杂,因此只要在主要的战略目标上基本实现了预定的目标,就应当认为这一战略的制定及实施是成功的。战略的实施过程不是一个简单、机械的执行过程,而是需要执行人员大胆创造、大量革新的过程。因此,战略实施过程也可以是对战略的创造过程。在战略实施中,战略的某些内容或特征有可能改变,但只要不妨碍总体目标及战略的实现,就是合理的。

另外,企业的经营目标和战略总是要通过一定的组织机构分工实施,也就是要把庞大而复杂的总体战略分解为具体的、较为简单的、方便管理和控制的工作任务,由企业内部各部门及各基层组织分工贯彻和实施。组织机构是适应企业战略的需要而建立的,但一个组织机构一旦建立,就不可避免地要产生自己所关注的问题及本位利益。这种本位利益会在各组织之间,以及与企业整体利益产生一些矛盾和冲突。为此,企业的高层管理者要做的工作是对这些矛盾、冲突进行协调、折中、妥协,以寻求各方面都能接受的解决办法,而不可能离开客观条件去寻求所谓绝对的合理性。只要不损害总体目标和战略的实现,是可以妥协的,即在战略实施时要遵循适度合理的原则。

情境链接

关于战略实施

大家都在谈战略,但是真正理解战略、制定战略并严格实施所制定战略的企业却很少。对于绝大多数企业来说,战略都是一个瓶颈。在美国是这样,在中国也是如此。

卡普兰教授统计的数据显示:只有10%的组织实施它们的战略;只有5%的员工理解战略;只有25%的经理人享有与战略相关的激励;85%的管理团队讨论战略的时间不足1个小时;60%的组织没有将战略与预算联系起来。

以上情况被归纳为战略执行过程中的四大障碍,即愿景障碍(只有5%的员工能理解战略)、人员障碍(只有25%的经理人的激励与战略挂钩)、管理障碍(85%的管理团队每月只花不到1小时的时间讨论战略)和资源障碍(60%的组织都没有将预算与战略相联系)。因此,10家组织中有9家都以战略失败而告终。

博意门咨询公司调查了105家中国公司，结果显示：基本上所有的公司都认为战略执行是其面临的最大挑战；53%的企业表示它们在战略执行中遇到了很大的问题——主要是没有明确的流程和评估体系；17%的公司表示自己做得还不错。

卡普兰教授曾经说过："不能描述的事情就不能测量，不能测量的事情就不能管理。"

资料来源：中国总裁培训网.

2. 统一领导、统一指挥的原则

对企业战略了解最深刻的应当是企业的高层管理人员。一般来说，他们比企业中、下层管理人员及一般员工掌握的信息多，对企业战略各个方面的要求及相互联系的关系了解得更全面，对战略意图体会最深。因此，战略的实施应当在高层管理人员的统一领导、统一指挥下进行。只有这样，资源的分配、组织机构的调整、企业文化的建设、信息的沟通及控制、激励制度的建立等各方面才能相互协调、平衡，才能使企业为实现战略目标而卓有成效地运行。

同时，要实现统一指挥的原则，要求企业的每个部门只能接受一个上级的命令。在战略实施中所发生的问题，能在小范围、低层次解决的问题，就不要放到更大范围、更高层次去解决，这样做付出的代价最小，因为越是在高层次的环节上解决问题，涉及面就越大，交叉的关系也就越复杂，当然其代价也就越大。统一指挥的原则看似简单，但在实际工作中，由于企业缺少自我控制和自我调节机制或这种机制不健全，因此经常违背这一原则。

3. 权变原则

企业战略的制定是基于一定的环境条件假设的。在战略实施过程中，事情的发展与原先的假设有所偏离是不可避免的。战略实施过程本身就是解决问题的过程，但如果企业内部或外部环境发生重大变化，以至于原定的战略不可行，则这时显然需要将原定的战略进行重大调整。这就是战略实施的权变问题。权变原则的关键是如何掌握环境变化的程度，如果环境发生的变化并不重要却修改原定的战略，就容易造成人心浮动，从而带来消极后果，最终导致一事无成。但如果环境确实已经发生了很大的变化却仍然坚持实施既定的战略，则最终会导致企业破产。

权变原则应当贯穿于战略实施的全过程——从战略的制定到战略的实施。权变原则要求识别战略实施中的关键变量，并对它做出灵敏度分析。当这些关键变量的变化超过一定的范围时，原定的战略就应当调整，并准备相应的替代方案，即企业应该对可能发生的变化及其给企业造成的后果及应变替代方案，都要有足够的了解和充分的准备，以使企业有充分的应变能力。当然，在实际工作中，对关键变量的识别和启动机制的运行都是很不容易的。

3.3.2 战略实施的内容

1. 调整或建立满足战略实施要求的组织结构

战略实施在很大程度上依赖于健全的企业内部组织和高素质的管理人员。设计组织结构的原则是围绕固有的战略成功因素和关键的活动来进行。美国著名的战略管理专家钱德勒通过对美国一些大公司的研究，提出了"结构服从战略"的观点，即公司战略的改变会导致公司组织结构的改变。

因此，要有效地实施一个新的战略方案，就必须设计一个新的，或者是被改革和调整了的

组织机构，并配备相应的人员，使各管理层次的人员，尤其是高层领导者对企业战略负责。只有符合战略要求的、合理的组织结构和人员配备，才能为企业战略实施提供组织保障。

与各种战略相适应的企业组织形式有职能制组织结构、地区制组织结构、事业部制组织结构、战略经营单位组织结构和矩阵式组织结构等。

2. 发挥高层管理人员在战略实施中的关键作用

合理的组织形式为企业实施战略提供了整体的结构。然而，要使战略真正落实到行动上，就必须发挥高层管理人员在实施战略中的关键作用。在实施战略的过程中，企业高层管理人员要解决以下两方面的问题。

（1）任命关键的经理人员

一个企业在实施新的战略和政策时，需要改变人员的任用。如果实施成长战略，就需要聘用和培训新的管理人员，或者将富有经验的、具有必要技能的人员晋升到新设置的管理岗位上。为了选拔更多的适合制定和执行企业战略的管理人才，可以采取建立业绩评价系统的方法，以便发现具备管理潜力的优秀人才。当然，每一个企业在一定时期所采取的战略是不相同的，即使所选择的战略是相似的，由于每个企业所面临的具体情况存在差异，也需要不同类型的战略实施人员。

（2）领导下属人员正确地执行战略

企业高层管理人员在选拔合适的经理人员，赋予他们相应的权利与责任的同时，还应采用适当的方式和方法领导他们去实现组织的目标。

3. 立体化战略方案，使之便于操作

战略方案一般比较笼统，为了方便操作，需要将战略方案从时间和空间两个维度进行分解：时间分解主要是将战略方案的长期目标分解为若干战略阶段的规划目标，再将每个战略阶段的规划目标分解为年度计划指标，在进入计划年度后进一步分解为季、月、日的行动指标，从而形成战略目标的时间体系；空间分解主要是将战略方案的内容按企业的各个经营领域（事业部）和职能部门进行分解，再由它们分解到分厂或车间，最后由分厂或车间进一步分解到工段、班组，直到个人，以形成战略目标的空间体系，即完善的目标责任体系，使战略方案便于执行。

4. 合理配置资源

战略方案的实施必须以资源的合理分配做保证，战略资源的配置合理与否会直接影响到战略实施的过程是否顺畅：资金和人力的短缺会使各战略经营单位无法完成其战略任务；过多的资金和人力会造成资源的浪费，降低战略实施的成果。资源分配必须保证重点、照顾一般，将各种有效资源重点分配到最能支持战略获得成功的经营领域和职能部门中去。

为理顺战略与资源分配的关系，企业应采取有力措施，保证资源分配向重点经营领域和重点职能战略的需要倾斜，并制订相应的资源配置计划，使资源的配置与战略实施紧密衔接。

3.3.3 战略实施的模式

战略实施模式是指企业管理人员在战略实施过程中所采用的手段。常见的战略实施模式有以下 5 种。

1. 指挥型

指挥型模式的特点：企业总经理考虑如何制定一个最佳战略。

在实践中，计划人员要向总经理提交企业经营战略的报告，由总经理最后做出结论；确定了战略之后，总经理向高层管理人员宣布企业战略，然后强制下层管理人员执行。

这种模式的运用有几个约束条件：

① 总经理要有较高的威信和权威，通过发布各种指令来推动战略实施。

② 这种模式只能在战略比较容易实施的条件下运用。这就要求战略制定者与战略执行者的目标比较一致，战略实施对企业现行运作系统不会构成威胁。在这种模式下，企业组织结构一般都是高度集权制的体制，企业环境稳定，能够集中大量的信息；多种经营程度较低，企业处于优势的竞争地位；资源较为宽松。

③ 这种模式要求企业能够准确、有效地搜集信息并能及时将信息汇总到总经理的手中，所以对信息条件要求较高。这种模式无法适应高速变化的环境。

④ 这种模式要有较为客观的规划人员。因为在权力分散的企业中，各事业部常常因为强调自身的利益而影响了企业总体战略的合理性，所以企业需要配备一定数量的、有全局眼光的规划人员来协调各事业部的计划，使其更加符合企业的总体要求。

这种模式的缺点：把战略制定者与执行者分开，即高层管理人员制定战略，强制下层管理人员执行战略，因此下层管理人员缺少了执行战略的动力和创造精神，甚至会拒绝执行战略。

2. 变革型

变革型模式的特点：企业总经理考虑如何实施企业战略。

在战略实施中，为进一步增强战略成功的机会，企业总经理往往采用3种方法：

① 利用新的组织机构和参谋人员向全体员工传达新战略优先考虑的重点是什么，把企业的注意力集中到战略重点领域中。

② 建立战略规划系统、效益评价系统，采用各项激励政策以便支持战略的实施。

③ 充分调动企业内部人员的积极性，争取他们对战略的支持，以此来保证企业战略的实施。这种模式在许多企业中比指挥型模式更加有效，但它不但没有解决指挥型模式存在的如何获得准确信息的问题、各事业部门及个人利益对战略计划的影响问题及战略实施的动力问题，而且还产生了新的问题，即企业在通过建立新的组织机构及控制系统来支持战略实施的同时，也失去了战略的灵活性，从而在外部环境变化时使企业战略的变化更为困难。从长远观点来看，对于环境不确定的企业，应该避免采用不利于战略灵活性的措施。

3. 合作型

合作型模式的特点：企业总经理考虑如何让其他高层管理人员从战略实施一开始就承担有关的战略责任。为发挥集体的智慧，企业总经理要与企业其他高层管理人员一起对企业战略进行充分的讨论，形成较为一致的意见，再进一步落实和贯彻战略，以使每个高层管理人员都能够在战略制定及实施的过程中做出自己的贡献。

协调高层管理人员的形式是多种多样的。例如，有的企业成立由各职能部门领导参加的战略研究小组，专门搜集在战略问题上的不同观点并进行研究分析，在统一认识的基础上制定出战略实施的具体措施。总经理的任务是要组织好一支合格的制定及实施战略的管理人员队伍，并使他们能够很好地合作。合作型的模式克服了指挥型模式及变革型模式存在的两大局限性，使总经理能够接近一线管理人员，获得相对准确的信息。同时，由于战略的制定是建立在集体考虑的基础上的，因此提高了战略实施成功的可能性。

这种模式的缺点：由于战略是由具有不同观点、不同目的的参与者相互协商、折中的产物，因此有可能会使战略的经济合理性降低，同时仍然存在着制定者与执行者的区别，依然不能充分调动全体管理人员的智慧和积极性。

4. 文化型

文化型模式的特点：企业总经理考虑如何动员全体员工都参与战略实施活动，即企业总经理运用企业文化的手段，不断向企业全体成员灌输战略思想，建立共同的价值观和行为准则，使所有成员在共同的文化基础上参与战略的实施活动。由于这种模式打破了战略制定者与执行者的界限，力图使每一个员工都参与制定与实施企业战略，因此企业各部分人员能在共同的战略目标下工作，企业战略实施迅速、风险小，企业发展迅速。

文化型模式也有局限性，表现为3点：

① 这种模式建立在企业员工都有学识的假设基础上，在实践中员工很难达到这种学识程度，受文化程度及素质的限制，一般员工（尤其在劳动密集型企业中的职工）对企业战略制定的参与程度受到限制。

② 极为强烈的企业文化，可能会掩饰企业中存在的某些问题，企业也要为此付出代价。

③ 采用这种模式要耗费较多的人力和时间，而且还可能因为企业的高层不愿意让出控制权，从而使职工参与战略制定及实施流于形式。

5. 增长型

增长型模式的特点：企业总经理考虑如何激励下层管理人员制定实施战略的积极性及主动性，为企业效益的增长而奋斗，即总经理要认真对待下层管理人员提出的一切有利于企业发展的方案，只要方案基本可行，符合企业战略发展方向，在与管理人员探讨了解决方案中的具体问题的措施以后，就应及时批准这些方案，以鼓励员工的首创精神。采用这种模式，企业战略不是自上而下地推行，而是自下而上地产生。因此，总经理应该具有几点认识：

① 总经理不可能控制所有的重大机会和威胁，有必要给下层管理人员以宽松的环境，激励他们把主要精力用在有利于企业发展的经营决策上。

② 总经理的权力是有限的，总经理不可能在任何方面都把自己的愿望强加于组织成员。

③ 总经理只有在充分调动及发挥下层管理者积极性的情况下，才能正确地制定和实施战略，一个稍微逊色的但能够得到人们广泛支持的战略，要比那种"最佳"的却根本得不到人们热心支持的战略有价值得多。

④ 企业战略是集体智慧的结晶，靠一个人很难形成正确的战略。因此，总经理应该坚持发挥集体智慧的作用，并努力减少集体决策的各种不利因素。

情境提示

战略实施的模式与企业规模、企业组织集权与分权的关系

战略实施的模式取决于企业具体组织的特点及企业战略特点。战略实施的模式是随着企业组织的复杂程度（企业规模）的变化而变化的。企业组织规模小的时候，可以实施指挥型的战略实施模式；随着组织规模的扩大，要求采取变革型的模式或合作型的模式；当企业组织规模进一步扩大时，需要采取文化型或增长型模式。

同时，企业越集权，越适合采取指挥型的战略实施模式，而分权式的组织则最适合采取增长型的模式，如图3.3所示。

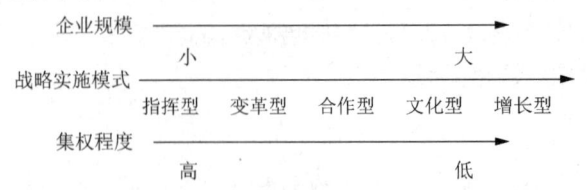

```
企业规模    ←—————————————————→
            小                    大
战略实施模式
            指挥型  变革型  合作型  文化型  增长型
集权程度    ←—————————————————→
            高                    低
```

图3.3　战略实施模式与企业规模、企业组织集权程度的关系

在20世纪60年代以前，企业界认为管理需要绝对的权威，在这种情况下，指挥型模式是必要的。20世纪60年代，钱德勒的研究结果指出，为了有效地实施战略，需要调整企业组织结构，这样就出现了变革型模式。合作型、文化型及增长型3种模式出现较晚，但从这3种模式中可以看出，战略的实施充满了矛盾和问题，在战略实施过程中只有调动各种积极因素才能使战略获得成功。上述5种战略实施模式在制定和实施战略上的侧重点不同：指挥型和合作型更侧重于战略的制定，把战略实施作为事后行为；文化型及增长型更多地考虑战略实施问题。实际上，在企业中上述5种模式往往是交叉或交错使用的。

情境链接

战略实施的7S模型

在实践中，美国学者提出了7S模型。这个模型强调在战略实施的过程中，只有当企业的各种因素互相适应和互相匹配时，战略实施才更有可能取得成功。这7个因素又称麦肯锡7S模型。在这个模型中：

① 战略（Strategy）是指获得超过竞争对手的持续优势的一组紧密联系的活动。

② 结构（Structure）是指将企业的目标任务分解到职位，再把职位综合到部门，由众多的部门组成垂直的权利系统和水平分工协作系统的一个有机整体。组织结构是为战略实施服务的，不同的战略需要不同的组织结构与之对应，组织结构必须与战略相协调。

③ 体制（System）是指使日常工作完成的过程及流程，包括信息系统、资本预算系统、制造过程、质量控制系统、绩效质量系统等。

④ 风格（Style）是指集体管理人员所花费时间和精力的方式，以及他们采取的代表性的行为方式所表现出的例证。

⑤ 人员（Staff）是指企业中的所有人，更主要指企业中的人员分布状况。

⑥ 共享的价值（Shared Values）不是指企业正式宣布的目的或目标，而是指使企业保持团结和一体的，具有指导性的观念、价值和愿望等，也即企业的哲学或文化。

⑦ 技能（Skill）是指企业作为一个整体所具备的能力。有了这种能力，企业就可将事情做好。这种能力通常也是企业的声誉所在。

7S模型如图3.4所示。

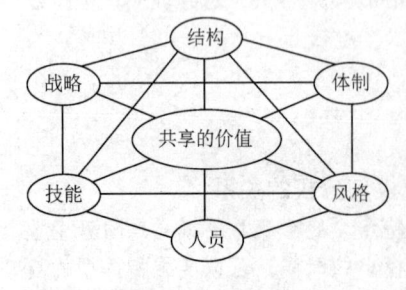

图3.4　7S模型

7S模型表明：当这些因素相互适应和匹配时，企业即可实施一项战略；反之，当这些因素相互不融洽时，战略实施将不可能成功。

情境任务3.4　战略控制

引导案例

有位客人到某人家里做客，看见主人家的灶上烟囱是直的，旁边又有很多木材。客人告诉主人说，烟囱要改曲，木材须移去，否则将来可能会有火灾。主人听了没做任何表示。不久主人家里果然失火，四周的邻居赶紧跑来救火，最后火被扑灭了。于是主人烹羊宰牛，宴请四邻，以酬谢他们救火的功劳，但是并没有请当初建议他将木材移走、烟囱改曲的人。有人对主人说："如果你当初听了那位先生的话，那今天也不用准备筵席，更不会有火灾的损失。现在论功请客，原先给你建议的人没有被感恩，救火的人却是座上客，真是很奇怪的事呢！"主人顿时醒悟，赶紧去邀请当初给予建议的那位客人来喝酒。

思考：战略实施是否需要控制？

战略控制是指在企业经营战略的实施过程中，建立、健全控制系统，将每一阶段、每一层次、每一方面的战略实施结果与预期目标进行比较，以便及时发现战略差距，分析产生偏差的原因，纠正偏差，从而保证全部战略方案的完成。

3.4.1　战略控制的原则

1. 控制的层次

（1）组织控制

在大型企业里，战略管理的控制可以通过组织系统层层加以控制。企业董事会的成员应定期审核企业正在执行的战略，测试它的可行性，重新考虑或修正重大的战略事项；企业的总经理和其他高层管理人员则要设计战略控制的标准，也可以指定人员组成战略控制小组来执行一定的控制任务。

（2）内部控制

内部控制是指在具体的职能领域里和生产作业层次上的控制。生产作业的管理人员根据企业高层管理人员制定的标准，采取具体的内部行动。内部控制多数是战术性控制，一般需要从5个方面考虑：

① 企业整体效益。企业的高层管理人员需要搜集生产作业、财务和资源的数据，用以衡量企业和具体生产经营部门所取得的效益。

② 企业方针。企业高层管理人员制定企业的方针政策，企业在日常生产作业活动中应该遵守这些方针政策，作为内部控制的一项内容。

③ 财务活动。这是企业需要重点考虑的活动。例如，企业要考虑资产管理、税收计划、投资收益、获利水平和诊断等问题。

④ 预算控制。这项活动涉及企业的部门预算，以及与企业总体生产作业活动有关的总部预

算。预算控制的好坏一般可以从产品的成本上反映出来。

⑤ 作业控制。企业管理人员可以通过作业控制来控制部门的生产经营活动,如控制生产活动、人事管理等。

(3)战略控制

战略控制是指企业对发生或即将发生战略问题的部门,以及重要战略项目和活动的控制。

这种控制比内部控制更为直接和具体。例如,在研究、开发新产品和新市场,兼并和合并等领域里,战略控制发挥着重要的作用。

战略控制需要定期提交控制报告或定期审核。此外,战略控制还需要评价和判断企业目前的战略,使每项活动的进展都很好地符合预期的计划,以实现企业的各项目标。

2. 战略控制的制约因素

(1)人员

人员既是执行战略控制的主体,又是战略控制的对象。为实现企业战略目标,使战略实施获得预期效果,企业首先要选择或培训能胜任新战略实施的管理人员;其次,要改变企业中所有人员的行为习惯,以适合于新战略的要求。

(2)组织

组织是指企业的人事系统、权力与控制结构、领导体制及方式等。企业战略发生变化时,其组织结构通常要进行调整。否则,企业很难实现预期的目标。

(3)企业文化

企业文化影响着企业成员的态度和行为方式。这种影响根深蒂固,如何加以诱导利用,使之有利于战略的实现,也是战略控制中的难点。

3. 战略控制的基本原则

① 领导与战略相适应。企业的主要领导人必须负责研究、执行战略。
② 组织与战略相适应。战略要有合适的组织结构相配。
③ 执行计划与战略相适应。战略必须有起作用的行动计划支持。
④ 资源分配与战略相适应。资源分配必须支持战略目标的实现。
⑤ 企业文化与战略相适应。企业文化,特别是企业高层管理人员的心理必须与执行战略相适应。
⑥ 战略具有可行性。
⑦ 企业要有战略控制的预警系统。
⑧ 严格执行奖惩制度。企业对成功的执行者必须给予奖励和报酬。

3.4.2 战略控制的内容

1. 设定绩效标准

根据企业战略目标,结合企业内部人力、物力、财力及信息等具体条件,确定企业绩效标准,作为战略控制的参照。

2. 绩效监控和偏差分析与评估

通过一定的测量方式、手段、方法，监测企业的实际绩效，并将企业的实际绩效与标准绩效对比，进行偏差分析与评估。

3. 设计并采取纠正偏差的措施

通过纠偏以顺应变化着的条件，保证企业战略的圆满实施。

4. 监控外部环境的关键因素

外部环境的关键因素是企业战略赖以存在的基础，这些外部环境关键因素的变化意味着企业战略前提条件的变动，必须予以充分的注意。

5. 激励战略控制的执行主体

激励战略控制的执行主体，以调动其控制与评价的积极性，保证企业战略实施的切实有效。

3.4.3 战略控制的方法

1. 目标管理

企业根据既定的战略目标进行自我控制和科学管理，并充分挖掘潜力，发挥各自的优势，激励全体员工努力完成战略目标。

2. 成本控制

企业通过财务报表、人力资源合理利用计划、销售增长计划、资源配置计划等约束，使各项费用降低到最低水平，达到提高经济效益的目的。成本控制不仅包括对生产、销售、设计、储备等有形费用的控制，还包括对会议、领导、时间等无形费用的控制。

3. 审计控制

审计控制是指系统地对企业战略实施过程中的工作成效进行评价、审核和监督，特别是通过对战略实施过程中的财务记录进行审查，衡量其准确性和合法性，评价企业的经济运行和财务状况。

审计控制是监督企业遵纪守法、保护企业财务资源的一种有效的控制手段，但审计人员还应明确地了解战略管理本身及战略管理过程，以保证战略审计的可信、真实和有效。

3.4.4 战略控制的方式

1. 事前控制

在战略实施之前，要设计好正确、有效的战略计划，该计划要得到企业高层管理人员的批准才能执行，其中有关重大的经营活动必须经过企业负责人的批准才能实施。通常，所批准的内容往往成为考核经营活动绩效的控制标准。这种控制多用于重大事项的控制，如任命重要的人员、重大合同的签订、购置重大设备等。

2. 事中控制

事中控制即过程控制，企业高层管理人员要控制企业战略实施中的关键性过程或全过程，随时采取控制措施，纠正实施中产生的偏差，引导企业沿着战略方向经营。这种控制方式主要是对关键性的战略措施进行及时控制。

3. 事后控制

事后控制发生在企业的经营活动之后，将战略活动的结果与控制标准相比较。这种控制方式的工作重点是明确战略控制的程序和标准，把日常的控制工作交由职能部门完成，即在战略计划开始实施之后，定期将实施结果与原计划标准进行比较，由企业职能部门及各事业部定期将企业战略实施结果向高层管理人员汇报，由其决定是否有必要采取推动或纠正措施。

实例分析 3-3

扁鹊三兄弟的医术

魏文王问名医扁鹊："你们家兄弟三人都精于医术，到底哪一位最好呢？"扁鹊答："长兄最好，中兄次之，我最差。"魏文王再问："那么为什么你最出名呢？"扁鹊答："长兄治病，是治病于病情发作之前。由于一般人不知道他事先能铲除病因，所以他的名气无法传出去。中兄治病，是治病于病情初起时。一般人以为他只能治轻微的小病，所以他的名气只及本乡里。而我是治病于病情严重之时。一般人都看到我做的是在经脉上穿针管放血、在皮肤上敷药等大型治疗，所以以为我的医术高明，名气因此响遍全国。"

这则故事带给我们的启示：事后控制不如事中控制，事中控制不如事前控制。可惜大多数管理人员均未能体会到这一点，等到错误造成重大损失后才寻求弥补。弥补得好，当然声名鹊起，但更多的是为时已晚。

3.4.5 战略控制的过程

企业高层管理人员和负责具体业务的经理，必须在战略实施的初期确定将要参与评审的战略实施过程及其成果的详细内容。衡量的内容应是全面、合理、客观和连贯的，一般要涵盖企业关键的经营业绩领域，如经营效果方面、生产方面、人才开发方面、企业文化方面和长期目标方面。

1. 确定控制标准

控制标准是控制内容的具体化，是企业战略目标的具体表述。控制标准为企业的各项工作成果提供了判定的尺度。评估战略管理工作的业绩，对不同的组织单位和不同的目标应采取不同的标准与尺度。

① 对企业经营业绩的评价标准。衡量企业经营业绩的主要标准是投资收益率。这是反映企业获利能力的指标。除此之外，常用的标准还有市场地位（市场排名及市场占有率）、生产率（劳动生产率、设备利用率）、产品的领先程度、技术开发、人才开发、职工态度、社会责任、短期和长期目标的平衡等。

② 对战略经营单位经营业绩的评价标准。如果企业由多个经营单位（或事业部）组成，则

可以使用多种与评估整个企业工作业绩一样的标准来进行评价。当然，其评价的标准可以进一步细化。例如，对获利能力的评价标准可以进一步划分为净资产收益率、销售利润率、资产周转率等。同时，也可以从其他角度，如事业部对企业的贡献大小、事业部与其他部门的关系、事业部现行战略的执行情况等多个方面建立评价标准。

③ 对职能部门经营业绩的评价标准。企业对独立且特殊的职能单位（部门）可以通过建立责任中心的方式对其经营业绩加以评价。费用预算是常用的一种重要控制手段。

2. 评价实际经营业绩

业绩评价必须按照预定的标准和时间进行。从现实情况来看，评价的时间可以用战略经营周期、年、季、月等不同的时段来进行。在具体操作上，从我国当前的企业现状出发，除了严格按照已确定的业绩评价标准来评价外，还要注意对企业整体经营业绩和未来发展产生消极作用的问题。例如，由于企业的高层管理人员既不分析现有经营业务对企业战略的长期影响，也不分析战略实施对企业使命的影响，仅采用利润或投资收益率指标作为考核企业及各战略经营单位（事业部）工作业绩的标准，因此造成企业管理人员单纯追求短期效益，而忽视企业形象宣传、设备的维护保养、产品与技术的开发等。这样虽然短期内增加了利润，但丧失了长远发展的后劲，使企业的长远目标难以实现。

3. 将实际经营业绩与预期标准进行比较

如果实际经营业绩在企业预期的范围内，则表明实现了预期的战略目标。这时应当总结成功的经验，必要时可将其上升为企业内部的惯例或行为规范。如果出现偏差，则要进一步分析形成的原因和对策。原因分析可以从战略本身、战略环境、战略执行等多个方面进行。

4. 采取纠正措施

在企业战略执行过程中，一旦战略实施的结果出现了偏差，就必须针对存在的问题，采取相应的对策和措施。如果战略评价是在战略实施终结时才做出的，则也必须认真分析导致战略实施出现偏差的原因，并提出可行性建议，以为新的战略制定和实施提供借鉴。

战略控制的过程如图 3.5 所示。

确定控制内容 → 确定控制标准 → 衡量 → 将实际经营业绩与预期标准比较 → 确定控制内容
                ↑   ↓
                └──────────────── 采取纠正措施 ←────────────────┘

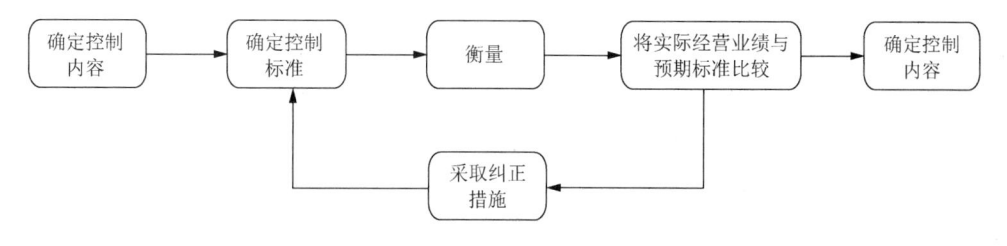

图 3.5 战略控制过程

应用案例

好战略执行起来为什么这么难

2004 年 3 月，张剑峰放弃了知名外企中国区电子事业部总经理的职位，接受万奇电子董事长刘亚洲的邀请，出任万奇电子总经理。万奇电子 2003 年已在国内数码宝行业排名第五。当年正逢数码宝更新换代的关键时刻，万奇电子希望抓住机会，一举进入行业前三。

企业经营管理（第4版）

在刘亚洲为张剑峰举行的欢迎宴上，志存高远的刘亚洲仍然不忘谈及公司的完美战略：在今年的年度计划中，采购部已经决定改变去年那种大批量采购的方式，只要小批量采购的元器件能够保证到位，上半年研发部推出7个新产品就应该没什么问题，这样公司冲进前三自然也不在话下。一想到这里，张剑锋也是踌躇满志：当初在外企自己就是执行战略的一把好手，现在万奇电子的战略方案可谓十全十美，就等待着自己一展身手了。

但是，一切并不像张剑峰想象的那么顺利，问题很快浮现出来。研发部的员工满肚子意见，他们反映采购部购买的元器件技术参数不符合要求，质量不过关，技术支持也跟不上。研发部老总郑书同抱怨说："照这样下去，我们根本不可能在7月份以前推出7个新品。"

研发部提出的问题引起了张剑峰的重视，他立即召集郑书同和采购部的老总何永强开了一个会。原来，为了达到董事长刘亚洲降低库存量的要求，采购部今年的采购计划是下小订单。不过今年元器件的供求市场发生了变化，对万奇电子下的小订单，国外供应商根本不予理睬。由于采购部没有及时跟进，所以延误了元器件的购买，以致最后不得不转向国内供应商。但正如郑书同所反映的，国产元器件的技术参数不符合要求，质量不过关，技术支持也跟不上。

为了解决问题，张剑峰要求采购部的何永强与国内供应商协调，增加技术支持的力度。同时，张剑峰要求何永强确认，国外供应商需要多大的订单才肯供货。经过这次冲突，张剑峰发现，万奇电子的战略方案虽然很美，但执行起来却很吃力。张剑峰觉得这是因为万奇电子各个部门的沟通不是很顺畅，公司内部也缺少一种团队合作精神。为此，张剑峰组织公司中层管理人员参加了一个旨在增强协作的拓展培训。

培训的成功并没有带来销售业绩的增长。直到4月份，研发部只推出了一种新产品，销售部的许傲也给张剑峰打来了告急电话，上半年连1/5的销售任务都没有完成。接完了许傲的电话，张剑峰打电话给何永强，想了解一下上次会议说的事落实得怎么样了。但何永强居然一问三不知，只回答说这些事都让手下人去干了，具体结果还没过问。想到远远没有完成的销售计划，张剑峰的怒气嗖嗖地往上蹿。何永强去年的业绩就很一般，公司积压的库存有一多半是他的"功劳"。他虽然是万奇电子的老将，但随着公司的发展壮大，他已经没有能力应对瞬息万变的市场。想到这里，张剑峰决定当晚就跟董事长刘亚洲打招呼，把何永强从采购部老总的位置上换下来，毕竟采购部是公司的核心部门。但是，张剑峰没有想到的是，刘亚洲坚持认为何永强能力是差了一点，但人老实，又是万奇电子的老将，不同意换掉他。

当晚走出刘董家门的时候，一阵晚风吹过，张剑峰蓦地感到了一丝凉意。仰头望了望群星闪耀的天空，他觉得自己的脑子就像满天繁星一样纷繁杂乱：以前在外企，就是全球的战略也是说动就动；现在到了万奇电子，好好的战略实施怎么硬是越走越离谱呢？

问题讨论

假设你是张剑峰，面对这种境况，你应该怎么办？

边学边做

制定企业经营战略

1. 模拟背景

某企业是生产经营关节轴承、深沟球轴承和汽车配件的专业型厂家，产品广泛应用于国民经济各行业的各类机械设备，并为国防、科研等重要工程提供配套产品。其业务和利润已持续14年稳定增长，现已成为我国机械轴承行业的骨干企业。近几年，企业经济效益综合指数稳居全国机械轴承企业排名前4位，被认定为"福建省高新技术企业""国家基础机械和基础件特定振兴企业""2008年全国质量管理先进企业""全国机械工业优秀企业""质量信得过明星企业"。

学习情境3 战略管理

企业目前已形成年产700万套轴承的生产能力。其中，主营核心产品关节轴承年产量超过全国总产量的60%，在我国关节轴承领域处于主导地位。国内市场占有率列行业首位；产品60%以上出口，占全国出口总量的八成以上。企业关节轴承生产能力、生产量及出口量在国内名列第一。

企业从成立发展到今天，大致经历了以下几个发展阶段。

（1）企业始创阶段

从1958年企业成立至1986年，是该企业始创战略阶段，以生产普通球轴承为主。该阶段的战略主题是"企业生存"。

（2）企业调整阶段

从1987年的结构战略调整开始到2000年，企业形成了明晰的产品结构特色和市场结构特色。该阶段的战略主题是"结构调整"。1987年，企业新领导班子上任，立即提出"开拓新视野，树立新观念，迈进企业发展新阶段"的战略调整，高瞻远瞩地推出了新产品开发战略（确定产品结构中关节轴承为企业拳头产品）和新市场开发战略（发挥优势、薄利多销、为国创汇、企业增收的出口经营方针）。这一产品特色化和市场国际化的总体战略成为"八五""九五"，直至今天企业发展的战略主线，确保了企业在长时间内的顺利发展。

1988年，产品出口总值较上年增长4.5倍。

1989年，加快技术改造成为实施产品特色化和市场国际化总体战略的重点，完成100万套关节轴承技改项目。企业被福建省授予"五一劳动奖状"。

1992年，确定"八五"期间的主要任务是"上质量、上品种、上水平，提高企业素质，提高经济效益"；制定了"发挥新优特色，服务五洲朋客；寻觅卓越管理，追求一流水平"的工厂方针。

1993年，以提高产品质量作为产品特色化和市场国际化总体战略的重点，制定并执行质量手册。

1995年，关节轴承占全厂产值的80%，稳固了关节轴承的主导产品地位。企业年产值过亿元，人均利润过万元，跨入国家大型二档企业行列，先后获得"省标兵企业""省高新技术企业""全国50家用户满意企业""机械工业优秀企业"光荣称号。

1996年，以创造产品品种优势作为产品特色化和市场国际化总体战略的重点。

1997年，开展产品质量翻身、开发能力提高、组织结构优化"三大战役"。企业的向心关节轴承系列被评为"全国机械工业首批名牌产品"，成为该省唯一获得机械工业部"质量信得过明星企业"称号的企业。

1998年，以实施用户满意工程作为产品特色化和市场国际化总体战略的重点，并提出向与关节轴承相关的产品多元化道路发展的思路。

1999年，完成对永安轴承的兼并，继续以创造产品品种优势作为产品特色化和市场国际化总体战略的重点，实现出口产品多元化、出口市场多元化。

2000年，提出以培育企业核心竞争力作为产品特色化和市场国际化总体战略的重点，同时开始筹备公司上市的工作，通过企业再造提升企业整体实力，为新世纪的腾飞做准备。

（3）跨越发展阶段

2001年起，企业进入新一轮跨越式发展战略阶段。

企业面临的国际行业环境是：企业产品在全球关节轴承市场中占有一定地位；全球轴承尤其是特种轴承仍保持增长势头，为企业提供了一定的发展空间；国际著名轴承公司都具备自己主营的特色事业域和核心产品；合作、集中、注重效益和互相渗透市场成为全球轴承生产商的主流战略；产品结构向批量化、单元化发展；随着社会快速发展和技术不断进步，对关节轴承的要求也向高精度、长寿命、单元或部件化、工艺结构多样化和非标专用化发展。

企业面临的国内行业环境：国内轴承市场总需求看涨，但生产供应能力缺口与过剩并存；国内轴承市场竞争激烈，众多的轴承生产商凭借产品差异性各自占据一个市场领域；关节轴承市场虽然继续增长，但市场空间有限；国外轴承企业加快进入中国市场，机遇与威胁并存，国内各企业纷纷加快国际化步伐。

2. 模拟要求

① 分析该企业的内部条件。
② 分析该企业的外部环境。
③ 根据内、外环境分析结果进行企业经营战略的设计与制定。

3. 模拟效果

① 通过模拟训练，对企业战略有一个全面的了解。
② 通过模拟训练，能初步分析企业内、外部环境，据此制定内容相对完整的企业战略。

情境综述

在学习情境3中，我们学习了：
① 企业战略环境分析、层次结构、内容及制定企业战略的步骤与方法。
② 战略实施的原则、内容和模式。
③ 战略控制的内容、方法、方式和过程。

学习情境 4

人力资源管理

只有把每个员工的积极性调动起来，成为喷涌的源头，企业才会充满活力。在市场经济环境下，企业与员工的关系应该是源头喷涌大河满。

——张瑞敏

情境导入

12月，又是一个月过去了。小李结束了为子公司制定战略规划的实习，来到人力资源部，开始了新的工作。在这里，她要向同事们学习企业人力资源管理实务，包括人力资源的规划、开发和管理等工作。

学习目标

通过本学习情境的学习，能够对企业人力资源部的工作有比较深刻的认识，了解人力资源管理的内容、程序和方法，并能够初步应用人力资源管理中的常用方法。

情境任务

1. 人力资源管理。
2. 人力资源的获取。
3. 人力资源的开发。
4. 人力资源的使用。

学习建议

1. 以应聘者的身份到人才交流市场体验企业人才招聘过程。
2. 结合自身的个性设计自己的职业生涯。

企业经营管理（第4版）

情境任务 4.1　认识人力资源管理

引导案例

在一家大型企业从事人力资源工作长达5年的李先生，眼下正打算跳槽去一家小型企业担任副总。"在公司，我总觉得自己是个谁都能取代的角色。招聘、面试，任何一个部门的同事都能做，而对于薪资设计，公司早就有一套完善的体系。我越想越觉得自己可有可无。"

在某国企工作的王经理也是心力交瘁，他把自己的工作概括为"员工保姆""出气筒""救火员""夹心饼干"等可怜的后勤角色。公司在召开重要会议时，他所在的部门经常会被遗忘。

王经理说："我所接触的不少企业，人力资源部门的负责人好像都是老好人，或者业务能力不强的人才会去担任。可以想象，人力资源部门是个多么无足轻重的部门。"

资料来源：百度文库.

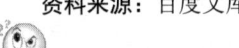

思考：从人力资源管理角度分析上述问题产生的原因。对你有何启示？

在知识经济时代，人力资源问题已成为世界各国发展的战略问题。国内外的历史经验证明：人力资源是一种特殊的经济资源，是最重要的资源，尤其是在经济发展主要依靠科学技术进步的今天，作为科学技术、知识文化载体的人力资源更是日益显示出其在经济发展中的特殊作用。人力资源管理已经成为企业管理的一项重要任务。

4.1.1　人力资源

1. 人力资源的含义

人力资源是指在一定时期内，一个国家或地区具有或将具有为社会创造物质和文化财富的从事体力劳动与智力劳动的人们的总称。

人力资源有广义和狭义之分：广义的人力资源是指以人为载体的社会资源，凡是智力正常的人都是人力资源；狭义的人力资源则是有智力和体力劳动能力的人的总称，包括数量和质量两个指标——也可以理解成为社会创造物质、文化财富的人。

2. 人力资源的内容

人力资源是与自然资源或物质资源相对应的概念，是与人口资源、劳动力资源和人才资源相关的概念。

① 人口资源是指在一定时期内一个国家或地区的人口总体。人口资源主要表明的是数量概念，劳动力资源、人力资源、人才资源都以其为基础。

② 劳动力资源是指在一定时期内一个国家或地区有劳动能力并在劳动年龄范围内（如16~60岁）的人口的总和。劳动力资源侧重于劳动者数量。

③ 人才资源是指一个国家或地区具有较强的管理能力、研究能力、创造能力和专门技术能力的人们的总称，是在一定时期内杰出的、优秀的人力资源。人才资源着重强调人力资源的质量，反映了一个民族的素质和发展潜力，是人力资源中最为宝贵和精华的部分。人才资源是企业中优秀的生产、管理、服务人员的总和，即企业骨干与核心员工。

人口资源、人力资源、劳动力资源和人才资源之间的数量关系如图 4.1 所示。

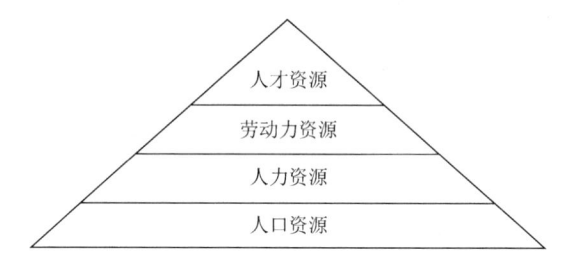

图 4.1　人口资源、人力资源、劳动力资源和人才资源之间的数量关系

我国人口资源、人力资源、劳动力资源丰富，但是人才资源却相对匮乏。这是我国长期以来重视人力资源的利用，而忽略对人力资源的开发所造成的。因此，我国必须重视教育和人力资源开发，不断提高人力资源的质量，将我国建设成为世界上人力资源和人才资源强国。

4.1.2　人力资源管理实务

人力资源管理是组织为了实现既定目标，运用现代管理方法和手段，对人力资源的取得、开发、保持和利用等方面所进行的计划、组织、指挥、协调和控制的活动。

人力资源是从传统的劳动人事管理演变发展而来的。

1. 人力资源管理的内容

① 工作分析。对企业各个工作职位的性质、结构、责任、流程及胜任该职位工作人员的素质、知识、技能等进行调查、分析，在获取相关信息的基础上编写出职务说明书和岗位规范等人事管理文件。

② 人力资源规划。把企业人力资源战略转化为中长期目标、计划和政策措施，包括对人力资源现状的分析、未来人员供需的预测与平衡，可以确保企业在需要时能获得所需要的人力资源。

③ 员工招聘与甄选。根据工作分析和人力资源规划的要求，为企业招聘、甄选所需要的人力资源并录用、安排到一定岗位上。

④ 培训与开发。通过培训提高员工个人、集体的知识，能力，工作态度和工作绩效，进一步开发员工的智力潜能，以增强人力资源的贡献率。

⑤ 绩效考核。对员工在一定时间内对企业的贡献和工作中取得的绩效进行考核与评价，及时做出反馈，以便提高和改善员工的工作绩效，并为员工培训、晋升、计酬等人事决策提供依据。

⑥ 薪酬管理。它包括对基本薪酬、绩效薪酬、奖金、津贴及福利等薪酬结构的设计与管理，以激励员工更加努力工作。

⑦ 员工激励。采用激励理论和方法，对员工的各种需要给予不同程度的满足或限制，引起员工心理状况的变化，以激发员工向企业所期望的目标而努力。

⑧ 职业生涯管理。鼓励和关心员工的个人发展，帮助员工制定个人发展规划，以进一步激发员工的积极性、创造性。

⑨ 人力资源会计。与财务部门合作，建立人力资源会计体系，开展人力资源投资成本与产出效益的核算工作，为人力资源管理与决策提供依据。

⑩ 劳动关系管理。协调并改善企业和员工之间的劳动关系，进行企业文化建设，营造和谐的劳动关系和良好的工作氛围，保障企业经营活动的正常开展。

2. 人力资源管理与人事管理的区别

人力资源管理先后经历了传统的人事管理和现代的人力资源管理、人力资本管理等发展阶段。传统的人事管理和现代的人力资源管理的主要区别如下。

（1）人力资源管理是以人为中心的管理

传统的人事管理将事作为中心，着眼于为事配人；人力资源管理是将人作为中心，把人作为第一资源，更重视以人适事，尤其对特殊的人力资源更是如此。

（2）人力资源管理将人力资源作为资本

传统的人事管理将人力视为生产的一般要素，只重视拥有，不重视开发和使用；人力资源管理将人力视为一种资源、一种有巨大增值潜力的资本，因而重视对其开发和使用。

（3）人力资源管理的主体是企业和劳动者

传统的人事管理的主体是政府行政部门，企业和劳动者都是被动的被管理对象；人力资源管理的主体是市场运作的主体——企业和劳动者，其行为受市场机制的制约，遵循市场通行的规则和人力资源管理自身特有的规律。

（4）人力资源管理部门由执行层进入决策层

传统的人事管理部门是作为组织内从事执行工作的职能部门而存在的，主要从事日常事务性工作；人力资源管理部门已经被纳入组织决策层，其主管作为组织战略决策的重要参与者，主要负责制定和实施人力资源规划及实施方案——更加注重管理各要素之间的互动，以及管理活动和内外环境的互动。

（5）人力资源管理需要综合运用各种现代管理手段

传统的人事管理的手段多是经验式、低技术含量的，其工作被认为是多数人都能胜任的，无须特殊的专长；人力资源管理需要综合运用现代管理学、心理学、社会学、经济学和信息学等学科的最新成果，更加强调管理的系统化、规范化、标准化及管理手段的现代化。

4.1.3 工作分析

工作分析又称职务分析，是对某特定的职务及与其相关的要素进行系统的研究和分析，并确定担任这一职务所需要的条件、资格和行为的活动过程。

1. 工作分析在人力资源管理中的位置

工作分析是人力资源管理工作的基础，其分析质量对其他人力资源管理模块具有举足轻重的影响。工作分析在人力资源管理中的位置如图4.2所示。

2. 工作分析的内容

工作分析是对企业各项工作的特征、规范、要求、流程，以及承担该工作的员工的素质、

学习情境 4　人力资源管理

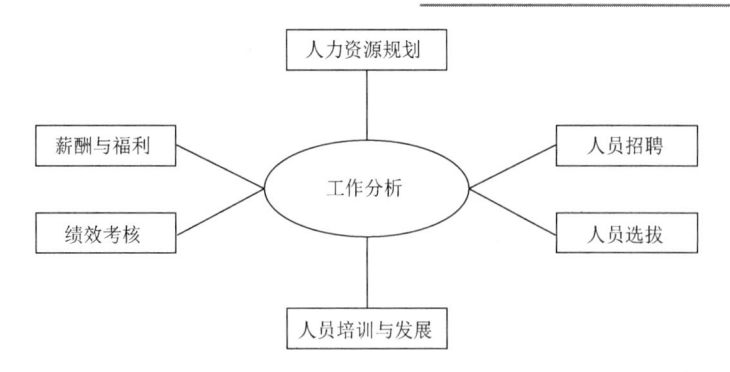

图 4.2　工作分析在人力资源管理中的位置

知识、技能要求等进行描述的过程。其目的是确定职务所需承担的任务、职责和责任，以保证企业管理者科学合理地分配各项工作，做到人事匹配。从管理的角度看，工作分析的内容包括以下 7 个方面。

① 工作内容（What）：要完成什么样的工作。
② 责任者（Who）：谁来完成。
③ 工作岗位（Where）：工作将在哪里完成。
④ 工作时间（When）：工作将在何时完成。
⑤ 怎样操作（How）：如何完成工作。
⑥ 原因（Why）：为什么要完成此项工作。
⑦ 条件（What about）：完成此项工作需要哪些条件。

实例分析 4-1

谁该擦地板

一个机床操作工不慎将水洒在了机床周围的地板上，车间主任让操作工把洒在地板上的水擦干净，操作工拒绝执行，理由是岗位说明书里没有包括清扫的条文。车间主任顾不上去查岗位说明书，就找来一名服务工来做清扫工作，但是服务工同样拒绝，理由相同，服务工认为该工作应由勤杂工来完成。车间主任威胁服务工说要解雇他，因为这种服务工是分配到车间做杂务的临时工，所以服务工勉强同意，但是干完活后立即投诉了车间主任。

有关人员接到投诉以后，看了这 3 类人员的岗位说明书。机床操作工的岗位说明书规定：操作工有责任保持机床的清洁，使之处于可操作的状态，但并未提及清扫地板。服务工的岗位说明书规定：服务工有责任以各种方式协助操作工，随叫随到，即时服务，但也没有包括清扫工作。勤杂工的岗位说明书确实包括了各种形式的清扫工作，但其工作时间是工人正常下班以后。

3. **工作分析的流程**

（1）准备阶段

准备阶段的主要任务是对工作分析进行全面设计，包括搜集和分析相关背景信息，确定工作分析目标，确定工作分析的组织、样本和规范，以及建立关系等。其具体包括以下内容。

① 成立由专家、部门负责人、岗位在职人员组成的工作分析小组或委员会。

② 确定工作分析小组或委员会开展工作的原则与要求。
③ 确定调查和分析对象的样本，并使样本具有代表性。
④ 确定工作分析的目的、方法与步骤。
⑤ 进行工作分析宣传，取得员工的认同与合作。
⑥ 确定搜集信息的类型和范围，提出拟解决的主要问题。
⑦ 制订工作分析的实施计划，并将计划细分，确定基本难度。

（2）调查阶段

调查阶段的主要任务是对整个工作过程、工作环境、工作内容和工作人员等主要方面进行全面的调查。其具体工作包括以下内容。
① 设计各种调查问卷，编写调查提纲。
② 通过运用多种分析方法，调查工作条件和工作环境，并做好真实记录。
③ 与员工进行沟通，搜集有关的工作特征和工作人员任职条件的信息。
④ 对搜集的信息、数据进行分类、筛选和定性，并做出等级评价。

（3）分析阶段

分析阶段的主要任务是对调查搜集到的有关工作特征和工作人员特征的结果进行深入分析。其具体工作包括以下内容。
① 仔细审核和确认已搜集的信息。
② 分析结果指向的原有工作说明和工作规范的内容。
③ 创造性地分析有关工作和工作人员的关键因素。
④ 归纳总结出工作分析的必需材料和要素。

（4）完成阶段

完成阶段的主要任务是根据信息分析结果形成职务说明书。其具体工作包括以下内容。
① 根据信息分析结果，草拟出职务说明书。
② 将草拟的职务说明书与实际工作进行对比。
③ 修正职务说明书，并确定是否需要进行再次调查研究。
④ 使用职务说明书，在实际工作中根据反馈意见完善职务说明书。
⑤ 对工作分析进行评估，并将职务说明书进行存档保存，为以后的工作分析积累资料。

4. 工作分析的方法

（1）关键事件法

关键事件法是由管理者记录员工平时工作中的关键事件：一种是做得特别好的；另一种是做得不好的。在预定的时间，通常是半年或一年之后，利用积累的记录，由主管者与被测评者讨论相关事件，为测评提供依据。运用关键事件法时要注意 3 个重点：观察；书面记录员工所做的事情；明确有关工作成败的关键性事实。

关键事件法的主要原则是认定员工与职务有关的行为，并选择其中最重要、最关键的部分来评定其结果。它首先从管理者、员工或其他熟悉职务的人那里搜集一系列职务行为的事件，然后描述"特别好"或"特别坏"的职务绩效。对每一事件的描述内容包括：导致事件发生的原因和背景；员工的特别有效或多余的行为；关键行为的后果；员工自己能否支配或控制上述后果。

在大量搜集这些关键事件以后，可以对它们做出分类，并总结出职务的关键特征和行为要求。关键事件法既能获得有关职务的静态信息，也可以了解职务的动态特点。

（2）观察法

观察法是一种传统的岗位调查方法，是由有丰富经验的工作分析人员在不影响被观察者的前提下，通过观察、记录工作分析所需的信息、数据，再进行归纳、整理，以达到分析目的的一种方法。

（3）访谈法

访谈法是由工作分析专家与任职人员就该项职务的有关内容进行面对面谈话的一种方法。访谈法有个别访谈法、集体访谈法和主管访谈法3种，谈话的内容包括工作目标、工作内容、工作性质、工作范围、任职条件、工作职责、任务完成情况等多个方面。通过与专家、员工和管理者的访谈，可以获取更多的细节和更准确的信息。很多工作是不可能由工作分析者体会到的，或者是不可能通过观察法来了解的，所以与任职人员面谈是搜集工作信息的一种有效方法。

（4）问卷法

问卷法是工作分析中最常用的一种方法，即采用问卷来获取工作分析所需要的信息，达到工作分析的目的。这主要是由员工对有关内容、工作行为、工作特征和工作人员特征的重要性等做出描述或打分，然后对结果进行统计分析，形成代表性意见，并据此写出职务说明书，再根据反馈意见，修改和完善职务说明书。

（5）工作日志法

工作日志法是一般由工作者本人按工作日志的形式，详细记录自己的工作内容、职责、权利、人际关系、工作负荷及感受等，并依次进行综合分析、归纳，进而实现工作分析目的的一种方法。这种分析方法比较经济、有效，但也可能存在误差，并易带有个人感情色彩和一定的主观片面性，所以在实际工作中很少采用。

5. 职务说明书的编写与管理

将工作分析的结果用书面形式表达出来就是职务说明书。职务说明书的编写并没有固定模式，需要根据工作分析的特点、目的和要求具体确定编写的条目。职务说明书的编写要求准确、规范、清晰。其具体内容包括两部分：工作描述和工作规范。

（1）工作描述

工作描述是对某特定职务的工作特征和环境特点的描述。其主体是工作岗位本身，包括以下内容。

① 职务名称。这是指组织对从事一定工作活动所规定的职务代号，以便对各种工作进行识别、登记、分类及确定组织内外的各种工作关系。

② 工作任务。每个工作任务岗位都有特定的任务，包括人物的性质、内容、实现的形式及任务执行的步骤和程序等。

③ 工作职责与权限分析。职责是职务与责任的统一。工作职责分析包括职责范围、责任大小、重要程度等；权限分析是对工作者权利的一种界定，包括权限范围、权限大小、权限级别等。

④ 工作环境。它包括工作的物理环境、安全环境和社会环境。

⑤ 聘用条件。它包括薪酬结构、支付方法、福利待遇、晋升和进修的机会、工作周期等。

⑥ 工作内容。它包括劳动强度、工作时数、使用的机器设备、工作流程等。

⑦ 工作关系。它包括接受监督及监督的性质和内容、人际交往的机会和程度、各部门之间的关系等。

实例分析 4-2

某企业"销售部经理"职务描述

职务名称：销售部经理　　　　　所属部门：销售部
直接上级职务：营销副总经理　　　工作目的：领导销售部销售公司自有和代理产品
工作要求：认真负责、工作主动、善于团结下属
工作责任：
① 对外沟通、讲演。
② 配合技术人员进行售前技术咨询。
③ 制定实施计划建议书。
④ 进行商务谈判。
⑤ 监督售后技术支持服务。
⑥ 对销售部进行管理。

衡量标准：
① 本人的销售业绩。
② 本部门的销售业绩。

工作难点：如何提高销售业绩
工作禁忌：对待客户不细心周到，无法清楚地了解客户的需求
职业发展道路：营销副总经理

（2）工作规范
工作规范是指从事某特定职务的工作人员所必须具备的生理要求、心理要求和任职资格。其主体是从事该工作的人。具体包括以下内容。
① 基本要求。它主要包括年龄、性别、学历、工作经验、管理及专业知识、专长等。
② 心理要求。它主要包括观察能力、理解记忆能力、学习能力、解决问题能力、语言表达能力、人际交往能力、应变能力、领导决策能力、创新能力、性格气质、兴趣爱好、上进心、合作精神等。

（3）编写职务说明书时应注意的问题
① 语言要浅显易懂、简明扼要，要求清楚具体、不模棱两可。
② 内容可繁可简，主要依据工作分析的目的而定。
③ 形式上既可以是叙述型，也可以是表格式。
④ 程序上要保证职务说明书的全面性、完整性。
⑤ 要便于使用和执行。

实例分析 4-3

某企业招聘"招聘专员"任职资格

职务名称：招聘专员　　　　　　所属部门：人力资源部
职务代码：XL-HR-021　　　　　工资等级：9~13
直接上级职务：人力资源部经理

1. 知识和技能要求

① 学历要求：大专及以上学历。

② 工作经验：3年以上大型企业工作经验。

③ 专业背景：从事人力资源招聘工作2年以上。

④ 英文水平：达到大学英语四级水平。

⑤ 计算机水平：熟练操作 Windows 系统和使用 Office 软件。

2. 特殊才能要求

① 语言表达能力：能够准确、清晰、生动地向应聘者介绍企业情况；准确、巧妙地解答应聘者提出的各种问题。

② 文字表达能力：能够准确、快速地将希望表达的内容用文字表述出来，对文字描述很敏感。

③ 观察能力：能够很快地把握应聘者的心理。

④ 处理事务能力：能够将多项并行的事务安排得井井有条。

3. 综合素质

① 有良好的职业道德，能够保守企业人事秘密。

② 独立工作能力强，能够独立完成布置招聘会场、接待应聘人员、应聘者非智力因素评价等任务。

③ 工作认真细心，能认真保管好各类招聘相关材料。

④ 有较好的公关能力，能准确把握同行业的招聘情况。

4. 其他要求

① 能够随时出差。

② 假期一般不超过1个月。

情境任务 4.2　人力资源的获取

引导案例

D企业短短5年就由一家手工作坊发展成为国内著名的食品生产商。企业最初从不制订什么计划，缺人了就临时去人才市场招聘。企业日益正规后，开始在每年年初制订计划：收入达到多少；利润达到多少；产量达到多少；员工定编人数多少，等等。人数少可以新招聘，人数超编就要求减人。企业一般在年初招聘新员工。可是，因为一年中不时有人升职、有人平调、有人降职、有人辞职，年初又有编制限制不能多招，而且人力资源部也不知道应该招多少人或招什么样的人，结果人力资源部经理一年到头地往人才市场跑。

近来，由于3名高级技术工人退休、2名跳槽，导致生产线瘫痪，所以总经理召开紧急会议，命令人力资源部经理3天之内招到合适的人员顶替空缺，恢复生产。人力资源部经理两个晚上没睡觉，频繁奔走于全国各地的人才市场和面试现场，最后勉强招到两名已经退休的高级技术工人，使生产线得以重新开始运转。人力资源部经理刚刚喘口气，地区经理又打电话告他说自己的公司已经超编了，不能接前几天分过去的5名大学生。人力资源部经理不由怒气冲冲地说："是你自己说缺人，我才招来的，现在你又不要了！"地区经理说："是啊，我两个月前缺人，你现在才给我，现在早就不缺了。"人力资源部经理分辩道：

"招人也是需要时间的。我又不是孙悟空,你一说缺人,我就变出一个给你。"

资料来源:百度文库.

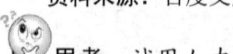

思考:试用人力资源管理的理论分析D企业出现的问题并提出建议。

人力资源规划有时也叫作人力资源计划,是为实现企业目标,在综合考虑企业发展战略和内、外部环境的基础上,通过对企业一定时期内人力资源的变化、需求、供给等状况的分析和预测,制定相应的政策和措施,以保证企业人力资源的供需平衡,满足员工与企业可持续、协调发展的活动过程。

4.2.1 人力资源规划

中国有句俗话:"凡事预则立,不预则废。"意思是说,只有事先计划才有成功的可能。人力资源规划是人力资源管理的重要部分,属于整个人力资源管理统筹性的工作。它是一个积极主动的过程,努力计划和预见组织内部和外部环境各个领域中可能发生的事件,并在这些事件发生之前制订计划以适应可能的人员需求。在人力资源管理系统中,人力资源规划为其他人力资源管理活动制定目标、原则和方法。人力资源规划的实施,对于组织的良性发展及人力资源管理系统的有效运转、保证组织目标的完成、适应环境变化的需要、提高人力资源管理的效率等都具有非常重要的作用。

1. 人力资源规划的内容

(1)总体规划

总体规划是指根据企业总体战略确定的在规划的时间内人力资源管理的总目标、配套政策、实施步骤及总预算支出的安排。

(2)业务规划

业务规划主要包括人员编制规划、人员补充规划、人员使用规划、人员培训开发规划、员工职业发展规划、薪酬福利规划、劳动关系规划、人力资源费用预算等内容。

2. 人力资源规划的影响因素

(1)外部环境因素

① 经济因素。市场的繁荣与萧条对人力资源规划会产生显著影响。经济增长、利率调整、通货膨胀等因素决定了人力资源的可获得性,对薪酬水平、加班及雇用、裁员等决策都有直接影响。例如,在2%失业率的劳动力市场和8%失业率的劳动力市场招聘员工的难度是绝对不相同的。在2%失业率的市场中进行招聘,很难为每一个岗位聘用到合适的员工,因为文化水平高、技能比较高,或者愿意工作的人大多已找到合适的工作。只有当失业率上升时,寻找工作且具备相当水平的人员数量才会增加,使得企业的招聘工作才能相对容易些。

② 政府影响因素。政府部门是影响劳动力供给的主要因素之一。例如,政府的贸易政策及限制、税收水平、社会保障法案等都会影响到企业所雇用劳动力的来源、员工的薪酬结构等。因此,在制定人力资源规划时必须对法律、政府政策、规章等详加考虑。

③ 地理环境和竞争因素。地区的净人口流入、当地其他企业的雇用需求、竞争对手的招聘策略、该地区受国际竞争的影响程度等因素对人力资源规划都会产生影响。

④ 人口统计趋势。人口统计因素的不断变化已经形成了更具有差别性的劳动力群体。例如，在当今的美国，1/3 的从业人员是兼职者、临时工或自由职业者，这对员工的招聘、选拔、训练、薪酬与激励的政策和实践都会产生影响。

（2）内部环境因素

① 技术与设备条件。企业生产技术水平的提高、设备的更新，一方面会使企业所需要的员工数量减少；另一方面，对员工的知识、技术与技能的要求也随之提高。

② 企业规模。企业规模的变化表现在两个方面：一是在原有业务范围内扩大或缩小规模；二是增加新的业务或放弃旧的业务。这两方面的变化对人力资源的增减都会产生影响。

③ 企业经营方向。企业经营方向的调整有时并不一定会导致企业规模的变化，但却会改变人力资源的需求。例如，军工企业转产民用产品，就必须增加市场分析人员和销售人员，否则无法适应多变的民用产品市场。

④ 企业文化。文化审查可以帮助企业了解员工的态度与行为，发现组织中的亚群体和非正式群体。这对于人力资源各项规划的制定都具有重要意义。

3. 人力资源规划的程序

（1）企业目标与战略分析

企业的战略规划优先于人力资源规划，人力资源规划应该与企业的战略规划相吻合，按照战略规划的要求，转化为定量和定性的人力资源规划。没有确定战略规划的企业不可能确定人力资源规划。

（2）搜集和整理人力资源相关信息

任何一项规划要做好，都必须有充足的相关信息。信息的质量决定着人力资源规划的质量。由于影响组织人力资源供给和需求的因素很多，所以为了能够比较准确地做出预测，就需要通过环境分析系统和员工信息系统搜集并整理与之有关的各种信息。企业的人力资源系统包括的信息内容主要有人员调整状况，对人员的经验、能力、知识、技能的要求，工资名单上的人员情况，员工的培训、教育等情况。这些信息一方面来源于组织的信息系统，另一方面来源于工作分析。

（3）人力资源预测

人力资源规划好比一座桥梁，连接着企业目前的状态与未来的发展。这座桥梁不是针对未来发展的一厢情愿的设计，而是顺应与尊重现实的因势利导。在人力资源规划中最关键的一环是对人力资源需求与供给的预测，预测的质量决定着人力资源规划的价值。应根据企业的战略规划和内外条件，对人力需求结构和数量进行预测，了解企业对各类人力资源的需求情况，以及可以满足上述需求的内部和外部的人力资源的供给情况，并对其进行分析。

（4）制定人力资源规划

根据供求关系及人员净需求量，制定出相应的规划，以确保企业发展各时点的人员供需的平衡。

（5）执行与控制人力资源规划

在确定相应的人力资源规划后，应采取各种具体行动，如开始招聘、培训、调任、提拔，以及重新培训等，从而将方案转化为具体计划、实践进度安排和资源投入等可操作的内容并具体实施，同时对实施情况进行监控。

（6）人力资源规划的评价与反馈

人力资源规划是一个动态的开放系统，对其过程及结果必须进行监督、评价，且重视信息反馈，以便予以调整、完善，使其更加切合实际，能更好地实现企业目标。

4. 人力资源预测

人力资源预测是在企业评估的基础上，对未来一定时期内人力资源状况的假设（评估和分析）。人力资源预测主要分为人力资源需求预测和人力资源供给预测。

（1）人力资源需求预测

人力资源需求预测是对企业在未来某一特定时期内所需要的人力资源的数量、质量及结构进行估计的活动。

人力资源规划的关键之一是预测为了实现企业目标所需人员的数量与类型。在企业进行人力资源需求预测时，应注意分析市场上人力资源的供求状况和发展趋势、本行业其他企业的人力资源政策与人力资源状况、本行业的发展趋势和人力资源需求与供给趋势、政府的有关政策、企业的人员流动率及原因、企业员工的职业发展规划状况等因素。

人力资源需求预测的方法有4种：

① 德尔菲法。德尔菲法是有关专家对企业某一方面的发展观点达成一致的结构性方法。使用该方法的目的是通过综合专家们各自的意见来预测某一方面的发展。德尔菲法的特征：吸收专家参与预测，充分利用专家的经验、学识；采用匿名或"背靠背"的方式，使每一位专家独立、自由地做出自己的判断；预测过程经过几轮反馈，使专家的意见逐渐趋同。德尔菲法具有可操作性，并且可以综合考虑社会环境、企业战略和人员流动三大因素对企业人力资源规划的影响，因而运用比较普遍。但其预测结果具有强烈的主观性和模糊性，无法为企业制定准确的人力资源规划提供详细可靠的数据信息。

② 经验预测法。顾名思义，经验预测法就是用以往的经验来推测未来的人员需求。这是人力资源预测中最简单的方法，适用于较稳定的小型企业。不同管理者的预测可能有所偏差，这可以通过多人综合预测或查阅历史记录等方法来提高预测的准确度。要注意的是，经验预测法只适合于一定时期内企业的发展状况没有发生方向性变化的情况；对于新的职务或工作方式发生了重大变化的职务，则不适合使用经验预测法。

③ 现状规划法。现状规划法是假定当前的职务设置和人员配置是恰当的，并且没有职务空缺，所以不存在人员总数的扩充，人员的需求完全取决于人员的退休、离职等情况的发生。因此，此法下的人力资源需求预测就相当于对人员退休、离职等情况的预测：人员的退休是可以准确预测的；人员的离职包括人员的辞职、辞退、重病（无法工作）等情况，所以是无法准确预测的。通过对历史资料的统计和比例分析，可以更为准确地预测离职的人数。现状规划法适合于中、短期的人力资源预测。

④ 趋势分析法。其基本思路：确定组织中哪一种因素与人力资源数量和结构的关系最大，然后找出这一因素随雇用人数的变化趋势，由此推断出将来的趋势，从而得到将来的人力资源需求。在运用趋势分析法时，既可以完全根据经验进行估计，也可以利用计算机软件做出预测。

（2）人力资源供给预测

人力资源供给预测主要包括两个方面：一是内部人员拥有量预测，即根据现有人力资源及其未来变动情况，预测出计划期内各时间点上的人员拥有量；二是外部供给量预测，即确定在计划期内各时间点上可以从企业外部获得的各类人员的数量。一般情况下，内部人员拥有量是比较透明的，预测的准确度较高，而外部供给量则有较高的不确定性。因此，企业在进行人力资源供给预测时应把重点放在内部人员拥有量的预测上，外部供给量的预测则应侧重于关键人员，如管理人员、高级技术人员等。

人力资源供给预测的方法有以下3种。

① 替换单法。这种方法是根据在现有人员分布状况及绩效评估的资料，在未来理想人员分布和流失率已知的条件下，对各个职位，尤其是管理层的接班人预做安排，并且记录各职位的接班人预计可以晋升的时间，作为内部人力资源供给的参考。经过这一规划，由待补充职位空缺所要求的晋升量和人员补充量即可知道人力资源供给量。

② 马尔柯夫模型。这种方法目前广泛应用于企业人力资源供给预测上，其基本思想是找出过去人力资源变动的规律，据以推测未来人力资源变动的趋势。

③ 目标规划法。这是一种结合马尔柯夫模型和线性规划（即在有限的资源条件下，对实现目标的多种可行方案进行选择，以使目标达到最优）的综合方法。目标规划是一种多目标规划技术，其基本思想源于赫伯特·西蒙的目标满意概念，即每一个目标都有一个要达到的标靶或目标值，要使距离这些目标的偏差最小化。当类似的目标同时存在时，决策人员可确定一个应被采用的优先顺序。

4.2.2 人员招聘与选拔

人员招聘是企业及时寻找、吸引并鼓励符合要求的人，到本企业中任职和工作的过程。

企业需要招聘员工可能基于这些情况：新设立一个企业；企业扩张；调整不合理的人员结构；员工因故离职而出现职位空缺，等等。

人员招聘是人力资源管理中关键的一个步骤，因为这一工作的结果不仅直接影响到人员配备的其他方面，而且对整个管理过程的进行乃至整个企业的活动也都有着极其重要和深远的影响。"得人者昌，失人者亡"，是古今中外公认的一条成功的要诀。

1. 人员招聘的依据

（1）职位的要求

通常企业结构设计中的职位说明书对各职位已有了明确的规定。在人员招聘时，可以通过工作分析来确定某一职务的具体要求。

（2）人员的素质和能力

个人的素质与能力是人员选聘时应重点考虑的另一重要标准。应根据不同职位对人员素质的不同要求，来评价和选聘员工。例如，管理人员的个人素质应包括以下几个方面。

① 身体：健康、精力旺盛、行动敏捷。
② 智力：理解和学习的能力、判断力、记忆力、头脑灵活、思维敏捷、专注。
③ 道德：有毅力、坚强、勇于负责任、有首创精神、忠诚、有自知之明、自尊。
④ 一般文化：具有不限于从事职能范围的各方面知识，能写会算。
⑤ 专业知识：具有技术或商务、财务、管理等专业的职能知识。
⑥ 经验：从业务实践中获得的知识。

除以上6个方面之外，还有一个重要的方面，就是从事管理工作的欲望，或者称管理愿望，即希望从事管理的主观要求。

2. 人员招聘的途径

（1）外部招聘

外部招聘就是企业根据制定的标准和程序，从企业外部选拔符合空缺职位要求的员工。

外部招聘的优点：

① 具备难得的"外部竞争优势"。

② 有利于平息并缓和内部竞争者之间的紧张关系。

③ 能够为企业输送新鲜血液。

外部招聘也会有很多的局限性，主要表现在：外聘者对企业缺乏深入了解；企业对外聘者缺乏了解；对内部员工的积极性造成打击，等等。

（2）内部提升

内部提升是指企业内部成员的能力和素质在得到充分确认之后，被委以比原来责任更大、职位更高的职务，以填补企业中由于发展或其他原因而造成的管理职位空缺。

内部提升的优点：

① 有利于调动员工的工作积极性。

② 有利于吸引内部人才。

③ 有利于保证选聘工作的正确性。

④ 有利于被聘者迅速开展工作。

当然，内部提升也会带来一些弊端：可能会导致企业内部"近亲繁殖"现象的发生；可能会引起同事之间的矛盾，等等。

情境链接

猎头招聘

猎头，意为物色人才的人，是帮助优秀的企业找到需要的人才的人。"头"者，智慧、才能集中之所在，"猎头"也可指猎夺人才，即发现、追踪、评价、甄选和提供高级人才的行为。在国外，这是一种十分流行的人才招聘方式。

猎头与一般的企业招聘、人才推荐和职业介绍服务有着很大的不同，猎头追逐的目标始终盯在高学历、高职位、高价位三位一体的人身上，搜寻的是那些受教育程度高、实践经验丰富、业绩表现出色的专业人才和管理人才。简而言之，猎头可以理解为高级人才中介，充当的是高级人才和企业的"红娘"的角色。

3. 人员招聘的程序和方法

（1）制订并落实招聘计划

人员招聘的程序和方法

当企业中出现需要填补的工作职位时，有必要根据职位的类型、数量、时间等要求确定招聘计划，同时成立相应的选聘工作机构。选聘工作机构既可以是企业中现有的人事部门，也可以是代表所有者利益的董事会，或者是由各方利益代表组成的临时性机构。选聘工作机构要以相应的方式，通过适当的媒介公布待聘职务的数量、类型及对候选人的具体要求等信息，向企业内外公开招聘，鼓励那些符合条件的候选人积极应聘。

（2）对应聘者进行初选

当应聘者数量很多时，选聘小组需要对每一位应聘者进行初步筛选。对于内部候选人，初选可以根据以往的人事考评记录来进行；对于外部应聘者，需要通过简短的初步面试，尽可能多地了解每个申请人的工作及其他情况——他们的兴趣、观点、见解、独创性等，以及时排除那些明显不符合基本要求的人。

（3）对初选合格者进行知识与能力的考核

在初选的基础上，需要对余下的应聘者进行材料审查和背景调查，并在确认之后进行细致的测试与评估。其内容如下。

① 智力与知识测试。该测试是通过考试的方法测评候选人的基本素质，包括智力测试和知识测试两种基本形式：智力测试的目的是通过候选人对某些问题的回答，测试其思维能力、记忆能力、应变能力和观察分析复杂事物的能力等；知识测试是要了解候选人是否具备待聘职务所要求的基本技术知识和管理知识，缺乏这些基本知识，候选人将无法进行正常的工作。

② 竞聘演讲与答辩。这是对知识与智力测试的一种补充，因为测试可能不足以完全反映一个人的素质全貌，不能完全表明一个人运用知识和智力的综合能力。发表竞聘演讲，介绍自己任职后的计划和蓝图，并对选聘工作人员或与会人员的提问进行答辩，可以为候选人提供充分的展示才华、自我表现的机会。

③ 案例分析与候选人实际能力考核。在竞聘演说与答辩以后，还需要对每个候选人的实际能力进行考核。测试和评估候选人分析问题与解决问题的能力，可借助情景模拟或称案例分析的方法。这种方法是将候选人置于一个模拟的工作情景中，运用各种评价技术来观测、考察其工作能力和应变能力，以此判断其是否符合某项工作的要求。

（4）选定录用员工

在上述各项工作完成的基础上，需要利用加权的方法，算出每个候选人知识、智力和能力的综合得分，并根据待聘职务的类型和具体要求决定取舍。对于决定录用的人员，应考虑由主管亲自进行面试，并根据工作的实际情况与聘用者再做一次双向选择，最后决定选用与否。

情境链接

人员选拔：能岗匹配原则

能岗匹配包括两个方面的含义：一是指某个人的能力完全胜任该岗位的要求，即所谓人得其职；二是指岗位所要求的能力这个人完全具备，即所谓职得其人。能岗匹配原则是指应尽可能地使人的能力与岗位要求的能力达成匹配。这种匹配包含着"恰好"的意思。

"匹配"比"个体优秀"更重要。有的人个人硬件条件很好，但放到某一个环境中就不但个体不能发挥出能力，而且整体战斗力也会被削弱；有的人能力一般，但放到一个适宜的环境中，则不仅个人工作很出色，而且团队的协作能力也加强了，整体效益达到最优。因此，我们把能岗匹配原则作为招聘的黄金法则，录用的人是否最好不重要，重要的是最匹配。

（5）评价和反馈招聘效果

最后，要对整个招聘工作的程序进行全面检查和评价，并且对录用的员工进行追踪分析。通过对他们的评价，检查原有招聘工作的成效，总结招聘过程中的成功与过失，并及时反馈到招聘部门，以便改进和修正招聘工作。

情境任务 4.3　人力资源培训与职业生涯管理

引导案例

某机械公司新上任的人力资源部部长王先生，在一次研讨会上获得了一些他自认为不错的企业的培训经验。于是，回来后就兴致勃勃地向公司提交了一份全员培训计划书，以提升公司人员的素质。不久，该计划书获得批准，王先生便踌躇满志地对公司全体人员——上至总经理、下至一线生产员工进行了为期一周的脱产计算机培训。为此，公司还专门下拨了十几万元的培训费。可一周的培训过后，大家普遍对培训效果不满。除办公室的几名员工和45岁以上的几名中层干部觉得有所收获外，其他员工要么觉得收效甚微，要么觉得学而无用——大多数人竟认为：十几万元的培训费用只买来了一时的"轰动效应"。有的员工甚至认为，这场培训是新官上任点的一把火，是在花单位的钱往自己脸上贴金！听到种种议论的王先生感到很委屈：在一个有着传统意识的老国企，为员工教授一些新知识怎么效果不理想呢？他百思不得其解：当今的竞争环境下，每个人都学点计算机知识应该是很有用的呀，怎么不受欢迎呢？

资料来源：百度文库.

思考：试用相关理论分析该公司培训中存在的问题，并提出自己的建议。

员工培训与开发是企业为实现自身目标和员工个人发展目标，采取一定的方式，有计划、有目的、系统地对员工进行培养和训练，使员工在知识、技能和工作态度等方面有所改进，达到职位的要求，进而使其融入企业文化，促进企业发展的一种活动。

4.3.1　人力资源培训

1. 员工培训的内容

（1）知识培训

知识培训是员工持续提高和发展的基础，员工只有具备相应的知识，才能在各个领域进一步发展。

（2）技能培训

知识只有转化为技能才能真正产生价值。员工的工作技能是企业生产高质量的产品和提供优质服务的重要条件。因此，技能培训也是企业培训中的重点环节。

（3）态度培训

即使员工具备了扎实的理论知识和过硬的业务技能，但如果没有正确的价值观、积极的工作态度和良好的思维习惯，那么他们为企业带来的很可能不是财富，而是损失。企业对态度培训必须持之以恒，不间断地进行。

情境链接

冰山理论

"冰山理论"就是假设一个人的经验或知识被看作100%的"冰山"。其中，20%是显性的（overt），即处在水面以上，随时可以调用，而80%是隐性的（covert），即处在水面以下，如果不加以激发，则只能潜意识地起作用。培训的作用就是要"破冰"，将被培训者头脑中隐藏的知识和经验挖掘出来，为日后的工作服务。

2. 员工培训的方式

（1）岗前培训

岗前培训主要是针对新员工而言的，一是向他们介绍本企业的企业精神、行为要求、生产流程与产品等；二是组织他们参观企业，使他们进一步熟悉和了解本企业的情况；三是进行业务知识、操作规程的学习。

（2）在职培训

在职培训主要是指不离开岗位进行的培训——可以利用工余时间、晚上和双休日或利用少量工作日进行培训。培训内容既可以是文化知识的普及和提高等，也可以是针对某一专门技术的培训。

（3）脱产培训

脱产培训是指离开工作岗位的专门学习培训。它分为短期和长期两种：短期培训是指3个月以内的培训；长期培训是指3个月以上的学习培训，如进大学深造、出国进修等，这种形式对培养年轻有为的技术人员和高层管理人员较为有效。

3. 员工培训的流程

（1）培训的需求分析阶段

在培训活动中，培训的组织者应该考虑受训者的培训需求，需求分析关系到培训的质量。一般来说，培训的需求分析包括3项内容：组织分析、任务分析和人员分析。

员工培训的流程

（2）培训的设计阶段

培训的设计一般集中在培训目标、受训者的意愿和准备、学习原则等方面。这里的关键是培训目标。培训需求确定了，就应据此确定培训目标。培训目标可以指导培训内容、培训方法和评价方法的开发。

（3）培训的实施阶段

在确定培训内容后，应选择适当的培训方法，采用"请进来，走出去"的方法不断加大培训工作的力度，培养企业人才。企业一般采用的培训方法有授课、学徒制、讨论会、工作轮换、录像、模拟、案例分析、内部网培训、远程教育和自学等。

（4）培训的评估阶段

在评估阶段，要从员工的学习反映、学习效果、行为和结果等方面对培训的效果进行评估：学习反映的具体做法是在培训结束时请受训者填写一份简短的问卷，在问卷中可以要求受训者对培训科目、教师、自己收获多少等方面做出评价；学习效果是考查受训者对培训内容的掌握程度，这可以用培训前和培训后所进行的书面考试或操作测试来衡量；行为是考查受训者接受培训后在工作行为上的变化，这由受训者自己或上司、同事等进行评定；结果是培训带来的企业产出的变化，如主管参加培训后，其所负责的团队生产效率的变化。

（5）培训反馈阶段

培训结束后，应对培训工作进行总结，吸取经验和教训并反馈给有关部门，以利于下次培训工作的开展。

4.3.2 职业生涯管理

职业生涯管理是现代企业人力资源管理的重要内容之一，是企业帮助员工制定职业生涯规划和帮助其职业生涯发展的一系列活动。

1. 职业生涯的发展阶段

（1）成长阶段（14岁及以下）

这一阶段，大体上可以界定在从一个人出生到14岁这一年龄段上。在这一阶段，个人通过对家庭成员、朋友及老师的认同，以及与他们之间的相互作用，逐渐建立起自我的概念。

（2）探索阶段（15～24岁）

在这一阶段，每一个人将认真探索各种可能的职业选择。他们试图将自己的职业选择与他们对职业的了解及通过学校教育、休闲活动和个人生活等途径所获得的个人兴趣及能力匹配起来。处于这一阶段的人，还必须根据来自各种职业选择的可靠信息来做出相应的教育决策。

（3）确立阶段（24～44岁）

这一阶段是大多数人工作生命周期中的核心部分。人们（尤其是在专业领域的人）通常愿意早早地就将自己锁定在某一已经选定的职业上。然而大多数情况下，人们在这一阶段仍然不断地尝试向与自己最初的职业选择所不同的理想方面发展。通常情况下，人们在这一阶段第一次不得不面对一个艰难的抉择，即判断自己到底需要什么、什么目标是可以达到的，以及为了达到这一目标自己需要付出多大的牺牲和做出多少努力。

（4）维持阶段（45～60岁）

在这一阶段，人们一般都已经在自己的工作领域中有了一席之地，所以精力主要就放在维持现状和拥有这一位置上了。

（5）下降阶段（60岁以上）

在这一阶段，人的健康状况和工作能力都在逐步衰退，职业生涯接近尾声。许多人都不得不面临这样一种前景：接受权力和责任减少的现实，学会接受一种新角色——成为年轻人的良师益友。再接下去，就是每个人都不可避免地要面对的退休，这时人们所面临的选择就是如何去打发原来用在工作上的时间了。

情境链接

孔子的人生七阶段法则如表4.1所示。

表4.1　孔子的人生七阶段法则

年龄阶段	发展阶段	主要特征
0～15岁	学前	学前阶段已开始学习
15～30岁	立志与学习	与学前阶段相比，此时的学习更与志向相结合
30～40岁	自立	懂理，独立于社会

(续表)

年龄阶段	发展阶段	主要特征
40～50 岁	不惑	不被外界事物所迷惑，办事不犹豫
50～60 岁	知天命时期	认识自然规律，知道自己的人生使命
60～70 岁	耳顺	冷静地倾听别人的意见，分辨真假，明辨是非
70 岁以上	从心所欲不逾矩	言行自由，自觉遵循客观规律，自觉遵守道德规范

2. 职业生涯管理的内容

（1）职业路径

职业路径是指企业为内部员工设计的自我认知、成长和晋升的管理方案。职业路径在帮助员工了解自我的同时使企业掌握员工的职业需要，以便排除障碍，满足员工需要。另外，职业路径通过帮助员工胜任工作，确立了企业内晋升的不同条件，能够对员工的职业发展施加影响，以使员工的职业目标和计划有利于满足企业的需要。职业路径设计指明了企业内员工可能的发展方向及发展机会，使企业内每一个员工可以沿着本企业的发展路径变换工作岗位。良好的职业路径设计，一方面有利于企业吸收并留住最优秀的员工；另一方面能激发员工的工作兴趣，挖掘员工的工作潜能。因此，职业路径的设计对企业来说十分重要。

职业路径主要有 4 种：

① 传统职业路径。传统职业路径是一种基于过去企业内员工的实际发展道路而制定的一种职业路径。

② 行为职业路径。行为职业路径是一种建立在对各个工作岗位上的行为进行需求分析基础上的职业路径。

③ 横向职业路径。企业也常采取横向调动来使工作具有多样性，以使员工焕发新的活力、迎接新的挑战。虽然没有加薪或晋升，但员工可以增加自己对企业的价值，这也使他们自己获得了新生。

④ 双重职业路径。双重职业路径是指在企业中形成两条平等的职业路径，即管理职业生涯路径和技术职业生涯路径，在两条路径的平等层级结构中，相同级别的人员具有同样的地位、报酬和奖励。这就使得专业技术人员能与行政管理人员享有平等的发展机会，他们既可以继续沿着技术职业生涯路径发展，也可以转入管理职业生涯路径发展，从而使其发展机会大大增加。

（2）职业选择

① 实际性向。具有这种性向的人会被吸引去从事那些包含体力劳动且需要一定的技巧、力量和协调能力才能承担的职业。这种职业有森林工人、耕作工人及农场主等。

② 调研性向。具有这种性向的人会被吸引去从事那些包含较多认知活动（思考、理解等）的职业，而不是那些主要以感知活动（感觉、反应或人际沟通及情感等）为内容的职业。这种职业有生物学家、化学家及大学教授等。

③ 社会性向。具有这种性向的人会被吸引去从事那些包含大量人际交往内容的职业，而不是那些包含大量智力活动或体力劳动的职业。这种职业有诊所的心理医生、外交工作者及社会工作者等。

④ 常规性向。具有这种性向的人会被吸引去从事那些包含大量结构性的且较有规律性的活

动的职业。在这些职业中，雇员个人的需要往往要服从企业的需要。这种职业有会计及银行职员等。

⑤ 企业性向。具有这种性向的人会被吸引去从事那些包含大量以影响他人为目的的语言活动的职业。这种职业有管理人员、律师及公共关系管理者等。

⑥ 艺术性向。具有这种性向的人会被吸引去从事那些包含大量的自我表现、艺术创造、情感表达及个性化活动的职业。这种职业有艺术家、广告制作者及音乐家等。

（3）工作-家庭计划

① 企业中的员工除了工作还有家庭生活。家庭不仅对员工有着重大意义，而且会给工作带来许多影响。工作-家庭计划是企业帮助员工认识和正确看待家庭与工作的关系、调和工作和家庭的矛盾、缓和由于工作-家庭关系失衡而给员工造成的压力的计划。

② 工作-家庭计划的目的在于帮助员工找到工作和家庭需要中的平衡点。要达到这一目的，企业必须了解员工的家庭各阶段的需求、工作境况对家庭生活的影响，然后给予员工适当的帮助。

③ 对家庭需要的了解可以参考家庭生命周期理论。一般来说，单身成人的主要问题是寻找配偶和决定是否结婚组建家庭；婚后初期，适应两人生活、决定是否生育、为提高生活质量的各项家庭开支是当务之急；子女出生后，担负起抚养和教育子女的责任成为首要任务，而且还要开始为自己的父母提供衣食和财务上的照顾。这些需要形成的压力，有的会影响员工的工作情绪和精力分配，有的则形成强烈的职业方面的需要和工作动机，最终影响员工对工作的参与程度。

（4）职业咨询

职业咨询是指帮助被解职员工找到合适的工作或重新选择职业，同时向他们提供一部分资助以帮助他们度过职业转换期。

情境任务 4.4　人力资源的使用

引导案例

高明最近被某总公司委派到下属的油漆厂担任厂长助理，协助厂长搞好管理工作。

到油漆厂上班的第一周，高明深入车间体察"民情"。一周后，他发现员工生产效率低下，工人们怨声载道。他们认为在车间工作又脏又吵，工厂一直没有改善他们的工作环境，导致他们常常要忍受气温从冬天的零下10℃到夏天的40℃的剧烈变化，而且报酬也少得可怜。

高明将他一周来所了解的情况向钱厂长做了汇报，同时向他提出了自己的想法："钱厂长，与车间的工人们在一起，我发现他们的某些需要没有得到满足，我们厂要真正把生产效率搞上去，必须首先想办法满足他们的需要。"

没想到钱厂长却振振有词地说："要满足工人们的需要？你知道，他们是被金钱激励着，而我们是被成就激励着。他们所关心的仅仅是能拿到多少工资，根本不关心内在的报酬。"钱厂长稍稍停顿了一下，语气变得激愤："小高，你待在车间一周，也看到了吧？工人们很懒，他们逃避责任，不全力以赴。问题在于，他们对工作本身根本不关心。"钱厂长的一席话使高明颇为吃惊。

于是，高明第二周向所有的工人发出调查问卷，以便了解工人们的需求。问卷结果显示：工人们并不认为他们懒惰，只要工作合适，他们并不在乎多做额外的工作；工人们还要求工作应具有挑战性和创造性，并能激发他们的潜力。例如，他们希望工作复杂多样，并提供良好的回报。此外，工人们还表达了他们乐于在良好的合作关系中工作,并且能了解到怎样才能把工作做得更好。

根据调查结果,高明得出结论:导致工人不满和生产效率低的最主要的原因是报酬低、工作单调和人情冷漠。

资料来源:百度文库.

思考: ① 根据相关激励理论,分析油漆厂工人们的主要需求有哪些。
② 你认为油漆厂应采取什么措施来激励员工?请用相关激励理论说明理由。

绩效考核通常也被称为业绩考评或考绩,是指针对企业中每个员工所承担的工作,应用各种科学的定性和定量的方法,对员工行为的实际效果及其对企业的贡献或价值进行考核和评价。

4.4.1 绩效考核

绩效考核是企业人力资源管理的重要内容,目的是通过考核提高每个个体的效率,最终实现企业的目标。

1. 绩效考核的程序

① 制定绩效考核标准。绩效考核要有合理的绩效考核标准。制定绩效考核标准时,应以职务规范和职务说明为依据,内容必须准确化、具体化、定量化和公开化。

② 评定绩效。将员工实际工作绩效与企业期望进行对比和衡量,然后依据对比的结果来评定员工的工作绩效。

③ 绩效考核反馈。将考核结果反馈给被考核者。首先,考核者将书面的考核意见反馈给被考核者,由被考核者予以同意认可;其次,通过绩效考核的反馈面谈,考核者和被考核者之间可以就考核结果、考核过程的不明确或不理解之处进行交流,这样有助于被考核者接受考核结果。同时,通过反馈,可以共同探讨对工作的最佳改进方案。

④ 考核结果的运用。绩效考核的一个重要任务就是分析绩效形成的原因,把握其内在规律,寻找提高绩效的方法,从而使工作得以改进。对管理者而言,考核结果可以作为对员工进行选拔任用的依据,作为升、降、去、留的重要参照;对于员工个人而言,考核结果是自身工作成效的评价结果,是薪酬发放及下一轮岗位聘任的重要依据。

2. 绩效考核的方法

(1)排序法

排序法是根据某一考核指标(如销售回款率),将全体考核对象的绩效从最好到最差依次进行排列的方法。这种考核方法花费时间短、成本低,简单易行,一般适合于员工数量较少的评价。

(2)小组评价法

小组评价法是由两名以上熟悉被评价员工工作的经理,组成评价小组进行绩效考核的方法。小组评价法的优点是操作简单,省时省力;缺点是容易使评价标准模糊,主观性强。为了提高小组评价的可靠性,在进行小组评价之前,应该向员工公布考核的内容、依据和标准;在评价结束后,要向员工讲明评价的结果。在使用小组评价法时,最好与员工个人评价结合进行。当小组评价与个人评价结果差距较大时,为了防止考核偏差,评价小组成员应该首先了解员工的具体工作表现和工作业绩,然后做出评价决定。

(3) 等级评价法

等级评价法是根据工作分析，将被考核岗位的工作内容划分为相互独立的几个模块，在每个模块中用明确的语言描述完成该模块需要达到的工作标准，并将标准分为几个等级选项，如优、良、合格、不合格等，考核者根据被考核者的实际工作表现对每个模块的完成情况进行评估，总成绩便为该员工的考核成绩的方法。等级评估法的优点是考核内容全面、实用，并且开发成本低；缺点是考核者的主观因素影响较大。

(4) 目标考核法

目标考核法是根据被考核者完成工作目标的情况来进行考核的方法。在开始工作之前，考核者和被考核者应该对需要完成的工作的内容、期限、考核标准达成一致；在到期时，考核者根据被考核者的工作状况及先前制定的考核标准来进行考核。目标考核法适合于企业中实行目标管理的项目。

(5) KPI

KPI（Key Performance Indication，关键绩效指标）是通过对组织内部某一流程的输入端、输出端的关键参数进行设置、取样、计算、分析，衡量流程绩效的一种目标式量化管理指标。KPI 是把企业的战略目标分解为可运作的远景目标的工具，是企业绩效管理系统的基础。

KPI 目前多用在人力资源中的员工考核部分，是在现代企业中普遍受到重视的业绩考评方法。如果设置合理，那么 KPI 可以使部门主管明确部门的主要责任，并以此为基础明确部门人员的绩效衡量指标，从而使绩效考评建立在量化的基础之上。建立明确的、切实可行的 KPI 体系是做好绩效管理的关键。但是在实践中，合理设置绩效衡量指标是一项非常有挑战性的工作。

KPI 符合一个重要的管理原则——"二八原则"：在一个企业的价值创造过程中，存在着"20/80"的规律，即 20%的骨干人员创造企业 80%的价值，而且在每一个员工身上"二八原则"同样适用，即 80%的工作任务是由 20%的关键行为完成的。因此，必须抓住 20%的关键行为，对其进行分析和衡量，这样就能抓住绩效评价的重心。

情境链接

很多企业不知道一些部门或岗位如何考核，首要原因就是不知道这些部门或岗位的独特价值定位。

某企业经营数百家连锁药店，每家药店设一名门店经理和数名营业员，大约每 20 家药店设一名区域经理统筹管理，营业员、门店经理和区域经理的考核指标都是营业额及毛利。从考核指标设置可知，该企业对这些岗位的独特价值定位是不清晰的。

首先，营业员是否要对药店的毛利负责？在这个案例中，营业员的岗位价值在于识别不同顾客的需求，确保药品的出售，故营业员只需要对营业额负责，不应对毛利负责。

其次，考核了营业员岗位的营业额，就没必要再考核门店经理的营业额指标了，重复考核只会导致门店经理与营业员争抢订单，或者使营业员的营业额被重复计入门店经理的考核中。门店经理作为药店的全面经营者，应该考核利润而不是毛利，因为门店经理追求利润自然会关注营业额。

如果所有药店都有好的经营业绩，那么区域经理的定位就简单了，只需要拓展区域市场即可。然而事实上，并不是每家药店都经营有效，因而区域经理还要承担"教练"的职责，帮助后进药店提升经营业绩。因此，区域经理的独特价值定位有两项，即拓展区域市场和改善区域内药店的经营业绩。据此设计区域经理的考核指标才有效。

这个案例说明了3个问题：

第一，不同类别的岗位，独特价值定位是不同的，考核指标也应有差别。企业尤其要避免"俄罗斯套娃"式的考核，这种考核会致使一些岗位形同虚设而沦为"躺银"阶层。

第二，要从客户与企业接触的层面开始梳理业务和组织运作，以准确定位部门和岗位的独特价值，明确后端组织的价值在于为前端组织补位。

第三，一些企业梳理业务和组织运作不是自下而上、由外而内的客户思维，而是自上而下、由内而外的管控思维。如果企业眼里没有市场和客户，那么部门和岗位的独特价值定位必然会偏离正确轨道。

资料来源：胡赛雄. 华为增长法[M]. 北京：中信出版社，2020.

4.4.2 薪酬管理

广义的薪酬是员工为企业付出劳动的回报，是对员工为企业所做贡献给予的答谢。这实质上既是一种公平的交易或交换，也是对员工某种程度的补偿。员工在企业中工作所得到的回报包括企业支付给员工的工资和所有其他形式的奖励。其内容非常复杂，既包括以货币收入形式表现的外在报酬，也包括以非货币收入形式表现的内在报酬。在内在报酬中，包括工作保障、身份标志、给员工更富有挑战性的工作、晋升、对员工突出工作成绩的承认、培训机会、弹性工作时间和优越的办公条件等。在人力资源管理中，通常意义上的薪酬指的是外在报酬，也就是狭义上的薪酬。

1. 薪酬的内容

薪酬是一把双刃剑：一方面，薪酬是激励员工卓有成效的工作、达到企业目标的主要手段；另一方面，薪酬又是企业运作的主要成本之一，一旦运用不当，后果极为严重。因此，薪酬管理是企业人力资源管理中重要的一环。企业的外在薪酬主要表现在以下6个方面。

（1）工资

工资是指根据劳动者提供的劳动数量和质量，按照事先规定的标准付给劳动者的劳动报酬，也就是劳动的价格。

① 基本工资。这是指员工只要仍在企业中工作，就能定期拿到的一个固定数额的劳动报酬。基本工资又分为基础工资、工龄工资、职位工资等。

② 激励工资。这是指工资中随着员工的工作努力程度和劳动成果的变化而变化的部分。激励工资有类似奖金的性质，可以分为两种形式：投入激励工资，即随着员工工作努力程度的变化而变化的工资；产出激励工资，即随着员工劳动产出的变化而变化的工资，如销售提成。激励工资是一次性与员工现在的表现和成果挂钩的。

③ 成就工资。这是指当员工工作卓有成效，为企业做出突出贡献后，企业以提高基本工资的形式付给员工的报酬。成就工资是对员工过去较长一段时间内取得成绩的追认，是永久性增加的工资。

（2）奖金

奖金是指对员工超额劳动的报酬。企业中常见的奖金有全勤奖金、生产奖金、不休假奖金、年终奖金、效益奖金等。

（3）津贴与补贴

津贴与补贴是对员工在特殊劳动条件和工作环境中的额外劳动消耗及生活费用的额外支出的补偿。通常把对工作的补偿称为津贴，把与生活相联系的补偿称为补贴，如岗位津贴、加班津贴、高温补贴等。依据《中华人民共和国劳动法》的规定，一般每日加班不得超过1小时，特殊原因也不得超过3小时，并支付不低于150%工资标准的加班津贴；双休日加班支付200%工资标准的加班津贴；法定休假日支付不低于300%工资标准的加班津贴。

（4）股权

股权就是股票持有者具有的与其拥有的股票比例相应的权益及承担一定责任的权利。

随着公司股权的日益分散和管理技术的日益复杂化，世界各国的大公司为了合理激励公司的管理人员，纷纷推行了股权激励的政策，即通过经营者获得公司股权的形式给予经营者一定的经济权利，使他们能够以股东的身份参与企业决策、分享利润、承担风险，从而勤勉、尽责地为公司的长期发展服务。

（5）福利

福利是指间接薪酬，是企业为员工提供的除工资、奖金、津贴之外的一切物质待遇，如食堂、图书馆、俱乐部、运动场等集体福利设施，以及员工个人生活困难补助、养老金、住房补贴、交通费、免费工作餐等个人福利。

实例分析 4-4

海尔集团的用人机制

海尔集团总裁张瑞敏认为，中国缺的不是人才，而是出人才的机制，而最好的人才机制是"赛马"，并非"相马"。海尔集团用平等用人的机制告诉每一位员工，他们中的每个人都是人才，都能在工作中超越自我。

要形成"赛马"机制，需要做两个方面的努力：第一，创造一个公平竞争的局面，在万马奔腾中使"千里马"脱颖而出；第二，要想成为"千里马"，就不能回避赛场，必须积极参与竞争并显示自己的才能。

"赛马规则"包含3条原则：一是公平竞争，任人唯贤；二是职适其能，人尽其才；三是合理流动，动态管理。在用工制度上，海尔集团建立了"三工并存，动态转换"的机制。"三工"是指优秀员工、合格员工、试用工，其中优秀员工为固定工，合格员工为合同工，试用工为临时工。不仅"三工并存，动态转换"，而且在福利、补贴、医疗费、退休养老金、出国培训、休假疗养等方面都有明显差别。这个机制比较有效地解决了"铁饭碗"的问题，增强了员工的危机感和进取精神，使企业不断焕发出新的活力。

（6）社会保险

社会保险是员工暂时或永久丧失劳动能力后给予的生活上的物质保障，如医疗保险、失业保险、养老保险、工伤保险等。目前，我国大部分保险基金是由国家、企业和员工共同筹集的。

2. 影响企业薪酬的因素

（1）内部因素

① 企业规模、实力与经营状况。这是薪酬体系设计和变动时的硬性约束，它决定了企业用于薪酬分配，特别是货币性薪酬的总体水平，决定了员工薪酬的构成及水平的变动区间。

② 工作状况。主要是通过工作要求、工作责任、工作条件和工作类别的差异体现薪酬差别：工作责任重大、工作活动对企业的生存和发展有重大影响的，一般薪酬水平较高；工作对技能和任职资格有特殊要求的，薪酬水平也较高；工作条件差、比较危险的工作薪酬水平也较高。

③ 员工特征。它决定了各个不同员工的薪酬水平和薪酬体系的构成。这些个人因素主要有教育程度、年龄、资历、发展潜力、特定人力资源的稀缺性等。例如，处于不同年龄层次的员工对薪酬的需求也是不同的：青年员工比较关注货币性收入，以满足生活消费的需要；中年员工比较重视晋升发展的机会和内在的非货币性薪酬，以满足地位和成就的需要；老年员工相对而言更多地考虑间接薪酬。

（2）外部因素

① 国家法规。国家法规影响企业薪酬的合法性。企业薪酬的制定必须符合政策、法规的规定，如对员工最低工资的规定、对最长工作时间的规定、对特殊工种的从业人员的规定等。

② 区域经济发展水平。区域经济发展水平及其发展趋势会影响企业的薪酬水平。一般来说，经济发展水平较高的区域，员工薪酬水平也会相应较高。

③ 行业薪酬水平。行业薪酬水平受历史原因和现实需要的影响，不同行业之间存在着薪酬差异。

④ 市场人力资源供求状况。市场人力资源供求状况成为影响薪酬标准的重要因素。当人力资源丰富时，薪酬会相应降低；反之，则会提高。企业付给员工的薪酬数额应根据人才市场价格来决定，同一行业、同一地区或同等规模的不同企业中类似岗位的薪酬水平定在竞争对手之上，就能增强企业在吸引员工方面的竞争能力。一个企业不论其财务状况如何，如果以低于市场平均价支付薪酬，就必然导致重要人才的流失，继而丧失继续发展的能力。

3. 薪酬管理的基本原则

① 补偿性原则。这是指要求补偿员工恢复工作精力所必要的衣、食、住、行费用，补偿员工为获得工作能力及身体发育所先行付出的费用。

② 公平性原则。这是指要求薪酬分配要全面考虑员工的绩效、能力及劳动强度、责任等因素，以及考虑外部竞争性、内部一致性要求，做到薪酬的内部公平、外部公平和个人公平。

③ 透明性原则。这是指要求薪酬方案公开。

④ 激励性原则。这是指要求薪酬与员工的贡献挂钩。

⑤ 竞争性原则。这是指要求薪酬有利于吸引和留住人才。

实例分析 4-4

加薪，为何令所有人不满

鸿运餐厅坐落于S市中心的一条繁华街道上，主要经营正宗的川菜。由于生意兴隆，老板陈胜决定扩大餐厅的规模。为增加人手，陈胜通过一家人才中介机构雇用了12名员工。其中，2名是40岁以上的当地下岗女工，陈胜让她们给厨师打下手，从事食材的清洗和准备工作，月薪800元；其余的10名员工都是20～30岁的年轻人，他们或多或少都有一些在餐厅打工的经验，月薪600元。虽然从表面上看，服务员的工资要低于厨房帮工，但是如果服务员在工作时尽心尽力，那么可能获得的小费也会是一笔不小的数目。

装修一新的鸿运餐厅再次开业后，陈胜却发现来自员工内部的矛盾日益凸显。矛盾的起源是厨房帮工和服务员之间的对抗。厨房帮工认为服务员挣了比她们所应得的多得多的钱,而厨房这么辛苦,每个月却只能拿800元的定额工资,并且在燥热又不能通风的工作间每晚听着服务员谈论他们在小费中赚了多少钱。这一切激怒了厨房帮工,她们认为这非常不公平。但服务员们却认为人人都会切菜洗杯子,他们觉得自己在个人素质和职业化程度上要比厨房帮工优秀得多。

陈胜在目睹了几次争斗之后,经过认真考虑,决定通过加薪来解决这个问题。具体策略是:厨房帮工加薪200元;服务员加薪100元。于是,弥漫在餐厅中的紧张气氛暂时消失了。但是,没过多久,陈胜发现问题不像他一开始想象的那么简单:第一,厨房帮工的积极性并没有改观;第二,服务员因老板只给他们加了100元而心存不满,甚至有一两个服务员还因为打听到别的餐厅月薪800元而透露过跳槽的念头;第三,厨师们因没给他们加薪也有不满情绪。令陈胜郁闷的是花钱给人加薪,却落了个里外不是人!于是他反思:为什么加薪反而导致所有人都不满?问题究竟出在哪里?

⑥ 经济性原则。这是指要求比较投入与产出效益。

⑦ 合法性原则。这是指要求薪酬制度不违反国家法律、行政法规。

⑧ 方便性原则。这是指要求内容结构简明、计算方法简单和管理手续简便。

4.4.3 激励

美国哈佛大学心理学家威廉·詹姆斯教授的一项研究表明,员工在没有被激励的前提下,其个人能力只发挥了20%~30%,而在激励以后,其潜能会发挥到80%~90%。这意味着在既定工作条件不变的情况下,员工受到充分的激励可使整体绩效提高4倍。可见,要实现企业目标,就必须激励企业员工,以有效提高其工作绩效。

1. 认识激励

激励是企业通过设计适当的外部奖酬形式和工作环境,以一定的行为规范和惩罚性措施,借助信息沟通来激发、引导、保持和归化企业员工的行为,以有效地实现企业及其员工个人目标的系统活动。这一定义包含5个方面的内容:

① 激励的出发点是满足企业员工的各种需要,即通过系统地设计适当的外部奖酬形式和工作环境,来满足企业员工的外在性需要和内在性需要。

② 科学的激励工作需要奖励和惩罚并举,既要对员工表现出来的符合企业期望的行为进行奖励,又要对不符合企业期望的行为进行惩罚。

③ 激励贯穿于企业员工工作的全过程,包括对员工个人需要的了解、个性的把握、行为过程的控制和行为结果的评价等。因此,激励工作需要耐心。赫兹伯格说,如何激励员工——锲而不舍。

④ 信息沟通贯穿于激励工作的始终,从对激励制度的宣传、企业员工个人的了解,到对员工行为过程的控制和对员工行为结果的评价等,都依赖于一定的信息沟通。企业中的信息沟通是否通畅,是否及时、准确、全面,直接影响着激励制度的运用效果和激励工作的成本。

⑤ 激励的最终目的是在实现企业预期目标的同时,也能让企业员工实现其个人目标,即达到企业目标和员工个人目标在客观上的统一。

2. 激励的原则

（1）目标结合原则

在激励机制中，设置目标是一个关键环节。目标设置必须同时体现企业目标和员工需要。

（2）物质激励和精神激励相结合的原则

物质激励是基础，精神激励是根本，在两者结合的基础上，逐步过渡到以精神激励为主。

（3）引导性原则

引导性原则是激励过程的内在要求。外在的激励措施能不能达到预期的效果，不仅取决于激励措施本身，还取决于被激励者对激励措施的认识和接受程度。对于被激励者，激励应该是自觉接受而非管理者强加的。管理者应设置实现企业目标的具体要求，并确保每位员工都清楚。通过激励，可以将个体成员的积极性集中体现到企业目标上来，以实现个体与集体的协调发展。例如，护士长应积极投入工作，以身作则，引导护士以实际行动热爱护理事业，热爱自己的集体。

（4）合理性原则

激励的合理性原则包括两层含义：第一，激励的措施要适度，要根据所实现目标本身的价值大小来确定适当的激励量；第二，奖惩要公平。

（5）明确性原则

激励的明确性原则包括 3 层含义：第一是明确，激励的目的是需要做什么和必须怎么做；第二是公开，特别对涉及分配奖金等大量员工关注的问题尤为重要；第三是直观，实施物质奖励和精神奖励时都需要直观地表达它们的指标，直观性与激励影响的心理效应成正比。

（6）时效性原则

要把握激励的时机，"雪中送炭"和"雨后送伞"的效果是不一样的——激励越及时，越有利于将人们的情绪推向高潮，使其创造力连续有效地发挥出来。

（7）正激励与负激励相结合的原则

所谓正激励，就是对员工符合企业目标的期望行为进行奖励；所谓负激励，就是对员工违背企业目标的非期望行为进行惩罚。正、负激励都是必要且有效的，不仅作用于当事人，而且会间接地影响周围其他人。

（8）按需激励原则

激励的起点是满足员工的需要。但员工的需要因人而异、因时而异，只有满足最迫切的需要（主导需要），其效率才高，激励强度才足够大。因此，管理者必须深入地进行调查研究，不断了解员工需要层次和需要结构的变化趋势，有针对性地采取激励措施，才能收到实效。

情境链接

马斯洛需要层次理论

马斯洛认为，所有人都寻求满足 5 个方面的基本需要——生理需要、安全需要、社会交往需要、尊重需要、自我实现需要，如图 4.3 所示。

这些需要构成了需要层次。马斯洛认为，需要层次中未满足的需要才是最主要的激励因素。只有当低层次的需要得到满足时，才谈得上高一层次的需要。如果低层次的需要得到满足，则需要层次中下一个更高层次的需要将对行为有激励作用。而一旦一种需要得到满足，这种需要就不再会成为一种激励的因素。

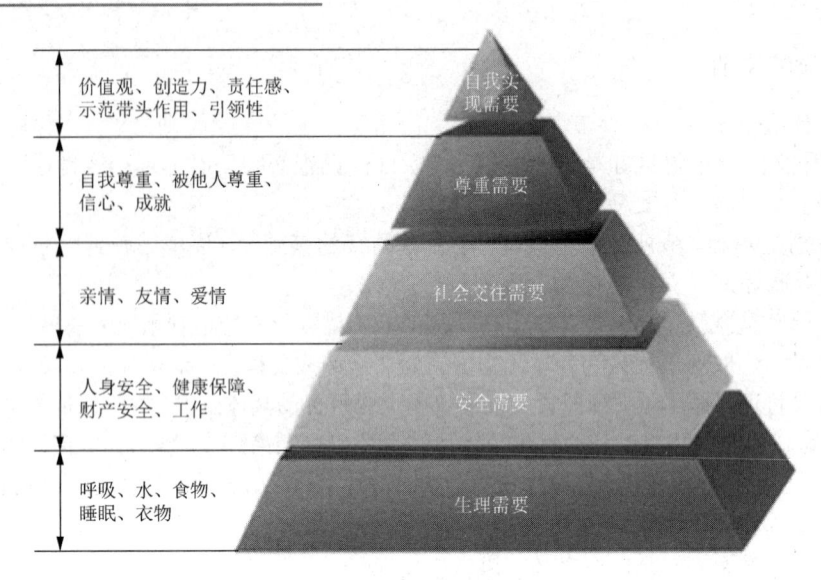

图4.3 马斯洛需要层次理论

3. 激励的方法

（1）物质激励

物质激励是指运用物质的手段，如发放奖金、奖品等，使企业员工得到物质上的满足，从而进一步调动其积极性、主动性和创造性。它的出发点是关心员工的切身利益，不断满足员工日益增长的物质生活的需要。

（2）工作激励

随着科学技术进步和信息时代的到来，人们的工作方式、价值观念和需求层次都在发生变化，对工作本身的满足日益成为人们的一种追求。近年来，人们开始注意工作激励。

① 参与管理。参与管理是指通过设立职代会、企业管理委员会、职工建议制度等方法，使员工以主人的身份参与管理决策，以满足员工自尊和自我实现的需要。由于有员工在有关决策中的参与，所以在决策的执行中就能增强他们的认同感、责任心，从而发挥出主观能动性。

② 工作岗位的动态设计。工作岗位的动态设计可以改变信息时代自动化程度提高给工作带来的枯燥乏味状况，从而提高员工对工作的兴趣和成就感。采用工作轮换、工作扩大化和工作丰富化等方法，不仅可以解决工作单调乏味给员工带来的厌烦情绪，而且可以使员工学到更多的技能，提升对多种岗位的适应性，从而使管理者在进行工作安排和人事调动时能够更具弹性。

（3）感情激励

人的需求以生理需求为基础和起点，也寻求包括情感、友谊和归属需求在内的其他需求。有关调查表明，在很多情况下，人们在生理需求的基础上排在第一位的需求是良好的工作环境、各方面的公平待遇、领导的关心等，而不是较高的收入。因此，一个管理者在善于运用物质激励的同时，还必须善于运用感情激励。

所谓感情激励，是指领导者通过与其下属和员工建立起一种亲密与友善的情感关系，以情感沟通和情感鼓励作为手段调动起员工的积极性。例如，对员工结婚、生孩子、过生日等情况能及时了解并派人前去祝贺；员工家中办丧事派人吊唁，等等。

（4）榜样激励

榜样的力量是无穷的，树立一个榜样就等于树立一面旗帜，能够使广大员工学有方向、赶有目标，从而起到极大的激励作用。以先进人物为榜样激励员工，应注意事迹的真实性和员工基础的广泛性。在企业内选择的榜样人物应该是思想进步、品格高尚、工作业绩突出的员工。发挥榜样人物的激励作用时要注意几点：

① 实事求是地宣传榜样人物的先进事迹，激发员工产生学、赶榜样的动机。

② 引导员工正确对待榜样人物。要一分为二地看待榜样人物，引导员工学其所长，避其所短，防止机械地、形式主义地模仿。

③ 关心榜样人物的成长。要求榜样人物戒骄戒躁，保持荣誉，发扬成绩，克服不足，不断前进。

（5）自尊激励

人们都喜欢以自我感觉良好的心态在企业工作。具有强烈自尊心的人，会缔造积极向上的工作关系，更愿意尊重他人，因而更多地体验到工作和生活的乐趣。营造有自尊的工作氛围的方法有3种：

① 尊重人。企业管理者要体现对员工的尊重，对员工应以礼相待，认真倾听员工的意见，并关心员工的工作和生活。

② 授权赋能。授权就是支持员工自我负责；赋能就是给予员工做好工作所需的知识和技能。只有被授权的人，才会有强烈的责任感，去积极、主动地展现他们的才华与智慧，为企业奉献他们的聪明才智；只有被赋能的人，才会对自己有良好的感觉，才会有能力去卓越表现。

③ 营造安全感。在一个安全的环境里，人们能够畅所欲言，不必担心受到嘲讽或谴责。如果缺乏安全感，则不利于员工发挥积极性，不利于他们创造顶尖的业绩。

激励还要充分考虑员工的个体差异。例如，女性员工相对而言对报酬更为看重，而男性员工则更注重企业和自身的发展；在年龄方面也有差异，一般20～30岁的员工自主意识比较强，对工作条件等各方面的要求比较高，因而"跳槽"现象较为严重，而31～45岁的员工则由于家庭原因比较安于现状，相对而言比较稳定；在文化方面，有较高学历的人一般更注重自我价值的实现，而学历相对较低的人则更注重基本需要的满足；在职务方面，管理人员和一般员工之间的需要也有不同。

企业既可以根据自身的特点采用不同的激励机制，也可以综合运用多种激励机制。

应用案例

艾尔逊公司的人力资源部

艾尔逊公司是一家中等规模的私有企业，员工有2 000余人。该公司主要从事电信领域的生产与销售，连续多年出现了高利润、高增长的发展趋势，未来发展潜力看好。在当今激烈的市场竞争中，公司提出了以人为动力的"人本原则"，倡导"沟通、合作、团队、奋斗"的企业文化。

鲍尔今年29岁，获得MBA学位后，进入艾尔逊公司工作，担任人力资源部经理。在此之前，他曾在一家设备安装公司做过3年的人力资源管理工作。现在，他准备到新公司好好干一番事业。

艾尔逊公司人力资源部有40多个员工，相对于全公司而言，大致是一个人力资源部员工对应50个普通员工。人力资源部有多名职能主管，分管薪酬设计、人员招聘和培训开发及绩效考核工作。

鲍尔到任不久便发现了问题。例如，公司各部门的工作很少有规划，每个员工的工作都没有明确的分工，一份工作既可以由甲员工干，也可以由乙员工干，全凭个人的技能和兴趣完成。有不少个人能力强于本人职务要求的员工为此感到不快。当问及公司为何如此时，回答是：一开始就是这样的。

另外，人力资源部仅有一半员工具有人力资源及相关专业的学历，仅有 1/4 的员工具有人力资源管理经验。除此之外，很多员工都是由普通员工转任或提升上来的。人力资源部的 4 名主管，一名原先是图书馆管理员；一名是办公室秘书；另两名主管虽然有人事工作经验，但又都没有专业学历。至于 4 名主管手下的员工，更是五花八门。

公司内部其他职能部门的员工，拥有公认的学历与相关的工作经验后，就获得了一种资历，这些拥有资历的员工可以对新员工进行业务上的指导和帮助。在人力资源部，一般无人具备这种资历，所以很少能对新员工进行帮助和指导，大家都是各干各的，彼此很少沟通。尽管人力资源部的工作任务非常繁重，但其他部门似乎并不满意，总认为人力资源部不能及时对它们的要求做出反应。而且，人力资源部对公司的战略规划了解甚少，其决策也很难对公司的大政方针产生影响。

鲍尔的前任比尔在担任人力资源部经理期间，员工工资涨幅不大，使得员工的不满情绪日益高涨。比尔也曾向公司总裁提出过调整员工工资标准的方案，并建议公司适当修改一下薪资制度。总裁虽然表示可以考虑，但始终没有动静。

鲍尔认为，公司的实际情况与自己先前想象的大不一样。但仔细想想，自己又不能对此提出太多的异议。公司的每项制度与管理方式都有自己的传统，鲍尔还不敢说这种传统有多么不好，何况目前公司的运转情况还是不错的。

正当犹豫不决时，他无意中听到财务部经理在训斥一名员工："你最近怎么搞的，连连出错！这样下去对你没什么好处！你知道吗？像你这样，即使送你去人力资源部，恐怕人家也不要你！"鲍尔听后，心里很不是滋味。

问题讨论

① 艾尔逊公司在人力资源管理上存在哪些问题？
② 鲍尔应该怎样强化人力资源部的职能？

边学边做

将学生分成若干团队来完成下面的任务，教师负责各团队的指导和考核工作。

① 利用课余时间到企业的人力资源部进行调查，了解人力资源部的工作状况，编写出人力资源部的职位说明书，并进行课堂汇报。

② 针对某一企业的人员需求，拟订出招聘计划，并进行模拟招聘。

情境综述

在学习情境 4 中，我们学习了：

① 人力资源、人力资源管理和工作分析。
② 人力资源的规划、人力资源的招聘与选拔。
③ 人力资源的培训与开发、员工职业生涯的管理。
④ 人力资源的绩效考核、薪酬的管理和员工的激励。

学习情境 5

生产运作管理

作为构成社会基本单位的企业，其生产运作活动既是人类最主要的生产活动，也是企业创造价值、服务社会和获取利润的主要环节。

情境导入

第二年 1 月，小李的实习地点转到了蓝天集团的生产部门，学习重点是企业一线如何组织产品生产并进行质量管理等内容。

学习目标

通过本学习情境的学习，能够了解生产计划的构成与制订，将库存管理、供应链管理和质量管理的理论初步运用在现实生产管理中。

情境任务

1. 生产运作计划。
2. 库存管理。
3. 供应链管理。
4. 质量管理。

学习建议

1. 参观当地一家制造企业，了解企业的生产运作过程。
2. 搜集某知名企业影响产品质量的因素。

情境任务 5.1　生产运作计划

引导案例

宝丽来胶卷公司生产 4 种不同类型的胶卷，其生产量是根据市场的预测销售量决定的。从销售的历史数据来看，每年的胶卷销售量都会出现季节性波动。在春末夏初会出现一个销售小高峰，原因是顾客纷纷购买胶卷用于毕业典礼、婚礼、夏日旅游度假等场景的拍摄留念，而圣诞节的前一个月销售量会达到高峰。

该公司大约聘用了 470 名正式员工，其中部分员工需要具备相当的技能才能胜任工作，别人无法替代。公司每天安排有 3 个班次，每天共工作 24 小时，每周工作 5 天。为了满足销售高峰的市场需求，公司采取了两种可供选择的生产计划。

① 安排员工周六加班，公司支付 50%的额外加班费用，加班生产的胶卷库存成本占每年库存总成本的 20%~25%，直到销售高峰到来。

② 为了降低库存成本，在销售高峰到来的前一个月的周六和周日都安排员工加班，向在星期日加班的员工支付双倍的工资。然而，管理层担心的是员工工作时间过长会导致疲劳过度，从而影响产品质量和生产率的提高，甚至会影响员工士气。

资料来源：齐二石. 生产与运作管理教程[M]. 北京：清华大学出版社，2006.

思考：为了制订生产计划，宝丽来胶卷公司应权衡哪些方面？该公司应如何做出决策？

生产运作计划是根据需求和企业生产运作能力的限制，对一个生产运作系统的产出品种、产出速度、产出时间、劳动力和设备配置及库存等所预先进行的考虑与安排。

5.1.1　生产运作计划的构成

1. 综合计划

综合计划又称生产大纲，是对企业未来较长一段时间内资源和需求之间的平衡所做的概括性设想，即根据企业拥有的生产能力和需求预测，对企业未来较长一段时间内的产出内容、产出量、劳动力水平、库存投资等事项所做的决策性描述。

实例分析 5-1

一个空调企业的产品需求的特点是季节性非常强，通常的生产方式是将秋季和冬季生产出来的产品放置于仓库，当需求高峰的春季和夏季到来时再卖。这种方式可以在某种程度上满足需求高峰时的订货要求。但是，当某个夏季异常炎热的时候，就有可能发生缺货，导致产品供不应求。如果企业预先扩大生产能力，增加产量，那么当夏季来临又确实很热时，企业的销售额和市场份额就会大增，给企业带来较大的利润。但如果夏季较凉爽，则企业就有可能形成产品积压，背上大量库存的沉重包袱。企业很难准确预测天气变化，因而使得这种决策变得很难。对于有些企业来说，宁可根据平均需求和历年的平均增长来考虑生产能力的扩大及产量增加问题，而不会去试图猜测难以预测的天气情况。

综合计划并不具体制订每一种产品的生产数量、生产时间和每一车间、人员的具体工作任务，而是按照以下方式对产品、时间和人员做出安排。

（1）产品

按照产品的需求特性、加工特性、所需人员和设备上的相似性等，将产品综合划为几大系列，以系列为单位来制订综合计划。例如，服装厂根据产品的需求特性分为女装和童装两大系列。

（2）时间

综合计划的计划期通常是年（有些生产周期较长的产品，如大型机床等，可能是 2 年、3 年或 5 年），因此有些企业也把综合计划称为年度生产计划或年度生产大纲。在该计划期内，使用的计划时间单位是月、双月或季。

（3）人员

综合计划可用几种不同的方式来考虑人员安排问题。例如，将人员按照产品系列划分成相应的组，分别考虑所需人员的水平，或者将人员根据产品的工艺特点和人员需要具备的技能水平划分成组等。综合计划中，对人员还应考虑到需求变化引起的对所需人员数量的变动，以决定是采取加班还是扩大招聘等方式解决。

2. 主生产计划

主生产计划（Master Production Schedule，MPS）要确定每一具体的最终产品在每一具体时间段内的生产数量。这里的最终产品主要是指对于企业来说最终完成、要出厂的完成品，它既可以是直接用于消费的消费产品，也可以是其他企业需要的部件或配件。这里的具体时间段，通常是以周为单位，在有些情况下也可能是旬、月或日。

实例分析 5-2

某自行车厂的综合计划与主生产计划如表 5.1 和表 5.2 所示。在该厂的综合计划中，未来 3 个月 24 型自行车系列产品的月产量不同，分别为 10 000 辆、15 000 辆和 20 000 辆。而 24 型自行车又可以分为 3 种不同车型：C 型，带有辅助小轮的儿童用车；D 型，耐用型，适用于道路条件不好的情况；R 型，带有装饰的豪华型。这 3 种车型的车轮大小是一样的，同属 24 型。而所谓"24 型"自行车是无法生产的，只能具体生产出 C 型、D 型或 R 型。表 5.2 是根据该厂综合计划所制订的主生产计划。从该表可以看出，由于 D 型车的需求量较大，所以是连续生产的，而其他两种车型的需求量较小，生产是断续的及分批轮番生产的。

表 5.1 某自行车厂的综合计划

产 品	月 份		
	1 月	2 月	3 月
24 型自行车产量/辆	10 000	15 000	20 000
28 型自行车产量/辆	30 000	30 000	30 000
总工时/小时	68 000	68 000	75 000

表 5.2　某自行车厂的主生产计划——24 型自行车

产品	月份											
	1月				2月				3月			
	1周	2周	3周	4周	5周	6周	7周	8周	9周	10周	11周	12周
C 型产量/辆		1 600		1 600		2 400		2 400		3 200		3 200
D 型产量/辆	1 500	1 500	1 500	1 500	2 250	2 250	2 250	2 250	3 000	3 000	3 000	3 000
R 型产量/辆	400		400		600		600		800		800	
月产/辆	10 000				15 000				20 000			

因此，综合计划是企业对未来较长一段时间内的不同产品系列所做的概括性安排，不是一种用来具体操作的实施计划；而主生产计划则是把综合计划具体化为可操作的实施计划。

3. 物料需求计划[1]

主生产计划确定以后，生产管理部门下一步要做的事情是保证主生产计划所规定的最终产品所需的全部物料（原材料、零件、部件等）及其他资源在需要的时候能够供应上。这个问题看似简单，但做起来却并不容易，因为一个最终产品所包括的原材料、零件、部件的种类和数量可能是相当大的，而且对于复杂产品，如自行车、汽车、家电等来说，不同的零部件之间还有相关的"母子"关系，从而形成一个多层结构。

物料需求计划要解决的是与主生产计划规定的最终产品相关的物料的需求问题，而不是对这些物料的独立的、随机的需求问题。这种相关物料需求的计划和管理比独立需求要复杂得多，对于企业来说十分重要，因为只要在物料需求计划中漏掉或延误一个零件，就会导致整个产品生产的延误。

4. 生产作业计划

生产作业计划是生产计划工作的继续，是企业年度生产计划的具体执行计划。它是协调企业日常生产活动的中心环节。它根据年度生产计划规定的产品品种、数量及大致的交货期的要求，对每个生产单位（车间、工段、班组等）在每个具体时期（月、旬、班、小时等）内的生产任务做出详细规定，以使年度生产计划得到落实。

5.1.2　生产运作计划的制订

1. 综合计划的制订

（1）主要目标
① 成本最小，利润最大。
② 最大限度地满足客户的要求。

---

[1] 物料需求计划（Materials Requirement Planning，MRP）是根据产品的零件表和零件的可用库存量，将主生产计划展开成最终的、详细的原材料、零件和部件的生产采购计划，包括采购什么，生产什么，什么物料必须在什么时候订货或开始生产，每次订多少、生产多少等。

③ 最小库存投资。
④ 生产速率的稳定性。
⑤ 人员水平变动最小。
⑥ 设施、设备的充分利用。

情境链接

综合计划的 6 个目标之间存在某种相悖的特性。例如，最大限度地满足顾客需求就需要快速提供服务、按时交货，这可以通过增加库存实现，但这样库存的成本必然提高；在业务量随季节变化的部门，以成本最小为目标的人员计划不可能做到既使人员变动水平最低，又对客户的服务最好；在一个制造业企业，当产品需求随季节波动时，要想保持稳定的产出速率，也需要同时保持较大的库存，等等。

综合计划是企业的整体计划，而不是一个部门计划，因此其目标与其他部门的目标有所不同。这些目标的综合实现与每个部门的目标有时是相悖的，但可以把这些目标归结为用最小的成本最大限度地满足需求。因此，在制订综合计划时，需要权衡上述这些目标因素，进行适当的折中，以做出最终决策。

（2）基本决策方式
〈1〉稳妥应变型
这种类型的基本思路：根据市场需求制订相应的计划，即将预测的市场需求视为给定条件，通过调节人力水平、加班或部分开工、安排休假、调节库存、外协等方式来应对市场需求。在这种基本思路下，常用的应变方法有 5 种：

① 调节人力水平。可以通过聘用和解聘人员来实现这一点。当人员来源充足，且主要是聘用和解聘非熟练员工或半熟练员工时，采用这一方法是可行的。但是，对于很多企业来说，符合其技能要求的人员来源是非常有限的，并不是什么时候想聘用什么时候就有，新的人员需要加以培训，而培训是需要时间的，并且一个企业的培训能力也是有限的。此外，对于很多企业来说，解聘员工是很困难的，或者说在很特殊的情况下才有可能。而对于某些产业来说，解聘、再聘则是很平常的事，如旅游业、农场等。

② 加班或部分开工。当正常工作时间不足以满足需求时，可考虑加班；反过来，当正常工作时间的产量大于需求量时，可以部分开工，只生产所需要的量。但是，加班需要付出更高的工资，通常为正常工资的 1.5 倍，这也是生产运作管理者经常限制加班时间的主要原因，而且员工有时候也不愿意加班太多或长期加班。此外，加班过多还会导致生产率降低、质量下降等。部分开工是在需求不足，但又不解聘人员的情况下使用的方法。在许多采取工艺对象专业化组织方式的企业，对员工所需技能的要求较高，再聘用具有足够技能的人不容易，就常常采用这种方法。在有些情况下，这只是一种不得已而为之的方法。这种方法的主要缺点是会使生产成本提高（单位产品中的人工成本增加），从而使人力资源、设备资源的效率低下。

③ 安排休假。所谓安排休假，是指在需求淡季时只留下一部分员工进行设备维护并进行最低限度的生产，大部分设备和员工都停工，在这段时间内可使员工全部休假或部分休假。这种方案有几种使用方法。例如，由企业安排员工的休假时间和休假长度（按需求），或者企业规定每年的休假长度，由员工自由选择时间。前者容易操作；后者需要考虑在需求高峰时对员工的休假要求如何回应。此外，还有有偿休假、无偿休假等方式。

④ 调节库存。企业可在需求淡季储存一些调节库存，供需求旺季时使用。这种方法可以使

生产速率与员工水平保持一定，但需要耗费相当高的成本。成品的储存是最费钱的一种库存投资形式，因为它所包含的附加劳动最多。因此，如果有可能的话，就应该尽量储存零部件、半成品，待需求到来时再迅速组装。

⑤ 外协。这是用来弥补生产能力短期不足的一种常用方法：既可以利用承包商提供服务、生产零部件，在某些情况下也可以让它们生产产成品。

总而言之，稳妥应变型的决策最终要决定不同时间段的不同生产速率，无论上述哪一种应变方法或哪几种应变方法被考虑，都意味着在该时间段内的产出速率被确定了。

〈2〉积极进取型

用稳妥应变型的思路来处理季节性需求或其他波动较大的需求往往需要耗费较高的成本。与之相反，积极进取型则力图通过调节需求模式影响、改变需求——调节对资源的不平衡要求来达到有效地、低成本地满足需求的目的。其常用的方法有以下两种。

① 导入互补产品。也就是说，使不同产品的需求"峰""谷"错开。例如，生产拖拉机的企业可同时生产机动雪橇，这样其主要部件——发动机的年间需求可基本保持稳定（春、夏季主要装配拖拉机，秋、冬季主要装配雪橇）。关键是找到合适的互补产品，以便既能够充分使用现有资源（人员、设备），又可以使不同需求的峰、谷错开，使产出保持均衡。

② 调整价格，刺激淡季需求。在需求淡季，可通过各种促销活动，如降低价格等方式刺激需求。例如，夏季削价出售冬季服装；冬季降价出售空调；航空运输业在需求淡季出售打折飞机票，等等。

一般来说，基于稳妥应变型思路的候选方案主要由生产运作管理人员来审查合适与否，而基于积极进取型思路的方案主要由市场营销人员来考虑。但重要的是这两种基本思路的有机结合，只有这两个部门人员的密切合作，才能使一个综合计划达到最优或较优。

（3）制定程序

〈1〉确定计划期内每一单位计划期的市场需求

确定计划期内每一单位计划期的市场需求的方法有多种。对于制造业企业的综合计划而言，市场需求通常是以产品的数量来表示的。市场需求信息来源包括对产品的未来需求预测、现有订单、未来的库存计划、来自流通环节或批发环节的信息。根据这些信息，就可大致确定每一单位计划期的市场需求。

〈2〉考虑相关关系、约束条件和成本，制定初步候选方案

① 基本相关关系。在评价、审视初步候选方案时，要考虑两个基本关系。

在给定时间段内的员工关系式为：

本期员工数 = 上期末员工数 + 本期初聘用员工数 − 本期初解聘员工数

库存水平与生产量的关系式为：

本期末库存量 = 上期末库存量 + 本期生产量 − 本期需求量

② 其他约束条件。它包括物理性约束条件和政策性约束条件：物理性约束条件是指一个企业的设施空间限制、生产能力限制等，如仓库面积决定了库存量的上限；政策性约束条件是指一个企业经营管理方针上的限制，如一个月的最大加班时数。

情境链接

企业的生产能力从广义上说，是员工能力、设备能力和管理能力的总和；从狭义上说，是一个企业在一定的生产运作组织条件下，企业内部各个生产运作环节综合平衡以后能够产出的

一定种类的产品或服务的最大数量。

一般而言，生产能力的度量通常用产出或输入的方式来表达。

① 产出表达方式。以产出表达方式来度量生产能力，常见于产品专业化流水线生产方式。在这种情况下，产品标准化程度高，产出率的高低更能体现生产能力的大小。例如，某汽车制造厂可同时提供 A 型汽车 200 台和 B 型汽车 100 台，这时的生产能力就能明确显示出多种产品的综合产出水平。

② 输入表达方式。以输入表达方式度量生产能力，常见于工艺专业化加工装配型生产方式。例如，工厂所拥有的设备数量或所能提供的设备小时数可作为度量生产能力的标准。但需要注意的是，在这种情况下市场需求往往是按照产出来表示的。为了考虑市场需求与生产能力是否匹配，需要把市场需求换算成所需的设备数或设备机时等。

③ 成本。

第一，基本生产成本。这是指计划期内生产某种产品的固定成本和变动成本，包括直接和间接劳动力成本、正常工资和加班工资。

第二，与生产率相关的成本。这是指为改变劳动生产率而导致的成本支出，包括招聘、培训、解雇员工的费用。

第三，库存成本。库存占用资金的成本是一个主要部分，其他包括仓储保管费、保险费、税收、损坏与折旧造成的费用等。

第四，延期交货费用。通常这类成本很难计算，包括由于交货延迟引起的赶工生产费用、合同违约罚金、企业商业信誉损失等。

〈3〉制订可行的综合计划

这是一个反复的过程，首先需要制订一个初步计划，然后结合相关关系、约束条件和成本综合考虑，反复进行计划的修改，直至符合要求，该计划被接受。

〈4〉批准综合计划

一个综合计划需要得到最高管理层的认可——通常是组成一个专门委员会来审查综合计划，该委员会中包括有关部门的负责人。委员会将对综合计划方案进行综合审视，可能会提出一些更好的建议，以处理其中相悖的若干目标。一旦计划确定，每个部门都必须尽全力执行。

（4）修改

由于综合计划是以抽象产品或代表产品为计划单位，在需求信息不完备的条件下做出的，所以不能用于具体的生产活动安排，但可以作为企业制订月度生产计划、作业计划、劳动力计划、物料计划的指南。

在综合计划的实施过程中，另一个十分重要的问题是各职能部门的协调，因为综合计划的实施会影响企业许多部门的行为。例如，物资供应部门必须根据综合计划做物资采购计划、外协部门要与协作厂安排外协件加工计划、人事部门要做劳动力调配计划等。

一般来说，随着时间的推移，人们会发现实际情况与综合计划总是不一致的，尤其在综合计划实施的前期出现这种情况时，就需要对计划进行修改，有时调整的幅度是很大的。

实例分析 5-3

某摩托车厂年初制订的年度总产量计划为 70 万辆，力争 100 万辆。这一年该厂的发动机制造能力与整车总装能力已达到 100 万辆。全厂以该计划为指南做了各方面的计划，但执行才几个月，发现市场需求远低于预期，于是立即进行调整。上半年过去后，市场情况基本明朗，最后将总产量计划定在 50 万辆，实际的产量略高于 50 万辆。如果不做调整，仍按原计划做生产资源安排，则损失肯定很大。

2. 主生产计划的制订

（1）约束条件

制订主生产计划时要确定每一具体的最终产品在每一具体时间段内的生产数量。它需要满足的约束条件包括两个：

① 主生产计划所确定的生产总量必须等于总体计划确定的生产总量。它包括以下两个方面。

第一，每个月某种产品各个型号的产量之和等于总体计划确定的该种产品的月生产总量。

第二，总体计划所确定的某种产品在某时间段内的生产总量（也就是需求总量），应该以一种有效的方式分配到该时间段内的不同时间生产。当然，这种分配应该是基于多方面考虑的。例如，需求的历史数据、对未来市场的预测、订单及企业经营方面的其他考虑。此外，主生产计划既可以周为单位，也可以日、月或旬为单位。当选定以周为单位后，必须根据周来考虑生产批量（断续生产的情况下）的大小，其中重要的考虑因素是作业交换成本和库存成本。

② 资源的约束。与生产量有关的资源约束有若干种，如设备能力、人员能力、库存能力（仓储空间的大小）、流动资金总量等。在制订主生产计划时，必须清楚地了解这些约束条件，根据产品的轻重缓急来分配资源，将关键资源用于关键产品的生产。

（2）编制原则

① 各种产品的出产时间和数量，应首先保证已有的订货合同的要求。在安排产品的顺序上，要分清轻重缓急，如先安排国家重点工程、重点客户订货、出口产品等任务，再安排其他的一般性任务。

② 多品种生产的企业，要做到产品品种的合理搭配。尽量减少各计划周期（季、月）的生产品种，同时使各车间在各周期的设备和人员的负荷比较均衡。

③ 新产品试制任务应在全年内均匀分摊，避免生产技术设备工作忙闲不均。

④ 要使原材料、外构件、外协件的供应时间和数量与产品出产进度计划的安排协调一致。

⑤ 要注意跨年度计划之间的衔接。例如，安排年初出产的产品时，应根据上一年度的产品在制情况，而在第四季度则要考虑为下一年度的产品出产做好准备。

（3）编制程序

第 1 步　产品需求资料的准备。产品需求是产品主生产计划的主要依据，所以编制程序的第一步是准备产品需求资料。不同生产类型的企业，产品需求资料的来源往往不同。对大批量生产的企业，一般根据历史资料产生未来的产品需求量；对单件小批生产的企业，则根据客户订单，或者通过走访客户而预计的订货量来确定产品需求量；对成批生产的企业，则从客户订货与预测两方面来确定需求量。

第 2 步　制订产品主生产计划草案。对于大批量生产的企业，一般将产量均匀地安排到各季各月，以便与流水生产方式相适应。对于成批生产的企业，要着重考虑产品品种的合理搭配：对于产量较大、需求变动较少的产品，可分配到全年的各季各月生产；对于产量较小的产品，应尽量集中在某段时间内生产。当然，这种安排以不违反交货期要求为准则。对于单件小批生产的企业，主要根据订货合同规定的数量和期限，适当地兼顾其他方面的要求，如同类型的产品集中安排、新产品与生产难度大的老产品错开安排等。

第 3 步　检查生产能力能否满足需要。产品主生产计划应按企业的生产能力单位（如设备加工、车工加工等）分配产品生产任务，并进行任务量与实有生产能力的核算平衡。为此，需要先计算产品任务在各能力单位的负荷分布，再按零部件的工艺路线和劳动定额资料计算它们在各能力单位的负荷量，然后分时间周期（月）汇总成负荷分布图。将各种产品的负荷分布图叠加起来，就可得到整个计划的生产能力需要量分布图。从生产能力需要量分布图可以清楚地看出哪些时期负荷过重、哪些时期负荷不足，进而对它们的进度时间或生产能力单位进行调整，以得到一个合理可行的计划。

3. 物料需求计划的制订

（1）基本原理

① 从最终产品的主生产计划导出相关物料（原材料、零部件、组件）的需求量和需求时间。

② 根据物料的需求时间和生产（订货）周期来确定其开始生产（订货）的时间。

实例分析 5-4

某企业需要某个部件用于生产，该部件需要在第 5 周装配时使用。如果外购，其订货周期为两周，那么最晚应于第 3 周开始订货；如果自己加工，其本身的生产周期为一周，那么最晚应于第 4 周开始加工。

（2）关键信息要素

① 每一最终产品的主生产计划。由此推算出所需的相关物料的种类、数量和需求时间。

② 物料清单（Bill of Materials，BOM）。它说明一个最终产品是由哪些零部件、原材料所构成的，以及这些零部件之间在时间、数量上的相互关系是什么。

实例分析 5-5

一张桌子由 1 个桌面、4 个桌腿、10 个螺钉组成；1 个桌面又由 1 块面板和 4 个框组成，4 个桌腿需要 0.2 m³ 的方木；1 个桌面板需要 1 m³ 的木板，4 个框又需要不同于桌腿方木的另一种方木 0.2 m³。一张桌子的物料清单如图 5.1 所示。

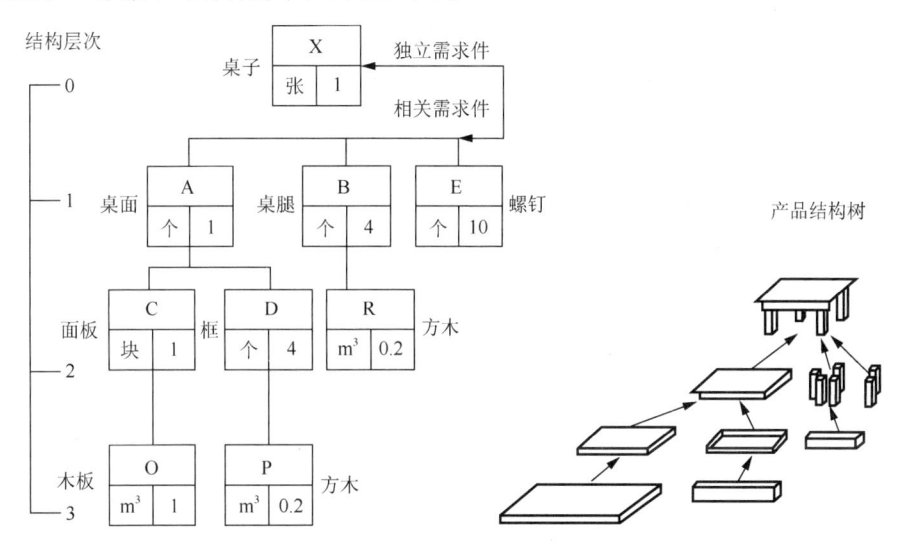

图 5.1 一张桌子的物料清单

③ 库存记录。它表明现在库存中有哪些物料及有多少、已经订货的数量，以便在制订新的加工、采购计划时减掉相应的数量。

（3）计算机管理信息系统

一个企业所具有的各种物料的数量是非常庞大的，如果采用手工方式来一一制订各种物料的生产、采购计划，那么仅计划本身就要耗费相当多的人力和时间，而且非常容易出错。

物料需求计划的计算机管理信息系统有效地解决了上述问题——通过输入已经确定的主生产计划、库存记录、物料清单及其他需求信息，经过该系统处理后可以输出两项结果：对各种物料的具体需求（包括需求量和需求时间）和订单的发出时间。这些输出结果可以从多方面支持物料管理和生产管理。

4. 生产作业计划的制订

（1）制订依据

制订生产作业计划的主要依据：年、季度生产计划和各项订货合同；前期生产作业计划的预计完成情况；前期在制品周转结存预计；产品劳动定额及其完成情况；现有生产能力及其利用情况；原材料、外购件、工具的库存及供应情况；设计及工艺文件、其他的有关技术资料；产品的生产作业计划标准。

（2）制订方法

制订生产作业计划，一般是先将企业生产任务分配到各车间，制订车间生产作业计划，然后由车间再分配到工段、班组直至工人，制订车间内生产作业计划。

情境任务 5.2　库存管理

引导案例

3M 公司以往常常缺货，有时不能按时将产品送至分销商的仓库，致使客户在订货时经常遇到困难。公司为了解决库存问题，开发了一个库存管理数据库。该数据库与因特网连接，用于存储产品、库存和客户信息，客户可以通过数据库看到库存情况并在网上订货。通过改进，3M 公司可以更好地预测客户需求，并大大降低了产品的库存，减少了客户对产品的误解。改进后的 18 个月中，3M 公司的产品供应率提高了 20%，送货的及时性提高了 1 倍。

资料来源：多纳斯，等．物流与库存管理手册[M]．王宗喜，等译．北京：电子工业出版社，2003．

思考：从本案例中，可以发现库存管理对企业的重要贡献吗？

库存是指为了满足未来需要而暂时闲置的资源。

5.2.1　库存的利弊与分类

1. 库存的利弊

"库存是一个必要的恶魔"，库存的存在有利有弊，因此管理人员对库存的作用及弊端应加以分析，以做出平衡的处理。

（1）库存的主要作用

① 缩短客户订货提前期。当厂商维持一定数量水平的产成品库存时，客户就能够及时得到所需的物品，从而缩短了订货提前期，改善了服务质量，有利于争取更多的客户。

② 保持生产的均衡性。在激烈的市场竞争中，外部需求变化无常，而企业一方面要满足客户的需求，另一方面又要保持内部组织生产的均衡性。库存将外部需求与内部生产相连接，像水库一样起着稳定作用。

③ 节省订货费用。订货费用是指订货过程中为处理每份订单和发运每批订货而产生的费用。这种费用与订货批量的多少无关。因此，如果持有一定数量的库存并增大订货批量，就可以减少订货次数，从而分摊订货费用。

④ 提高人员与设备的利用率。持有一定数量的库存可以从3个方面提高人员与设备的利用率：减少作业更换时间，这种作业不增加任何附加价值；防止某个环节由于零部件短缺导致生产中断；当需求发生波动或季节性变动时，使生产均衡化。

（2）库存的代价

① 占用大量资金，产生库存成本。企业的资金是有限的，而仓库里的库存却是一堆堆静止不动的资金，不能给企业带来效益。此外，库存还要占用大量储存空间，发生很多费用，包括占用资金的利息、储存保管费、保险费、库存物品价值损失费等。

② 掩盖企业生产经营管理中存在的问题。高库存可能掩盖企业生产经营管理中存在的一系列问题。例如，掩盖经常性的产品或零件的制造质量问题，当废品率和返修率很高时，一种传统的做法就是加大生产批量及在制品和产成品的库存；设备保养维护差、工人劳动纪律松懈和技能训练差、生产现场控制不健全和管理混乱、供应商供货不及时或有质量问题、企业计划安排不当等问题，都可以用高库存来掩盖。

2. 库存的分类

（1）按库存在生产和配送过程中所处的状态分类

按库存在生产和配送过程中所处的状态分类，可分为原材料库存、在制品库存和产成品库存。

（2）按库存的作用分类

按库存的作用分类，可分为周转库存、安全库存、调节库存和在途库存。

① 周转库存。当生产或订货是以每次一定批量，而不是以每次一件的方式进行时，这种由批量周期性形成的库存就被称为周转库存。成批生产或订货一是为了获得规模经济，二是为了享受数量折扣。由于周转库存的大小与订货的频率有关，所以在订货成本和库存成本之间做出选择是决策时主要考虑的因素。

② 安全库存。安全库存又称缓冲库存，是生产者为了应对需求和供应的不确定性，防止缺货造成的损失而设置的具有一定数量的库存。安全库存的数量除受需求和供应的不确定性影响外，还与企业希望达到的客户服务水平有关，这些是进行安全库存决策时主要考虑的因素。

③ 调节库存。这是为了调节需求或供应的不均衡、生产速度与供应速度的不均衡、各个生产阶段的产出不均衡而设置的具有一定数量的库存。

④ 在途库存。这是相邻两个工作地之间或是相邻两级销售组织之间的库存，包括处在运输过程中的库存，以及停放在两地之间的库存。在途库存的大小取决于运输时间和运输批量。

5.2.2 库存管理实务

1. 库存管理的衡量指标

① 平均库存值。这是指一段时间内库存所占用的资金。一般情况下，制造业企业的资产中与库存相关联的占大约25%，而批发零售业的资产中与库存相关联的有可能占到75%。

② 可供应时间。这是指现有库存量能够满足多长时间生产的需求——既可以用平均库存量除以相应时间段内单位时间的需求量得到，也可以分别用每种物料的平均库存量除以相应时间段内单位时间的需求量来得到。

③ 库存周转率。其计算公式为：

$$库存周转率 = \frac{年销售额}{年平均库存值} \times 100\%$$

2. 库存控制系统

在企业管理中，需要对库存进行控制。库存控制系统决定每隔多长时间检查一次库存量、何时提出补充订货、每次订多少等问题。按照控制的方式不同，库存控制系统可以分为两种基本的模型：定量控制系统和定期控制系统。

（1）定量控制系统

定量控制系统又称定量订货系统，即订货点和订货量为固定量的库存控制系统。运用定量控制系统，当库存量降低到订货点时，就要进行订货，因此必须连续监控剩余库存量。定量控制系统是一种永续盘存系统，要求每次从库存里取走货物时必须刷新记录，以确定是否已达到订货点，在添加货物后也要刷新记录。

定量控制系统比较适合控制重要物资和关键维修零件，因为该系统对库存的监控更加严密，可以对潜在缺货更快地做出反应。但是，由于每一次补充库存和出货都要进行记录及盘点，所以会使维护定量控制系统显得比较麻烦和浪费时间。

企业为了简化管理和盘点工作，常采用双堆法（又称双仓法和双箱法），即每次进货时，需要将物资分成两部分储备：一部分作为订货点的库存储备，单独存放；另一部分作为日常储备，供日常发货使用。一旦在发货过程中发现日常储备用尽，就会动用留作订货点的库存储备，同时马上发出订货指令。

（2）定期控制系统

定期控制系统又称定期订货系统、定期盘点系统等，即每经过一个相同的时间间隔，就发出一次订货，而每次订货量却不一定相同。定期控制系统平均库存较大，因为要预防在盘点期缺货的情况。定期控制系统更适用于向同一个供应商采购多种货物或企业同时需要采购多种货物的情况。

定期控制系统不需要随时检查库存量，到了间隔期就提出订货，这样既简化了管理，又节省了订货费。但定期控制系统的缺点除了库存较高外，还有不论库存水平降到多少，都要按期发出订货。当库存量水平很高时，某些物品或在某些时间订货量很小，就会造成浪费。为了克服这一缺点，产生了最大最小控制系统。该系统仍然是定期控制系统，只不过它需要规定一个订货点，当经过固定时间间隔时，如果库存量降到订货点及以下，则发出订货；否则，应经过下一个固定时间间隔后，再考虑是否发出订货。

3. 库存管理策略

（1）ABC分析法

企业库存物品的种类很多，每种物品的销售或使用量、价值、缺货损失等都不尽相同，对每种物品都给予同样的关注和管理是不必要的，而且也做不到。因此，在库存管理中常用ABC分析法来对库存物品分别加以管理。ABC分析法在库存管理中的应用就是提醒人们应对存货单元予以分别对待，采用不同的策略分别加以管理。这种方法对很多问题都具有指导意义。

① 分别将每种物品的年度需求量与每件库存的成本相乘，然后按大小顺序排列。

② 按顺序把物品分为A、B、C三类：A类物品占库存总数的15%～20%，库存成本占到总数的70%～80%；B类物品占库存总数的30%左右，库存成本占到总数的15%～25%；C类物品占库存总数的55%左右，库存成本占到总数的5%。不同的企业会因情况不同在百分比上略有不同。

显然在管理上，A类物品应通过经常盘点检查库存数量；C类物品只需要松散控制（如大批量订货）；B类则介于两者之间。

ABC分析法的操作十分简单，在库存管理中普遍应用。但需要注意的是，ABC分析法一般是以库存价值为基础进行分析的，并不能反映库存品种对利润的贡献度、紧迫性等情况，而在某些情况下，C类库存缺货所造成的损失也可能是十分严重的。在实际运用中，需要具体、灵活地根据实际情况操作。

（2）经济订货批量法

对于定量控制系统，每次的订货量可以用经济订货批量法确定。所谓经济订货批量，就是使年库存费用达到最小的每次订货批量。假定每次订货的订货量相同、订货提前期固定、需求率固定不变，则库存的年度总费用可表示为：

$$库存的年度总费用 = 库存保管费用 + 订货费用 + 物资购买费用$$

经济订货批量的计算公式为：

$$经济订货批量 = \sqrt{\frac{2 \times 年需求量 \times 每次订货的费用}{单位产品的保管费用}}$$

实例分析 5-6

海华公司每年需要用A零件1000件。该零件的平均年库存保管费用为4元，每次订货费用为5元，则其经济订货批量、年订货总费用及年保管总费用计算如下。

$$经济订货批量 = \sqrt{\frac{2 \times 年需求量 \times 每次订货的费用}{单位产品的保管费用}} = \sqrt{\frac{2 \times 1\,000 \times 5}{4}} = 50（件）$$

$$年订货总费用 = \frac{每次订货费用 \times 年需求量}{经济订货批量} = \frac{5 \times 1\,000}{50} = 100（元）$$

$$年保管总费用 = \frac{经济订货批量 \times 单位产品的保管费用}{2} = \frac{50 \times 4}{2} = 100（元）$$

从计算结果可见，以经济订货批量订货时，年订货总费用与年保管总费用相等，这时总成本最小。

情境任务 5.3　供应链管理

引导案例

2003年4月"非典"爆发时，清洁和防护用品供不应求，各相关企业喜笑颜开。到了2004年6月，当疫情逐步趋于稳定时，这些企业不再是喜上眉梢，而是忙于处理堆积如山的库存。与此形成鲜明对比的是，宝洁公司生产的舒肤佳香皂，由于备有供应链应急分析系统，所以在"非典"爆发期间其他同类产品相继断档的情况下，它还能保证在当时的疫情重灾区——北京地区的供应。而且在"非典"过后，宝洁公司也能够迅速调整产能，没有发生库存积压的情况。

资料来源：缪兴锋，别文群. 供应链管理技术与方法[M]. 广州：华南理工大学出版社，2006.

思考：供应链管理为宝洁公司解决了什么问题？

5.3.1　认识供应链

供应链是围绕核心企业，通过对信息流、物流、资金流的控制，从采购原材料开始，制成中间产品及最终产品，最后由销售网络把产品送到消费者手中，即将供应商、生产商、分销商、零售商，直到最终用户（客户）连成一个整体的功能网链结构模式。

1. 供应链的结构模型

供应链的结构可以简单地归纳为如图5.2所示的模型。

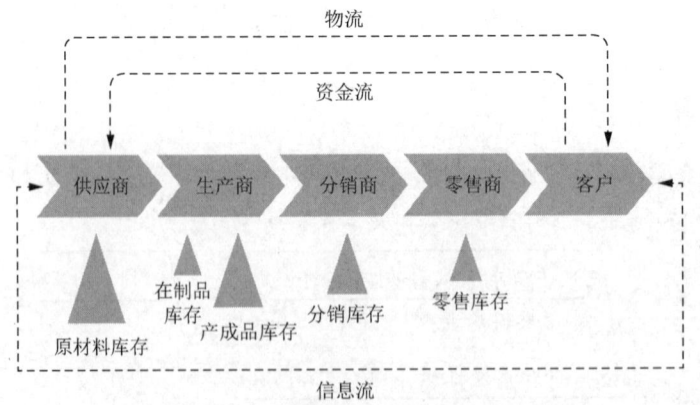

说明：由于存在牛鞭效应[1]，所以三角形越大，表示这部分的库存波动性越大。

图 5.2　供应链的结构模型

---

[1] 牛鞭效应是供应链上的一种需求变异放大现象——当信息流从最终客户端向原始供应商端传递时，无法有效地实现信息的共享，使得信息扭曲且逐级放大，导致需求信息出现越来越大的波动。此信息扭曲的放大作用在图形上很像一根甩起的牛鞭，因此被形象地称为牛鞭效应。

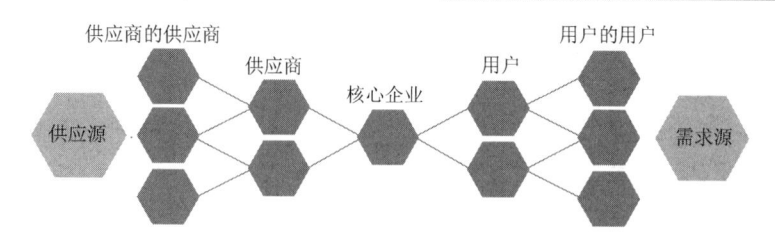

图 5.2（续）

从图 5.2 中可以看出，供应链中有供应商、生产商、分销商、零售商和顾客，他们的活动由采购、运输、加工、制造、分销等构成，他们之间的关系由物流、资金流和信息流所反映。但供应链不是线性结构，而是多层次网状结构，由围绕核心企业的供应商、供应商的供应商、供应源、用户、用户的用户、需求源组成。供应链上的企业称为节点企业。这些单位之间的联系和作用就构成了供应链。

2. 供应链的基本特点

（1）复杂性

供应链往往由多个、多类型甚至多国企业构成，由于各节点企业可能来自不同的地区和国家，存在不同的企业文化和背景，因此供应链的结构比一般单个企业的结构要复杂得多，而且供应链上合作伙伴之间的协调也会存在一定的困难。

（2）动态性

在多样化、个性化要求越来越高的客户需求驱动下，市场竞争日益激烈，市场快速多变且难以预测，市场不确定性加大，市场机遇转瞬即逝。供应链的管理必须适应市场需求变化，各节点企业要经常动态地调整策略，这就使得供应链具有明显的动态性。

（3）面向用户需求

供应链的形成、存在、重构，都是基于一定的市场需求发生的，并且在供应链的运作过程中，客户的需求变动是供应链中信息流、物流、资金流运作的驱动源。

（4）增值性

供应链将产品开发、供应、生产、营销、市场一直到服务都联系在一起，一方面要根据客户的需求，不断增加产品的技术含量和附加值；另一方面要不断消除客户不愿意支付的一切无效劳动与浪费，使投入市场的产品与竞争对手相比，能为客户带来真正的效益和满意的价值，从而使客户认可的价值大大超过总成本，为企业带来应有的利润。因此，供应链是一条名副其实的增值链，这是每一个节点企业都获得利润的基本前提。

（5）交叉性

一个节点企业既可以是这个供应链的成员，也可以同时是另一个供应链的成员。市场众多、相互交错的供应链体系，增加了协调节点企业管理的难度。

情境链接

绿色供应链的概念由美国密歇根州立大学的制造研究协会于 1996 年首次提出。绿色供应链是一种融合环境保护理念的现代管理模式，它从产品生命周期的角度出发，综合考虑包括产品原材料获取、产品的设计与制造、产品的销售与运输、产品使用及产品回收再利用的整个过程，通过绿色技术与供应链管理技术，实现产品生命周期内对环境负面影响最小，资源、能源利用率最高和供应链系统整体效益最大的目标。

5.3.2　认识供应链管理

供应链管理是对整个供应链系统进行计划、协调、操作、控制和优化的各种活动与过程，其目标是要将客户所需的正确的产品（Right product）能够在正确的时间（Right time），按照正确的数量（Right quantity）、正确的质量（Right quality）和正确的状态（Right status）送到正确的地点（Right place）（简称 6R），并使总成本最小。

1. 供应链管理的特点

（1）强调和依赖战略管理

供应链的运作往往是在一个很大的时间和空间跨度下进行的，涉及众多不同的企业主体和不同的业务环节。这是一个庞大的、复杂的管理系统，其构建、管理、维护和发展是一个极富挑战性的企业战略。供应链管理必须以一个战略的高度来对供应链中的核心能力和资源进行集成，否则就不可能成功。

（2）以客户为中心

供应链管理的本质是满足客户的需求，它通过降低供应链成本的战略，实现对客户的快速反应，以此提高客户的满意度，从而提升企业的信誉度，获得竞争优势。当然，满足客户需求和成本支付之间是一对基本矛盾，因此对客户服务目标的设定应更关注满足客户需求和成本支付之间的平衡。

（3）强调伙伴间的合作与共享

供应链管理把供应链中的所有节点企业看作一个整体，涵盖整个物流从供应商到最终用户的采购、制造、分销、零售等职能领域过程。在供应链管理中，企业超越了组织机构的界限，建立了新型的客户关系，即具有共同利益的合作伙伴关系。因此，供应链管理更强调伙伴间的合作，强调利益共享和风险共担，所以更需要依赖供应链成员之间对业务过程一体化的共识，需要建立相应的信任机制和协商机制。信任是信息增值交换的基础，只有增值信息共享才能放大供应链上的利润。协商机制是解决核心企业与客户利益冲突的基础，包括利益的合理分配、高效的合作和风险共担。

（4）强调一体化的精细管理

供应链上的核心企业除了核心业务外，其余的各种业务都来自于外部，即按照市场规则将内部业务社会化——按照核心企业的需求，将具有不同核心能力的企业及资源整合起来，使得企业边界变得模糊。供应链管理由此成为一项高度互动且复杂的系统工程，强调的是一体化的精细管理。

在供应链一体化的精细管理下，所有的成员可以用更少的库存为客户提供更好的服务。较少的库存又会减少资金占用量，削减库存管理费用，从而降低成本。除库存的减少外，供应链一体化的精细管理还可以减少生产过剩情况的发生，并增加在其他领域的协调，如运输、包装、标注和文书处理等方面。通过对供应链上每个成员信息处理行为和产品处理行为的检查，可以鉴别出整条供应链上的冗余行为和非增值行为，从而提高整个供应链上每一个成员的效益和竞争力。

（5）注重信息技术的集成应用

供应链管理最关键的是需要采用集成的思想和方法，而不仅仅是节点企业、技术方法等资源的简单连接。信息技术的集成应用是保证供应链系统集成的技术基础，是提升整个供应链运作效率的重要保障之一。在这种多节点、多合作伙伴的复杂供应链网络上，信息技术的支撑降低了伙伴间的交易成本，可使合作伙伴及时获取有效信息并快速反应，以满足客户的需求。同时，基于因特网信息技术的集成（如 RFID、GIS、GPS），又可随时对在途物品进行管理，满足物流服务的个性化需求。

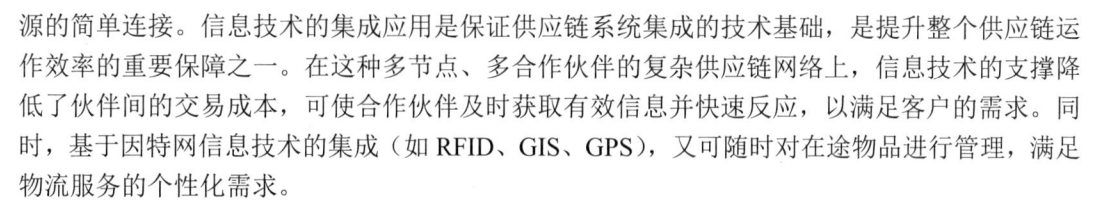

（6）注重供应链的动态优化管理

供应链的整体效率和价值创造能力，是链条上的合作伙伴基于一种战略性的亲密关系协同产生的。战略性的亲密关系，既是供应链上新生产能力不竭的源泉，也是取得竞争优势的原动力。要长期保持这种关系，就要注意对伙伴关系的不断优化。这种优化体现在管理与伙伴的关系、对合作伙伴进行阶段性的绩效评估、及时优化关系结构等方面。管理与伙伴的关系，首先在于核心企业与伙伴的诚信交易，共同制定发展目标和行为计划，提供相应的技术支持；其次，以自己的经营理念、价值观、文化观影响伙伴，创造和谐氛围，形成团队合作竞争机制，从而提升和发展伙伴关系。对伙伴进行阶段性的绩效评估也是一种竞争激励，一方面，可促使伙伴努力提升整体素质；另一方面，为了维护供应链上所有成员的利益，要放弃与小部分伙伴的继续合作，从而使合作伙伴的关系结构得以优化。

情境链接

VMI（Vender Managed Inventory，供应商管理库存）作为一种目前国际前沿的供应链库存管理模式，对整个供应链的形成和发展都产生了影响。VMI 由供应商等上游企业通过信息手段掌握下游客户的生产和库存信息，并对下游客户的库存调节做出快速反应，以降低供需双方的库存成本。目前，许多跨国巨头和国内知名制造企业都在使用 VMI，并享受着由它带来的丰富成果：提高库存周转率；降低库存成本；消灭库存冰山；实现供应链的整体优化。

VMI 与供应链库存管理传统模式的关键区别是：供应商由原来努力将产品推销给分销商，转变为努力帮助分销商销售，供应商、分销商和零售商共同关注如何更有效地将更多的产品卖给最终消费者。

2. 供应链中三种"流"的管理要点

（1）物流

沿供应链流动的物料是最主要的"流"：原料沿着供应链从最初的供应商流动到不同的生产商、装配商，完成整个制造过程后，又从生产商流到一层一层的批发商、零售商，最后到达客户手中。

供应链管理注重的是这种物料流动：怎样使其在必要的时候流动到必要的地点；怎样使这种流动所需要的成本更低；怎样使流动过程中可能出现的偏差更小，一旦出现偏差应该如何纠正，等等。

（2）信息流

与原料从最初供应商流动到最终客户不同，市场信息主要是沿相反方向流动的：确定什么时候使何种物料流到下一环节，其驱动信息来自下一环节。除了市场信息之外，信息流还必须包括技术、经营组织、库存、人员及在物流流动过程中所遇到的困难及出现的偏差等。因此，能够实现对物流的严密控制依赖于及时、可靠的相关信息。从这个意义上说，信息可以代替物料，因为包含真正需求情况的信息可以避免库存。"用信息取代很费钱的库存"，这也正是供应链管理的重要意义所在。

实例分析 5-7

一些大型跨国制造企业利用计算机网络设置了与零部件供应商共享的关于生产计划和生产实绩的数据库，使供应商可以不用等待买方的订货通知而自己随时扫描数据库，由此判断什么时候需要送出什么样的零部件，以保证按时送货。由于从该数据库中还可以了解到买方以后的生产计划，因此零部件供应商还可以在此基础上制订自己的生产计划。这种信息的共享使买方的工厂和零部件供应商如同一个企业一样运行，使得两者的库存费用和管理费用都大为降低。

信息还具有双向流动的特点：供应链上的每一个企业，不仅要知道它的下游客户的需求，而且需要知道它的上游供应商的供应能力。因此，供应链上的企业需要共同分享有关的信息。在有些情况下，有关企业变化（如新的企业结构、新的人员、新的企业功能等）的信息也应予以充分交流，以使供应链上各个环节之间的相互联系保持高效性。在另外一些情况下，生产厂商需要让供应商分享它们的技术、管理方法，以提高供应商的生产能力、产品质量和交货可靠性。

（3）资金流

供应链中的资金流，不仅是供应链上各个企业之间的款项结算，而且包括投资资金的流动、在供应商企业中注入资金、投资入股等。这种现象在日本企业中很普遍。此外，许多企业以提供原料、模具、检测设备等形式为供应商提供资金。

3. 供应链管理的关键业务过程

① 客户关系管理。客户是供应链管理的核心和基本出发点。客户关系管理就是使以客户为中心的，包括市场营销和客户服务的业务流程自动化并得以重组。这里的客户关系管理不仅要使这些业务流程自动化，而且要确保前台应用系统能够改进客户满意度、增加客户忠诚度，以达到企业获利的最终目的。供应链管理的第一步就是识别对企业的经营战略至关重要的那几个关键客户，并与它们建立战略性的合作伙伴关系。

② 客户服务管理。一方面，服务是获取客户信息的唯一方法；另一方面，服务为顾客提供实时、在线的产品和价格信息，以支持客户对交货期和货物状态的查询。

③ 需求管理。这主要涉及企业内部和企业之间的物料供应与需求管理，目的是通过产品与服务的流程正确地预测客户需求，改善客户服务，以降低不正确的预测所产生的成本。一个好的需求管理系统会利用 POS 系统和关键客户数据来提高供应链效率，以减少不确定性，并平衡客户需求和企业供应能力。

④ 完成订单。要高效地完成客户订单，就需要将企业的制造、分销和运输计划综合在一起。

⑤ 生产流管理。这主要包括产品工程、产品技术保证、生产控制、库存控制、仓储管理、分销管理等。改进生产流管理可以缩短生产周期，提高客户响应速度。

⑥ 采购管理。与供应商发展长期合作关系，以支持企业生产和新产品开发工作。

⑦ 产品开发和商品化。一定要让客户和供应商参与到新产品开发过程中，以便在更短的时间内以更低的成本开发出客户需要的产品。

4. 供应链管理的运营机制

供应链管理要求企业内部协调分工，形成内部供应链运作一体化后，再与外部供应链的企业进行协作与联盟，从而使企业具有更强的竞争力和更大的效益。供应链中的成员企业通过供应链构建时所形成的合作机制、决策机制、激励机制和自律机制等来实现满足客户需求、使客户满意及留住客户等目标，从而实现供应链管理的最终目标——社会目标（满足社会就业需求）、经济目标（创造最佳利益）和环境目标（保持生态与环境平衡）的合一。这可以说是对供应链管理思想的哲学概括。

（1）合作机制

供应链合作机制体现了战略伙伴关系和企业内外资源的集成与优化利用。基于这种企业环境的产品制造过程，从产品的研究开发到投放市场的周期大大缩短，而且客户导向化程度更高。

（2）决策机制

由于供应链的企业的决策信息的来源不再局限于一个企业内部，而是在开放的信息网络环境下不断进行信息交换和共享，达到供应链的企业同步化、集成化计划与控制的目的，并且随着因特网/内联网发展成为新的企业决策支持系统，企业的决策模式将会产生很大的变化，因此处于供应链中任何企业的决策模式应该是基于因特网/内联网的开放性信息环境下的群体决策模式。

（3）激励机制

供应链中的企业要充分、长期地稳定合作，就必须建立风险共担、利益共享的激励机制。供应链中的企业之间不能为了自身利益而不负责任，牺牲他人利益。作为供应链中的核心企业，应积极努力地与其他成员一起构建有效的业绩评价和激励机制，并充分保证激励机制的作用发挥，以调动供应链中所有企业的主动性、积极性与创造性，为满足客户需求而协同工作。

（4）自律机制

自律机制要求供应链中的企业向行业中的领头企业或最具竞争力的竞争对手看齐，不断对产品、服务和供应链业绩进行评价并不断地改进，以使企业能保持自己的竞争力并持续发展。自律机制主要包括企业内部的自律、对比竞争对手的自律、对比同行企业的自律和比较领头企业的自律。企业通过推行自律机制，可以降低成本、增加销售量和利润、更好地了解竞争对手，以提高客户满意度、增加信誉，并且企业内部部门之间的业绩差距也可以得到缩小，从而提高企业的整体竞争力。

5.3.3 采购管理

1. 采购管理的一般程序

第 1 步　接受采购要求或采购提示。采购要求的内容包括采购品种、数量、质量要求及到货期限。在制造业企业中，采购指示来自生产计划部门，而生产计划部门又是根据既定的"自制-外协"策略决定采购什么，再根据生产日程计划的安排决定何时采购。但反过来，企业在制定"自制-外协"策略时，采购部门有很大的发言权，因为它们最清楚从外部获得各种所需资源的可能性，清楚各个供应商的供应能力。对于非制造业企业（如批发与零售企业）来说，决定采购什么与决定销售什么是一致的，采购策略与市场策略紧密相连。

第 2 步　选择供应商。

第 3 步　订货。订货手续有时很复杂，有时很简单。在全球采购中，各种文书、函件的处理量可能非常大，但在某些情况下，也可能一个电话就能完成订货手续。现代信息技术使企业可以与供应商用计算机连接，而不需要任何纸质媒介，从而简单、迅速地完成订货手续。

第 4 步　订货跟踪。这主要是指订单发出后的进度检查、监控、联络等日常工作，目的是防止到货延误或出现数量、质量上的差错。这些工作较为琐碎，但却是非常重要的，因为物料供应的延误或差错将影响生产计划的执行，有可能导致生产中断，进而失去对客户的信誉和市场机会。严格地说，订货跟踪是一种被动式的管理，这种问题的来源往往在于供应商自身的经营管理及与供应商的关系处理上。如果在供应商的选择上严格把关，恰当地处理与供应商的关系，给予必要的合作，则这种问题就会大大减少。

第 5 步　货到验收。如果供应商很可靠，则这一步工作就可省略。例如，国内有些企业和供应商之间就可以做到货到无检验，直接送到生产线。

2. 供应商的选择及与其关系

（1）供应商的选择

企业总是在不断地寻求更好的供应，即物美价廉、时间有保证的供应，而采购部门在这种寻求中起到了关键作用。这种寻求，首先是从供应商的选择开始的。很多企业建立了详尽的供应商评价标准，用来帮助选择供应商或定期评价已有的供应商。这样的评价标准、评价重点不仅随企业而不同，与企业的竞争重点也紧密相关。但一般来说，价格、质量和交货期总是最关键的因素。

① 价格。由于物料采购成本占企业销售额的比重很大，因此物料采购的价格对于企业来说就是一个非常重要的问题——既是企业获取利润的重要保证，也是企业取得竞争优势的来源之一。

② 质量。劣质物料所带来的潜在成本是昂贵的，尤其是在经过很多工序、增加了许多附加劳动之后才发现质量缺陷的情况下。此外，劣质物料有时还会直接影响到一个企业的市场信誉。

③ 交货期。按时交货和交货期短可以使企业在库存较少的情况下保持良好的客户服务。无论是降低库存，还是提供良好的客户服务，对于企业保持竞争优势都是十分重要的。

（2）现代企业与供应商的关系

传统的企业与供应商的关系是一种短期的、松散的、竞争对手的关系。在这种关系下，买方和卖方的交易如同"0-1"对策，即一方所得必是另一方所失。与长期互惠相比，短期内的优势更受重视，买方总是试图将价格压到最低，而供应商总是以特殊的质量要求、特殊服务和订货量的变化等为理由尽量抬高价格，哪一方能取胜主要取决于哪一方在交易中占上风。例如，买方的购买量占供应商销售额总量的百分比很大，买方就容易从其他供应商处得到所需物品，改换供应商也就不需要花费多少成本，在这种情况下买方会占上风；反之，则有可能是供应商占上风。

实例分析 5-8

20 世纪 50 年代的美国福特汽车公司，其汽车零部件通过向供应商招标的方式来获得。福特汽车公司向供应商提供零部件设计图纸，要求它们报价，从中选择合作伙伴。在这种方式下，由于买方和卖方之间讨价还价、缺乏信息交流，成本难以下降，质量也得不到很好的满足，因此难以快速响应市场需求。

现在，另一种与供应商的关系模式——合作模式，受到了越来越多的企业重视。在这种模式下，企业和供应商互相视对方为"伙伴"（partner），双方保持着一种长期互惠的关系。

① 企业将供应商分层，尽可能将完整部件的生产甚至设计交给第一层供应商。这样不仅企业的零件设计总量大大减少，有利于缩短新产品的开发周期，还可使企业只与数量较少的第一层供应商发生关系，从而降低了采购管理费用。

② 企业与供应商在一种确定的目标价格下，共同分析成本，共享利润。目标价格是在市场分析的基础上制定的，目标价格确定以后，企业与供应商共同研究如何在这种价格下生产，并使双方都能获取合理的利润。企业还可充分利用自己在技术、管理、专业人员等方面的优势，帮助供应商降低成本。由于降低成本也能使供应商获利，因此调动了供应商不断改进生产工艺的积极性，从而有可能使产品价格不断下降，竞争力不断提高。

③ 共同保证和提高质量。由于企业和供应商认识到不良产品会给双方都带来损失，因此能够共同致力于提高产品质量。一旦出现产品质量问题，企业与供应商会共同分析原因，以解决问题。由于双方建立起了一种信任关系，互相沟通产品质量情况，因此企业甚至可以对供应物料不进行检查就直接使用。

④ 信息共享。企业积极主动地向供应商提供自己的技术、管理等方面的信息和经验，供应商的成本控制信息也不再对企业保密。除此之外，供应商还可以随时了解企业的生产计划、未来的长期发展计划、生产现场所供应物料的消耗情况等，据此制订自己的生产计划、长期发展计划及供货计划。

⑤ JIT式的交货。JIT式的交货就是只在需要的时候，按需要的量供应所需的物品。由于企业和供应商相互建立起了长期信任的关系，不必为每次采购谈判和讨价还价，不必对每批物料都进行质量检查，双方都互相了解对方的生产计划，因此这样就有可能做到JIT式的交货，从而使双方的库存均大为降低，双方都能受益。

⑥ 企业只有较少数量的供应商。一般一种物料只有一两个供应商，可使供应商获得规模优势，能采用产品对象专业化的生产组织方式，实现大批量、低成本的生产。当企业的订货量很大且是长期合同时，供应商甚至可以考虑扩大设施和设备能力，将新设施建在企业附近，使自己成为企业的一种"延伸"组织。

当然，合作模式也有一定的不利之处：如果一种物料只有一两个供应商，则供应中断的风险就会增加；保持长期合作关系的供应商缺乏竞争压力，有可能缺乏不断创新的动力；JIT式的交货方式随时有中断生产的风险，等等。因此，有必要根据企业的具体情况，结合两种基本模式的优点，确定自己的供应商关系模式。

情境任务5.4 质量管理

引导案例

上海日立电器有限公司（以下简称上海日立）创建于1993年1月，是由上海海立（集团）股份有限公司和日本株式会社日立制作所（以下简称上海日立）合资组建的，是空调企业压缩机的专业供应商。

借鉴日本日立的先进管理方法，并且结合行业特点，1996年上海日立在实践中独创了"3N、4M、5S"管理模式，其核心是3N，即"不接受、不制造、不转交"不合格品。全体员工在生产流程中精心操作、严格把关，杜绝不合格在制品流入工序成为员工的行为准则，从而确保了产品质量的稳定可靠。

1998年年底，公司构筑了以"质量金字塔"为核心的质量文化，把质量比作金字塔，并分为4层：第一层在塔尖，是对客户的承诺；第二层是设计开发；第三层是工艺技术与装备；第四层作为金字塔的塔基，是生产作业。"质量金字塔"形象地把业务流程层层分解，从而把客户的需求传递到公司的各个层面，使公司的各个层面都面向客户，而不是面向领导。公司开展了"构筑21世纪质量金字塔"千人签名、大讨论、质量承诺等活动，使"以客户为中心"的观念深入人心，渗透于管理、设计、生产、销售的每个环节和产品制造的每一道工序，从而改变了企业的经营行为。各部门都为了一个共同的目标——生产客户和自己都满意的产品，向客户提供满意的产品和服务。不断提升自身的工作质量和产品质量，内部扯皮推诿的情况明显减少，市场反应速度明显加快。例如，上海夏普空调近 20 万台变频空调出口日本市场，但因压缩机生产成本高、不赚钱等原因一时找不到压缩机供应商，上海日立得知后主动请缨，为其排忧解难，攻克技术难题，按时提供了产品。

2001年，公司又人性化地提出"产品体现人品，质量体现人格"的观念，创立"质量文化园地"半月刊，加强质量知识和质量意识的宣传力度。优秀产品是优秀的人做出来的，质量是企业全员素质的综合体现——在全员质量意识中树立起"人品"和"人格"的文化力量，将质量与企业文化有机地结合在一起。全体员工以忠诚、负责的态度对待质量，在求实、创新中提高自我人生品位，在满足客户的过程中提升自我价值。2002年，针对严峻的价格竞争，公司开展"一高两低好管家"活动，营造出"人人知道、全员参与、人人贡献"的氛围，在提升产品质量、提高工作效率、降低生产成本、减少物耗损失等方面实施了一大批项目，创造经济效益 1 750 万元。

2003 年 10 月，为了巩固"顾客至上，质量第一"的观念，正确处理在大批量生产环境下质量与数量的关系，消除在产品供不应求的情况下潜在的重产轻质思想，保持高质量的产品形象，全公司有针对性地开展以"质量、数量、问题"为内涵的3Q主题质量文化活动，并运用制作图案、佩戴标记、悬挂横幅等方式进行了有力的宣传，使全员正确理解了"质量、数量、问题"三者之间的关系。自始至终把质量放在生产经营第一位，使全员懂得"今天的质量就是明天的市场""质量就是生命""高举质量旗帜的企业才是优秀卓越的企业"的真谛。

2004年，公司全面推广六西格玛管理，成立了由副总经理亲自领导的六西格玛推进小组，培养全职黑带，公司的质量管理水平又上了一个新台阶。

公司坚持以质量为核心的企业文化，通过了美国 UL 和上海质量体系审核中心 ISO 9001—2000 质量管理体系的联合认证，通过了国家环境保护总局（现生态环境部）和英国 UKAS ISO 14001 环境体系认证。产品获得了中国 3C、德国 TUV、美国 UL 的安全认证。公司获得过上海质量金奖（2001年）、全国质量管理奖（2002年）、全国"五一"劳动奖（2003年）、上海市质量管理奖和国家"八五""九五"技改优秀项目奖，并被评为上海市优秀企业、上海市质量标兵企业、上海市最佳工业企业形象单位、全国轻工先进企业、全国质量效益型企业、全国质量管理小组活动优秀企业、全国质量管理先进企业等。

资料来源：齐二石. 生产与运作管理教程[M]. 北京：清华大学出版社，2006.

思考：质量对现代企业意味着什么？

5.4.1 质量与质量管理

1. 质量

质量是反映实体满足明确和隐含需要的能力的特性总和。

这里的实体是指可以单独描述和研究的事物，可以是活动或过程、产品、组织、体系、人或它们的任何组合。一般情况下，质量需要转化为用指标表示的特性，因此产品质量的好坏和高低通常是根据产品所具备的质量特性能否满足人们的需要及满足的程度来衡量的。

（1）产品质量特性

① 性能。这是指产品为满足使用目的所具备的技术特性，如手表的防水、防震、防磁、走时准确，机床的转速、功率，电视机的清晰度，钢材的化学成分、强度，布料的手感、颜色，儿童玩具的形状、造型，食品的气味等。

② 寿命。这是指产品能够正常使用的期限，如灯泡的使用小时数、开关次数，钻机或钻头进尺数，轮胎行驶里程数等。

③ 可靠性。这是指产品在规定时间内在规定的条件下，完成规定工作任务的能力。它是产品投入使用过程中表现出来的满足人们需要的程度，如电视机平均无故障工作时间，机床的精度稳定期限，材料与零件的持久性、耐用性等。

④ 安全性。这是指产品在流通、操作、使用中保证安全的程度，如电动玩具的使用电压，腐蚀产品的包装，工业产品产生的污染、噪声的程度。

⑤ 外观。这是指产品在外形方面满足需要的能力，如造型、式样、包装、油漆及电镀等。

⑥ 经济性。这是指产品从设计、制造到整个产品使用寿命周期的成本大小，具体表现为设计成本、制造成本、使用成本（如使用过程的动力能耗、维护保养）等。

产品质量是上述 6 个方面质量特性综合反映的结果。就一个产品而言，各种质量特性的重要性程度不是均等的。其中，既有关键性的、主要的特性，也有次要的特性；既有技术方面的特性，也有经济方面的特性。这就必须具体分析，区别对待，以满足人们的需求。例如，不锈钢的关键特性之一是不锈、耐腐，当然也要求有一定的强度、塑性等技术特性。人们利用不锈钢不锈的特性，制造出许多耐腐的设备和容器，以满足生产和生活要求。

（2）质量标准

衡量产品质量特性应该有一个统一的标准，主要产品质量特性的定量表现就是质量标准（或技术标准、技术规定）。一个质量标准应是量化的，要有数量界限，以此作为尺度判断质量是否合格。它的内容包括产品的技术要求、产品的试验方法与验收规则，以及产品包装、运输和保管方面的规定。质量标准是企业进行生产和质量检验、质量控制的重要技术依据。我国目前产品质量标准可分为 4 级：国际标准、国家标准、部颁（行业）标准和企业标准。在企业的生产和产品检验过程中，符合规定的质量标准才能称为合格品。

2. 质量管理

质量管理是指确定质量方针、质量目标和职责，并通过质量体系中的质量策划、质量控制、质量保证和质量改进来使其实现的全部活动。

质量管理的涉及面很广，从横向来说，包括战略计划、资源分配和其他系统活动，如质量计划、质量保证、质量控制等；从纵向来说，质量管理包括质量方针、质量目标及质量体系。具体如图 5.3 所示。

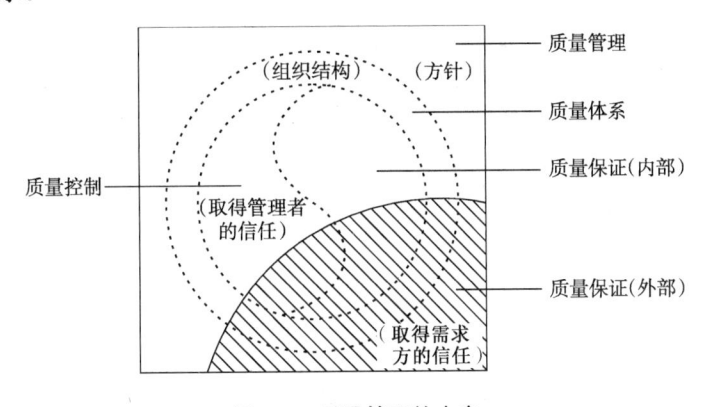

图 5.3　质量管理的内容

在图 5.3 中，正方形中第一个大虚线圈代表质量体系，包括质量控制与内部质量保证两个主要内容；第二个虚线圈内用 S 曲线分为两部分，表明在企业内部，质量控制活动与内部质量保证活动并不能一刀切地截然分开，它们的界限并不是十分明显，有时甚至会出现相互交叉的现象。曲线的形式表示二者"相互依托，相互渗透"。图中右下角与两个虚线圈都有交叉的阴影部分，表示企业的外部质量保证。这是指在合同环境下，需求方要求供应方在内部质量保证、质量控制及质量管理的其他环节上，加强质量控制措施或增加质量保证活动，以取得需求方预定的质量要求。

正方形内的虚线部分，强调了"质量管理""质量体系""质量控制""质量保证"。这些概念是一环套一环的相互关系，即质量管理除了制定质量方针之外，还需要建立质量体系。而质量体系除了建立组织结构之外，还包括质量控制和质量保证两大项内容，从而构成质量管理的一个整体。

5.4.2 质量成本

质量成本是指企业为确保达到满意的质量而导致的费用，以及没有得到满意的质量而导致的损失。

1. 质量成本的构成

（1）运行质量成本

运行质量成本是指企业为达到和确保规定的质量要求所支付的费用，包括预防成本、鉴定成本、内部损失成本和外部损失成本。预防成本是指企业为了使损失成本和鉴定成本保持在低限度而支付的费用，包括制定质量目标和计划费用、质量培训费、质量活动管理费、工序控制费、质量改进措施费、质量评审费，以及支付质量管理人员的工资和提取的职工福利基金等；鉴定成本是指企业在一次交检合格的情况下，为评定原材料、零部件和产品是否具有所规定的质量，进行试验、检验和检查所交付的费用，包括试验检验费、质量检验部门办公费、工资及福利基金、检测设备维修折旧费等；内部损失成本是指企业交货前因产品未能满足规定的质量要求所造成的损失，包括废品损失费、返修费、复检费、产品降级损失费、停工损失费、产品质量事故处理费等；外部损失成本是指企业交货后因产品不能满足客户要求或未达到规定的质量要求所造成的损失，包括索赔费、退货损失费、折价损失费、保修费等。

（2）外部质量保证成本

外部质量保证成本是指依合同要求，为向客户提供需要的客观证据所支付的费用。它包括：质量保证措施费，即应客户的特殊要求而增加的质量管理费用；品质证实试验费，即为客户提供产品质量受控依据进行质量证实试验所支付的费用；评定费，即应客户特殊要求进行产品质量认证所支付的费用。

因此，质量成本是企业生产成本和产品价值的重要组成部分。

2. 质量成本的控制

质量成本控制是对质量成本发生的全过程的控制，有以下 5 种控制标准可供选择。

（1）AQL

AQL（Acceptable Quality Level，接受质量水平）是指生产和销售的产品中的不良率，即瑕

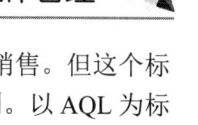

瑕疵品的占比。例如，当 AQL 为 3%时，则任一批产品的瑕疵品未超过 3%即可销售。但这个标准有其自身缺点——AQL 只反映目前的经营状况，而不具体表示质量改进计划。以 AQL 为标准，在过去的经营状况中存在的错误可能难以发现，由此会延续到未来的经营中且难以改进。在 AQL 标准下，生产出的产品未达到要求的品质时会产生损失成本，这时在损失成本和控制成本之间会产生最优平衡点。这种标准允许，或者说鼓励一定数量的瑕疵品的生产。

（2）无缺陷标准

目前许多专家赞成这种观点，无缺陷（zero defects）是全面质量管理的一种理想状态。但从实际角度看，这是一个无法完全达到的标准，因为消灭废品既没有必要，也不实际，特别是对大批量、品种繁多、流水线生产的企业更是如此。合格率越接近 100%，投资也越大，甚至会趋向无穷大。因此，需要考虑为实现无缺陷进行的投资是否能够得到无缺陷带来的经济效益的补偿。但无缺陷标准作为质量管理的重要措施，为最大限度地降低质量损失成本提供了一种更为有效的管理方法，所以目前所说的零缺陷是指健康的零缺陷，它要求生产的产品满足目标价值的要求。

（3）质量标准的量化（2.5%）

经验数据表明，总质量成本降至销售收入的 2.5%是许多厂商和专家接受的标准。企业可以通过对每个质量成本项目制定预算标准，以实现总质量成本达到销售收入 2.5%的目标。

（4）实物标准

对于生产线的管理人员和经营人员来说，参考资料品的实物计量（如每批产品中的不良率、外部质量损失的比率）可能会更有意义。用实物计量，质量标准指的是零缺陷。

（5）期间标准

对大多数企业来说，实现零缺陷是一个长期目标，与供应商的品质有着密切的联系，因为企业的外购材料是产品成本的重要组成部分。发展与供应商的合作关系、提高企业员工对提高质量必要性的认识及增强实现零缺陷目标的信心，都需要一个较长的时间，因此有必要制定年度质量标准，使管理人员可以按照期间标准对获得的进步加以评价。

5.4.3 全面质量管理

全面质量管理是指一个企业以质量为中心，以全员参加为基础，通过让客户满意和本企业所有成员及社会受益而达到长期成功的管理途径。

1. 全面质量管理的基本要求

（1）全员的质量管理

提高产品质量需要依靠企业全体员工的共同努力，以自己优异的工作质量来确保产品质量的实现。因此，全员的质量管理首先是必须提高全体员工的素质，对他们进行质量管理教育，以强化质量意识，使每个员工都树立"质量第一"的思想，保证和提高产品质量；其次，还应广泛发动员工参加质量管理活动，这是生产优质产品的质量保证。

（2）全过程的质量管理

全过程的质量管理要求把产品质量形成全过程的各个环节和有关因素控制起来，把不合格品消灭在质量的实现过程中，做到防检结合，以防为主。实行全过程的质量管理，一方面要把管理工作的重点从管理事后的产品质量转到控制事前的生产过程质量上来，在设计和制造过程的管理上下功夫，在生产过程的一切环节加强质量管理，以确保生产过程的质量良好，消除产生不合格品的种种隐患，做到防患于未然；另一方面，要以客户为中心，逐步建立一个从市场调查、设计、制造到销售使用的全过程能够稳定地生产合格产品的质量体系。

（3）全企业的质量管理

全企业的质量管理，一是要求企业各管理层都有明确的质量管理内容：上层管理侧重质量决策，制定企业的质量方针、质量目标、质量政策和质量计划，并统一组织、协调企业各部门、各环节、各类人员的质量管理活动，以保证实现企业的经营目标；中层管理侧重贯彻落实上层管理的质量决策，更好地落实各自的质量职能，并对基层进行具体的管理；基层管理则要求每个员工要严格地按标准、按规程进行生产，相互间进行分工合作，并结合本职工作做出合理化建议和开展质量管理小组活动，以便不断地改善工作。二是必须把分散到企业各部门的质量职能充分发挥出来。但由于各部门的职责和作用不同，质量管理的内容也不一样，因此为了有效地进行全面质量管理，必须加强对各部门的组织协调。

（4）多方法的质量管理

影响产品质量的因素很多，要把诸多因素系统地控制起来并全面管理好，就必须根据不同的情况，区别不同的因素，广泛、灵活地运用多种多样的、先进的科学技术方法和现代化的管理方法来解决质量问题。

2. 全面质量管理的基本工作程序——PDCA 管理循环

（1）认识 PDCA 管理循环

PDCA 是 Plan（计划）、Do（执行）、Check（检查）、Action（处理），反映了质量管理工作必须经过的 4 个阶段。在质量管理中，通常把 PDCA 管理循环进一步具体化为 8 个步骤。

第一阶段　计划阶段。

① 分析现状，找出存在的质量问题。

② 分析产生问题的各种原因或影响因素。

③ 找出影响质量的主要因素。

④ 针对影响质量的主要因素制定措施，提出行动计划，并预计执行效果。

第二阶段　执行阶段。

⑤ 执行措施和计划。

第三阶段　检查阶段。

⑥ 调查执行措施和计划的效果。

第四阶段　处理阶段。

⑦ 总结成功经验和失败的教训。

⑧ 提出尚未解决的问题。

（2）PDCA 管理循环的特点

PDCA 管理循环不停地运转——原有的质量问题解决了，又会产生新的问题，问题不断产生又不断解决，如此循环不止。这不仅是管理循环不断前进的过程，也是全面质量管理工作必须坚持的科学方法。

① PDCA 管理循环是大环套小环，一环扣一环，小环保大环，推动大循环，如图 5.4 所示。PDCA 管理循环可用于企业各个环节、各方面的质量管理工作，通过 PDCA 管理循环使企业各

个环节、各方面的管理有机结合、互相促进，形成一个整体。整个企业的质量管理体系构成一个大的 PDCA 管理循环，而各部门、各级单位又都有各自的 PDCA 管理循环，依次又有更小的 PDCA 管理循环，从而形成一个大环套小环的综合管理体系。上一级的 PDCA 管理循环是下一级 PDCA 管理循环的根据，下一级 PDCA 管理循环又是上一级 PDCA 管理循环的具体保证。通过大小 PDCA 管理循环不停地转动，就把企业各个环节、各项工作有机地组织成统一的质量保证体系，实现总的质量目标。

② PDCA 管理循环每转动一次就提高一步，如图 5.5 所示。PDCA 管理循环是阶梯式上升的，如同爬楼梯一样，4 个阶段周而复始地循环，每循环一次，转动一圈，就前进一步，上升到一个新的高度，成为新的内容和目标。这样循环往复，质量问题不断解决，工作质量、管理水平和产品质量就能不断提高。

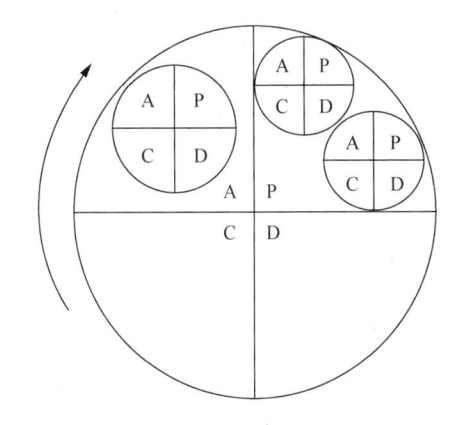

图 5.4　PDCA 管理循环的特点：大环套小环　　图 5.5　PDCA 管理循环的特点：阶梯式上升

③ PDCA 管理循环是综合性的循环。

5.4.4　质量认证与质量管理体系

1. 质量认证

（1）认识质量认证

质量认证是国际上通行的管理产品质量的有效方法，是指第三方依据程序对产品、过程或服务符合规定的要求给予的书面保证。

（2）质量认证的特点

① 质量认证的对象是产品和质量体系（过程或服务）。前者称为产品认证，后者称为体系认证。产品认证又可分为安全认证和合格认证两种：安全认证是依据强制性标准实行的强制认证；合格认证是依据产品技术规范等推荐性标准实行的自愿认证。

② 认证工作的基础是标准。认证是以标准或技术规范为准则的。认证的基础是标准，没有标准就不能进行认证。标准包括基础标准、产品标准、试验方法标准、检验方法标准、安全和环境保护标准及管理标准等。ISO 9000 质量管理体系，是认证中对供方质量体系做出评价的国际性标准，供各国及国际认证选择使用。

③ 质量认证活动是由第三方进行的。质量认证的最大特点是第三方进行的活动。所谓第三

方,是指独立于第一方(制造商、卖方、供方)和第二方(用户、买方、需方)之外的一方。第三方和第一方、第二方之间应没有直接的经济利益关系,以体现公正性和客观性。

④ 认证合格的证明方式可以采用合格证书和认证标志。产品经过检查符合规定要求后,这一信息要通过认证合格证书和认证标志来传递给各有关方面。认证证书和认证标志通常由第三方认证机构办理及规定。世界上第一个认证标志是 1903 年英国工程标准委员会创建的用于证明符合 BS(英国标准)要求的标志,因其形状像风筝,也称风筝标志。我国现在使用的"方圆标志""长城标志""PRC 标志"都是产品质量认证合格的标志。需要说明的是,单独进行质量体系认证合格的企、事业单位,只发认证合格证书,产品上不做合格标记。

2. ISO 9000 质量管理体系

(1)简介

ISO 的全称是 International Organization for Standardization,即国际标准化组织。ISO 9000 系列标准是各国质量管理与标准化专家在先进的国际标准的基础上,对科学管理实践的总结和提高。它对产品质量的检验、对生产企业的质量管理和生产过程的评审做出了详细的阐述与具体的规定,既系统、全面、完善,又简明、扼要,为保证企业产品质量和建立、健全质量体系提供了有力的指导。在国际市场上,ISO 9000 体系既是评估产品质量和合格质量体系的基础,也是许多国家的第三方质量体系认证注册计划的基础。

(2)ISO 9000 体系的核心标准

① ISO 9000-1《质量管理和质量保证标准第一部分:选择和使用指南》。这是一个指导性标准,主要阐述 ISO/TC 176 所制定的质量管理和质量保证标准中所包含的与质量有关的基本概念,即对主要质量目标和质量职责、受益者及期望值、质量体系要求和产品要求的区别、通用产品类别和质量概念等问题明确解释,同时提供关于这些标准的选择和使用的原则、程序和方法。

② ISO 9001《质量体系——设计、生产、安装和服务的质量保证模式》。它主要阐述了从产品设计、开发开始,直至售后服务的全过程的质量保证要求,用以保证从设计到服务各个阶段都符合规定的要求,防止出现不合格的情况。它满足了客户对供方企业的要求,即企业提供的质量体系从合同评审、设计到售后服务都具有严格控制的能力。标准规定要对设计过程制定严格的控制和检验程序,并原则性地阐明了有关工作的重点内容、可采用的方法和相应的要求。

③ ISO 9002《质量体系——生产、安装和服务的质量保证模式》。它主要阐述了从产品采购开始到产品交付的生产过程的质量保证,用以保证在生产、安装阶段符合规定的要求,防止及发现在生产过程中出现的任何不合格现象,并能及时采取措施避免不合格现象的重复发生。这个标准强调以预防为主,要求把对生产过程的控制和对产品的最终检验结合起来。

④ ISO 9003《质量体系最终检验和试验的质量保证模式》。它主要阐述了从产品最终检验至成品交付的成品检验和试验的质量保证要求,用以保证产品在最终检验阶段符合规定的要求。这个标准强调检验把关,要求供方企业建立一套完整的检验系统,包括对人员、检验的程序及设备等都能进行严格的控制。

⑤ ISO 9004-1《质量管理和质量体系要素第一部分:指南》。这是一个基础性的标准。它阐明了企业建立、健全质量体系的组织结构、程序、过程和资源等方面的内容,为产品质量形成各阶段的技术、管理和人员等因素的控制提供了全面的指导。该标准从企业质量管理的需要出发,阐述了质量体系原理和建立质量体系的原则,提出了企业建立质量体系一般应包括的基本要素。

应用案例

日产汽车公司的生产计划系统

日产汽车公司的整个计划系统由内销产品中期生产计划和出口产品生产计划构成。下面就内销产品中期生产计划做出说明，如图5.6所示。

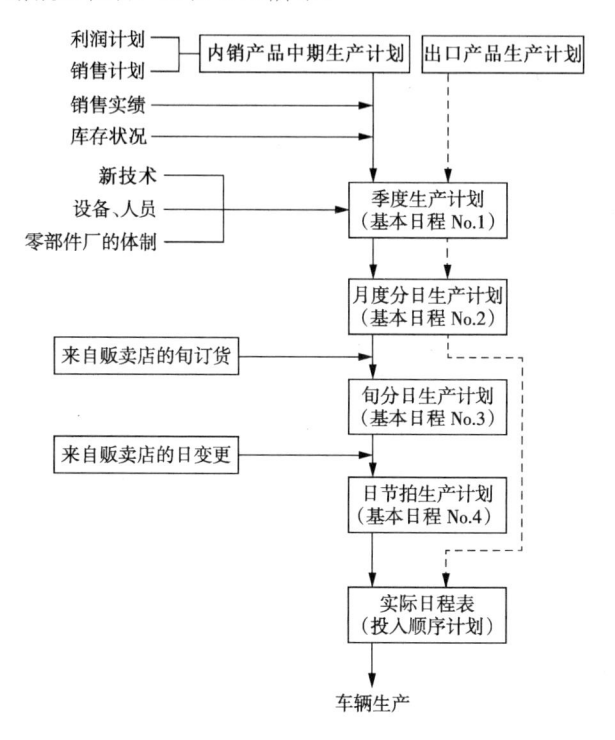

图5.6 日产汽车公司的内销产品中期生产计划系统

首先，所谓的内销产品中期生产计划，就是一年或半年的生产计划。例如，生产"蓝鸟"的总量计划按照公司的利润计划和销售计划编制。

为了制订销售计划，销售预测就成了基础。

接着是季度生产计划。这也是工厂（日产汽车公司）方面在把握销售实绩和库存状况的同时，考虑到新技术、设备、人员、零部件厂的体制，以滚动的方式每月编制并修订的，也叫作基本日程No.1。作为季度生产计划的输入数据，还加上了来自销售商的预测订货（销售计划）。因为这个订货不是确定的，所以每月要进行修正；确定的订货，会在后面讲的"旬订货"中出现。

另外，生产不一定只按与当月预计销售量平衡的数量进行。例如，虽然汽车畅销的月份是3月（年度末的人事调动时期）和7月（发奖月），但是在它们的前一个月，除当月的预计销售量外，还必须生产用于下月销售的库存车。这种政策性库存也编入季度生产计划中。

将季度生产计划中最初一个月的生产计划除以该月的劳动天数就是月度分日生产计划（基本日程No.2）。例如，根据一天生产多少辆"蓝鸟"这样的总分配额计划决定勤务体制。这就决定了人工（以总作业时间得来的工作量为单位。一个人工是指一个人在一天规定的作业时间里的完成量）总数（总工时）和加班体制，再把劳动人员分配到各工作日中去。这个计划一经确定，在当月就不能改变，因为要保证季度生产计划中的总量数。

以上3个生产计划主要是以日产汽车公司方面的预测信息为基础的计划。

在下一个步骤中，是来自贩卖店（销售商）的旬订货信息。这就是来自贩卖店的旬计划，包括车颜色在内的最终规格（最后项目）的信息也在其中，同时包含了贩卖店的销售预测和实际订货。

如前所述，这个旬订货对季度预测（未确定）订货具有修正的意义，与月度分日生产计划和旬分日生产计划没有太大的出入。

根据旬订货制定旬分日生产计划（基本日程No.3）。

然后，是来自贩卖店的日变更信息。这就是每天来自贩卖店的日订货，用于修正前面的旬订货数据。对于旬订货，一般车种可以变更20%~50%。但是，也有可以无限制变更的车种。这一点与丰田汽车公司的生产方式相比，可以说具有更能够反映销售市场上客户的实际订货情况和更接近于订货生产的优点。如果在发出日变更，则要在该规格的汽车下线4天之前。

按照这个日变更信息，日产汽车公司方面制订日节拍生产计划（基本日程No.4）。针对这个日节拍生产计划，根据物料需求计划每天向零部件厂订货。这一点可能是日产汽车公司的内销产品中期生产计划系统与丰田汽车公司的最大不同之处。

最后，每天为装配生产线编制被称为实际日程表的车种投入顺序计划。

此外，对于出口产品生产计划，如图5.6中虚线标明的那样，没有旬分日生产计划和日节拍生产计划，从月度分日生产计划直接跳到投入顺序计划是它的特点。

问题讨论

① 日产汽车公司的生产计划过程是怎样不断地吸收来自销售商的预测和订货信息的？这样做的优点是什么？可能给生产计划的编制和实施造成的困难是什么？

② 日产汽车公司的生产计划系统中，哪些计划属于综合生产计划范畴？哪些计划属于主生产计划范畴？又有哪些计划属于物料需求计划范畴？请在图5.6中标出它们的界限。

边学边做

质量管理模拟

1. 模拟背景

黎明塑胶厂共有员工2 000人。为了提高产品质量，该厂推行全面质量管理，并开展专项质量文化活动。经理要求相关的管理人员除了要了解质量控制方法与简单的统计方法，还要了解其他的管理技术；对员工的培训包括一般管理方法。该活动的主要目标如下。

（1）质量保证

① 不良工程减少。

② 疏忽错误减少。

③ 初期不合格品减少。

④ 退货减少。

⑤ 投诉抱怨减少。

⑥ 质量提高。

⑦ 生产过程稳定。

（2）降低成本

① 削减人员。

② 提高材料的有效使用率。

③ 提高操作效率。

④ 节约经费。

2. 模拟要求

就模拟背景给出的活动目标和内容，让学生查阅相关资料，结合工厂经营实际制订一个较为具体的质量控制活动计划。

3. 模拟效果

① 认识质量管理对企业的重要意义。
② 学习质量控制工作的内容。
③ 学习质量成本的构成。
④ 了解质量保证的具体方法。

情境综述

在学习情境 5 中，我们学习了：

① 生产运作计划的构成和制订。
② 库存管理的意义和具体策略。
③ 供应链管理的要点。
④ 质量管理、质量认证和质量管理体系。

学习情境 6

市场营销管理

优秀的企业满足需求，杰出的企业创造市场。

——菲利浦·科特勒

情境导入

2月，经过一个月的锻炼，小李熟悉了企业的生产运作过程。春节到了，集团的产品销售业务异常繁忙，小李被安排到营销部实习。小李不仅要进行产品的营销工作，每天还要与客户打交道，以建立起良好的客户关系。

学习目标

通过本学习情境的学习，能够熟悉企业市场营销活动的流程，掌握市场营销活动的内容和方法，具备一定的市场调研、市场分析和运用市场营销组合策略的能力。

情境任务

1. 市场调研。
2. 市场环境分析。
3. 选择目标市场。
4. 市场营销策略。

学习建议

1. 对学校周边开设的某家餐厅进行 SWOT 分析。
2. 实地调研当地某家企业的市场营销组合策略。

学习情境 6　市场营销管理

情境任务 6.1　市场调研

引导案例

现代生活节奏的加快，使越来越多的人喜欢到乡村旅游，因此很多特色乡村开发了乡村旅游。浙江省是全国最早发展乡村旅游的省份，在"千村整治、万村示范"和"美丽乡村"等重大项目的推动下，从浙北的水乡古镇到浙南的田园村落，从浙西的秀山丽水到浙东的海岛渔家，乡村旅游蓬勃发展，百花齐放。

在浙江省的北部，有个被誉为"都市后花园"的地方——安吉。这里拥有竹海、山海、花海等丰富的旅游资源，是美丽乡村的发源地。近年来，安吉一直大力发展乡村旅游：一方面，通过建立乡村旅游示范村，发展旅游项目，把乡村建设与旅游产业、旅游产品融合在一起；另一方面，把依托产业发展乡村旅游的村屯，称为乡村旅游示范村。尚书圩村就是这样的典型案例。

现在，尚书圩村不再是原来环境脏、乱、差的穷困村落，而是一个生态示范村。这个古老村落随着美丽乡村建设而翩翩起舞，村集体年收入达几十万元。村里环境变得整洁，空气开始清新，文化氛围愈发浓厚。乡村旅游既为农民带来了美好的生活，也为在城市生活的人带来了假日的放松和愉悦。

资料来源：兰苓，刘志敏．市场营销原理与实务[M]．北京：国家开放大学出版社，2021．

思考：请用营销相关理论分析浙江农村乡村旅游火爆的原因。

市场营销调研是企业搜集、整理和分析各种营销信息，为企业经营管理活动提供决策依据的一种活动。

6.1.1　市场调研的内容

1. 市场需求调研

（1）产品需求量调研

了解企业所在地区的需求总量、已满足的需求量和潜在的需求量；了解本企业市场销售量在市场产品销售总量中所占的比重，即本企业的市场占有率；了解开拓地区市场的可能性。

（2）需求结构调研

了解总量结构；了解每类产品的品种、花色、规格、质量、价格、数量等具体结构；了解市场和产品细分的动向；了解引起需求变化的因素和影响程度；了解城乡需求变化的特点；了解开拓新消费领域的可能性，等等。

（3）需求时间调研

了解消费者需求的季节、月份、具体的购买时间；了解需求时间内的品种和数量结构。

情境链接

市场需求总量及结构的调研是综合性调研，通常由国家相应的经济管理部门组织进行，企业可间接利用调查资料。而对各类具体商品的数量、质量、品种、规格、需求时间、满足程度的调研,是企业市场需求调研的重要内容。为了准确把握消费者的需求情况,需要对人口构成、家庭、职业与教育、收入、购买心理、购买行为等内容进行调查分析。

2. 市场营销环境调研

(1)宏观市场环境调研

宏观市场环境是指对企业市场营销活动影响较大的社会性因素,包括人口、经济、自然地理、科学技术、政治、法律、社会文化等因素。

(2)微观市场环境调研

微观市场环境是指与企业紧密联系,直接影响和制约企业市场营销活动的各种参与者,包括企业、供应商、营销中介、客户、竞争对手和公众。

3. 市场营销实务调研

(1)产品调研

产品调研的内容一般包括对新产品的设计、开发和试验的调研,现有产品改进的调研,产品销售前景预测的调研,产品售后服务的调研,产品的包装、款式和品牌个性的调研等。

此外,还有一个很重要的方面是了解产品的作用,如果企业的产品是用来吃的,就应强调产品的美味和营养丰富,而如果过多地强调产品的包装漂亮,则消费者未必感兴趣。

实例分析 6-1

有一家可乐公司推出了一种产品,叫维C可乐。这家企业是这么定位这个产品的:因为可乐是没有营养的,只是一种碳酸饮料,所以推出一种有营养的可乐。这个产品能不能畅销呢?不能!通常消费者喝可乐就是为了一个字——爽,如果消费者想喝有营养的饮料,那么可以去喝果汁。因此,维C可乐推出后,要喝可乐的人觉得这个可乐不正宗,要喝果汁的人觉得这是可乐没有营养,最后的结果就是可乐的消费者没有抓住,而营养饮料的消费者也没有抓住。

总之,企业在进行产品调研时,一定要弄清楚消费者买企业的产品究竟是为了什么。

资料来源:诸新强. 如何进行低成本营销[M]. 北京:北京大学出版社,2006.

(2)价格调研

价格调研的内容一般包括市场供求情况及其变化趋势的调研、影响价格变化的各种因素(如产品成本、市场状况)的调研、替代品价格的调研、新产品定价策略的调研等。

(3)渠道调研

渠道调研的内容一般包括对中间商的调研、对影响销售渠道选择各个因素的调研等。

(4)促销调研

促销调研的内容一般包括促销手段的调研、促销策略的可行性调研等。

(5)服务调研

服务调研分为售前、售中和售后服务的调研,在调研时应了解消费者对服务需求的具体内容和形式;了解企业目前所提供服务的网点数量、质量能否满足消费者的需求,消费者对目前服务的意见反馈如何;调查了解竞争对手提供的服务内容、形式和质量,等等。

6.1.2 市场调研的方法

1. 直接调查

直接调查是通过实地调查搜集第一手资料的调研方法。

（1）访问法

访问法是被广泛采用的一种直接调查方法。它通过询问的方式向被调查者了解、搜集市场资料——既可以在备有问卷的情况下进行，也可以在没有问卷的情况下进行。访问法具体包括面谈调查法、邮寄调查法、电话调查法、留置调查法和网上调查法。

① 面谈调查法。这是调查人员通过与被调查者直接面谈询问有关问题的调查方法。在实践中，只有当需要通过深入面谈才能了解到消费者的需求，或者调查询问的内容多且复杂时，才适合采取面谈调查法。

② 邮寄调查法。这是将事先拟定好的调查问卷邮寄给被调查者，由被调查者根据要求填写后寄回给调查人员的一种调查方法。采用邮寄调查法，要特别注意调查问卷内容的设计。

③ 电话调查法。这是调查人员借助电话工具向被调查者询问、了解意见和看法的一种调查方法。电话调查因通话时间不能太长，所以询问时大多采用两项选择法。此外，要注意电话礼仪，包括积极的态度、语气，要对主题充满兴趣，说话速度不可太快，要有礼貌，依问卷进行，不可抢答或不容被调查者作答等。

④ 留置调查法。这是调查人员将调查问卷当面交给被调查者，说明填写要求并留下问卷，让被调查者自行填写，再由调查人员定期收回的一种调查方法。

⑤ 网上调查法。这是借助互联网络、计算机通信技术等实现的一种调查方法。

（2）观察法

观察法是通过观察被调查者的活动以取得第一手资料的一种调查方法。在这种方法下，调查人员和被调查者不发生接触，由调查人员直接或借助工具把被调查者的活动按实际情况记录下来。由于被调查者往往是在不知情的情况下接受调查的，处于一种自然状态，所以取得的资料不仅更能反映实际情况，而且不受调查人员等外界因素的影响。在被调查者不愿意用语言表达的情况下，可以通过观察其实际行为而获得第一手资料。当然，现场观察、记录的往往只限于表面的东西，消费者的动机、态度等是无法通过观察获得的。在某些情况下，当被调查者意识到自己被观察时，可能会有不正常的表现，从而导致调查结果失真。如果对一些不常发生的行为或持续时间较长的事物进行观察，则花费时间较长、成本很高。由于调查人员需要身临其境进行观察，所以要求观察人员具有良好的记忆力、敏锐的观察力、判断能力和丰富的经验，把握观察法的要领。

（3）实验法

实验法是通过实验对比来取得第一手资料的调查方法。实验法通常是由市场调查人员在给定的条件下，对市场经济活动的某些内容和变化加以实际验证，来衡量影响效果。例如，为了验证改变产品包装的经济效果，就可运用实验法，在选定的地区和时间内进行小规模的试验性销售，以测试、了解市场反应情况，然后根据测试的初步结果再考虑是否进行推广，以及推广的规模多大。这样做有利于提高工作的预见性，减少盲目性，能够比较清楚地了解事物发展的因果关系，是访问法和观察法不易做到的。因此，在条件允许的情况下，企业在改变产品包装、改变产品品质、调整产品价格、推出新产品、改变广告形式和广告内容时，都可以采用这种方法。

2. 间接调查

间接调查又称文案调查，是从各种文献资料中搜集信息资料的方法。一般来说，企业进行的大量调研都可以首先运用间接调查来满足对信息的需求。间接调查方式下的优点：调查人员只需要花费较少的时间和费用就可以获得有用的信息资料；不受时间和空间的限制，资料搜集的范围广，通过对文献资料的搜集和分析，就可以获得有价值的历史资料；不受调查人员和被调查者主观因素的干扰，反映的信息内容更为真实、客观。间接调查的缺点：文献资料是历史的记载，随着时间的推移和环境的变化，这些资料难免会过时；文献资料中所记载的内容，大多数情况下很难与调查人员从事的调查活动一致，需要进一步加工处理，这就限制了利用率。因此，对文献资料的搜集必须根据调研目的，从繁杂的文献资料中识别、归纳出有价值的信息资料，减少资料搜集的盲目性。

6.1.3 市场调研的步骤

1. 明确调查目的

明确调查目的是进行市场调查时首先要解决的问题，即明确为什么进行调查、通过调查要了解哪些问题、调查的具体途径是什么。在市场营销实践中，市场调查工作涉及面很宽，提出的问题也比较笼统、不明确。例如，某企业在经营过程中出现产品销售额持续下降的现象，就需要分析原因：是产品货源不足，还是产品结构不合理；是服务质量下降，还是消费者购买力发生转移；是企业资金不足，周转缓慢，还是企业促销不利。对这些问题，需要有一个初步的调查过程，找出问题产生的主要原因，再对主要问题进行进一步深入细致的调查。

在初步调查过程中，首先要对市场的基本情况进行分析，即调查人员对所掌握的有关资料，如企业业务活动记录、统计报表、会计报表、产品质量、消费者的消费习惯、流通渠道情况及同类新产品情况等进行认真的分析研究，掌握因果关系；其次，要进行某些非正式调查，如访问有经验的专业人员，听取他们对市场问题的分析；最后，确定市场调查的范围，使调查目标更明确。

2. 制订实施计划

① 确定调查项目。这是指确定通过调查想取得什么样的资料。这取决于调查目的和调查目标。

② 确定调查方法。这是指取得资料的方法，包括在什么地点、找什么人、用什么方法进行调查。

③ 确定调查地点。首先，要从市场调查的范围出发，如果是调查一个城市的市场情况，则还要考虑是在一个区调查还是在几个区调查；其次，考虑调查对象的居住地点，是平均分布在不同地区，还是可以集中在某些地区。

④ 确定调查对象。这是指确定调查对象应具备的条件，如性别、文化水平、收入水平、职业等因素，从而选择出符合条件的市场调查对象及样本数目。

⑤ 确定调查人员。这是指确定参加调查人员的条件和人数，包括对调查人员的必要培训。

由于调查对象的思想认识、文化水平差异较大，因此调查人员必须具备一定的思想水平、工作能力和业务技术水平。首先，要具备一定的文化基础知识，能够正确理解调查提纲、表格、问卷内容,以比较准确地记录调查对象所反映出来的实际情况和内容,并做一些简单的数学运算和初步的统计分析;其次,要具备一定的市场学、管理学、经济学方面的知识,对调查过程中涉及的专业性概念、术语、指标有正确的理解;再次,要具备一定的社会经验,要有文明的举止、大方开朗的性格,善于与不同类型的人打交道;最后,要有严肃、认真、踏实的工作态度,因为调查工作不仅任务复杂、繁忙,而且单调枯燥,如果缺少敬业精神,那么取得的资料将会与实际情况产生很大的偏差,从而导致可信度低,致使调查工作失败。

⑥ 确定调查费用。
⑦ 确定工作进度日程和工作进度的监督检查。
⑧ 调查人员的工作考核。

3. 整理、分析资料

市场调查获得的资料,大多数是分散、零乱的,有时还会出现虚假、差错,甚至是调查人员的偏见,所以必须对资料进行整理、分类和分析。

4. 撰写市场调查报告

市场调查报告是以科学的方法对市场的供求关系、购销状况及消费情况等进行深入细致地调查研究后所写成的书面报告。其作用在于帮助企业了解掌握市场的现状和趋势,增强企业在市场经济大潮中的应变能力和竞争能力,从而有效地促进经营管理水平的提高。

市场调查报告的结构一般有标题、目录、概述、正文、结论与建议、附件等几部分。

情境任务 6.2 市场营销环境分析

引导案例

20世纪初,福特汽车公司生产出了大多数人买得起的汽车,既推动了美国汽车制造业的发展,也为自己带来了巨大的财富和世界性的声誉。到了20世纪20年代,当美国人开始注意汽车的款式和式样时,福特汽车公司仍然只生产一种款式、一种颜色的汽车,即黑色的4型车,结果市场优胜者的位置被通用汽车公司夺去。到了20世纪50年代,当消费者注意经济性要求而购买省油的汽车时,通用公司却继续生产大型汽车,结果更省油的德国汽车和日本汽车乘机占领了美国市场。

资料来源:劳动法宝网.

思考:福特、通用等汽车公司的经历说明了什么?

市场营销环境是指影响企业市场营销活动和营销目标实现的各种因素与条件。

6.2.1 市场营销环境的构成

一个企业的市场营销环境分为3个层次:第一个层次是企业自身;第二个层次是企业所处的微观环境,包括营销中介、供应商、客户、竞争对手、公众;第三个层次是企业所处的宏观环境,包括一个国家或地区的政治、法律环境,经济环境,社会文化环境,自然地理环境,人口环境，科学技术环境等因素。市场营销环境的构成具体如图6.1所示。

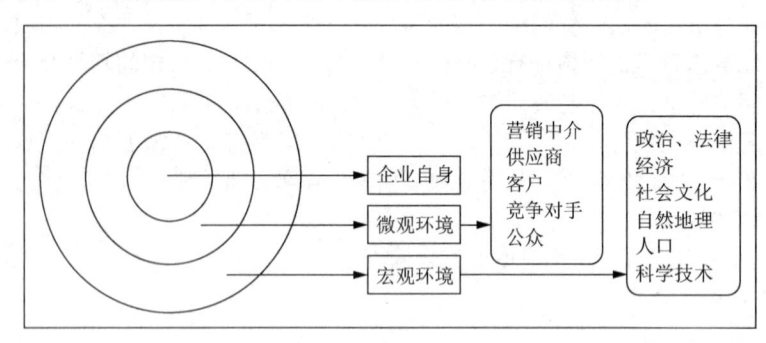

图 6.1 市场营销环境的构成

1. 宏观环境

（1）政治、法律环境

① 政治环境是企业从事市场营销活动的外部政治形势，如政策、方针、政治权力、政治冲突等。在政治环境中，企业除要考虑来自国内外政府的权力制约外，还要注意群众团体对企业市场营销活动的影响。

② 法律环境是指国家制定、颁布的各项法律、行政法规等，如《中华人民共和国商标法》《中华人民共和国专利法》《中华人民共和国反不正当竞争法》《中华人民共和国消费者权益保护法》《中华人民共和国产品质量法》《中华人民共和国公司法》等法律。法律环境对市场消费需求的形成和实现具有一定的调节作用；对企业的市场营销活动而言，法律环境既规范了企业行为，又保护了企业的合法权益。

（2）经济环境

① 经济发展阶段。在经济发展的不同阶段，企业的市场营销活动会有所不同。对于消费品市场来说，在经济发展阶段高的国家，如美国、日本等国家，由于产品的基本性能大同小异，因此企业的市场营销活动更强调产品的款式、特色，为此进行大量的广告宣传及促销活动，非价格竞争比价格竞争更占优势；在经济发展阶段低的国家，企业的市场营销活动比较侧重产品的基本功能及实用性，价格竞争占有一定的优势。

② 经济收入。一个国家或地区市场容量的大小，除了取决于人口的多少，还取决于消费者购买力的大小，而消费者的需求能否得到满足，也取决于消费者经济收入的多少。

③ 储蓄与信贷状况。消费者的储蓄与信贷状况直接影响消费者不同时期的货币持有，进而影响消费者购买力的大小。

此外，对经济环境进行分析，还需要考虑几项因素的影响：城市化水平、商品化水平、劳务社会化水平、食物价格指数与消费品价格指数变动是否一致等。

情境链接

根据美国学者罗斯顿的经济成长阶段理论，世界各国的经济发展可以分为5种类型：
① 传统经济社会。
② 经济起飞前的准备阶段。
③ 经济起飞阶段。

④ 迈向经济成熟阶段。
⑤ 大量消费阶段。
处于前3个阶段的国家称为发展中国家,处于后两个阶段的国家称为发达国家。

(3) 社会文化环境

① 宗教信仰。宗教作为历史的产物,对人们的态度、价值观及生活方式有重大的影响。研究宗教对市场营销活动的影响,首先要了解宗教的分布状况;其次要了解宗教的要求与禁忌;最后要了解宗教组织与宗教派别对企业市场营销活动的影响。

② 风俗习惯。文化是影响人们欲望和行为的一个重要因素,特定的文化会形成世代相传的风俗习惯。文化背景的差异也会导致商业习惯的不同。例如,在与日本人洽谈生意时,要注意礼节,不能随便开玩笑;与阿拉伯国家的人做生意,正式谈判之前要花大量时间闲谈聊天,这在西方人的眼里纯粹是浪费时间,但在阿拉伯国家的人的习惯里却是正常和应该的。

③ 价值观念。价值观念涉及面较广,对企业市场营销影响深刻,是社会文化环境中最难准确认识的一个方面。例如,一款独具匠心的新产品在美国会受到普遍欢迎,但是在德国,消费者比较保守,并不过分追求标新立异,而是特别重视品牌、信誉好的产品。

④ 道德规范。道德既是一种社会意识形态,也是社会调整人们之间及个人和社会之间关系的行为规范的总和。道德规范对人们的消费行为有着重要影响,不同的道德规范不仅决定了人们不同的交往行为,而且决定了不同的家庭模式和消费模式,还决定了不同的婚姻习俗。

⑤ 审美观念。人们在市场上挑选、购买产品的过程,实际上就是一次审美活动。它是由消费者的审美观念支配的,这种审美观念从表面上看纯属个人行为,实质上却反映了一个时代、一个社会人们共同的审美观念和审美趋势。

实例分析 6-2

中国在改革开放初期,引起了西方发达国家的兴趣,欧洲国家的电器制造商先后派人到中国进行市场考察。得出的结论是:由于中国居民收入很低,因此在5~7年的时间内,无法形成消费市场。与此同时,日本的家电企业也派人来调查。得出的结论是:虽然中国现在的职工年平均工资只有644元,但东方国家的家庭向来有储蓄的习惯,并且东方国家为了一个家庭认同的目标可以将省吃俭用的精神发挥到极致。这是欧洲人很难理解的。因此,日本家电企业认为中国人有购买力,估计最迟到1985年,中国市场的家电消费高潮就会到来。于是,日本家电企业积极进行适合中国市场的家电产品开发。到了1983年,中国的家电消费高潮出现,比日本企业的估计早了两年。到了1985年,中国进口的家电产品达到700万件,其中日本企业的产品占23.6%。

资料来源:高海晨. 企业管理[M]. 2版. 北京:高等教育出版社,2009.

(4) 自然地理环境

自然地理环境是指影响企业生产经营活动的地理、气候、自然资源等客观因素。目前,自然环境有3个发展趋势:

① 资源短缺或即将短缺。
② 污染日益严重。
③ 政府对自然资源的管理及有力干预。

(5) 人口环境

因为人是直接的消费者,所以人口环境很重要。对人口环境的分析包括人口数量及变化趋势、人口地理分布、人口结构、收入状况等。例如，人口数量直接决定市场潜力，人口越多，市场规模越大。根据第七次全国人口普查数据显示，我国总人口为 14.43 亿人，说明我国市场规模巨大。再如，从人口的年龄结构来看，根据第七次全国人口普查数据显示，65 岁及以上人口为 1.91 亿人，占全国总人口的 13.50%，与第六次全国人口普查相比上升了 4.63 个百分点，意味着老年人市场需求增加。

（6）科学技术环境

科学技术环境不仅影响企业的生产经营，而且与其他环境因素相互依赖、相互作用。企业要密切注意科技技术环境的发展变化，了解其对企业市场营销活动的影响，以便及时采取适当的措施。

① 新技术的发展与运用促进了新行业的产生。
② 新技术有利于增强企业的综合实力。
③ 新技术加快了产品的升级换代，使产品生命周期缩短。
④ 新技术可以改变零售商业结构和消费者偏好。
⑤ 新技术的发展可以缓解全球能源短缺的现状。
⑥ 新技术在一定程度上可以改变人们的价值观念和伦理观念。

2. 微观环境

（1）营销中介

营销中介是为企业融通资金，销售产品给最终购买者，提供各种有利于市场营销服务的机构，包括中间商、实体分配公司、营销服务机构（调研公司、广告公司、咨询公司）、金融中介机构（银行、信托公司、保险公司）等。它们是企业进行市场营销活动不可缺少的中间环节，企业的市场营销活动需要它们的协助才能顺利进行，如生产集中和消费分散的矛盾需要中间商的分销予以解决、广告策划需要与广告公司合作等。

① 中间商。中间商是协助企业寻找客户，或者直接与客户进行交易的组织或个人，包括代理中间商和经销中间商。代理中间商包括代理商、经纪人和生产商代表，它们不拥有产品所有权，只是专门介绍客户或与客户洽谈、签订合同；经销中间商购买产品并拥有产品所有权，主要有批发商和零售商。

中间商与企业关系密切，关系到企业的销售量能不能增加。现在很多企业都对中间商进行培训，目的就是提升中间商的能力，中间商能力强了，企业的生意才好做。

② 实体分配公司。这主要是指协助生产企业储存产品，并将产品从原产地运往销售目的地的仓储物流公司。实体分配包括包装、运输、仓储、装卸、搬运、库存控制和订单处理等，其基本功能是调节生产和消费之间的矛盾，弥合产销时空上的分离，以便适时、适地和适量地将产品提供给客户。

③ 营销服务机构。这主要是指为生产企业提供市场调研、市场定位、促销产品、市场营销咨询等营销服务方面的机构，包括市场调研公司、广告公司、传媒机构及市场营销咨询公司等。

④ 金融中介机构。这主要包括银行、信贷公司、保险公司及其他对货物购销提供融资或保险的各种金融机构。

（2）供应商

供应商是指为企业及其竞争对手提供生产经营所需资源的企业或个人。供应商所提供的资源主要包括原材料、零部件、设备、能源、劳务、资金及其他用品等。

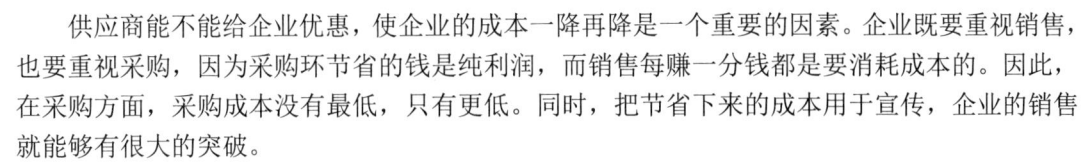

供应商能不能给企业优惠,使企业的成本一降再降是一个重要的因素。企业既要重视销售,也要重视采购,因为采购环节省的钱是纯利润,而销售每赚一分钱都是要消耗成本的。因此,在采购方面,采购成本没有最低,只有更低。同时,把节省下来的成本用于宣传,企业的销售就能够有很大的突破。

(3) 客户

客户是企业产品与服务的直接购买者或使用者的总称。客户既是企业服务的对象,也是市场营销活动的出发点和归宿,是企业最重要的环境因素。

(4) 竞争对手

竞争对手是指与企业存在利益争夺关系的其他经济主体。企业的市场营销活动常常受到各种竞争对手的包围和制约,因此企业必须识别各种不同的竞争对手,并采取不同的竞争对策。竞争对手主要有4种类型。

① 愿望竞争对手。这是指提供不同产品、满足不同消费欲望的竞争对手。

② 一般竞争对手。这是指满足同一消费欲望的不同产品的竞争对手,是客户在决定需要的类型之后出现的次一级竞争,也称平行竞争。

③ 产品形式竞争对手。这是指满足同一消费欲望的同类产品、不同产品形式之间的竞争对手。

④ 品牌竞争对手。这是指满足同一消费欲望的同种产品形式但不同品牌的竞争对手。

(5) 公众

公众是指对企业实现市场营销目标有实际或潜在利害关系和影响力的团体或个人。企业所面临的公众主要有7种:

① 融资公众。这是指影响企业融资能力的金融机构,如银行、投资公司、证券经纪公司、保险公司等。

② 媒介公众。这是指报纸、杂志、广播电台、电视台、网络媒体等大众传播媒介。它们对企业的形象及声誉的建立具有举足轻重的作用。

③ 政府公众。这是指负责管理企业市场营销活动的有关政府机构。企业在制订市场营销计划时,应充分考虑政府的政策,研究政府颁布的有关法规和条例。

④ 社团公众。这是指保护消费者权益的组织、环保组织及其他群众团体等。企业的市场营销活动关系到社会各方面的切身利益,必须密切注意并及时处理来自社团公众的批评和意见。

⑤ 社区公众。这是指企业所在地附近的居民和社区组织。

⑥ 一般公众。这是指上述各种公众之外的社会公众。一般公众虽然不会有组织地对企业采取行动,但企业形象会影响他们的惠顾。

⑦ 内部公众。这是指企业内部的公众,包括董事会、经理、企业员工等。

3. 企业自身

企业自身包括市场营销管理部门、其他职能部门和最高管理层。企业为了开展市场营销活动,必须依赖各部门的配合和支持,即必须进行制造、采购、研究与开发、财务、市场营销等业务活动。

6.2.2 市场营销环境分析的方法

在对企业环境因素进行评价时,一个有意义的方法便是SWOT分析法。

所谓 SWOT 分析，即基于内外部竞争环境下的态势分析，S（Strengths）是优势、W（Weaknesses）是劣势、O（Opportunities）是机会、T（Threats）是威胁。因此，SWOT 分析就是将与研究对象密切相关的各种主要内部优势、劣势和外部的机会及威胁等，通过调查列举出来，并依照矩阵形式排列，然后用系统分析的思维把各种因素相互匹配起来加以分析，从中得出一系列相应的结论，而结论通常带有一定的决策性。

运用这种方法，可以对研究对象所处的情景进行全面、系统、准确的研究，从而根据研究结果制定相应的发展战略、计划及对策等。

1. 优势与劣势分析（SW）

由于企业是一个整体，又由于竞争优势来源的广泛性，所以在做优劣势分析时必须从整个价值链的每个环节上将企业与竞争者做详细的对比。例如，产品是否新颖、制造工艺是否复杂、销售渠道是否畅通，以及价格是否具有竞争性等。如果一个企业在某一方面或几个方面的优势正是该行业企业应具备的关键成功要素，那么该企业的综合竞争优势也许就强一些。需要指出的是，衡量一个企业及其产品是否具有竞争优势，只能站在现有潜在客户的角度上，而不是站在企业的角度上。

2. 机会与威胁分析（OT）

例如，当前社会上存在的盗版威胁：盗版替代品限定了公司产品的最高价。但替代品对公司不仅仅是有威胁，也可能带来机会。企业必须分析：盗版替代品给公司的产品或服务带来的是"灭顶之灾"，还是提供了更高的利润或价值；购买者转而购买盗版替代品的转移成本；公司可以采取什么措施来降低成本或增加附加值，以降低客户购买盗版替代品的风险。

3. 整体分析

从整体上看，SWOT 可以分为两部分（见图 6.2）：第一部分为 SW，主要用来分析内部环境；第二部分为 OT，主要用来分析外部环境。利用这种方法可以从中找出对自己有利的、值得发扬的因素，以及对自己不利的、要避开的因素，从而发现存在的问题并找出解决办法，以便明确以后的发展方向。根据这个分析，可以将问题按轻重缓急分类，并将这些研究对象列举出来，依照矩阵形式排列，把各种因素相互匹配起来加以分析，从中得出一系列相应的结论，为管理人员做出较正确的决策和规划提供依据。

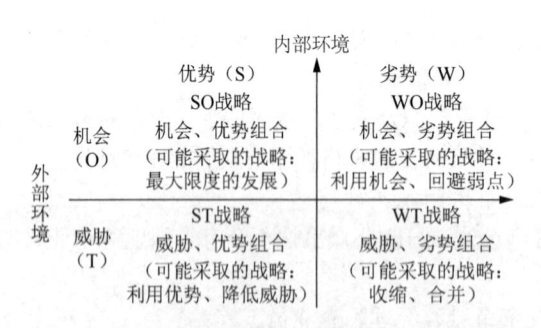

	内部环境	
	优势（S）	劣势（W）
机会（O）	SO战略 机会、优势组合 （可能采取的战略： 最大限度的发展）	WO战略 机会、劣势组合 （可能采取的战略： 利用机会、回避弱点）
威胁（T）	ST战略 威胁、优势组合 （可能采取的战略： 利用优势、降低威胁）	WT战略 威胁、劣势组合 （可能采取的战略： 收缩、合并）

图 6.2　SWOT 矩阵分析

现以某房地产开发企业的实例说明这种方法的使用，如表 6.1 所示。

表 6.1　企业市场营销环境 SWOT 分析

内部环境	优势（S）	劣势（W）
	① 企业管理能力、市场应变能力强，发展势头平稳 ② 领导班子强、团结，中层干部力量强 ③ 设计人员素质高 ④ 具有较强的质量意识	① 企业整体规模不大，属于中小型开发商 ② 首次涉足商务用房市场，开发经验欠缺 ③ 项目资金不足 ④ 市场营销策划、市场推广能力差

（续表）

	机会（O）	威胁（T）
外部环境	① 商务写字楼市场需求潜力大 ② 企业拟开发的地段处于城市规划的中央商务区范围内，具备良好的升值潜力 ③ 政府对开发商务用房产较为支持，有优惠政策	① 房地产企业受宏观经济因素影响大，波动性强 ② 商品住宅市场趋于饱和 ③ 房地产项目融资困难 ④ 市场竞争激烈，本企业知名度不高

表 6.1 基本概括了该房地产开发企业面临的形势：企业有住宅开发经验，却遇到了商品住宅市场供应饱和的威胁；如转为商务写字楼开发，一方面竞争激烈，另一方面企业缺乏开发和销售的经验；企业虽然整体规模不大，但管理水平高、市场应变能力强、设计与质量控制人员素质高；拥有增值潜力的开发用地，能够获得政府支持。通过以上几点分析可以看出，该房地产开发企业只要大力加强市场营销力量，就有可能成功进入商务用房市场，并形成良性循环。

从这个实例可以看出，SWOT 分析法的主要特点是通过对照分析，把外部环境中的有利和不利条件、内部环境中的优势和劣势联系起来，所以简便、实用、有效。

情境任务 6.3　选择目标市场

引导案例

风靡全球一百多年的可口可乐公司是全世界最大的饮料公司，产品包括世界最畅销的五大名牌中的 4 个（可口可乐、健怡可口可乐、雪碧、芬达）。它的产品通过全球最大的销售系统，畅销世界 200 多个国家和地区，每日饮用量达 10 亿杯，占全世界软饮料市场的 48%。多年来，可口可乐公司稳坐世界软饮料市场的头把交椅。其成功的原因，除可口可乐产品本身独特的配方外，公司良好的市场营销策略也起到了至关重要的作用，特别是对市场进行细分已成为其他公司学习和借鉴的榜样。

资料来源：中国营销传播网.

思考：是不是所有的市场都需要细分？

市场细分就是企业按照各个细分变量将整体市场划分为若干个需求不同的产品和市场营销组合的子市场的过程。

6.3.1　市场细分的标准和程序

1. 市场细分的标准

（1）按地理因素细分市场

地理细分是将市场划分为不同的地理单位，如南方和北方、城市和农村等。企业既可以选择一个或几个地理区域开展业务，也可以选择所有地区，但要注意各地区在需求和偏好方面的差异。

实例分析 6-3

荣事达公司针对中国北方市场投放了大冷藏小冷冻冰箱,针对南方市场则投放大冷冻小冷藏冰箱。

美国通用食品公司根据美国东西部地区消费者对咖啡口味的不同需求,分别推出了东部偏爱的口味清淡的咖啡和西部偏爱的口味醇厚的咖啡。

(2)按人口因素细分市场

这是按人口统计变量,如年龄、性别、家庭生命周期、收入、职业、教育、宗教等因素划分不同群体,从而对市场进行细分。

实例分析 6-4

奇瑞QQ是为年轻人打造的轿车,定位于"年轻人的第一辆车",设计原则就是"快乐"。其2.66万元到5万元的价格也相当具有潜力。奇瑞QQ的主题词是"梦想,触手可及",寓意此车面向年轻人和比较价廉的经济车市场。奇瑞QQ外观时尚,具有个性和青春气息,自上市以来一直深受消费者欢迎,7年时间内创造了80万辆的销量佳绩,并远销全球五大洲近百个国家和地区,连续7年获得微轿冠军。奇瑞QQ同时也是节能冠军——致力于打造"低碳生活"的现实典范,最低综合油耗仅4.9升/百千米。

(3)按心理因素细分市场

常用的心理细分因素包括社会阶层、生活方式、人格特征和对促销因素的灵敏度。例如,不同社会阶层的消费者常常具有不同的个人偏好,这一因素往往是许多企业经常运用的细分标准。社会上层的消费者比较偏爱名贵且稀有的名牌产品,社会中下层的消费者则更看好经济实惠、品质相宜的产品;社会阶层的不同也导致了消费者个人偏好的差异,从而造成消费者在产品使用、店铺挑选、媒体接触及广告信息的接受等方面也极为不同。

(4)按消费者行为因素细分市场

这是指根据消费者不同的购买行为,如追求的利益、购买时机、使用频率和品牌忠诚度等细分变量进行市场细分。

实例分析 6-5

乳制品厂家在其广告中宣传"不仅应该在早餐时喝牛奶,如果晚餐后和休闲时饮用牛奶,就更有助于补钙",因而扩大了牛奶的销量。这是按购买时机与频率进行的市场细分。

思考:对食盐、白糖等产品市场是否需要进行市场细分?

2. 市场细分的程序

第1步 选择并确定产品进入市场的范围。
第2步 列出企业所选定的市场范围内消费者的潜在需求或产品的所有效用。
第3步 评议各种需求,确定几种最迫切的需求作为细分市场的重要因素。
第4步 除去共同的需求特征,保留各差异特征作为细分市场的主要标准。
第5步 根据不同消费者的不同需求划分相应的市场群,并对每个市场群予以命名。

第6步 分析每一个细分市场的不同要求、购买行为的特点及产生的原因,找出各细分市场的新变化。

第7步 分析各细分市场的规模及市场中消费者的潜在购买力,结合本企业的资源情况选择目标市场,进行市场定位。

6.3.2 目标市场选择

1. 选择目标市场的条件

目标市场是指企业决定要进入或占领的市场。细分出来的子市场作为企业的目标市场,应具备下列基本条件。

① 必须有一定的需求或市场容量。
② 有一定的购买力。
③ 竞争对手未完全控制目标市场。
④ 企业有能力经营。

2. 目标市场营销策略的分类

(1) 无差异性市场营销策略

企业经过细分后,权衡利弊得失,不考虑各细分市场的个性,而是注重各细分市场的共性,推出一种产品,采用一种市场营销组合策略,试图在整个市场上满足尽可能多的消费者需求,集中力量为之服务的策略,就是无差异性市场营销策略,如图6.3所示。

无差异性市场营销策略一般用于细分后的市场消费群体,这些消费群体虽然有差别,但共性明显且是根本性的。企业的基本市场营销策略可以求同存异,兼顾不同的细分市场。

图 6.3 无差异性市场营销策略

该策略的优点:产品可以大量生产、运输与储存,从而使成本大大降低;企业深入了解细分市场的需求特点,能采用有针对性的产品、价格、促销和渠道策略,从而获得强有力的市场地位和良好的信誉。

该策略的缺点:由于现实消费需求与欲望的多种多样,所以消费者的某些特殊需要无法得到满足;当行业竞争十分激烈时,企业难以获得较高的利润;容易导致竞争激烈和市场饱和。

采用这种策略受到一些客观条件的限制。可以采用无差异性市场营销策略的几种情况:第一,挑选性不大、需求弹性小的基本生活资料和主要工业原料,如棉花、粮食、煤炭等;第二,经营的企业不多、竞争性不强的产品,如石油、天然气等。

实例分析 6-6

在相当长的一段时间内,可口可乐公司因为拥有世界性的专利,所以仅生产一种口味、一种规格和一种包装的瓶装可口可乐,连广告词也只有一句——请喝可口可乐。它所实施的就是无差异性市场营销策略,期望凭借一种产品来满足所有消费者对饮料的需求。

(2) 差异性市场营销策略

企业选择若干个细分市场作为目标市场,以不同的市场营销组合策略适应不同的目标市场,就是差异性市场营销策略,如图6.4所示。

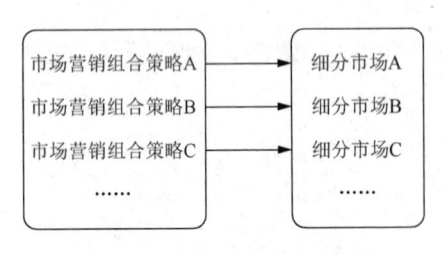

图6.4 差异性市场营销策略

该策略的优点:会使产品的适销性较强,可以满足不同消费者的需要,增强市场竞争力;用多种产品、多种策略去占领多个目标市场的消费者,目标市场越多,消费者的需求越大,销售量也就越大,利润也就越多。

该策略的缺点:企业生产的产品多,就会增加设备、工人、研究费用等,生产成本就会相应增加;经营的产品多,企业的销售费用、广告费用、储存费用等都会大幅度增加,销售成本就会相应增加,产品的总成本自然提高,消费者能否接受是企业应当慎重考虑的。

(3)集中性市场营销策略

企业在细分市场的基础上,选择一个或有限的几个细分市场作为目标市场,集中企业资源,以相对统一的市场营销组合策略开拓市场,就是集中性市场营销策略,如图6.5所示。

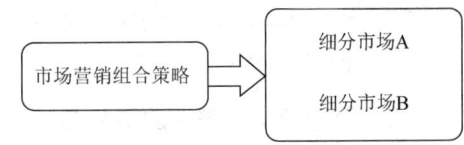

该策略的优点:可以照顾个别市场的特殊性,在个别市场占有优势地位,提高企业的市场占有率和知名度;由于采用针对性强的市场营销组合策略,节约了成本和市场营销费用,因此中小企业较适合运用这种市场营销策略,大企业在拓展某一区域或国别市场的初期也可借鉴这种策略。

图6.5 集中性市场营销策略

该策略的缺点:企业的目标市场比较狭小,产品过于专业化,一旦市场发生变化,那么经营风险较大,并且发展潜力小。

3. 目标市场营销策略的选择

(1)企业的实力

企业的实力主要包括企业的人力、物力、财力及生产、技术与市场营销力量。如果企业资源和市场营销实力强大,则可采用无差异性或差异性市场营销策略;如果企业资源和市场营销能力有限,无力把整体市场作为自己的目标市场,则宜采取集中性市场营销策略。

(2)产品的特性

根据产品的特性不同,应该采用不同的市场营销策略,选择不同的目标市场。例如,对于米、面、盐、白糖等日常生活消费品,虽然原材料和加工工艺不同,使产品在质量上存在着差别,但是这种差别不是十分明显,消费者一般都很熟悉,不需要特殊的宣传介绍,只要价格相当,消费者一般没有特别的选择和要求,因此可以采用无差异性市场营销策略;对家用电器、家具等高档耐用消费品,因品质差异较大,消费者选购时十分注意产品的特性、功能、价格等因素,常常要反复评价、选择,并且对售后服务要求很高,所以就应该采用差异性市场营销策略或集中性市场营销策略。

(3)产品所处生命周期阶段

处于导入期的产品,可采用无差异性市场营销策略,探测市场的现实需求和潜在需求,以便及时采取有效措施,不断开拓市场、扩大销售;在成长期和成熟期的产品,应采用差异性市场营销策略,以开拓新市场;进入衰退期的产品,应采用集中性市场营销策略,以维持和延长产品的生命周期,避免或减少企业的损失。

(4)市场竞争状况

如果竞争对手实力强大，并且实行无差异性市场营销策略，则无论企业本身实力大于还是小于竞争对手，采用差异性市场营销策略或集中性市场营销策略都是有利可图、有优势可占、能取得良好的市场营销效果的；如果竞争对手采用了差异性市场营销策略，而本企业采用无差异性市场营销策略，则无法有效地投入竞争，也就很难占据一个有利的地位，因此必须以集中性市场营销策略应对。

(5)消费者行为

如果消费者的需求和偏好相近，购买方式大致相同，则可采用无差异性市场营销策略；反之，可采用差异性市场营销策略或集中性市场营销策略。

6.3.3 市场定位

市场定位是指树立企业及其产品在消费者心目中特定的形象和地位。

1. 市场定位的步骤

市场定位的关键是企业要设法在自己的产品上找出比竞争对手更具有优势的特性。

竞争优势一般有两种基本类型：一是价格竞争优势，就是在同样的条件下定出比竞争对手更低的价格——这要求企业尽一切努力降低产品的单位成本；二是偏好竞争优势，即能提供确定的特色来满足消费者的特定偏好——这要求企业尽一切努力在产品特色上下功夫。因此，企业市场定位的全过程包括以下3个步骤。

(1)分析目标市场的现状，确认本企业潜在的竞争优势

这一步的主要任务是要回答3个问题：一是竞争对手产品定位如何；二是目标市场上消费者欲望满足程度如何，以及确实还需要什么；三是针对竞争对手的市场定位和潜在消费者真正的利益要求，企业应该及能够做什么。要回答这3个问题，企业的市场营销人员必须通过一切调研手段系统地搜索、分析并报告涉及上述问题的资料和研究结果。通过回答上述3个问题，企业就可以从中把握和确定自己的潜在竞争优势在哪里。

(2)准确选择竞争优势，对目标市场初步定位

竞争优势表明企业拥有胜过竞争对手的能力。这种能力既可以是现有的，也可以是潜在的。

选择竞争优势实际上就是一个企业与竞争对手各方面实力相比较的过程。比较的指标应该是一个完整的体系，只有这样才能准确地选择出相对竞争优势。通常的方法：分析、比较企业与竞争对手在经营管理、技术开发、采购、生产、市场营销、财务和产品7个方面究竟哪些是强项，哪些是弱项；在此基础上选出最适合本企业的优势项目，以初步确定企业在目标市场上所处的位置。

(3)显示独特的竞争优势和重新定位

这一步的主要任务：企业要通过一系列的宣传促销活动，将其独特的竞争优势准确地传播给潜在消费者，并在消费者心目中留下深刻的印象。为此，企业首先应使目标消费者了解、知道、熟悉、认同、喜欢和偏爱本企业的市场定位，在消费者心目中建立与该定位一致的形象；其次，企业应通过各种努力强化目标消费者形象、保持目标消费者的了解、稳定目标消费者的态度和加深目标消费者的感情来巩固与市场定位一致的形象；最后，企业应注意目标消费者对其市场定位理解出现的偏差或由于企业市场定位宣传上的失误而造成的目标消费者模糊、混乱和误会，及时纠正与市场定位不一致的形象。

企业的产品在市场上定位即使很恰当，但在下列情况下，也应考虑重新定位。

① 竞争对手推出的新产品定位于本企业产品附近，占领了本企业产品的部分市场，使本企业产品的市场占有率下降。

② 消费者的需求或偏好发生了变化，使本企业产品的销售量骤减。

情境链接

重新定位是指企业为已在市场销售的产品重新确定某种形象，以改变消费者原有的认识，争取有利的市场地位的活动。例如，某日化厂生产婴儿洗发剂，用强调该洗发剂不刺激眼睛来吸引有婴儿的家庭。但随着出生率的下降，洗发剂的销售量开始减少。为了增加销售量，该企业将产品重新定位，强调使用该洗发剂能使头发松软有光泽，以吸引更多、更广泛的购买者。

重新定位对于企业适应市场环境、调整市场营销战略是必不可少的，可以视为企业的战略转移。重新定位既可能导致产品的名称、价格、包装和品牌的更改，也可能导致产品用途和功能上的变动，所以企业必须考虑定位转移的成本和重新定位的收益问题。

2. 市场定位的方法

（1）产品差异定位

〈1〉产品的质量

质量越高的产品就越能赢得消费者的青睐。虽然高质量往往伴随着高成本，但高成本可以通过降低退货率、减少残次产品的更换和现场维修及提高客户满意度来抵销。

〈2〉产品的价格

价格是消费者选购产品时一个重要的参考因素：一方面，价格反映企业的成本水平；另一方面，价格又关系到消费者的切身利益，影响消费者的购买力。

〈3〉产品的用途

① 为老产品开发新用途。例如，小苏打曾经被广泛地用于刷牙、除臭剂，后来因出现替代品而使市场容量降低，国外有的厂商就开始将它们作为阴沟和垃圾污物的防臭剂、冰箱的除臭剂。

② 增加产品的新功能、新用途。例如，随着人们生活及需求的多样化发展，许多电信公司在开发产品时不再只考虑电话的语言交流功能，而是力求功能多样化，如发短消息、炒股票、上网，图像多样化、立体化等。

〈4〉产品的特色

产品的特色就是企业赋予产品独特的造型、独特的包装、独特的使用方式。例如，美国的苹果（Apple）计算机公司将自己的产品定位于适合个人使用的微型计算机，结果迅速占领市场并获得巨大利润。

〈5〉使用者类型

① 不同产品不同定位，即产品定位与特定社会、收入阶层或特定年龄结构的群体相联系，如无线移动电话（俗称"大哥大"）在初期主要是针对具有较高收入水平的消费群体。

② 同一产品不同定位，即对不同的群体突出产品的不同特征。例如，中国的无锡大饭店，对欧美顾客的广告是"古有大运河，今有大饭店"，对日本顾客的广告是"唯一的日本人管理的饭店"，对无锡本地顾客的广告则是"无锡人自己的饭店"，从而提高了饭店的知名度，成为全国最佳星级饭店之一。

〈6〉利益定位

例如，现在流行于中国各大城市的世界公园，能为游客提供世界各地的著名景观，从而满足不能出国亲临其境的游客观赏世界著名景观的需求。

（2）品牌差异定位

品牌的功能在于把不同企业的同类产品区别开来，以便给消费者留下一个深刻的印象。例如，全球头号零售品牌沃尔玛最初的定位就是"平价"，明显区别于其最大的竞争对手西尔斯，从而赢得了消费者。

实例分析6-7

鄂尔多斯以羊毛羊绒衫成功塑造了鄂尔多斯这一品牌，之后再做羊绒羊毛围巾、羊绒羊毛家居用品就是充分利用了鄂尔多斯这个成功的品牌，分享其品牌价值。因此，企业通常会充分利用品牌定位成功后形成的巨大品牌价值以扩展产品线。

（3）服务差异定位

在获得竞争优势的方法中，服务差异是不可忽略的重要一环，因为在产品差异与品牌差异难以让消费者取舍时，消费者往往会根据预期得到的服务作为选购的标准。这种服务差异可以体现在几个方面：产品提供给消费者的利益；送货与安装、维修服务；咨询与培训、特色服务。

（4）人员差异定位

企业可以通过聘用和培养比竞争对手更好的人员来获得更强的竞争优势。尤其是随着市场竞争的加剧，人员素质的培养和提高对扩大企业差异化的质量起着越来越重要的作用。

情境链接

员工培训：迪士尼的价值工程

迪士尼对员工的培训，不是着眼于其素质和水平的提高，而是把培训作为企业价值观和企业精神培养的一种重要手段。因此，迪士尼对所有员工的培训，开始都是近乎宗教式的灌输——企业长期坚持的核心价值工程之一。

迪士尼要求每一个员工，无论是新聘任的副总裁还是入口处收票的业余兼职短工，都要接受迪士尼大学教授团的新员工企业文化训练课，以便让他们认识迪士尼的历史传统、成就、经营宗旨与方法、管理理念和风格。

在几天的培训中，所有新聘员工需要马上学会这些新的迪士尼语言：员工是"演员"；游客是"客人"；一群人是"观众"；一班工作是一场"表演"；一个职位是一个"角色"；一个工作说明是一个"脚本"；一套制服是一套"表演服装"；人事部是"制作部"；上班是"上台表演"；下班是"下台休息"，等等。

通过这种从文化、精神到角色、语言的培训，迪士尼所有的员工都会对企业有一个比较深入的了解，为他们以后更好地适应迪士尼的工作打下良好的心理基础。

（5）创造形象差别

企业形象不同，会给消费者带来不同的认识。企业可以通过建立自己独特的形象区别于竞争对手。

应该指出的是，上述差异化选择并不是绝对分开的。在市场定位时，也不是将它们都与竞争对手的产品区分开，应当是在某些方面相同，而在其他方面不同。

思考：新加坡的司丹福宾馆以"世界最高宾馆"为广告，这种差异化定位能被消费者接受吗？

情境任务 6.4 市场营销组合策略

引导案例

1979年，中国放宽了对家用电器产品的进口。当时，欧洲电视机厂商和日本电视机厂商都把目标瞄准了中国市场。但是，欧洲电视机厂商一贯以中国香港和东南亚的高收入消费者为销售对象，并不重视一般靠工薪谋生的阶层，如荷兰某著名电视机厂商就是持这种态度。它们一直认为中国的电视机市场潜力不大，不想与日本厂商竞争，结果贻误了时机。与此相反，日本电视机厂商在一些熟悉中国情况的"智囊"的帮助下，研究分析了中国市场。它们从"市场＝人口＋购买力＋购买动机"这个概念来分析，认为中国有10亿人口，收入虽低，但中国人有储蓄的习惯，已经形成了一定的购买力，而且中国人有看电视的需求，因此中国存在着一个很有潜力的黑白电视机市场。于是，日本电视机厂商根据目标市场的特点，运用市场营销组合策略，制定了一套销售战略。

1. 产品策略

日本电视机要符合中国消费者的需要，必须具备几个条件：中国电压系统与日本不同，必须将110 V改为 220 V；中国若干地区电力不足、电压不稳，电视机要有稳压装置；适应中国电视频道情况；电视机耗电量要低，音量要较大；根据当时中国居民住房情况，应以12 英寸电视机为主；要提供质量保证和修理服务。

2. 销售渠道策略

当时没有中国国有企业作为正式渠道，所以要通过这些渠道：由港、澳国货公司及代理商、中间商推销；通过中国的港、澳地区由中国人携带进内地；由日本厂商国货柜车将商品直接运到广州市流花宾馆发货。

3. 促进销售策略

日本代理商应该利用这些形式：在中国香港的电视台开展广告攻势；在中国香港的大公报、文汇报等报刊上大量刊登广告；在中国香港一些报纸和特刊上提供日本电视机知识的资料特稿。

4. 价格策略

考虑到当时在中国市场上尚无其他进口品牌电视机竞争，所以价格比中国国产电视机的价格稍高，人们也会乐意购买。

由于日本电视机厂商协调地使用市场营销组合策略，日本电视机一度在中国市场上占据优势地位。

资料来源：百度文库。

思考：面对竞争激烈的家电市场，国内家电生产企业的市场营销组合策略是什么？

市场营销组合策略是指一次成功和完整的市场营销活动，是以适当的产品、适当的价格、适当的渠道和适当的促销手段，将适当的产品和服务投放到特定市场的行为。它包括产品（product）、价格（price）、渠道（place）和促销（promotion）4 种市场营销因素的组合。

6.4.1 产品策略

1. 整体产品

从市场营销角度来看，整体产品不仅是指产品的实物形态和功能，还包括带给人们直接的或间接的、有形的或无形的利益和满足感。

一般来说，整体产品包括以下 5 个层次，如图 6.6 所示。

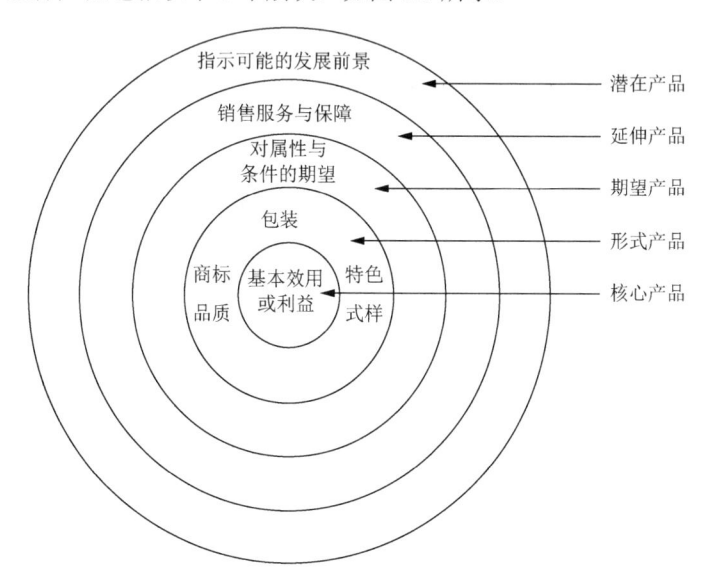

图 6.6 整体产品的层次

① 核心产品。这是消费者购买产品或服务所要真正获得的利益和服务。
② 形式产品。这是核心产品得以实现的方式。形式产品有五大特征或五大功能，包括品质、特色、式样、商标及包装。服务产品也同样具有类似的特征。
③ 期望产品。这是指消费者购买产品或服务时期望得到和默认的一系列基本属性与条件。
④ 延伸产品。这是指提供产品或服务时增加的附加服务与保障，也是消费者购买产品或服务时希望得到的附加服务和利益。
⑤ 潜在产品。这是指现有产品可能发展的前景，包括现有产品的所有延伸和演进部分、最终可能发展成为未来产品潜在状态的产品，如彩色电视机可发展为录放机或电脑显示器等。

思考：酒店的整体产品包括哪些层次？

2. 产品组合策略

产品组合又称为产品经营结构，是指一个企业生产经营的全部产品线和产品项目。

产品线是指企业生产经营的一组具有类似功能，能满足同类需求的产品；产品项目是指产品线中各种不同品种、规格、型号、品牌、质量、价格的特定产品。

（1）产品组合的长度、宽度、深度和关联度

通常情况下，一个企业的产品组合是通过产品组合的长度、宽度、深度和关联度来反映的。

下面以宝洁公司的部分产品组合加以说明，如表6.2所示。

表6.2 宝洁公司部分产品组合

产品组合长度	产品组合宽度					
	清洁剂	牙膏	条状肥皂	纸尿布	洗发水
	象牙雪	格利	象牙	帮宝适	海飞丝
	佳洁士	克柯斯	露肤	白云	潘婷
	汰渍		洁美		飘柔
					沙宣
					润妍

① 产品组合的宽度。这是一个企业产品组合中所拥有的产品线的总数。表6.2中宝洁公司的产品组合宽度是5。

② 产品组合的长度。这是一个企业产品项目的总数，即产品线中产品项目之和。表6.2中宝洁公司的产品组合长度是15。

③ 产品组合的深度。产品线的深度是指一条产品线内有多少不同的产品项目。项目越多，产品线就越长，产品的品种就越多。产品线的深度对于满足同一目标市场消费者的多样化需求和降低产品的成本起着重要的作用。

产品组合的深度是指全部产品线的平均深度。表6.2中宝洁公司的产品组合深度是3。

④ 产品组合的关联度。这是指各产品线在最终用途、生产技术、销售渠道及其他方面相关联的程度。产品线间联系越紧密，产品组合的关联度就越大，就越有利于企业的经营管理；反之，管理难度增大。表6.2中宝洁公司的产品组合关联度较大。

（2）产品组合策略

〈1〉扩大产品组合策略

这既可以是产品组合长度和宽度的扩大，如一家原来经营空调系列的销售商在冬季来临时增加了取暖器材的销售，也可以是产品组合深度和关联度的扩展，如索尼在随身听产品线中增加了太阳能、防水随身听及在慢跑、骑车、打网球和进行其他运动时可以绑在吸汗带上的超轻型随身听。

扩大产品组合策略的优点：

① 可以使企业尽量利用现有设备的潜能，在更大的领域发挥作用。

② 避免"把所有的鸡蛋放在一个篮子里"，可以分散风险。

③ 可以满足更大范围消费者的需求，加强产品组合的关联度，提高企业声誉。

当然，并不是产品组合越丰富越好。当市场繁荣时，较长、较宽的产品组合可能会为企业带来较多的盈利机会，但当市场不景气或当产品项目增加后，相应的设计和规划费、仓储费、转产费、运输费及新产品项目的促销费也会上升，这将减少企业所获得的利润。

〈2〉缩减产品组合策略

当企业的产品线中出现衰退产品，以至于影响到整条产品线的利润时，企业就应考虑删减那些利润不高或接近亏损的项目。

缩减产品组合策略的优点：

① 可以集中力量和技术，改进能带来较大利润的产品，以降低生产经营成本。

② 减少资金的占用。

③ 便于取得规模效益，有利于专业化的批量生产。

学习情境 6　市场营销管理

<3> 产品延伸策略

这是指全部或部分改变企业原有产品的市场定位。

① 向下延伸。这是指在高档产品线中增加低档产品线。许多企业最初定位于市场的较高端，随后将其产品线向下延伸，其原因或者是企业发现低端市场的增长较快，或者是想通过增加低端产品来堵住市场的漏洞，以防止竞争对手有隙可乘，或者是用来抵挡竞争对手在较高端市场的进攻。

② 向上延伸。这是指在原有的产品线内增加高档产品项目。市场较低端的企业向上延伸产品线，或者是被较高端的高增长率和高利润所吸引，或者想成为全线制造商，或者是为了增加企业现有产品的信誉。采用这一策略要承担一定的风险，因为要改变产品在消费者心目中的地位是相当困难的，一旦处理不慎，就会影响原有产品的市场声誉。

③ 双向延伸。这是指原来定位于中档产品市场的企业在掌握了市场优势以后，向产品线的上下两个方向延伸。

实例分析 6-8

马里奥特饭店通过每一个不同名称的饭店对应不同的目标市场："马里奥特侯爵"是为了吸引和满足高层管理人员；"马里奥特"针对中层管理人员；"庭院"针对推销人员；"美丽之所"旅馆针对度假者及资金紧张的旅客。

3. 产品生命周期

（1）产品生命周期的 4 个阶段

产品从投入市场开始，直到被市场淘汰为止的整个阶段，称为产品的生命周期。

以销售额（或销售量）的变化来衡量，一个典型的产品生命周期一般可以分为 4 个阶段：导入期、成长期、成熟期及衰退期。图 6.7 所示是典型的产品生命周期曲线。

（2）产品生命周期各阶段的特征及对策

<1> 导入期

导入期的特点：

① 生产不稳定，生产的批量较小。

② 成本比较高，通常不产生利润，常常有亏损。

③ 消费者对该产品尚未接受，对产品不熟悉。

④ 产品品种少。

⑤ 市场竞争少或没有竞争。

导入期的策略：

① 大量做广告，扩大对产品的宣传，以使消费者了解企业的产品。

② 利用现有名牌携带产品销售。

③ 采用试用的办法。

④ 加大批发商、零售商的折扣。

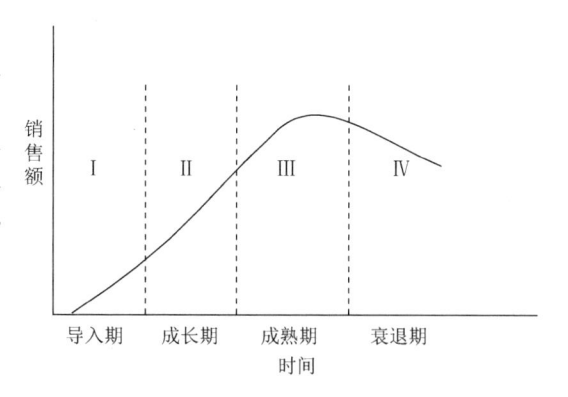

图 6.7　产品生命周期曲线

〈2〉成长期

成长期的特点：

① 产品大批量生产，使得成本降低，利润提高。

② 销售量上升较快，价格有所提高。

③ 竞争对手介入。

成长期的策略：

① 扩展目标市场。

② 广告宣传转向品牌的宣传，使人们对该品牌产生好感和偏爱。

③ 增加或加强销售渠道。

〈3〉成熟期

成熟期的特点：

① 产品普及并趋于标准化。

② 销售数量相对稳定。

③ 成本低，产量大。

④ 在产品质量、样式、品种等方面竞争激烈。

成熟期的策略：

① 稳定目标市场。

② 增加产品系列，使产品多样化，提供良好的服务。

③ 广告宣传的重点转向企业的信誉和形象。

④ 研制第二代产品。

〈4〉衰退期

衰退期的特点：

① 产品价格显著下降。

② 产品销售量日趋下降，利润锐减。

衰退期的策略：

① 维持策略。这是指企业继续沿用过去的策略，仍然按照原来的细分市场，使用相同的销售渠道、定价及促销方式，直到这种产品完全退出市场为止。

② 集中策略。这是指把企业的资源集中在最有利的细分市场、最有效的销售渠道和最易销售的品种上。这样既有利于缩短产品退出市场的时间，又能为企业创造更多的利润。

③ 收缩策略。这是指企业大幅度降低促销水平，尽量减少销售和推销费用，以增加目前的利润。虽然这样可能导致产品在市场上的衰退加速，但也能从忠于这种产品的消费者那里得到利润。

④ 放弃策略。这是指企业对衰退比较迅速的产品应该当机立断，放弃经营。企业既可以采取完全放弃的形式，将产品完全转移出去或立即停止生产，也可采取逐步放弃的方式，使其所占用的资源逐步转向其他产品。

4. 品牌与包装策略

（1）品牌策略

① 统一品牌策略。统一品牌策略是指企业生产的所有产品都使用同一种品牌进入市场。例如，娃哈哈集团的产品，无论是营养口服液、果奶、营养八宝粥、纯净水、童装都冠以"娃哈

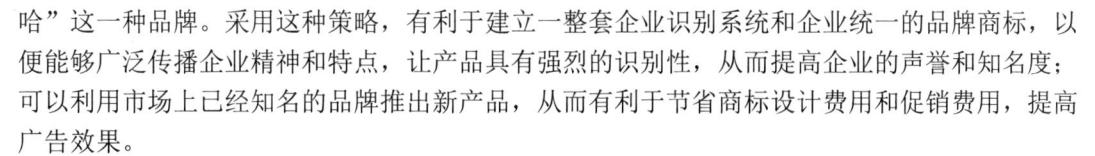

哈"这一种品牌。采用这种策略，有利于建立一整套企业识别系统和企业统一的品牌商标，以便能够广泛传播企业精神和特点，让产品具有强烈的识别性，从而提高企业的声誉和知名度；可以利用市场上已经知名的品牌推出新产品，从而有利于节省商标设计费用和促销费用，提高广告效果。

企业采用这种策略必须具备以下两个条件。
- 这种品牌必须在市场上已获得一定信誉。
- 采用统一品牌的各种产品具有相同的质量水平，否则会因为某一产品质量不佳而影响其他产品及整个企业的形象。

② 个别品牌策略。个别品牌策略是指企业按产品的品种、用途和质量，分别采用不同的品牌。例如，宝洁公司生产的洗发水，采用海飞丝、潘婷、飘柔、沙宣等不同品牌。采用这种策略，能够严格区分不同产品的质量、档次，反映不同产品的产品特色，以满足不同消费者的需求，从而扩大市场容量，取得规模效益；企业承担的风险较小，即使一两种品牌产品不受市场欢迎，也不会影响其他品牌产品的销售，从而不会对企业整体形象造成不良影响。当然，企业要为每一个产品设计品牌、为每一个品牌做广告宣传，不但费用高，而且消费者不易记住，是不利于树立企业的整体市场形象的。

③ 中间商品牌策略。中间商品牌策略是指企业先将产品大批量地销售给中间商，再由中间商将其以自己的品牌销售。采用这种策略可以利用中间商良好的信誉及庞大、完善的销售体系，为企业在新市场推销新产品。由于这种策略需要中间商承担各种费用和风险，因此只有实力雄厚、控制能力强的中间商才能被允许使用自己的品牌。

④ 无品牌策略。一般来说，绝大部分企业或产品都使用品牌，但在某些特殊情况下，可以不使用品牌，只注明产地、生产企业名称。

无品牌策略适用于3种情况：一是产品技术要求简单，不同企业生产的产品质量是相同的，消费者没有必要凭品牌去购买，如原材料、煤炭、电力等；二是小范围的地产、地销产品，习惯只注明产地或厂家，如土特产、手工艺品等；三是企业临时性加工或一次性生产的产品，一般使用销售者的品牌。

（2）包装策略

① 类似包装策略。这是指企业所生产的各种产品在包装上采用相同的图案、标志和色彩，或者具有其他共同特征。这种包装策略可以使消费者从包装的共同特点产生联想，一看就知道是哪个企业的产品，从而使企业扩大影响、促进销售，同时还可以节省包装设计费用。但是，这种策略只适用于质量水平大致相同的产品，如果企业各种产品的品质过分悬殊，就会影响优质产品的声誉。

② 等级包装策略。这是指将产品分为若干等级，对高档优质产品采用优质包装，对一般产品采用普通包装，使产品的包装与价值相符，做到表里一致，以方便消费者选购。

③ 配套包装策略。这种策略也称组合包装策略，是将数种有关联的产品组合置于同一包装物中。这种策略不仅方便消费者购买、携带和使用，还增加了产品的销售量。

④ 双重用途包装策略。这种策略又称再使用包装策略，是指将原包装内的产品使用完后，包装物还可以另作他用。这种策略能引起消费者的购买兴趣，同时用作其他用途的包装物还可起到广告宣传的作用。

⑤ 附赠品包装策略。这种策略是指在包装物内附赠礼品或奖券。这种策略利于吸引消费者购买和重复购买，以扩大销售。这在儿童用品市场上最具有吸引力。

6.4.2 价格策略

1. 新产品定价策略

（1）高价"撇脂"策略

这是将新产品价格定得较高，以便在短期内取得丰厚的利润，尽快收回投资的定价策略。采取这种策略必须具备 4 个条件：

① 消费者主观认为某些产品具有很高的价值。
② 市场上有足够的消费者，需求缺乏弹性。
③ 高价能带来一定的利润。
④ 独家经营，无竞争对手。

这种策略由于价格高，因此限制了消费者的购买，不利于开拓市场；由于高价带来的高利润富有吸引力，因此会使竞争对手迅速介入。

实例分析 6-9

1945 年，临近二战结束后第一个圣诞节，许多人希望能买到一种新颖别致的产品作为圣诞礼物。雷诺公司看准了这一时机，不惜重金从阿根廷引进了当时美国还没有的圆珠笔生产技术，并在很短的时间内生产出了产品。在制定价格时，它们进行了认真的分析研究：考虑到这种产品在美国是首次出现、无竞争对手、战后市场物资供应短缺、购买者求新求奇心理较强等因素，决定采用高价高促销的策略。当时每支笔的生产成本仅为 0.5 美元，而雷诺公司以远远高于产品成本的 10 美元价格卖给零售商，零售商再以每支 20 美元的价格出售。伴随着广告等强促销手段，该产品在美国风靡一时，雷诺公司因此获得了巨额利润。

资料来源：百度文库.

（2）低价"渗透"策略

这是企业为了将新产品尽快投入和占领市场，将新产品的价格定得比较低，以求获得长期利益的定价策略。在这种策略下，由于低价可以吸引消费者，所以企业可以迅速占领市场，而且利润低也能有效地限制竞争对手进入市场。当然，这种策略的投资回收期较长，而且以后降低价格的回旋余地较小。

采用这种策略要具备 3 个条件：
① 市场需求对价格极为敏感，低价会刺激市场需求迅速增长。
② 生产成本和经营费用会随着产量的增大及生产经营经验的增加而下降。
③ 低价不会引起实际和潜在的竞争。

2. 老产品价格调整策略

产品的销售价格很难保持长期不变，必须及时地进行调整。价格调整包括两种情况：一种是根据市场条件的变化主动进行调整，称为主动变价；另一种是针对竞争对手的价格变动进行调价，称为应对变价。

3. 心理定价策略

这是企业根据消费者的心理特点而采用的灵活定价策略。

学习情境 6　市场营销管理

（1）声望定价

这是指企业利用消费者崇尚名牌产品的心理，给产品制定一个较高的价格。一些消费者往往以价格判断质量，认为价格高的产品质量一定好，并认为购买价格高的产品还能显示其身份、地位或经济实力。企业利用消费者的这种心理给产品定高价，能够获得超额利润。

除了名牌产品外，一些艺术品、礼品或某些"炫耀性"产品的定价也必须保持一定的高价，定价太低反而销售不出去。当然，如果高得过分，那也会让消费者无法接受。

（2）尾数定价

这是指企业利用消费者对数字认识的某种心理，把本来可以定为整数的价格改定为一个带有零头的价格。例如，一杯果汁是 2.95 元，而不是 3 元。这种定价方式给消费者一种价格低，以及企业是经过认真、准确计算的感受，能增加消费者的信任感。

（3）招徕定价

这是指企业有意将少数几种产品的价格降至市场价格以下，甚至低于成本，以招徕消费者，增加其他产品的连带购买，达到扩大销售的目的。采用这种策略用来招徕消费者的特价品应是消费者所熟悉的、质量得到一致公认的或容易鉴别的日常用品、生活用品，这样才能使消费者知道该产品的价格的确低于市价，从而招徕更多的消费者。当然，采用这种策略需要注意的是，特价品的数量必须有一定的限制，数量过大会影响企业利润，过小则会使消费者因购买不到而失望，甚至起到相反的作用。

4. 折扣定价策略

这是企业根据不同情况，通过让利，鼓励客户及早付清货款、大量购买产品，以及配合促销活动的定价策略。常见的折扣定价策略包括以下 4 种。

（1）数量折扣

数量折扣又称批量折价，是指企业根据客户购买数量的不同给予相应的价格折扣。通常是购买数量越多，折扣越大，以鼓励客户增加购买，加速企业资金周转，减少收账费用和坏账的可能。

（2）现金折扣

现金折扣是指企业根据客户支付货款的期限给予一定的价格折扣。其主要目的是鼓励客户在规定的期限内早日付款，以加快企业的资金周转，减少利率变化给企业带来的风险。现金折扣一般在制造商和中间商之间使用，折扣的大小根据付款期间的利息和风险成本等因素确定。

（3）功能折扣

功能折扣又称交易折扣，是指企业根据中间商在产品销售过程中所承担的功能、责任和风险，对不同的中间商给予不同的折扣。其目的是：一方面鼓励中间商大批量订货、扩大销售、争取客户，并与中间商建立长期、稳定、良好的合作关系；另一方面，对中间商经营有关产品的成本和费用进行补偿，让中间商有一定的盈利，以促使中间商愿意执行某些市场营销功能。

确定功能折扣的比例时，主要考虑中间商在销售渠道中的地位、对销售产品的重要性、购买批量、完成的促销、承担的风险、服务水平、产品在流通中经历的环节多少和产品在市场上的最终售价等因素。通常对批发商的功能折扣较大，对零售商的功能折扣较小。

（4）季节折扣

季节折扣是指对一些季节性较强的产品给予在淡季购买的客户一定的价格折扣。这种折扣可以降低仓储费用、减少资金占用、加速资金周转，从而调节淡旺季的销售不均衡。

许多产品的消费都有季节性，如服装生产企业，对不合时令的服装一般会给予季节折扣，

177

以鼓励消费者购买。企业在确定季节折扣时，应考虑成本、储存费用和资金利息等因素。

6.4.3 渠道策略

思考：可口可乐是地地道道的美国货，但我们随便在附近的小店就可以买到。为什么？

销售渠道是产品从生产者向消费者转移的过程中由各种组织和机构联结起来的通道。

1. 销售渠道的结构

通常，一个销售渠道由 5 种流程构成，即实体流程、所有权流程、付款流程、信息流程和促销流程。

① 实体流程是指实体原料及成品从生产者转移到最终消费者的过程。

② 所有权流程是指产品所有权从一个市场营销机构转移到另一个市场营销机构的过程。

③ 付款流程是指货款在各市场营销机构之间的流动过程。

④ 信息流程是指在市场销售渠道中，各市场营销机构相互传递信息的过程。

⑤ 促销流程是指由一个市场营销机构运用广告、人员推销、公共关系、促销等活动对其他市场营销机构施加影响的过程。

2. 销售渠道的选择

（1）确定渠道长度

渠道长度有直销、一级渠道、二级渠道、三级渠道等不同模式，如图 6.8 所示。

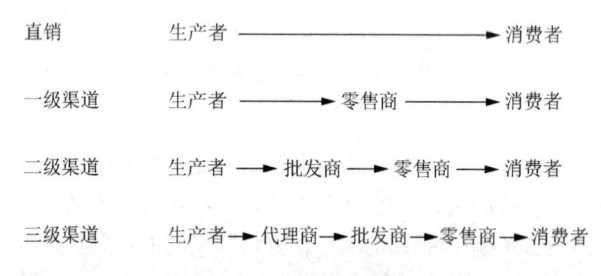

```
直销      生产者 ──────────────────→ 消费者

一级渠道  生产者 ──────→ 零售商 ──────→ 消费者

二级渠道  生产者 → 批发商 → 零售商 → 消费者

三级渠道  生产者 → 代理商 → 批发商 → 零售商 → 消费者
```

图 6.8 企业销售渠道

与渠道长度有关的一个主要问题是渠道控制与资源运用的关系。长渠道要求企业只支付有限的财务资源就可以，但在销售过程中，对渠道的控制能力却非常低；短渠道虽然会耗费企业更多的资源，但却实现了对渠道的高度控制。如何协调二者之间的关系，应考虑以下因素的影响。

<1> 产品

这里是指产品的体积和重量、单位价值、产品的标准化、技术特性对渠道选择的影响。产品的单价低，销售渠道就可以长些；产品的单价高，销售渠道就应该短些。日用百货一般要经过一个以上的批发商，以便通过大量销售和广阔的市场覆盖使企业有利可图，就是考虑到日用百货的单价比较低，因而选择了长渠道。

<2> 市场因素

① 市场容量。如果市场容量大而消费者单次购买的数量少，则宜采用长渠道；如果市场容

量大而消费者单次购买的数量也大,则宜采用短渠道,以减少环节和费用,提高企业的效益。

② 市场密集程度。在消费者密度高的地区,应采用较短的渠道,以便减少流通环节的费用;在分散性市场,则采用长渠道,以便借助中间商进行产品的销售。

③ 市场成熟度。在导入期,为加快消费者对产品的认识,有些企业会投入大量的人力、物力、财力,组成强大的销售队伍向消费者销售产品,而有些企业因自身市场营销实力较单薄,主要依靠中间商打开市场,但它们的销售渠道都较短;进入成长期、成熟期后,产品大量生产就要大量销售,因而应采用较长的渠道销售,将产品全面铺向市场,以取得规模效益。

〈3〉制造商因素

① 制造商规模。较大的企业在渠道设计上有较大的选择,因为这类企业有较强的财务能力和管理能力,所以都倾向于直接销售;小企业一般选择中间商销售,而且往往选择长渠道,以使企业更快地从渠道成员那里取得货款,减少在仓储、运输、零售设施建设等方面的投资。

② 制造商产品组合。产品相似,特别是关联度较大的产品,可以通过相同或类似的渠道销售大大降低成本。

(2)确定渠道宽度

① 密集式销售。在密集式销售中,凡是符合生产企业最低信用标准的渠道成员都可以参与其产品或服务的销售。密集式销售意味着渠道成员之间的激烈竞争和很高的产品市场覆盖率。

密集式销售最适用于便利品,它通过最大限度地方便消费者来推动销售的提升。采用这种策略,有利于广泛占领市场、及时销售产品、便利购买。其不足之处:在密集式销售中能够提供服务的中间商数目总是有限的;生产企业有时需要对中间商的培训、销售支持系统、交易沟通网络等进行评价,以便及时发现其中的问题;在某一市场区域内,中间商之间的竞争会造成销售努力的浪费;由于密集式销售加剧了中间商之间的竞争,它们对生产企业的忠诚度就会降低,从而使得价格竞争更激烈,因此中间商也不再愿意合理地接待消费者了。

② 选择性销售。这是指生产企业在特定的市场选择一部分中间商来推销本企业的产品。采用这种销售策略时,生产企业不必花太多的精力联系为数众多的中间商,因而便于与中间商建立良好的合作关系,从而可以使生产企业获得适当的市场覆盖面。与密集式销售策略相比,采用这种销售策略具有较强的控制力,成本也较低。

③ 独家销售。这是指生产企业在一定地区、一定时间内只选择一家中间商销售自己的产品。独家销售的特点是竞争程度低。一般情况下,只有当生产企业想与中间商建立长久且密切的关系时,才会使用独家销售策略。独家销售比较适用于服务要求较高的专业产品。

对中间商而言,独家销售使中间商得到了庇护,即避免了与其他竞争对手竞争的风险;独家销售还可以使中间商无所顾忌地增加销售开支和人员,以扩大自己的业务,而不必担心生产企业会改换门庭。

对生产企业而言,采用这种销售策略,能在中间商的销售价格、促销活动、信用和各种服务方面有较强的控制力,并通过这种形式得到中间商强有力的销售支持。

独家销售的不足之处:由于缺乏竞争,因此会导致中间商力量减弱——因为在市场中中间商占据了垄断性位置,所以独家销售会使中间商认为它们可以支配消费者;对于消费者来说,独家销售可能使他们在购买地点的选择上感到不方便。

采用独家销售策略时,通常生产企业与中间商要签订协议,规定在一定的地区、时间内,不仅中间商不得再经销其他竞争对手的产品,而且生产企业也不得再找其他中间商经销该产品。

（3）选择合适的中间商

要选择合适的中间商，必须考虑5个条件。

① 中间商的市场大小。市场是企业选择中间商最关键的因素，因为直接关系到企业产品的销售。首先，要考虑选定的中间商的经营范围包括的地区与产品的预计销售地区是否一致；其次，确定中间商的销售对象是否是企业所希望的潜在消费者，这是最根本的条件，因为企业都希望中间商能打入自己已确定的目标市场，并最终说服消费者购买自己的产品。

② 中间商的产品政策。首先，考虑中间商经营多少产品线，这里的产品线是指中间商的产品有多少供应来源；其次，了解中间商经营的产品组合是竞争产品还是促销产品，应该避免选用销售竞争产品的中间商。当然，如果本企业产品的竞争优势明显大于竞争对手，则可以给消费者一个选择权，由消费者决定购买哪个产品。

③ 中间商的地理区位优势，即位置优势。对于零售商而言，应该是消费者流量较大的地点；对中间商的选择，要考虑它所处的位置是否利于产品的批量储存与运输，通常以交通枢纽为宜。

④ 中间商的财务状况及管理水平。中间商能否按时结算，包括在必要时预付货款，取决于它的财力大小；中间商销售管理是否规范、高效，也与企业的发展息息相关。

⑤ 中间商的促销政策。采用什么方式推销产品及运用这种手段的能力，直接影响着销售规模。有些产品比较适合广告促销，有些产品则适合通过人员推销。因此，在选择中间商时应考虑到中间商是否愿意承担一定的促销费用及是否有必要的物质、技术基础。此外，在现代市场营销中，服务是满足消费需求非常重要的一个方面。因此，对于需要提供良好售后服务，或者需要提供专门技术指导或财务帮助的（如分期付款）情况，还要考虑中间商综合服务能力的大小。

3. 销售渠道的管理

（1）激励渠道成员

如何处理好产销矛盾，是一个普遍存在的问题。因此，生产企业必须通过对中间商的经常监督和激励来及时化解这个矛盾。激励中间商的主要方法有4种。

① 做出必要的让步。了解中间商的经营目标和需要，在必要的时候可以做出一些让步来满足中间商的要求，如放宽信用条件，以鼓励中间商积极销售产品。

② 提供优质产品。提供适销对路的优质产品，这是对中间商最好的激励，即生产企业应该把中间商视为消费者的总代表。只有这样，企业的产品才能顺利地进入最终的市场。

③ 给予各种权利。给中间商适当的盈利、独家经营权利或其他一些特许权，对中间商来说也是一种很好的激励方法，而且这样可以进一步调动其销售的积极性。

④ 进行广告宣传。当生产企业进入一个新市场或是推出一种新产品时，其品牌知名度和产品的性能、特点对当地的消费者来说都是陌生的，中间商不愿为此花费很大的力气进行宣传。因此，生产企业应该提供强有力的广告宣传支持，或者增加广告投入，以提高产品的知名度。

另外，生产企业在必要的时候应该向中间商提供销售及维修人员的培训、商业咨询服务等。这不仅可以促进生产企业与中间商的合作关系，而且还可以大大提高中间环节的工作效率和服务水平。

（2）评估渠道成员

企业除了选择和激励渠道成员之外，还应该定期对这些成员进行检查和评估。如果某一个渠道成员的绩效大大低于既定标准，则必须找出主要原因，并且采取一些可能的补救措施；对一些工作业绩欠佳的中间商，要求其限期完成任务、改进工作，否则就取消合作；在渠道管理过程中，根据情况的变化，需要增加或减少渠道成员，局部修正某些渠道或全面修正销售渠道系统。

评估中间商绩效的方法主要有两种：一种就是将每一个中间商的销售情况与上期的销售情况进行比较分析，以销售百分比作为评价标准；另外一种是将各中间商的实际销售情况与该地区的销售潜量进行比较，看其占整个销售额的比率，并将各中间商按照先后顺序进行排列。

情境链接

新零售，英文是 new retailing，是企业以互联网为依托，通过运用大数据、人工智能等先进技术手段，对商品的生产、流通与销售过程进行升级改造，进而重塑业态结构与生态圈，并对线上服务、线下体验及现代物流进行深度融合的零售新模式。

1. 政策背景

2016 年 11 月 11 日，国务院办公厅印发《关于推动实体零售创新转型的意见》（国办发〔2016〕78 号）（以下简称《意见》），明确了推动我国实体零售创新转型的指导思想和基本原则。同时，在调整商业结构、创新发展方式、促进跨界融合、优化发展环境、强化政策支持等方面做出了具体部署。《意见》在促进线上线下融合的问题上强调："建立适应融合发展的标准规范、竞争规则，引导实体零售企业逐步提高信息化水平，将线下物流、服务、体验等优势与线上商流、资金流、信息流融合，拓展智能化、网络化的全渠道布局。"

2. 发展动因

一方面，经过近年来的全速前行，传统电商由于互联网和移动互联网终端大范围普及所带来的用户增长及流量红利正逐渐萎缩，因此所面临的增长"瓶颈"开始显现。国家统计局的数据显示：全国网上零售额的增速已经连续 3 年下滑，2014 年 1 至 9 月份的全国网上零售额为 18 238 亿元，同比增长达到 49.9%；2015 年 1 至 9 月份的全国网上零售额为 25 914 亿元，同比增长降到 36.2%，而在 2016 年的 1 至 9 月份，全国网上零售额是 34 651 亿元，增速仅为 26.1%。此外，从 2016 年"天猫""淘宝"的"双 11"总成交额 1 207 亿元来看，GMV（Gross Merchandise Volume）即商品交易总额增速也从 2013 年的超过 60%下降到了 2016 年的 24%。根据艾瑞咨询的预测：国内网购增速的放缓仍将以每年下降 8%～9%的趋势延续。传统电商发展的"天花板"已经依稀可见，对于电商企业而言，唯有变革才有出路。

另一方面，传统的线上电商从诞生之日起就存在着难以补齐的明显短板——线上购物的体验始终不及线下购物。相对于线下实体店给消费者提供商品或服务时所具备的可视性、可听性、可触性、可感性、可用性等直观属性，线上电商始终没有找到能够提供真实场景和良好购物体验的现实路径，因此在消费者的消费过程体验方面要远逊于实体店面。不能满足人们日益增长的对高品质、异质化、体验式消费的需求将成为阻碍传统线上电商企业实现可持续发展的"硬伤"。特别是在我国居民人均可支配收入不断提高的情况下，人们对购物的关注点已经不再仅仅局限于价格低廉等线上电商曾经引以为傲的优势方面，而是愈发注重对消费过程的体验和感受。因此，探索运用"新零售"模式来启动消费购物体验的升级，推进消费购物方式的变革，构建零售业的全渠道生态格局，必将成为传统电子商务企业实现自我创新发展的又一次有益尝试。

① 线上零售遭遇天花板。虽然线上零售一段时期以来替代了传统零售的功能，但从两大电商平台——天猫和京东的获客成本可以看出，电商的线上流量红利见顶。与此同时，线下边际获客成本几乎不变，且实体零售进入整改关键期，由此导致的线下渠道价值正面临重估。

② 移动支付等新技术开拓了线下场景智能终端的普及，以及由此带来的移动支付、大数据、虚拟现实等技术革新，进一步拓展了线下场景和消费社交，使消费不再受时间和空间制约。

③"新中产阶层"崛起。"新中产阶层"画像:"80后""90后"、接受过高等教育、追求自我提升,逐渐成为社会的中流砥柱。"新中产阶层"消费观的最大特征:理性化倾向明显——相较于价格,他们在意产品的质量及相应的性价比;对于高质量的产品和服务,他们愿意为之付出更高的代价。不菲的收入与体面的工作给"新中产阶层"带来了片刻的欣慰,但不安与焦虑才是"新中产阶层"光鲜外表下最戳心的痛点,消费升级或许正是他们面对这种焦虑选择的解决方案。

3. 典型特征

① 生态性。"新零售"的商业生态构建将涵盖网上页面、实体店面、支付终端、数据体系、物流平台、营销路径等诸多方面,并嵌入购物、娱乐、阅读、学习等多元化功能,进而推动企业线上服务、线下体验、金融支持、物流支撑四大能力的全面提升,使消费者对购物过程便利性与舒适性的要求能够得到更好的满足,由此增加用户黏性。当然,以自然生态系统思想指导而构建的商业系统必然是由主体企业与共生企业群及消费者所共同组成的,且表现为一种联系紧密、动态平衡、互为依赖的状态。

② 无界化。企业通过对线上与线下平台、有形与无形资源进行高效整合,以"全渠道"方式清除各零售渠道间的种种壁垒、模糊经营过程中各个主体的既有界限,打破过去传统经营模式下所存在的时空边界、产品边界等现实阻隔,促成人员、资金、信息、技术、产品等的合理顺畅流动,进而实现整个商业生态链的互联与共享。依托企业的无界化零售体系,消费者的购物入口将变得非常分散、灵活、可变与多元,人们可以在任意时间、地点以任意的可能方式,随心、尽兴地通过诸如实体店铺、网上商城、电视营销中心、自媒体平台甚至智能家居等一系列丰富多样的渠道,与企业或其他消费者进行全方位的咨询互动、交流讨论、产品体验、情境模拟,进而购买产品和服务。

③ 智慧型。"新零售"商业模式得以存在和发展的重要基础,源于人们对购物过程中个性化、即时化、便利化、互动化、精准化、碎片化等要求的逐渐提高,而满足上述需求则在一定程度上需要依赖于"智慧型"的购物方式。可以肯定,在产品升级、渠道融合、客户至上的"新零售"时代,人们经历的购物过程及所处的购物场景必定会具有典型的"智慧型"特征。未来,智能试装、隔空感应、拍照搜索、语音购物、VR逛店、无人物流、自助结算、虚拟助理等图景都将真实地出现在消费者眼前。

④ 体验式。随着我国城镇居民人均可支配收入的不断增长和物质产品的极大丰富,消费者主权得以充分体现,人们的消费观念将逐渐从价格消费向价值消费进行过渡和转变,购物体验的好坏将愈发成为决定消费者是否买单的关键性因素。现实生活中,人们对某个品牌的认知和理解往往会更多地来源于线下的实地体验或感受,而"体验式"的经营方式就是通过利用线下实体店,将产品嵌入到所创设的各种真实生活场景之中,赋予消费者全面深入了解产品和服务的直接机会,从而触发消费者视觉、听觉、味觉等方面的综合反馈,在增加人们参与感与获得感的同时,也使线下平台的价值得以进一步发掘。

4. 未来展望

21世纪初期,当传统零售企业还未能觉察到电子商务对整个商业生态圈可能产生的颠覆性影响时,以淘宝、京东等为代表的电子商务平台就开始破土而出。电子商务发展到今天,已经占据了中国零售市场的主导地位。这也印证了比尔·盖茨曾经的所言:"人们常常将未来两年可能出现的改变看得过高,同时又把未来10年可能出现的改变看得过低。"随着"新零售"模式的逐步落地,线上和线下将从原来的相对独立、相互冲突逐渐转化为互相促进、彼此融合,电子商务的表现形式和商业路径必定会发生根本性的转变。当所有实体零售都具有明显的"电商"特征时,传统意义上的"电商"将不复存在,人们经常抱怨的电子商务给实体经济带来的严重冲击也将成为历史。

"新零售"模式打破了线上和线下之前的各自封闭状态，线上线下得以相互融合、取长补短且相互依赖，线上更多地履行交易与支付职能，线下通常作为筛选与体验的平台，高效物流则将线上线下相连接并与其共同作用形成商业闭环。基于该模式，消费者既能获得传统线下零售的良好购物体验，又能享受到传统线上电商的低价和便利，而各种新兴科技对人们购物全过程的不断渗透将使企业提供的产品与服务得以融入更多的智慧因子，进一步产生 1+1＞2 的实际效果。在"新零售"模式下，消费者可以任意畅游在智能、高效、快捷、平价、愉悦的购物环境中，使购物体验得以大幅提升，年轻群体对消费升级的强烈意愿也由此得到了较好满足。

资料来源：百度百科．

6.4.4 促销策略

促销是指企业如何通过人员推销、广告、公共关系和营业推广等方式，向消费者传递产品信息，从而引起他们的注意和兴趣，进而激发他们的购买欲望和购买行为的过程。

企业将合适的产品，在适当的地点以适当的价格销售的信息传递到目标市场一般通过两种方式：一种是人员推销，即推销员和消费者面对面地进行销售，这种方式有利于直接沟通和及时传递、搜索信息，有利于适时发现和满足消费者需求，尤其有利于对中间商的争取；另一种是非人员推销，即通过大众传播媒介在同一时间向大量消费者传递信息，主要包括广告、营业推广和公共关系[1]等多种方式。

此外，目录、通告、赠品、店标、陈列、示范、展销等也属于促销范围。通常情况下，企业为了达到某种市场营销目标，会将各种促销方式有机组合起来加以运用。

1. 促销组合策略

一个好的促销策略，往往能起到多方面的作用。例如，提供信息情况，及时引导采购；激发购买欲望，扩大产品需求；突出产品特点，建立产品形象；维持市场份额，巩固市场地位，等等。常见的促销组合策略包括以下 3 种。

（1）推式策略

推式策略是利用推销人员向中间商促销，将产品推入渠道的策略。这一策略需要利用大量的推销人员推销产品，适用于生产企业和中间商对其前景看法一致的产品。推式策略风险小、周期短、资金回收快，但前提条件是必须有中间商的共识和配合。

推式策略常用的方式是派出推销人员上门销售产品，并提供各种售前、售中、售后服务。

（2）拉式策略

拉式策略是企业针对消费者展开广告攻势，把产品信息介绍给目标市场的消费者，使消费者产生强烈的购买欲望，形成急切的市场需求，然后"拉引"中间商纷纷要求销售这种产品的策略。在市场营销过程中，由于中间商与生产企业对某些新产品的市场前景常有不同的看法，因此很多新产品上市时，中间商往往因为过高估计市场风险而不愿经销。在这种情况下，生产

---

[1] 广告是企业为达到扩大销售的目标而通过传播媒介对企业及产品、服务进行付费宣传的方式；营业推广是企业为促进消费者购买而采取的在一定时期内能产生刺激效果的市场营销方式；公共关系是企业为达到让目标消费者及公众了解企业的目的，通过直接或间接的手段树立企业形象、宣传产品特色，以构建有利于企业生存与发展的外部环境的方式。

企业只能先向消费者直接促销，再拉引中间商经销。

拉式策略常用的方式有价格促销、广告、展览促销、代销、试销等。

（3）推拉结合策略

在通常情况下，企业也可以把上述两种策略配合起来运用，即在向中间商进行大力促销的同时通过广告刺激市场需求。

在"推式"促销的同时进行"拉式"促销，用双向的促销努力把产品推向市场，这比单独利用推式策略或拉式策略更为有效。

2. 同质性高的产品促销策略

同质性高的产品除应注重品牌形象建设、营造品牌差异化外，还应采用适当的营业推广，如会员营销，以增加消费者的购买量、频次，培养消费者的忠诚度。

会员营销又称俱乐部营销，是企业以消费者为基本单位，以某项利益或服务为主题，将消费者组成一个团体，开展宣传、销售、促销的市场营销活动。

情境链接

大型零售企业，如沃尔玛、大润发等多采用会员营销方式。其基本手段有以下3种。

1. 价格优惠

价格优惠是会员营销普遍采用的一种方式，即利用价格优惠来吸引新的会员加入。

2. 方便购物

成为会员后消费者可以定期收到商家有关新产品的性能、价格的资料。消费者购物可乘坐商家的专车，或者电话购物，商家会送货上门。世界著名的大型零售企业把采用该方式作为吸纳会员、提高市场营销运作能力的主要手段。

3. 情感交流

企业采用上述两种手段的目的在于直接达成销售，而情感交流是以培养消费者的品牌忠诚度、树立企业形象为目的开展的。它提供的是知识、信息，传播的是一种文化。例如，百事俱乐部经常将终端会员召集到一起，进行多方位的沟通、交流。在俱乐部的努力下，"百事"已成为熟悉、可亲又可信赖的朋友，整个俱乐部没有"急欲售卖"的推销，处处传递着真切的关心，从而赢得了会员的心。

会员营销充分利用了人们虚荣、从众的心理，满足了人们对品牌的渴望，最终产生了对品牌的拥有感和归属感。这种方式不易被竞争对手发觉，能够达到暗中取胜、提高企业的市场营销竞争力、培养消费者的品牌忠诚度的目的。但它也有回报慢、费用高、效果难预测等缺点。因此，开展会员营销应事先设定清晰的目标及所能提供的服务项目、确定费用的预算，并系统、持续、周期性地与会员进行沟通交流，以便将会员紧紧团结在企业身边。

应用案例

宝洁公司的营销策略

对于21世纪的中国消费者来说，提起宝洁，脑海里一定能立即蹦出一个个家喻户晓的牌子：海飞丝、飘柔、潘婷洗发水，舒肤佳香皂，碧浪洗衣粉，佳洁士牙膏，玉兰油护肤品……宝洁的各类产品已经成为中国消费者，特别是年轻消费者日常生活中必不可少的一部分。

学习情境 6　市场营销管理

与其他跨国公司相比，宝洁公司进入中国市场较早，改革开放初期就开始在中国市场进行大规模的市场调研工作，并于 1988 年正式成立广州宝洁有限公司，后来又陆续在其他城市成立了分公司。

经过 20 多年的经营，宝洁公司在中国市场取得了巨大的成功，在品牌数量和市场占有率两方面都处于市场领先地位。

宝洁公司在中国市场的巨大成功，一方面与它的全球市场优势地位有关；另一方面得益于它独具中国特色的市场营销策略。

1. 标准化与差异化策略的有机结合

宝洁公司为了掌握中国市场的第一手资料，组织了两批市场调研队伍：一批采用"洋办法"，即西方公司拿手的市场预测、定量研究、定性分析、座谈会、研讨会，以及商店调查等方式；另一批则采用人盯人的"土办法"，即派出非专业调研人员深入大江南北、穷乡僻壤，不仅系统地研究中国老百姓的衣、食、住、行，而且详细地观察他们如何梳妆、清扫、换尿布、刷牙。在大量的市场调研基础上，一方面，宝洁公司把它的品牌换上十足中国化的名称，如玉兰油、飘柔、海飞丝、潘婷、舒肤佳、碧浪、汰渍等；另一方面，针对中国人热爱大自然、崇尚中草药疗效的心理，在许多产品中加入了天然药用植物成分，如中草药配方的佳洁士牙膏等。

2. 具有中国特色的促销手段

宝洁公司的中国特色营销也体现在产品的促销方式上。例如，积极参与原中国卫生部推动的全国牙病防治新长征活动，沿着当年中国工农红军的长征路线，在广大"老、少、边、穷"地区开展口腔卫生宣传，并赠送大量牙科医疗器械和口腔保护用品；1989 年 5 月，宝洁公司在推出玉兰油护肤用品前，与广州市总工会合作，向全市女职工免费赠送了 80 万套玉兰油产品；1998 年，宝洁公司向中国广大消费者做出支持"熊猫爱心工程"的承诺，即任何中国消费者只要购买一袋"熊猫"洗衣粉，宝洁公司就向中国野生动物保护协会捐赠 1 元人民币。此外，宝洁公司还针对中国人口加速老龄化和"银发浪潮"的到来，于 1999 年 8 月成立玉兰油美肤学院，由国际皮肤专家格里克曼教授任院长，定期通过中国专业媒体传授抗衰老护肤知识，并推出抗衰老洁面产品玉兰油活肤洁面乳，向世界最大的老年人群体发起强大的促销攻势。由于中国电视的普及率已经很高，所以宝洁公司的电视广告在其促销组合中占有重要地位，只是电视广告中的主人公已由西方国家标准化的"洋才子佳人"，换上了中国民众喜闻乐见的华人影星和球星。尽管电视广告表现手法五花八门，但末尾总有一句以深沉男低音念出的"P&G"，从而把标准化和差异化广告策略天衣无缝地结合了起来。

3. 无缝销售策略

无缝销售策略是指 20 世纪 90 年代以来，跨国公司和中间商为降低销售渠道成本、提高销售效率而采用的一系列团队式长期互信合作模式。宝洁公司在中国运用无缝销售策略，具有以下几个特点。第一，宝洁公司根据中国市场的特殊销售结构，从规模、客户分布、资金实力、销售额、储运能力、市场信誉等方面精心挑选中间商，并培养它们成为宝洁公司稳定的长期团队式合作伙伴。值得强调的是，宝洁公司在挑选合作伙伴时，更注意彼此之间的差异性和互补性，以便发挥各自的优势，进行合理的互补性分工，从而大大提高了销售渠道的整体效益。第二，宝洁公司在确定中间商之后，实施营销整合计划——IBS（Integrated Business System），协助中间商进行宝洁式的组织与运作方式改造，并在此基础上进行互补式的分工。从宝洁公司在中国进行的无缝销售策略实践来看，由宝洁公司主导的业务是促销战略设计、促销政策制定、库存管理计划；由中间商主导的业务是仓储、运输、商业信用（指中间商对下一级批发商及零售商提供的信用）、促销政策的具体实施等。宝洁公司中国总部为此专门成立了一个包括营销、财务、技术、人事、法律等部门人员组成的IBS小组，对重要渠道的成员提供整合计划的咨询和指导，并注意各渠道成员利益的合理分配，以利益杠杆作为维系无缝渠道成员的强大黏合剂。

问题讨论

① 宝洁公司进行了哪些市场营销活动？
② 宝洁公司的市场营销对中国的日化企业有什么启示？

边学边做

市场营销管理模拟

1. 平台：市场营销管理模拟教学软件

应为完全仿真模拟，不限制参加模拟市场营销的学生人数。模拟时，所有学生根据进入模拟环境的批次（先后顺序）分为不同的组，每个组根据学生人数的多少分成 n 个集团直属的市场营销分公司，每个公司6~8人；每个人在公司中扮演一个真实的角色，分别担任市场营销总监、市场调研部经理、直销部经理、专营店经理、渠道管理部经理、产品部经理、客户服务部经理、促销部经理、财务部经理等不同的职位；各职位都有明确分工，除市场营销总监外，其他的部门经理分别负责本部门的工作。

在市场营销管理模拟教学软件（以下简称教学软件）中，各组学生根据软件所给定的公司原始状况组建自己的市场营销分公司，搭建起基本组织架构，并招聘员工，进行部门分工。然后，与现实中的市场营销一样开展市场调研、环境分析、市场营销组合（包括价格策略、产品策略、渠道策略、促销策略）和风险控制等市场营销管理活动，从而对市场营销管理有更加深刻、全面的理解。

2. 模拟要求

（1）市场营销实战应为全真演练

系统设定的环境应让学生真实体验到市场调研、市场营销环境分析、产品定位、促销策略、渠道开发等市场营销管理的各个环节，以使学生能够进入到全真的模拟演练氛围当中。

（2）应有清晰逼真的组织结构

在教学软件中，市场营销总监是市场营销分公司的最高职位，其下设有市场调研部、销售部、产品部、渠道管理部、客户服务部、促销部、财务部7个部门。市场营销总监负责公司的全面工作，其他各部门按系统中设定的角色各司其职，在市场营销总监的带领下共同完成目标任务。

（3）变幻莫测的市场环境

教学软件应设定国内外3个大的市场（如中国市场、欧美市场、日本市场等）。在大的市场环境下，还包含着自然环境、政治环境、法律环境、科学技术环境、人口环境、社会文化环境、经济环境等因素的变化。学生在模拟中，可以学习到市场定位的方法和如何为了适应环境而改变市场营销策略。

（4）灵活多变的营销组合

各市场营销分公司在竞争中获得市场份额的多少与该公司的广告、渠道、产品价格、产品质量等因素紧密联系，学生在模拟中可以学习到资源合理配置对获取优势的重要性。

（5）形象逼真的产品生命周期

教学软件不仅应在3个市场设定多个系列的多种产品，而且要为每种产品设定不同的生命周期，与现实市场基本相同，以便可以让学生学会利用产品生命周期来调整产品策略和市场营销策略。

（6）惟妙惟肖的客户服务

各市场营销公司不仅可以通过竞争赢得新客户，客户维护做得好的公司还可以获得一部分稳定的老客户。该环节的设定可以让学生体会到客户服务的重要性。

（7）对抗激烈的真实代理

当前市场营销的胜败，很大程度上取决于渠道建设。基于此，教学软件应设定真实代理的模拟演练，各市场营销公司要制定一系列的市场营销策略以吸引代理商代理自己的产品。这些策略包括广告策略、价格策略、代理商优惠政策、品质与服务策略等。而代理商则要通过各家市场营销公司给予的优惠政策和各公司的实力，决定代理哪家公司的产品。通过真实代理的模拟，各市场营销公司将学会如何转移风险，而代理商在获取优厚利润的同时将学会如何规避风险。

3. 模拟效果

① 完全仿真的市场营销环境和流程的设计，可以让学生在模拟过程中身临其境，体验市场营销的精髓和真谛。

② 通过实战提高决策能力和市场营销管理、控制能力。

③ 认识产品、价格、渠道、促销等因素对市场营销策略的影响，学会优化组合。

④ 学习如何选择目标市场，进行市场定位。

⑤ 体验市场竞争中的客户价值，学会把握机会、识破市场陷阱。

⑥ 学会利用产品生命周期进行不同的市场营销布局，掌控周期性的规律变化对市场营销的影响。

情境综述

在学习情境6中，我们学习了：

① 市场调研的内容、方法与步骤。

② 市场营销环境的分析方法。

③ 市场细分后的目标市场选择与定位。

④ 产品、价格、渠道及促销的市场营销组合策略。

学习情境 7

财务管理

西方企业多年来流行着这样一句名言:"一个企业没有利润或亏损是令人痛苦的,而没有现金或没有支付能力则是致命的。"这句话的深刻内涵贯穿于企业财务管理与财务分析的全过程。

情境导入

3月,小李成功通过了春节前业务高峰期的考验,将作为正式员工到财务部熟悉业务,最终完成作为企业基层员工的岗位轮训。

学习目标

通过本学习情境的学习,能够运用筹资管理、投资管理、资产管理、利润管理和财务分析的基本方法,对企业财务状况进行简单的评价。

情境任务

1. 筹资管理。
2. 投资管理。
3. 资产管理。
4. 利润管理。
5. 财务分析。

情境任务

走访当地企业,与财务负责人进行筹资、投资、利润分配方面的座谈,并做记录。

学习情境 7　财务管理

情境任务 7.1　筹资管理

引导案例

2009年7月,福特汽车公司发布业绩报告,在连续数个季度亏损之后,当年二季度福特汽车公司实现了23亿美元的盈利。福特汽车公司已经从困境中摆脱出来,开始步入增长轨道。

2008年9月,全球金融危机呼啸而来。在金融危机的冲击下,实体经济中受影响最大的首推美国的汽车制造业,通用、福特、克莱斯勒三大美国汽车巨头无一例外陷入了困境。通用和克莱斯勒不得不申请破产保护,进行债务重组。美国汽车制造业长期存在的问题是成本过高、竞争力差,因而销量下降、巨额亏损、负债沉重。即使没有金融危机,通用和克莱斯勒也很可能走向破产,金融危机只不过加速了它们的破产。

在美国汽车业三大巨头中,唯独福特汽车公司没有向政府申请紧急援助,也没有申请破产保护。与通用、克莱斯勒一样,福特汽车公司同样面临销量急剧下降、负债累累的问题。福特汽车公司为何能够躲过一劫,独善其身呢?

首先,福特汽车公司大刀阔斧地进行了结构重组,全面瘦身。福特汽车公司关闭了17家位于北美的工厂,裁掉了4万多个工作岗位,削减了50多亿美元的开支。

其次,坚决卖掉不挣钱的品牌。金融危机发生前,福特汽车公司以23亿美元的价格把全资子公司捷豹和陆虎连同品牌一起卖给了印度的塔塔集团。

此外,在金融危机发生前,福特汽车公司以全部资产作为抵押,向银行借贷300亿美元现金。正是这300亿美元,成了福特汽车公司的救命稻草。企业不怕亏损,就怕现金流中断。一旦企业陷入财务危机,现金流中断,就无法维持企业的正常运转。福特汽车公司未雨绸缪,先走一步,避免了通用、克莱斯勒的破产厄运。

思考：从这个案例中,你能看出筹资对企业的重要意义吗?

企业筹资是指企业根据生产经营活动对资金需求数量的要求,通过金融机构和金融市场,采取适当的方式,获取所需资金的一种行为。

7.1.1　资金筹集的基本要求

资金是企业的血液,供血不足,企业就会陷入倒闭的绝境。筹集资金是企业的基本财务活动,是使用和分配资金的前提条件。筹资管理是一项重要且复杂的工作,成功的企业管理人员应该具备筹资能力,善于利用有效的筹资渠道和方式化解资金匮乏问题,使企业不断发展壮大。为了有效地筹集资金,企业必须满足一些基本要求。

1. 合理确定资金需求量,努力提高筹资效果

企业筹资首先要考虑筹集资金的数量。筹资过多而企业没有相应的投资能力,会降低资金的使用效率,提高企业财务成本;筹资不足又会影响企业的正常生产经营。为了确定生产经营所需的资金量,必须认真做好预测工作,使资金的筹集量和需求量相适应。

189

2. 适时取得资金，保证资金投放需要

筹资还涉及时间问题，即何时需要资金。筹集资金要按照资金投放使用的时间来合理安排，使筹资和用资在时间上相衔接。既要避免筹资过早形成资金闲置，又要避免因取得资金滞后而贻误投资的有利时机。

3. 周密研究投资方向，大力提高投资效果

筹集资金的效果最终是通过投资反映出来的。好的投资项目会增加企业盈利，并改善以后的筹资条件；差的投资项目不仅不能使企业增加盈利，甚至连投资都难以收回，从而使企业财务状况进一步恶化。因此，企业筹资前必须进行周密的投资分析，选择最佳投资方向。

4. 认真选择筹资渠道，力求降低资金成本

企业筹集资金可以采用的渠道和方式多种多样，不同筹资渠道和方式的难易程度、资本成本和财务风险各不一样。因此，要综合考虑各种筹资渠道和筹资方式，研究各种资金来源的构成，求得最优的筹资组合，以便降低筹资成本。

5. 合理安排资本结构，保持适当偿债能力

企业资金有两种来源：负债和自有资金。负债和自有资金的比例形成了企业的资本结构。资本结构不仅决定企业财务风险的大小，还直接影响企业的偿债能力。企业筹资必然要影响原有的资本结构，所以企业在选择筹资渠道与方式时，必须合理安排资本结构，既要防止负债过多，导致财务风险过大，偿债能力不足，又要有效地利用负债经营，以提高权益资本的收益水平。

7.1.2 资金筹集的渠道和方式

1. 筹资渠道

筹资渠道是指企业筹措资金的来源和通道。认识和了解各种筹资渠道及其特点，对企业充分拓宽和正确利用筹资渠道是很有必要的。企业筹资渠道主要有以下 6 种方式。

（1）国家财政资金

国家对企业的直接投资是国有企业最主要的资本来源渠道，特别是国有独资公司，其资本全部由国家投资形成，产权归国家所有。

（2）银行信贷资金

银行信贷资金是各类企业筹资的重要来源。我国银行分为商业性银行和政策性银行两种：商业性银行以营利为目的，从事信贷资金的投放；政策性银行为特定企业提供政策性贷款。我国商业性银行主要有中国工商银行、中国农业银行、中国建设银行、中国银行及中国交通银行等；政策性银行主要有国家开发银行、农业发展银行和中国进出口银行。银行信贷资金拥有居民储蓄、单位存款等经常性的资金来源，贷款方式灵活多样。

（3）非银行金融机构资金

非银行金融机构是指除了银行以外的各种金融机构及金融中介机构，在我国主要有信托投资公司、保险公司、租赁公司、证券公司等。它们有的积聚社会资金，融资融物；有的承销证

券，提供信托服务，为一些企业直接筹集资金或为一些公司发行证券筹资提供服务。

（4）民间资金

我国企业和事业单位的职工及广大城乡居民持有大笔的货币资金，这些人可以对一些企业直接进行投资，为企业筹资提供资金来源。

（5）企业内部资金

企业内部资金主要是指企业通过提留盈余公积金和保留未分配利润而形成的资金。这是企业内部形成的融资渠道，比较便捷且成本低，有盈利的企业都可以使用。

（6）外商和我国港澳台资金

外国和我国香港、澳门、台湾地区的投资者持有的资本也可以加以利用，从而形成所谓外商投资企业的筹资渠道。

2. 筹资方式

筹资方式是指企业取得资金的具体形式。目前，我国企业有6种筹资方式：吸收直接投资、发行股票、银行借款、发行债券、融资租赁、商业信用。其中，吸收直接投资和发行股票筹集的资金为永久性的权益资本；银行借款既可以用于筹集长期债务资本，也可以用于筹集短期债务资本；发行债券和融资租赁主要是为企业获得长期债务资本；商业信用通常是为企业筹集短期债务资本。

（1）吸收直接投资

吸收直接投资是企业以协议等方式吸收国家、其他企业、个人和外商等直接投入的资金，形成企业资本金的一种筹资方式。吸收直接投资不以股票为媒介，适用于非股份制企业，是非股份制企业筹集自有资金的一种基本方式。

吸收直接投资的优点：

① 所筹集的资本属于企业的自有资本，与借入资本相比，能提高企业的资信和借款能力。

② 不仅可以获得现金，而且能够直接获得所需的先进设备和技术，从而能够尽快形成生产经营能力。

③ 所筹集的资金既不能随意抽回，也不需要到期偿还，从而有利于降低财务风险。

吸收直接投资的缺点：

① 通常资本成本比较高。

② 由于没有证券作为媒介，因此产权关系有时不够明晰，从而不便于产权交易。

（2）发行股票

股票是股份有限公司为筹集自有资本而发行的有价证券，是持股人拥有公司股份的凭证，代表持股人在公司中拥有的所有权。股票持有人就是公司的股东，股东凭股票从企业分得红利，并可根据规定行使某些权利。股票融资是股份有限公司最主要的资金来源。

普通股是股票中最普通的一种形式，是公司资金的基本来源。

普通股筹资的优点：

① 没有固定的股息负担。公司有盈利，并认为适于分配股利才分配股利；公司盈利较少，或者虽有盈利但现金短缺或有更好的投资机会，可以少支付或暂不支付股利。

② 普通股股本没有固定的到期日，无须偿还，是公司的永久性资本（除非公司清算时才有可能予以偿还）。

③ 筹资的风险小。利用普通股筹资不存在到期还本付息的风险，资本使用上也无特别限制。

④ 发行普通股筹集自有资本能增强公司的信誉。普通股股本及由此产生的资本公积金，是

公司筹措资本的基础。较多的普通股本，既有利于提高公司的信用价值，也为筹资提供了强有力的支持。

普通股筹资的缺点：

① 资本成本高。由于投资股票的风险较高，因此股东相应要求得到较高的报酬率，并且股利从税后利润中支付，无法享受纳税上的好处。此外，普通股的发行、上市等都需要较高的费用，所有这些都增加了成本。

② 可能分散公司控制权。发行新股会增加新的股东而使原股东的控制权分散，所以可能会遭到现有股东的反对。

（3）银行借款

银行借款是指企业根据合同从银行（或其他金融机构）借入的需要还本付息的款项。期限在一年以上的借款为长期借款，在一年（含一年）以下的借款为短期借款。银行借款是企业筹集债权资本的常用方式。

银行借款的优点：

① 速度快。由于借款合约是借贷双方直接协定的，无须经过公开招募资金的程序，因此可以在较短的时间里筹集到资金。

② 成本低。银行借款的利息可在税前支付，减少企业实际负担的利息费用。

③ 灵活性大。借款合约是借贷双方商定的，所以贷款的时间、数量和条件可根据情况经双方协商后变更。

④ 不改变股东的控制权。借款表明一种债权债务关系，贷款者对企业没有控制权，削弱不了股东对企业的控制权。

⑤ 发挥财务杠杆作用。由于银行借款的利率一般是固定或相对固定的，因此当企业的资本报酬率超过了贷款利息时，企业只需要给银行支付固定利息，剩余部分归企业所有，从而发挥财务杠杆作用。

银行借款的缺点：

① 增加企业风险。银行借款有固定的还本付息期限，企业到期必须足额支付。在企业经营不景气时，这种情况无异于釜底抽薪，会给企业带来更大的财务困难，甚至可能导致破产。

② 限制条件多。银行借款合同对借款的用途有明确的规定，对企业资本支出额度、再融资等行为有严格的约束，所以借款后企业的生产经营活动必将受到一定程度的影响。

③ 筹资数量有限。银行借款的数额往往受到贷款机构资本实力的制约，一般不能像发行债券、股票那样一次筹集到大笔资金。

（4）发行债券

债券是企业依照法定程序发行的，约定在一定期限内还本付息的有价证券，是债券持有人拥有企业债权的凭证。债券持有人可按期取得固定利息，到期收回本金，但既无权参与企业经营管理，也不参与分红，并且对企业的经营亏损不承担责任。由于购买债券的投资者来自于社会的各个层面，因此从某种程度上来说，发行债券是向社会借钱。企业发行债券通常是为其大型项目一次性筹集大笔长期资本。

发行债券筹资的优点：

① 资本成本较低。债券的利息通常低于股票的股利，而且债券的利息允许在税前扣除，所以发行企业可享受减税利益，故企业实际负担的债券成本明显低于股票成本。

② 具有财务杠杆作用。由于债券利息率通常是固定的，因此不论企业盈利多少，债券持有

人只收取固定的利息,而更多的盈利可用于分配给企业所有者,起到财务杠杆的作用。

③ 保障企业控制权。债券持有人无权参与企业的管理决策,企业发行债券不会像发行普通股那样分散股东对企业的控制权。

发行债券筹资的缺点:

① 财务风险较高。债券有固定的到期日,并且必须定期支付利息。在企业经营不景气时,还本付息将成为企业严重的财务负担,甚至会导致企业的破产。

② 限制条件多。为了保证债券持有人的权益,发行债券的限制条件较多且严格,从而不仅会限制企业对债券融资的作用,而且可能会影响企业以后的筹资能力。

③ 筹资额有限。企业利用债券筹资一般受一定额度的限制。我国规定累计债券总额不能超过企业净资产的40%,这就限制了企业的筹资数量。

(5) 融资租赁

融资租赁是指当企业需要筹措资金、添置设备时,不是以直接购买的方式投资,而是以付租金的形式向租赁公司借用设备。租赁公司按照企业选定的机器设备,先行融通资金代企业购入,再以租赁的方式将设备租给企业实行有偿使用,从而以融物的形式为企业融通资金。它是现代租赁的主要类型,是承租企业筹集长期资本的一种特殊方式——通过租赁,企业可以不必预先筹措一笔相当于设备价款的资金,即可获得所需设备。

实例分析 7-1

我国南方一家服装生产企业,在以往的经营中以产品质量上乘、品种多样赢得了消费者的青睐,利润连年递增。然而,近年来随着国际服装市场潮流的不断更新,该企业的产品逐渐受到冷落。该企业亟待解决的问题是更新设备,而设备所需款项约300万美元。该企业生产经营处于困境,无力支付这笔费用。后经人指点,该企业与一家租赁公司取得了联系。租赁公司经过考察,认为该项投资可靠。于是,双方签订了协议,由租赁公司购买了该厂所需设备,然后以融资租赁的方式租赁给该企业,解了燃眉之急。

融资租赁的优点:

① 迅速获得所需资产。融资租赁集"融资"和"融物"于一身,一般要比先筹措现金后再购置设备来得快,可使企业尽快形成生产经营能力。

② 限制较少。企业运用股票、债券、银行借款等筹资方式,会受到相当多的资格条件的限制,而融资租赁的限制条件较少。

③ 全部租金通常在整个租期内分期支付,可适当降低不能偿付的危险。

④ 租金费用可在所得税前扣除,承租企业能享受税收优惠。

融资租赁的缺点:

① 成本高。租金总额通常要高于设备价值。

② 承租方要承担必要的维修、保养、保险工作。

(6) 商业信用

商业信用是指商品交易中因延期付款或延期交货而形成的借贷关系,是企业之间的一种直接信用行为。商业信用已经成了企业短期融资的主要来源。一般来说,中小企业从其他渠道融资比较困难,只能借助于商业信用融资。

商业信用融资的优点:

① 融资便利。商业信用与商品买卖同时进行,属于一种自发性融资,不用进行非常正规的

安排，而且不需要办理手续，一般也不附加条件。

② 限制条件少。商业信用使用灵活且具有弹性，在使用规定等方面限制较少。

商业信用融资的缺点：期限较短，不利于企业对资本的统筹运用，如果拖欠，则有可能导致企业信用地位和信用等级下降，从而对今后的购货和筹资不利。

7.1.3 资金筹集决策

企业的筹资方式日益多元化，企业需要对各种可能的筹资方式进行权衡比较，进行筹资决策。企业在做出筹资决策时，不仅要尽可能降低筹集资金的成本，而且要充分利用财务杠杆效益。

1. 资本成本

资本成本就是企业为取得和使用资本而付出的代价。

成本是市场经济中一个非常重要的概念。我们通常知道产品有成本，要提高利润，增强企业的竞争力，必须降低产品的成本。企业进行生产经营及投资活动所使用的资本同样需要付出代价，无论企业从哪个渠道取得资本都需要付出费用。资本成本既是企业筹资管理的主要依据，也是企业投资管理的重要标准。

资本成本由筹资费用和用资费用构成。

① 筹资费用是指资本筹集过程中发生的各项费用。筹资费用在筹措资本时一次性支付，在用资过程中不再发生，如发行股票、债券的印刷费、发行手续费、律师费、资产评估费、公证费、担保费、广告费、向银行支付的借款手续费等。

② 用资费用是指在生产经营和投资过程中因使用资本而付出的费用。用资费用是构成资本成本的主要内容，是筹资过程中经常发生的，如向股东支付的股利、向银行支付的借款利息、向债券持有人支付的利息等。

实例分析 7-2

美国的洛克希德公司在决定投资10亿美元生产"三星式"客机时，估计只要售出200架就可以损益平衡，而当时该公司已接到180架"三星式"客机的订单，并且管理层认为至少还可以接到20架以上的订单。但该公司在进行投资分析时却犯下了一个严重的错误：并未将"三星式"客机这一投资方案所筹集资本的所有资本成本都计算进去。事实上，如果该公司能够正确评估出此投资方案的资本成本，就会发现保本销售量远远高于200架。因此，过高的保本销售量使得"三星式"客机投资方案一开始就注定要失败。结果，这一错误的投资决策使该公司股票由每股73美元急剧下降为每股3美元，损失惨重。

2. 杠杆原理

自然科学中的杠杆原理是指通过利用杠杆，可以用一个较小的力量产生较大效果的现象。财务管理中也存在着类似的杠杆原理，其表现为：由于固定费用的存在，因此当某一财务变量以较小的幅度变动时，会使另一相关变量以较大幅度变动。财务管理的杠杆原理就像一把双刃剑，在企业经营效益好的时候，可以使企业利益迅速增长；在企业经营效益差的时候，又会使企业利益严重受损。杠杆原理总是牢牢地与风险捆绑在一起。财务管理中的杠杆效应有3种形式，即经营杠杆、财务杠杆和复合杠杆。

（1）经营风险与经营杠杆

经营风险指企业因经营上的原因而导致利润变动的风险。

影响企业经营风险的因素很多，主要有：市场对企业产品的需求越稳定，经营风险就越小，否则经营风险就越大；产品售价变动不大，经营风险就小，否则经营风险就大；产品成本是收入的抵减，成本不稳定，会导致利润不稳定，因此产品成本变动大的，经营风险就大，反之经营风险就小；当产品成本变动时，如果企业具有较强的调整价格的能力，则经营风险就小，反之经营风险就大；在企业全部成本中，固定成本所占比重较大时，单位产品分摊的固定成本就多，如果产量发生变动，则单位产品分摊的固定成本会随之变动，最后导致利润更大幅度地变动，经营风险就大，反之经营风险就小。

经营杠杆是指由于固定成本的存在而导致息税前利润（支付利息和所得税之前的利润）的变动幅度大于产销业务量的变动幅度的杠杆效应。它反映了产销业务量和息税前利润之间的关系。息税前利润的计算公式为：

$$息税前利润 = 销售收入 - 变动成本总额 - 固定成本总额$$
$$= 单价 \times 销售量 - 单位变动成本 \times 销售量 - 固定成本总额$$
$$= （单价 - 单位变动成本）\times 销售量 - 固定成本总额$$

在其他条件不变的情况下，产销业务量的增加虽然不会引起固定成本总额的变化，但会降低单位产品的固定成本，从而提高单位产品的利润，使息税前利润的增长率大于产销业务量的增长率；反之，产销业务量的减少会提高单位产品的固定成本，从而降低单位产品的利润，使息税前利润的下降率大于产销业务量的下降率。如果不存在固定成本，所有成本都是变动的，这时息税前利润变动率就与产销业务量变动率完全一致。

经营杠杆系数是指息税前利润变动率相当于产销业务量变动率的倍数。其计算公式为：

$$经营杠杆系数 = \frac{息税前利润变动率}{产销业务量变动率}$$
$$= \frac{销售收入 - 变动成本总额}{销售收入 - 变动成本总额 - 固定成本总额}$$

实例分析 7-3

某企业生产 A 产品，固定成本 60 万元，变动成本率 40%。当企业销售收入分别为 400 万元、200 万元时，计算经营杠杆系数。

当销售收入为 400 万元时：

$$经营杠杆系数 = \frac{400 - 400 \times 40\%}{400 - 400 \times 40\% - 60} \approx 1.3$$

当销售收入为 200 万元时：

$$经营杠杆系数 = \frac{200 - 200 \times 40\%}{200 - 200 \times 40\% - 60} = 2$$

以上计算结果说明，在固定成本不变的情况下，销售收入越大，经营杠杆系数越小，经营风险也越小；反之，经营杠杆系数越大，经营风险也越大。

情境链接

固定成本如何影响经营杠杆

① 只要固定成本≠0，则经营杠杆系数＞1，就存在经营杠杆作用。

② 固定成本＝0，说明无固定成本；经营杠杆系数＝1，企业不会有经营杠杆利益，当然也不会存在经营风险。

因此，判断企业是否存在经营杠杆现象，主要看是否有固定成本；判断经营杠杆的作用有多大，就要看固定成本有多大。在其他因素不变的情况下，固定成本越大，经营杠杆系数越大。

经营杠杆系数被用来衡量企业经营杠杆利益的大小，评价经营风险的高低。经营杠杆系数越高，表示企业营业利润对销售量变化的敏感程度越高，经营风险也越大；经营杠杆系数越低，表示企业营业利润受销售量变化的影响越小，经营风险也越小。

（2）财务风险与财务杠杆

财务风险是指企业以负债方式筹资后，加大了普通股利润大幅度变动的概率或破产概率，从而给普通股股东带来的额外风险。

在企业的投资者中，只有股东，尤其是普通股股东承担企业的全部商业风险；债权人可以取得固定的收益而不承担财务风险，并且在企业清算时可以获得优先求偿权。因此，在资本来源总额确定的情况下，如果债务成本比例较高，则单位利润分摊的债务成本就大，如果利润变动，则单位利润分摊的债务成本随之变动，最后投资者的收益就会更大幅度地变动，从而加大财务风险。反之，债务资本率较低时，财务风险就较小。显然，财务风险是在企业经营风险一定的情况下，针对企业资本结构变化对普通股股东承担风险的影响程度而言的，是由全部资本中债务资本比率的变化而带来的风险。

财务杠杆是指由于债务的存在而导致普通股每股收益的变动幅度大于息税前利润变动幅度的杠杆效应。它反映了息税前利润和普通股每股收益之间的关系。

对财务杠杆进行计量的最常用指标是财务杠杆系数。财务杠杆系数的计算公式为：

$$财务杠杆系数 = \frac{普通股每股收益变动率}{息税前利润变动率} = \frac{息税前利润}{息税前利润 - 利息}$$

财务杠杆系数越大，表明财务杠杆作用越大，财务风险也就越大；财务杠杆系数越小，表明财务杠杆作用越小，财务风险也就越小。

（3）复合杠杆与总风险

经营杠杆通过扩大销售影响息税前盈余，而财务杠杆通过扩大息税前利润影响每股收益，如果两种杠杆共同起作用，那么销售收入稍有变动就会使每股收益产生很大的变动。通常把这两种杠杆的连锁作用称为复合杠杆作用。

经营杠杆和财务杠杆最终都会影响到企业税后利润或普通股每股收益，因此复合杠杆综合了经营杠杆和财务杠杆的共同影响作用。如果一个企业同时利用经营杠杆和财务杠杆，那么这种影响作用就会更大。

复合杠杆作用的程度，可用复合杠杆系数表示。它是每股收益变动率相当于销售收入（销售量）变动率的倍数，是经营杠杆系数和财务杠杆系数的乘积。复合杠杆系数的计算公式为：

$$复合杠杆系数 = 经营杠杆系数 \times 财务杠杆系数$$

企业复合杠杆系数越大，每股收益波动幅度越大。由于复合杠杆作用使每股收益大幅度波动而造成的风险,称为复合风险。在其他因素不变的情况下,复合杠杆系数越大,复合风险越大;复合杠杆系数越小,复合风险越小。

情境任务 7.2 投资管理

引导案例

1997 年 11 月,一家规模巨大的国际性企业——八佰伴国际集团(以下简称八佰伴)在中国香港宣告破产。

在破产前,该集团的负债率几乎为 100%。从 1982 年起,八佰伴发行了大量的债券,共募集资金 870 亿日元,并将这些资金全部投进了国际性事业的扩大发展之中。到 1993 年,八佰伴的有息负债是 769.84 亿万日元,高达销售额的 5 倍。因股价低迷,使得股票的转换迟缓,造成了该集团财务上的巨大负担。

除在日本本土经营外,八佰伴相继在美国、新加坡和中国香港等 16 个国家及地区从事海外业务。八佰伴是最先与我国在零售业领域合资经营的日资企业,北京的高档购物中心赛特、上海第一百货都有八佰伴的股份。此外,八佰伴在我国台湾地区大规模扩张;在上海,八佰伴在浦东投资高达 20 亿美元。除了以百货经营为主外,1990 年后随着日本股票与房地产暴涨,八佰伴也开始大规模进军房地产市场。

过度扩张加上高负债经营,加之又处在亚洲经济泡沫的破裂和东南亚金融危机的大环境中,八佰伴终于不堪重负,走上了破产的末路……

资料来源:罗绍德. 非会计人员财务管理[M]. 2 版. 北京:清华大学出版社,2009.

思考:八佰伴破产的教训说明了什么?

企业投资是指企业投入财力,期望在未来获取收益的一种行为。

7.2.1 认识企业投资

投资贯穿于企业整个存续期内,是企业生存和发展的基础,具有特殊的意义。投资决策始终是企业管理的重要内容。对于创造价值而言,投资决策是所有决策中最重要的决策。投资决定了企业购置的资产类别,不同的生产经营活动需要不同的资产。因此,投资决定了企业日常经营活动的特点和方式,投资的方法和策略决定着企业的前景。

1. 企业投资的动机

获取投资收益是企业投资的主要动机,其根本目的是增强企业竞争力、降低风险、获取更大利润。具体说来,企业投资的动机主要有以下 3 种。

(1)发展性动机

企业发展有两种方式:一是以提高企业效率为特征的内涵型发展方式;二是以扩大企业规模为特征的外延型发展方式。企业规模的扩展必然需要增加厂房、设备等固定资产或技术等无形资产,管理效率的提高和改善往往也需要加大对管理技术的投入,如管理软件、管理方案、计算机硬件的购置及管理人员的培训等。这些方面的投入都是投资,来自于企业的发展性动机。

（2）恢复性动机

在企业的存续期间，正常的经营耗费、技术的进步或管理上的损失，会使原有生产经营能力逐步减弱。为了维持自身的生存能力，企业必须不断补充已消耗的能力，及时维护或更新设备，改进技术和管理，由此产生了企业正常生产经营活动中的投资需要。

（3）调整性动机

企业的经营战略要随着经济形势、发展趋势和市场需求变化进行调整，以适应快速变化的竞争需要。企业的战略调整涉及产品方向、经营方式等诸多内容的改变，有时甚至涉及资产重组。无论是资产调整还是经营调整，往往都需要改变企业的生产场所、设备、技术与工艺，为此也需要资金的投入。

2. 企业投资的分类

（1）直接投资和间接投资

按投资与企业生产经营的关系，投资可分为直接投资和间接投资两类。直接投资是指把资金投放于生产经营性资产，以便获取利润的投资。在非金融性企业中，直接投资所占比重很大。间接投资又称证券投资，是指把资金投放于证券等金融资产，以便取得股利或利息收入的投资。随着我国金融市场的完善和多渠道筹资的形成，企业间接投资将越来越广泛。

（2）短期投资和长期投资

按投资回收时间的长短，投资可分为短期投资和长期投资两类。短期投资又称流动性投资，是指投资期不超过一年或一个营业周期的投资，如短期票据、存货等投资。能随时变现的长期有价证券，也算是短期投资。长期投资是指超过一年或一个营业周期的投资，主要是对厂房、机器设备等固定资产的投资，也包括对无形资产和长期有价证券的投资。其中，固定资产投资是长期投资最基本的类别，所以长期投资有时专指固定资产投资。

（3）对内投资和对外投资

根据投资的方向，投资可分为对内投资和对外投资两类：对内投资即项目投资，是指把资金投放在企业内部，购置各种生产经营用资产的投资；对外投资是指以现金、实物、无形资产等方式或以购买股票、债券等有价证券方式对其他企业的投资。对内投资都是直接投资，对外投资主要是间接投资，也可以是直接投资。随着企业横向经济联合的开展，对外投资越来越重要。

（4）初始投资和后续投资

根据投资在再生产过程中的作用，可将投资分为初始投资和后续投资。对企业的整个生命周期而言，初始投资是在建立新企业时所进行的各种投资。其特点是投入的资金通过建设形成企业的原始投资，为企业的生产、经营创造必要的条件。后续投资则是指为巩固和发展企业再生产所进行的各种投资，主要包括为维持企业简单再生产所进行的更新性投资、为实现扩大再生产所进行的追加性投资、为调整生产经营方向所进行的转移性投资等。对企业的一个具体投资项目而言，初始投资是在新项目开始时投入的第一笔资金；后续投资是在新项目取得阶段性成果后进行的追加性投资。

3. 企业投资管理的基本原则

（1）认真进行市场调查，及时捕捉投资机会

捕捉投资机会既是企业投资活动的起点，也是企业投资决策的关键。在市场经济条件下，投资机会不断变化。它受到诸多因素的影响，最主要的是受市场需求变化的影响。企业在投资

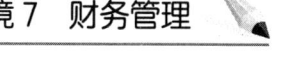

前，必须认真进行市场调查和市场分析，寻找最有利的投资机会。市场是不断变化、发展的，对于市场和投资机会的关系，也应从动态的角度加以把握。正是由于市场不断变化和发展，才有可能产生一个又一个新的投资机会。随着经济的不断发展，人们收入水平的不断增加，人们的消费需求也发生了很大的变化，无数的投资机会正是在这种变化中产生的。

（2）建立科学的投资决策程序，认真进行投资项目的可行性分析

在市场经济条件下，企业的投资决策都会面临一定的风险。为了保证投资决策的正确有效，必须按科学的投资决策程序，认真进行投资项目的可行性分析。投资项目可行性分析的主要任务是对投资项目技术上的可行性和经济上的有效性进行论证，运用各种方法计算出有关指标，以便合理确定不同项目的优劣。财务部门是企业资金的规划和控制部门，财务人员必须参与投资项目的可行性分析。

（3）及时足额地筹集资金，保证投资项目的资金供应

企业的投资项目，特别是大型投资项目建设工期长、所需资金多，一旦开工就必须有足够的资金供应，否则就可能使工程项目中途下马，出现"半截子工程""烂尾工程"，造成很大的损失。因此，在投资项目上马之前，必须科学预测投资所需资金的数量和时间，采用适当的方法筹集资金，以保证投资项目顺利完成，尽快产生投资效益。

（4）认真分析风险和收益的关系，适当控制企业的投资风险

收益与风险是共存的。一般来说，收益越大，风险也越大，收益的增加是以风险的增大为代价的，而风险的增加将会引起企业价值的下降，不利于财务管理目标的实现。企业在进行投资时，必须在考虑收益的同时认真考虑风险情况，只有在收益和风险达到比较好的均衡时，才有可能不断增加企业价值，实现财务管理的目标。

7.2.2 企业投资的基本程序

1. 投资项目的提出

投资项目的提出是项目投资程序的起点。投资项目初步确定以后，在投资方案设计前应进行广泛的信息搜集与分析工作，从财务决策支持网络中调出并补充搜集有关总市场规模，年度增长率，主要或潜在对手的产品质量、价格、市场规模等信息，分析自己的优、劣势，选择合适的投资时间、投资规模、资金投放方式，制定出可行的投资方案。

企业的股东、董事、经营者都可提出新的投资项目。一般来说，企业的最高层提出的投资多数是大规模的战略性投资，其方案一般由生产、市场、财务等各方面专家组成的专门小组提出；基层或中层提出的主要是战术性投资项目，其方案由主管部门组织人员拟定。

2. 投资项目的评价

投资项目的评价主要涉及的工作：一是把提出的投资项目进行分类，为分析评价做好准备；二是计算有关项目的预计收入和成本，预测投资项目的现金流量；三是运用各种投资评价指标，把各项投资及其可行性按顺序进行排队；四是编制项目可行性报告。

项目正式立项后，由项目小组负责对项目进行下一步可行性分析。一般从4个方面评估：

① 相关法规、政策是否对该业务已有或潜在的限制。
② 行业投资回报率。
③ 企业是否能获取与行业成功要素相对应的关键能力。

④ 企业是否能筹集到项目投资所需的资源。

如果项目不可行，则应通报给相关人员并解释原因；如果项目可行，则向董事会或项目管理委员会递交可行性分析报告。如果董事会或项目管理委员会通过了投资项目的可行性分析报告，则投资管理部门应聘请顾问对投资项目的实施进行下一步的论证，包括建设规模、建设依据、建设布局和建设进度等内容，作为项目决策的最后依据，并开始投资项目的洽商，以确定其实际可行性。项目小组确认项目的可行性后，编制项目计划书提交总经理参考并指导项目实施。

项目计划书的主要内容：
① 项目的行业（市场规模、增长速度等）背景介绍。
② 项目可行性分析。
③ 项目业务目标。
④ 业务战略实施计划。
⑤ 财务分析。
⑥ 资源配置计划。
⑦ 项目执行主体。

3. 投资项目的决策

对投资项目做出评价后，要由企业的决策层做出最后决策。投资金额小的战术性项目投资或维持性项目投资，一般由部门经理做出，特别重大的项目投资还需要报董事会或股东大会批准。不管由谁最后做出决策，最后所做的结论一般可以分成3种：接受这个投资项目，可以进行投资；拒绝这个项目，不能进行投资；发还给项目提出的部门，重新论证后再处理。

4. 投资项目的实施与再评价

对项目做出进行投资的决定后，要积极筹措资金，按照拟定的投资方案有计划、分步骤地实施投资项目。在投资项目的执行过程中，要对项目进度、项目质量和项目概算等进行监督、控制和审核，以防止项目建设中的舞弊行为，确保项目质量，保证按时完成。

在投资项目的实施过程中和实施后都要对项目的效果进行评价，以检查项目是否按照原先的方案进行、是否取得了预期的经济效益、是否符合企业总体战略和投资战略规划。

项目实施控制的关键点有3个：
① 项目质量的控制。这是项目成功的关键。企业应规定工作质量标准，并以此为尺度来衡量项目的目标，同时监督实现这些目标的进度。
② 项目成本的控制。企业应把预算与实际的项目进度、成本和工作状况结合起来，组成成本控制系统，采用关键路线法控制项目时间进度，并设定一个项目成本办公机构来监督、检查项目进度和成本支出。
③ 对项目施工时间的控制。制定施工项目进度表，根据各项工作的先后顺序安排完成时间。

在投资项目建成投产后，要评价投资项目是否实现预期目标，主要内容包括两点：
① 项目的总结评价。一般是在项目实施、建成后一定时期，检查投资项目决策是否合理、正确，一旦出现新情况，要随时根据变化的情况做出新的评价。如果情况发生重大变化，原投资决策已变得不合理，就要对投资是否终止做出决策，以避免更大的损失。项目的总结评价包括：项目在生产、财务、管理方面存在的问题及产生偏差的原因；在项目建成后，在决算、进

度等方面与项目准备与审定时测算的数据是否有偏差及产生偏差的原因；在项目实施过程中对项目原设计或原评估的重大修改及其原因；项目实施、建成后对社会、政治、经济和环境的影响程度；为使项目实施、建成后获得最大的经济效益而采取的一系列措施；对项目前景的展望。

② 投资回收及其分析。为了保证投资的收回，要建立一整套规章制度：在项目投资前，应签订有关投资贷款偿还合同，规定投资的回收期、回收额及防止风险的措施。

7.2.3 企业投资决策指标

投资决策指标是评价投资方案是否可行或孰优孰劣的标准。现金流量是评价投资方案是否可行的基础性指标。投资决策指标分为贴现现金流量指标和非贴现现金流量指标两大类。

1. 现金流量

现金流量是指在投资活动中，由于引进一个项目而引起的现金流入和现金流出的数量。这里的现金不仅包括各种货币资金，而且包括需要企业投入拥有的非货币资源的变现价值（或重置成本）。

净现金流量是指一定期间内现金流入量与现金流出量的差额。这里所说的一定时期，有时是指一年，有时是指投资项目持续的整个年限内。净现金流量的计算公式为：

$$净现金流量 = 现金流入量 - 现金流出量$$

在投资决策中，对现金流量的估计一般分为3个阶段。

（1）第一阶段 初始现金流量

初始现金流量是指开始投资时发生的现金流量。它一般包括4个部分：

① 固定资产投资。固定资产投资包括固定资产的购置、建造、运输、安装等。

② 流动资产投资。流动资产投资是指在流动资产上垫支的资金，包括材料、在产品、产成品和现金等。一般假设项目结束时收回。

③ 原有固定资产变价收入。原有固定资产变价收入是固定资产更新时原有固定资产变卖所得的现金收入。

④ 其他。其他是指有关职工培训费、注册费等。

情境提示

长期投资项目除会在筹建阶段发生大量固定资产投资支出外，通常还需要在投产后将一部分资金垫支在现金、应收账款和存款等流动资产上。这些资金一经投入，便在整个投资期限里围绕着企业的生产经营活动进行周转，直至项目终结时才能退出企业，收回后转作他用。

（2）第二阶段 营业现金流量

营业现金流量是指在项目投产后的整个寿命期内，正常生产经营活动所产生的现金流量。

营业现金流量一般以年为单位进行计算。这里的现金流入是指营业现金收入（销售收入或业务收入）；现金流出是指营业现金支出（材料费、工资费、维修费等）和缴纳的税金。

在分析营业现金流量时，一般要计算每年的净现金流量。其计算公式为：

$$净现金流量 = 营业现金收入 - 付现成本 - 所得税 = 净利润 + 折旧$$

(3) 第三阶段 终结现金流量

终结现金流量是指投资项目完成时所发生的现金流量。它主要包括如下内容。

① 固定资产的残值收入或变价收入。

② 原来垫支的各种流动资金的回收。

③ 停止使用的土地变价收入等。

实例分析 7-4

华盛公司准备购买一台设备用于生产甲产品。预计该设备购入后可立即投产。经预测，购买该设备的全部投资为1400万元，在第一年年初一次性投入。该设备的使用寿命为6年，终结时可得净现值50万元，年折旧额为225万元。所需垫支的资金为150万元，在第一年年初一次性投入。预计投产后生产的甲产品年销售量为2 000台，单价为2万元/台，单位成本为1.2万元/台，所得税税率为25%。该项目各年的现金流量如下。

1. 初始现金流量

① 固定资产投资：1 400万元

② 流动资产投资：150万元

2. 营业现金流量

① 税后净利润 = 2 000×(2 - 1.2)×(1 - 25%) = 1 200（万元）

② 净现金流量 = 1 200 + 225 = 1 425（万元）

3. 终结现金流量

① 固定资产的残值收入：50万元

② 收回垫支的流动资金：150万元

将上述现金流量汇总如表7.1所示。

表7.1　华盛公司现金流量汇总　　　　　　　　　　　　　　　万元

年　度	0	1	2	3	4	5	6
固定资产投资	-1 400	—	—	—	—	—	—
流动资产投资	-150	—	—	—	—	—	—
净现金流量	—	1 425	1 425	1 425	1 425	1 425	1 425
固定资产的残值	—	—	—	—	—	—	50
收回垫支的流动资金	—	—	—	—	—	—	150
净现金流量合计	-1 550	1 625	1 625	1 625	1 625	1 625	1 625

2. 贴现现金流量指标

贴现现金流量指标是指考虑了资金时间价值的指标。

资金的时间价值是指资金在不同的时点上的价值量不等。今天的一元钱与将来的一元钱的价值是不等值的，资金随着时间的推移而增值。资金的时间价值既可以用相对数表示，即利率（或报酬率），也可用绝对数表示，即利息（或报酬额）。

贴现现金流量指标主要有3个。

（1）净现值

净现值是指与投资项目有关的所有净现金流入量，按某一贴现率折算为现值，减去初始投资总现值后的余额。净现值的计算公式为：

净现值 = 各年现金流入量的现值之和 - 投资额的现值之和

净现值能够反映投资方案为企业带来的总收益是多少，对企业的贡献有多大。以该指标评价投资方案时，如果是单个投资方案，净现值大于0，则该方案可行；如果净现值小于0，则该方案不可行。如果两个或多个方案比较，则净现值大的方案较优，一般选择净现值大的方案。

净现值指标的优点是考虑了资金的时间价值，能够反映各种投资方案的净收益，因此是一种较好的方法；缺点是不能揭示各个投资方案本身可能达到的实际报酬率是多少，特别是对初始投资额不同的项目进行比较时，使用净现值指标可能会做出错误的判断。

（2）获利指数

获利指数是指投资项目未来报酬总现值与初始投资总现值之比。获利指数的计算公式为：

$$获利指数 = \frac{未来报酬总现值}{初始投资额总现值}$$

获利指数反映投资获利程度，但不反映获利多少。在只有一个备选方案是否采纳的决策中，获利指数大于等于1，则采纳；否则就拒绝。在有多个方案的互斥选择决策中，应采用获利指数大于等于1且最大的投资方案。

实例分析 7-5

根据实例分析7-4中华盛公司的资料，计算获利指数如下。

$$获利指数 = \frac{5\ 759}{1\ 550} \approx 3.71$$

获利指数≥1，故该方案可行。

获利指数指标的优点是能够真正反映出投资项目的盈亏程度，有利于在初始投资额不同的方案之间进行对比；缺点是不能揭示出项目对企业贡献额的大小，无法判断出企业价值能增加多少。

（3）内含报酬率

内含报酬率也称内部收益率，是指使投资项目未来各期现金流入量现值等于其现金流出量现值，即净现值等于0时的贴现率。

内含报酬率就是投资项目的实际投资报酬率。它反映了投资项目的实际获利水平，但不能反映项目给企业带来的收益总额。在只有一个备选方案的决策中，如果计算出的内含报酬率大于或等于企业的资本成本或必要报酬率，则采纳；反之，则拒绝。在有多个备选方案的互斥选择决策中，应选用内含收益率超过资本成本或必要报酬率最多的投资项目。

内含报酬率指标的优点是考虑了资金的时间价值，反映了投资项目的真实报酬率，而且不受贴现率高低的影响，比较客观，易于理解；缺点是这种方法的计算过程比较复杂，特别是对于每年的营业净现金流量不相等的投资项目，一般要经过多次测算才能算出内含报酬率。

情境链接

贴现率与内含报酬率的关系

贴现率越高，净现值越小，当贴现率高到内含报酬率时，净现值为0；贴现率超过内含报酬率时，净现值为负。因此，在只有一个备选方案的决策中，项目内含报酬率大于等于贴现率才是可行的。此时的净现值大于等于0，能够给企业创造更多的财富。

3. 非贴现现金流量指标

非贴现现金流量指标是指不考虑资金时间价值的各种指标。

(1)投资回收期

投资回收期是指从投资方案实施起,至收回全部原始投资所需要的时间,也就是使投资项目的累计现金流入量等于累计现金流出量的时间。投资回收期一般以年为单位。投资回收期越短,说明收回投资所需要的时间越少,投资风险越小,投资效果越好。

如果每年的营业净现金流量相等,则:

$$投资回收期 = \frac{原始投资额}{每年的营业净现金流量}$$

实例分析 7-6

根据实例分析 7-4 中华盛公司的资料,计算投资回收期如下。

$$投资回收期 = \frac{1\ 550}{1\ 297} \approx 1.195(年)$$

如果每年的营业净现金流量不相等,则运用累计营业净现金流量的办法计算投资回收期——根据各年尚未回收的投资额进行确定。

运用投资回收期指标评价投资方案时,首先要确定一个企业能够接受的期望投资回收期,然后用投资方案的投资回收期与期望投资回收期比较。只有实际的投资回收期小于期望投资回收期时,方可接受该投资方案。如果有多个投资方案供选择,则应在满足上述要求的可接受方案中选择投资回收期最短的方案。

投资回收期指标的主要优点:计算简单、指标含义清楚、容易理解,能鼓励投资者尽快收回投资;可以在一定程度上揭示投资方案的风险大小,投资回收期越长,风险就越大,反之亦然。其主要缺点:没有考虑货币的时间价值,人为缩短了投资项目的回收期限;忽略了不同投资项目超过投资回收期以后的现金净流量的差别,从而影响了决策的准确性。因此,此指标不作为评价项目取舍的主要指标,仅作为辅助评价指标使用。

实例分析 7-7

A 公司某投资方案的原始投资额为 15 000 元,第一年到第五年年末的营业净现金流量分别为 3 800 元、3 560 元、3 320 元、3 080 元、7 840 元。投资回收额计算如表 7.2 所示。

表 7.2 投资回收额的计算　　　　　　　　　　　　　　　　　　　元

年　度	每年净现金流量	年末尚未回收的投资额
1	3 800	15 000-3 800=11 200
2	3 560	11 200-3 560=7 640
3	3 320	7 640-3 320=4 320
4	3 080	4 320-3 080=1 240
5	7 840	0

(2)平均报酬率

平均报酬率也称平均投资报酬率,是指投资项目寿命周期内平均的年投资报酬率。

平均报酬率的计算方法有多种,其中最常见的方法的计算公式为:

$$平均报酬率 = \frac{平均现金流量}{初始投资额} \times 100\%$$

实例分析 7-8

根据实例分析 7-7 中 A 公司的资料,计算平均报酬率如下。

$$平均报酬率 = \frac{(3\,800+3\,560+3\,320+3\,080+7\,840) \div 5}{15\,000} \times 100\% = 28.8\%$$

运用平均报酬率指标评价投资方案时,应事先确定企业要求达到的收益率或必要平均报酬率。当只有一个备选方案时,投资项目的平均报酬率必须高于必要平均报酬率才能入选;在有多个方案的互斥选择中,应选择平均报酬率最高的方案。

平均报酬率指标的优点是简明易懂,容易计算掌握,并能说明各投资方案的收益水平;缺点是未考虑资金的时间价值,将第一年的现金流量看作与其他年份具有相同的价值,导致有时会做出错误的决策。平均报酬率通常不作为独立的投资决策评价指标,更多的是在事后的考核评价中使用。

情境任务 7.3 资产管理

引导案例

1984年3月,天津汽车工业公司与日本大发汽车株式会社签订了引进微型面包车的技术合同。天津汽车工业公司投巨资进行了广告宣传,使"天津大发"的市场知名度不断提高。与此同时,日方却在中国抢先对"大发"商标进行了注册。1991年双方合同期满,天津汽车工业公司痛失"天津大发"商标的专用权,不得不重新注册"华利"及后来的"夏利"商标。

思考:根据上述资料,请你说说企业进行资产管理有什么重要意义。

资产管理是指企业运用各种手段对资产进行组织、协调、控制,以达到保值、增值的效果。

7.3.1 认识资产

1. 资产的概念

资产是指企业过去的交易或事项形成的、由企业拥有或控制的、预期会给企业带来经济利益的资源。

资产是企业、自然人、国家拥有或控制的,能以货币来计量收支的经济资源,包括各种收入、债权等。资产是会计最基本的要素,它与负债、所有者权益共同构成的会计等式,成为财务会计的基础。

情境链接

正确理解资产的两个要义

① 资产的经济属性。资产的经济属性是指资产能够为企业提供未来经济利益。这也是资产的本质所在。也就是说，不管是有形的还是无形的，要成为资产，就必须具备能产生经济利益的能力。这是资产的第一要义。

② 资产的法律属性。资产的法律属性是指资产必须为企业所控制。也就是说，资产所产生的经济利益能可靠地流入本企业，为本企业提供服务，而不论企业是否对它拥有所有权。这是资产的第二要义。

2. 资产的分类

（1）按照流动性分类

按照流动性对资产进行分类，可以分为流动资产和非流动资产。

① 流动资产是指可以在一年或超过一年的一个营业周期内变现或耗用的资产，主要包括货币资金、短期投资、应收和预付款项、存货、待摊费用等。

② 除流动资产以外的其他资产，都属于非流动资产，包括长期投资、固定资产、无形资产和其他资产。

（2）按照有无实物形态分类

按照有无实物形态对资产进行分类，可以分为有形资产和无形资产。

① 有形资产有狭义和广义之分：狭义的有形资产通常是指企业的固定资产和流动资金；广义的有形资产包括企业的资金、资源、产品、设备、装置、厂房、人才信息等一切生产要素在内，即有形资产就是有一定实物形态的资产。

② 无形资产是指企业长期使用而没有实物形态的资产，包括专利权、非专利技术、商标权、著作权、土地使用权、特许权等。

7.3.2 流动资产的管理

流动资产包括现金、短期投资、应收票据、应收账款、预付账款、存货、待摊费用、待处理财产损溢、一年内到期的长期投资等。

加强对流动资产的管理，有利于保证企业生产经营活动的顺利进行；有利于提高企业流动资金的利用效果；有利于保持企业资产结构的流动性，提高偿债能力，维护企业信誉。因此，流动资产的管理目标就是合理安排结构、加快周转，以实现流动性与收益性双赢。

情境链接

流动资产是企业进行生产经营的必备条件，存在于企业生产经营活动的全部过程。它具有以下特点。

① 周转速度快，变现能力强。企业投资于流动资产上的资金，周转一次所需要的时间短，通常会在一年或一个营业周期内收回。

② 获利能力相对较弱，投资风险相对较小。

1. 现金管理

现金是指在生产过程中暂时停留在货币形态的资金，包括库存现金、银行存款、银行本票、银行汇票等。

现金是变现能力最强的资产，既可以满足企业生产经营开支的各项需求，也是企业贷款还本付息和履行纳税义务的保证。拥有足够的现金对于降低企业的风险、增强企业资产的流动性和债务的清偿性具有十分重要的意义。

但是，由于现金属于非营利性资产，即使是银行存款，其活期利率也是非常低的，因此现金的持有量并非多多益善。现金的持有量过多，所提供的流动性边际效益便会随之下降，从而导致企业的收益水平降低。因此，加强企业的现金管理，首先是必须合理确定企业的现金持有量，并保持现金持有量的实际值与理论值相对均衡。

（1）企业持有现金的主要动机

① 交易性需求。交易性需求主要是应付企业日常经营生产的现金支付，如日常的采购、发放工资与股利、纳税、分红、偿还债务等。

② 预防性需求。预防性需求是指正常活动之外的随机需求，它决定了企业承担风险的程度。企业持有这部分现金是以备意外之需。

③ 投机性需求。投机性需求主要是将置存的现金用于有利可图的方面，利用市场的波动来获利，如企业可以购入价格有利的有价证券，或者是在原材料价格突然下跌时购入原材料等。

（2）现金管理的目标

现金管理的目标就是在保证企业高效、高质地开展经营活动的情况下，尽可能地保持最低现金占用量。

（3）库存现金限额

企业库存现金由其开户银行根据企业的实际需要核定限额，一般以3~5天的零星开支额为限。边远地区和交通不便地区的企业的库存现金限额，可以多于5天，但不得超过15天的日常零星开支。

（4）现金预算

现金预算是基于现金管理目标，依托企业未来发展规划和组织架构，在充分调查与分析各种现金收支影响因素的基础上，合理估测企业未来一定时期的现金收支状况，并对预期差异进行控制的方法体系。

现金预算通常按年，分季、分月（包括旬、周、日）编制。现金预算有收支预算法和调整净收益法两种。

① 收支预算法。收支预算法是将预算内可能发生的一切现金流入、流出项目分类列入现金预算表内，以确定收支差异，采取适当财务对策的方法。它意味着凡涉及现金流动的事项均必须纳入现金预算，不论这些项目属于资本性还是属于收益性。

② 调整净收益法。调整净收益法是指运用一定的方式，将企业按权责发生制计算的预计净收益调整为按收付实现制计算的预计净收益，在此基础上加减有关现金收支项目，使企业净收益与现金流量相互关联，从而确定预算期现金余额并做出财务安排的方法。

（5）现金的收支管理

现金的收支管理要实现在保证有充足的现金支付能力的同时，降低其占用额。降低占用额的途径有 4 种：

① 加速收款。发生应收账款可以扩大销售规模，但会占用企业的资金，因此必须实施妥善的收款策略，以缩短收账时间。

② 推迟应付账款的支付。企业在不影响自己信用的条件下，应尽可能地推迟应付账款的支付期。

③ 合理使用现金浮游量。从企业开出支票，收款人收到支票并存入银行，到银行将款项划出企业账户，中间需要一段时间，这段时间占用的现金量被称为现金浮游量。尽管企业已开出支票，但仍可以使用，不过要注意控制使用时间。

④ 闲置现金投资管理。可将闲置现金用于短期证券投资以获取利息收入，如果管理得当，就可为企业增加相当可观的净收益。

（6）最佳现金持有量的确定

企业因交易性动机、预防性动机和投机性动机的需要而必须持有一定量的现金，同时由于现金基本上是一种非营利性资产，因此过多地持有现金势必造成资源浪费。考虑到上述两方面的因素，企业必须确定现金的最佳持有量。确定最佳现金持有量的模式主要有现金周转期模式、随机模式、成本分析模式和存货模式等。

（7）现金收支的日常管理

① 遵守《中华人民共和国现金管理暂行条例》关于现金使用范围、库存现金限额及严格现金存取手续的规定。

② 合理组织现金收入支出，及时处理收支矛盾。

③ 做好收支余缺的调节工作。

④ 建立企业内部结算中心，合理调度资金。

⑤ 做好银行转账结算工作。

情境链接

企业单位可以使用的现金范围

① 职工工资、津贴。

② 个人劳务报酬。

③ 根据国家规定颁发给个人的科学技术、文化艺术、体育等各种奖金。

④ 各种劳保、福利费用及国家规定的对个人的其他支出。

⑤ 向个人收购农副产品和其他物资的价款。

⑥ 出差人员必须随身携带的差旅费。

2. 应收账款管理

应收账款是指因对外销售产品、材料、供应劳务及其他原因，应向购货单位或接受劳务的单位及其他单位收取的款项，包括应收销售款、其他应收款、应收票据等。

应收账款是流动资产管理的一个重要内容。企业利用应收账款，通过赊销、委托代销和分期收款等商业信用形式，可以扩大销售、减少存货，从而增加销售利润。但是，也会相应增加应收账款成本，包括机会成本，即因资金被占用而失去用于投资所能获取的收益；管理成本，即在客户信用状况的调查、有关信息的搜集及记账和催收账款等方面发生的费用；坏账成本，即应收账款因故无法收回而造成的损失。

(1) 应收账款管理的目标

在发挥应收账款强化竞争、扩大销售功能效应的同时，应尽可能地降低投资的机会成本、坏账损失与管理成本，最大限度地提高应收账款投资的效益。

(2) 信用政策的确定

既然应收账款是一种商业信用，同时也是企业的一种投入，那么企业在利用应收账款进行赊销时，就一定要考虑其利用效果。为此，必须建立企业的信用政策，包括信用期间、信用标准、现金折扣政策和收账政策。

① 信用期间。这是指企业对外提供产品或劳务时允许客户延迟付款的时间界限。例如，如果某企业允许客户在购货后的 50 天内付款，则信用期为 50 天。延长信用期会使销售额增加，产生有利影响；反之，应收账款、收账费用和坏账损失会相应增加，并产生不利影响。因此，企业必须慎重研究，确定恰当的信用期。信用期的确定主要是分析改变现行信用期对收入和成本产生的影响。

② 信用标准。这是指客户获得企业的交易信用所应具备的条件。如果客户达不到信用标准，就不能享受企业的信用或只能享受较低的信用优惠。企业在设定某一客户的信用标准时，往往先要评估客户赖账的可能性——可以通过 5C 系统来进行。所谓 5C 系统，是评估客户信用品质的 5 个方面，即品质（Character）、能力（Capacity）、资本（Capital）、抵押（Collateral）和条件（Condition）。

③ 现金折扣政策。现金折扣是企业对客户在产品价格上所做的扣减。向客户提供价格上的优惠，主要是为了吸引客户为享受优惠而提前付款，从而缩短企业的平均收款期。另外，现金折扣也能招揽客户购货，借此扩大销售量。折扣的表示常采用如"5/10、3/20、N/30"等形式。其含义为："5/10"表示 10 天内付款，可享受 5% 的价格优惠，即只需支付原价的 95%，如原价为 10 000 元，只需支付 9 500 元；"3/20"表示 20 天内付款，可享受 3% 的价格优惠；"N/30"表示付款的最后期限为 30 天，此时付款无优惠。

④ 收账政策。企业对各种不同过期账款的催收方式，包括准备为此付出的代价，就是收账政策。例如，对过期较短的客户，不过多地打扰，以免将来失去这一市场；对过期稍长的客户，可措辞婉转地写信催款；对过期较长的客户，可频繁地用信件催款并电话催询，如有必要可亲自上门催款；对过期很长的客户，可在上门催款时措辞严厉，必要时提请有关部门仲裁或提请诉讼等。需要说明的是，催收账款会发生费用，而且有些费用还很高（如诉讼费）。一般说来，收账的花费越大、收账措施越有力，可收回的账款就越大，坏账损失也就越小。因此，在制定收账政策时，要在收账费用和减少坏账损失之间做出权衡。

(3) 应收账款的日常管理

为了进一步规范应收账款的日常管理和健全客户的信用管理体系，要对应收账款在销售的事前、事中、事后进行有效控制。

① 建立客户档案，进行有效的信用评估和跟踪记录。

② 事前控制。从初识客户到维护老客户，经办业务的各级管理人员都应全面了解客户的资信情况，以选择信用良好的客户进行交易。

③ 事中控制，包括做好发货查询、货款跟踪及回款记录、账龄分析工作。

由于上述情况会给企业应收账款的管理带来困难，因此要定期对账，以避免双方财务上的差距像滚雪球一样越滚越大，从而造成呆账、死账现象。对账之后要形成具有法律效应的文书，而不是口头承诺。

④ 事后控制。一是做好欠款的追收工作。对拖欠账款的追收，要采用多种方法清讨。催收账款应责任到位，原则上采取大区经理负责制，再由大区经理落实到具体的业务员身上。如果是单一的大区经销商或代理商，则由客服中心定期与其沟通、催付。对已发生的应收账款，可按其账龄和收取难易程度逐一分类排序，找出拖欠原因，明确落实催讨责任。对于资金周转确实困难的企业，应采取订立还款计划、限期清欠、债务重整策略。应收账款的最后期限，不能超过回款期限的 1/3（如期限是 60 天，最后收款期限不能超过 80 天）。如果超过，则应马上采取行动追讨。二是做好总量控制、分级管理。财务部门负责应收账款的计划、控制和考核。销售人员是应收账款的直接责任人，企业对销售人员考核的重点是收现指标。货款回收期限到期的前一周，电话通知或拜访负责人，通知其结款日期，并在结款日按时前往拜访。

3. 存货管理

存货是指企业在日常活动中持有的以备出售的产成品或商品，处在生产过程中的在产品，在生产过程或提供劳务过程中耗用的材料、物料等。

存货是反映企业流动资金运作情况的晴雨表，因为它不仅在企业营运资本中占有很大的比重，而且又是流动性较差的资产。企业持有存货的最终目的是出售——不论是可供直接出售的存货（如企业的产成品、商品等），还是需要经过进一步加工后才能出售的存货（如原材料等）。

存货管理的基本目标是如何在其成本和收益之间进行利弊权衡，实现二者的最佳组合。

（1）企业的存货构成

① 原材料。原材料是指企业在生产过程中经加工改变其形态或性质并构成产品主要实体的各种原料及主要材料、辅助材料、外购半成品（外购件）、修理用备件（备品、备件）、包装材料、燃料等。为建造固定资产等各项工程而储备的各种材料，虽然同属于材料，但是因其不符合存货的定义，因此不能作为企业的存货进行核算。

② 在产品。在产品是指企业正在制造的尚未完工的产品，包括正在各个生产工序加工的产品和已加工完毕但尚未检验或已检验但尚未办理入库手续的产品。

③ 半成品。半成品是指经过一定生产过程并已检验合格交付半成品仓库保管，但尚未制造成为产成品，仍需要进一步加工的中间产品。

④ 产成品。产成品是指工业企业已经完成全部生产过程并验收入库，可以按照合同规定的条件送交订货单位或可以作为商品对外销售的产品。企业接受外来原材料加工制造的代制品和为外单位加工修理的代修品，制造和修理完成验收入库后，应视同为企业的产成品。

⑤ 商品。商品是指商品流通企业外购或委托加工完成，验收入库用于销售的各种产品。

⑥ 周转材料。周转材料是指企业能够多次使用，但不符合固定资产定义的材料，如为了包装本企业产品而储备的各种包装物、各种工具、管理用具、玻璃器皿、劳动保护用品及在生产经营过程中周转使用的容器等低值易耗品及其他周转材料。但是，周转材料符合固定资产定义的，应当作为固定资产处理。

（2）存货管理

① 存货经济采购批量控制。

② 存货 ABC 分类管理。

7.3.3　固定资产的管理

固定资产通常是指使用期限超过一年的房屋、建筑物、机器、机械、运输工具及其他与生产经营有关的设备、器具和工具等。

固定资产属于产品生产过程中用来改变或影响劳动对象的劳动资料。劳动资料是固定资产的实物形态。固定资产在生产过程中可以长期发挥作用，长期保持原有的实物形态，但其价值会随着企业的生产经营活动逐渐转移到产品成本中去，并构成产品价值的一个组成部分。

1. 固定资产的特点

① 周转时间比较长。
② 固定资产变现能力差。
③ 固定资产数量相对稳定。
④ 固定资产的价值和实物形态可以分离。

2. 固定资产的分类

企业固定资产种类很多，根据不同的分类标准，可以分成不同的类别。企业应当选择适当的分类标准对固定资产进行分类，以满足经营管理的需要。

① 按经济用途分类，固定资产可以分为生产用固定资产和非生产用固定资产。生产用固定资产是指直接服务于企业生产经营过程的固定资产；非生产用固定资产是指不直接服务于生产经营过程的固定资产。

固定资产按经济用途分类，可以反映企业生产用固定资产和非生产用固定资产之间的组成变化情况，借以考核和分析企业固定资产的管理及利用情况，从而促进固定资产的合理配置，充分发挥其效用。

② 按使用情况分类，固定资产可以分为使用中的固定资产、未使用的固定资产和不需用的固定资产。使用中的固定资产是指正在使用的生产用固定资产和非生产用固定资产。由于季节性经营或修理等原因，暂时停止使用的固定资产仍属于企业使用中的固定资产；企业出租给其他单位使用的固定资产及内部替换使用的固定资产，也属于使用中的固定资产。未使用的固定资产是指已完工或已购建的尚未交付使用的固定资产及因进行改建、扩建等原因停止使用的固定资产。不需用的固定资产是指本企业多余或不适用，需要调配处理的固定资产。

固定资产按使用情况进行分类，有利于企业掌握固定资产的使用情况，便于比较、分析固定资产的利用效率，挖掘固定资产的使用潜力，促进固定资产的合理使用，同时也便于企业准确、合理地计提固定资产折旧。

③ 按所有权进行分类，固定资产可以分为自有固定资产和租入固定资产。自有固定资产是指企业拥有的，可供企业自由支配使用的固定资产；租入固定资产是指企业采用租赁方式从其他单位租入的固定资产。

④ 按经济用途和使用情况进行综合分类，固定资产可以分为生产用固定资产、非生产用固定资产、租出固定资产、不需用固定资产、未使用固定资产、融资租入固定资产。

3. 固定资产的管理要求

① 保证固定资产完整无缺。
② 提高固定资产的完整程度和利用效果，减少固定资产占用，节省固定资产寿命周期的费用支出。
③ 正确核定固定资产需用量。
④ 正确计算固定资产折旧额，有计划地计提固定资产折旧。
⑤ 进行固定资产的投资预测。

7.3.4 无形资产的管理

1. 无形资产的构成

无形资产作为以知识形态存在的重要经济资源，在经济增长中的作用越来越大。一切与企业生产经营有关，能为企业带来经济效益的、没有物质实体的资产，都属于无形资产。它主要包括6种。

① 专利权。专利权是指国家专利机关依照有关法律规定批准的发明人或其权利受让人对其发明创造成果，在一定期限内享有的专有权或独占权。

② 商标权。商标权是指专门在某类指定的商品或产品上使用特定的名称或图案的权利。

③ 著作权。著作权是指制作者对其创作的文学、科学和艺术作品依法享有的某些特殊权利。

④ 土地使用权。土地使用权是指国家准许某企业在一定期间内对国有土地享有开发、利用、经营的权利。

⑤ 非专利技术。非专利技术也称专有技术，是指不为外界所知的、在生产经营活动中应用的、可以为企业带来经济效益的各种技术和诀窍。

⑥ 特许权。特许权又称经营特许权、专营权，是指企业在某一地区经营或销售某种特定商品的权利，或者是一家企业接受另一家企业使用其商标、商号、技术秘密等的权利。

2. 无形资产的确认

无形资产在满足以下两个条件时，企业才能加以确认。

① 该无形资产产生的经济利益很可能流入企业。

② 该无形资产的成本能够可靠地计量。

企业应能够控制无形资产所产生的经济利益。例如，企业拥有无形资产的法定所有权，或者企业与他人签订了协议，使得企业的相关权利受到法律的保护。在判断无形资产产生的经济利益是否能流入企业时，企业管理部门应对无形资产在预计使用年限内存在的各种因素做出稳健的估计。企业自创商誉及内部产生的品牌、报刊名等，不应确认为无形资产。

3. 无形资产的转让和投资

（1）无形资产的转让

无形资产的转让包括所有权转让和使用权转让两种类型。无论哪种转让取得的收入，均计入企业其他销售收入。

转让成本的计算因转让类型的不同而不同：转让无形资产所有权时，转让成本按无形资产的摊余价值计算；转让使用权时，按为履行出让合同规定的义务所发生的费用（如派出的技术服务人员的费用等）作为转让成本。

土地使用权的转让与其他无形资产有所不同。根据国家有关规定，国有企业的建设用地现仍采取划拨方式，政府不对企业收取地价费，企业通过划拨方式取得的土地使用权也不得转让、出租或抵押。如果确有需要对土地使用权进行转让，则对其转让收入，包括土地出让金和土地收益金（或土地增值费），企业不能作为其他销售收入处理，必须全部上缴国家。

（2）无形资产的投资

无形资产的投资是指企业用无形资产的所有权对其他企业所进行的长期投资。投资时按评估确认或按合同、协议约定的价值作为投资额。这一数额与无形资产账面净值之间的差额,作为资本公积金处理。

4. 无形资产的管理要求

无形资产的管理是指企业对无形资产资源进行筹划、控制、配置、运用,使之得到有效保护,充分实现保值、增值效果的管理活动。其核心在于构建和完善知识产权战略。对无形资产的管理要求包括4点。

① 正确评估无形资产的价值。
② 提高无形资产的利用效果。
③ 按规定在其有效使用期内平均摊销已使用的无形资产。
④ 加强无形资产的法律保护。

情境任务 7.4 利润管理

引导案例

令广大股民损失惨重的银广夏(证券代码:000557)从1998年起,通过伪造供货协议、出口单证和银行对账单等,造出了1999年每股盈利0.51元、2000年每股盈利0.827元的虚假业绩。2001年3月1日,银广夏更是撒了一个弥天大谎。它发布公告称:与德国诚信公司(Fidelity Trading GMBH)签订了连续3年、总金额为60亿元的萃取产品订货总协议。仅仅依此合同推算,2001年银广夏的每股收益就将达到2~3元。银广夏不仅伪造了供货协议、出口单证和银行对账单等会计原始单据,为支持这一造假工程,银广夏还有真实的投入——出资2.8亿元于2001年在安徽芜湖建成了萃取产品的新生产线。据后来揭露的事实,该生产线根本就没有进行过所谓的生产,该公司事实上也根本没有实现所谓的出口。显然,这已不是一般意义上的利润管理,而是一起严重的违法犯罪活动。它属于财务造假(或称会计造假),但又超出了财务造假的范围,是公司董事会和经营班子直接策划并参与乃至直接实施的严重违法的经营造假行为,财务造假行为只是其表现形式。

思考:根据资料,请你说说银广夏虚增利润的危害是什么?

利润管理是企业目标管理的组成部分,原指以目标利润为中心,统一管理企业的各种经营活动。另一含义则是指在不违背《企业会计准则》的前提下,通过会计政策选择或其他方法,使上市公司利润既不过高,又不太低,而恰到好处的利润处理行为。

7.4.1 利润来源

利润是企业生存发展的核心指标,不论是投资人、债权人还是企业经理人员,都非常关心企业的盈利能力。

1. 企业利润构成

企业利润是企业在一定时期内生产经营的财务成果,包括营业利润、投资收益和营业外收支净额。

(1) 营业利润

营业利润是指企业从事生产经营活动所产生的利润，通常为企业在某一会计期间的营业收入减去为实现这些营业收入所发生的费用、成本、税金后的数额。营业利润是企业通过自身的生产经营活动取得的。

(2) 投资收益

投资收益是指企业进行投资所获得的经济利益，如企业对外投资分得的股利和收到的债券利息等。投资活动也可能遭受损失，如投资到期收回的或到期前转让的所得款低于账面价值的差额，即为投资损失。投资收益减去投资损失则为投资净收益。

随着企业管理和运用资金权力的日益增大、资本市场的逐步完善，投资活动中获取收益或承担亏损，虽然不是企业通过自身的生产或劳务供应活动所得的，却是企业利润总额的重要组成部分，并且其比重呈越来越大的趋势。

从表面上看，尽管企业投资的目的有所不同，但从本质上说，企业考虑的是某项投资能给企业带来多少利润、投资收益是否超过资金成本。否则，这项投资就是无意义、无价值的。

风险和收益是一对相互联系的概念。一般来说，风险越大，收益越大，不存在收益很大而风险很小的投资。企业在对外投资时，需要在风险和收益之间相互平衡，以期在一定的风险下使收益达到较高的水平，或者在收益一定的情况下，使风险维持在较低的水平上。

(3) 营业外收支净额

营业外收支净额是指企业在一定会计期间内，正常经营活动以外的各项收入与支出相抵后的余额。营业外收入即减去营业外支出的余额，包括固定资产盘盈、处置固定资产净收益、处置无形资产净收益、罚款净收入等；营业外支出包括固定资产盘亏、处置固定资产净损失、处置无形资产净损失、债务重组损失、计提的无形资产减值准备、计提的固定资产减值准备、计提的在建工程减值准备、罚款支出、捐赠支出、非常损失等。

营业外收支虽然与企业生产经营活动没有多大的关系，但从企业角度考虑，营业外收支同样带来收入或形成企业的支出，也是增加或减少利润的因素，对企业的利润总额及净利润会产生直接的影响。

2. 目标利润

目标利润是指企业在未来一段时间内，经过努力应该达到的最优化控制目标。

目标利润是企业未来经营必须考虑的重要战略目标之一，是根据拟投资项目的具体条件，在全面分析、研究项目开发收入与成本因素之后，经过充分的市场调查和反复的计算平衡确定的。目标利润一经确定，便成为企业生产经营活动的行动依据，企业要根据目标利润来组织销售收入，控制销售成本的资金占用。

情境链接

目标利润制定得适当与否，直接关系到计划的实施效果。目标利润制定得过低，难以激发企业潜力，容易给企业带来大量无效成本，使企业不能创造出最佳的经济效益；目标利润制定得过高，又会使执行者觉得高不可攀，从而失去实现目标利润的信心。因此，确定合理的目标利润是实施以目标利润为导向的企业预算管理的一个关键环节。企业在确定目标利润时，应对企业所处的市场环境、自身的战略能力进行分析，明确企业在市场中的定位，合理地预测出预算期内的销售额及目标利润率。

企业确定目标利润最常用的方法有以下 4 种。

（1）量本利分析法

量本利分析法是一种利用产品销售量、销售额、固定成本、变动成本和利润之间的变动规律，对目标利润进行预测的方法。运用量本利分析法应建立在对市场充分调查研究的基础上。通过对市场的调查分析，首先对产品的销售量或销售额做出科学预测，再分析、预测企业的固定成本、变动成本、贡献毛利率等，最后确定目标利润。

（2）相关比率法

与目标利润相关的比率主要有销售利润率、成本利润率、经营杠杆率及资本净利率等。管理人员可根据分析，先对这些比率进行预测，根据预测来确定目标利润。

（3）利润增长比率测算法

利润增长比率测算法也是企业确定目标利润的一种常用方法，主要适用于稳定发展的企业。用该方法确定目标利润，即根据企业历史最好利润水平、上年度达到的利润水平及过去连续若干年，特别是近两年利润增长率的变动趋势与幅度，结合预测期可能发生的变动情况，确定预计利润增长率，然后测算出目标利润。

（4）标杆瞄准法

标杆瞄准法是以最强的竞争企业或同行业中领先的、最有名望的企业为基准，将本企业产品、服务和管理措施等方面的实际状况与基准进行定量化评价及比较，分析基准企业的绩效达到优秀水平的原因，在此基础上选择改进的最优策略并在企业中连续不断地反复进行，以改进和提高企业绩效的一种管理方法。其应用的范围十分广泛，企业既可以全方位、全过程、多层面地进行标杆管理，也可以就企业的某一项经济活动进行标杆管理。

目标利润一经确定，就要保持相对稳定。修正目标利润的情况并不经常发生，只有执行过程中出现了新问题，遇到了出乎预料的新情况，如国家经济政策的调整、市场环境的变化、重大灾害的影响等，并且这些新问题、新情况对目标利润的影响程度较大，使目标利润变得不甚合理，才能对目标利润进行修正，以保持目标利润的先进性和合理性。目标利润的修正事关企业全局，必须严格按照程序进行修正。

7.4.2 利润分配

利润分配是将企业实现的净利润，按照国家财务制度规定的分配形式和分配顺序，在国家、企业和投资者之间进行的分配。

1. 利润分配的顺序

企业实现的利润总额按国家规定做相应调整后，应先依法缴纳所得税，利润总额减去缴纳所得税后的余额即为可供分配的利润。除国家另有规定外，可供分配利润按下列顺序分配。

① 被没收的财务损失、支付各项税收的滞纳金和罚款。

② 弥补企业以前年度亏损。

③ 提取法定盈余公积金，即按税后利润扣除前两项后的 10% 提取法定盈余公积金。公积金已达注册资金的 50% 时可不再提取。法定盈余公积金可用于弥补亏损或按国家规定转增资本金。

④ 从税后利润中提取法定公积金后，经股东会或股东大会决议，还可以从税后利润中提取任意公积金。

⑤ 向投资者分配利润。企业以前年度未分配的利润，可以并入本年度向投资者分配。

2. 股利政策

股利政策是股份有限公司关于是否发放股利、发放多少及何时发放的方针和政策。

股利政策有狭义和广义之分：狭义上，股利政策就是指探讨保留盈余和普通股利支付的比例关系问题，即股利发放比率的确定；广义的股利政策包括股利宣布日的确定、股利发放比例的确定、股利发放时的资金筹集等问题。

股利政策有 4 种形式。

① 剩余股利政策。剩余股利政策是以首先满足公司资金需求为出发点的股利政策。

② 稳定股利额政策。稳定股利额政策是指以确定的现金股利分配额作为利润分配的首要目标，一般不随资金需求的波动而波动。

采用稳定股利额政策要求公司对未来的支付能力做出较好的判断。一般来说，公司确定的稳定股利额不应太高，要留有余地，以免形成公司无力支付的困境。

③ 固定股利率政策。固定股利率政策要求公司每年按固定的比例从税后利润中支付现金股利。从企业支付能力的角度看，这是一种真正稳定的股利政策。但这一政策将导致公司股利分配额的频繁变化，向外界传递一个公司不稳定的印象，所以很少有公司采用这一股利政策。

④ 正常股利加额外股利政策。按照这一政策，企业除每年按一固定股利额向股东发放称为正常股利的现金股利外，还会在企业盈利较高、资金较为充裕的年度向股东发放高于一般年度正常股利的现金股利，其高出部分即为额外股利。

情境任务 7.5 财务分析

引导案例

光辉公司 2022 年账簿上反映有 800 万元利润，但是因为有一笔 500 万元的借款到期，被债权人告上法庭，最后由于不能还款而不得不宣告破产。该公司没有任何舞弊行为，按照《企业会计准则》、企业会计制度检查，基本符合有关规定。在资产负债表上可以看出企业资产分别有存货 40 万元、固定资产 900 万元（主要是专用设备）、应收账款及各项应收款 980 万元、各项应付款及银行贷款共计 650 万元。

思考：你知道账面有盈利的企业为什么无钱还债吗？

财务分析是以财务报告资料及其他相关资料为依据，采用一系列专门的分析技术和方法，对企业等经济组织过去和现在有关筹资活动、投资活动、经营活动、分配活动的盈利能力、营运能力、偿债能力及增长能力等进行分析与评价的经济管理活动。

财务分析信息的需求者主要包括企业所有者、企业债权人、企业经营决策者和政府等。不同主体出于不同的利益考虑，对财务分析信息有着各自不同的要求。

总的来看，财务分析的基本内容包括偿债能力分析、营运能力分析、盈利能力分析和发展能力分析，四者是相辅相成的关系。

7.5.1 偿债能力分析

偿债能力分析是指对企业偿还债务的能力所进行的相关分析。

偿债能力分析包括短期偿债能力分析和长期偿债能力分析两个方面。

1. 短期偿债能力分析

短期偿债能力是指企业流动资产对流动负债及时足额偿还的保证程度。它是衡量企业当前财务能力，特别是流动资产变现能力的重要标志。企业短期偿债能力的衡量指标主要有流动比率、速动比率和现金流动负债比率。

（1）流动比率

流动比率是指流动资产总额和流动负债总额之比。一般情况下，流动比率越高，反映企业的短期偿债能力越强，债权人的权益越有保证。流动比率的最优值是2，警戒值是1.5。

（2）速动比率

速动比率是指速动资产对流动负债的比率，用于衡量企业流动资产中可以立即变现用于偿还流动负债的能力。

尽管速动比率较之流动比率更能反映出流动负债偿还的安全性和稳定性，但并不能认为速动比率较低的企业的流动负债到期绝对不能偿还。速动比率的最优值是1，警戒值是0.7。

（3）现金流动负债比率

现金流动负债比率是企业一定时期的经营现金净流量与流动负债的比率，用于从现金流量角度反映企业当期偿付短期负债的能力。

现金流动负债比率越大，表明企业经营活动产生的现金净流量越多，越能保障企业按期偿还到期债务。但是，该指标也不是越大越好，指标过大表明企业流动资金利用不充分，获利能力不强。一般该指标大于1，表示企业流动负债的偿还有可靠的保证。

2. 长期偿债能力分析

长期偿债能力是企业偿还长期债务的现金保障程度。分析一个企业的长期偿债能力，主要是为了确定该企业偿还债务本金和支付债务利息的能力。企业的长期偿债能力主要取决于企业资产与负债的比例关系和获利能力。企业的长期偿债能力的衡量指标主要有资产负债率、产权比率和已获利息倍数。

（1）资产负债率

资产负债率又称负债比率，是企业负债总额对资产总额的比率。资产负债率越小，表明企业的长期偿债能力越强。其最佳值为50%，警戒值为60%～70%。

（2）产权比率

产权比率又称资本负债率，是企业财务结构稳健与否的重要标志。该指标越低，表明企业的长期偿债能力越强，债权人权益的保障程度越高，承担的风险越小，但企业不能充分地发挥负债的财务杠杆效应。

（3）已获利息倍数

已获利息倍数是企业息税前利润与利息支出的比率，可以反映获利能力对债务偿付的保证程度。该指标不仅反映了企业获利能力的大小，而且反映了获利能力对偿还到期债务的保证程度。它既是企业举债经营的前提依据,也是衡量企业长期偿债能力大小的重要标志。一般情况下,已获利息倍数越高,企业长期偿债能力越强。国际上通常认为,该指标为 3 时较为适当,从长期来看至少应大于 1。

7.5.2 营运能力分析

营运能力是指通过企业生产经营资金周转速度的有关指标反映出来的企业资金利用的效率。

营运能力表明企业管理人员经营管理、运用资金的能力。企业生产经营资金周转的速度越快,表明企业资金利用的效果越好、效率越高,企业管理人员的经营能力越强。

营运能力分析包括流动资产周转情况分析、固定资产周转率分析和总资产周转率分析。

1. 流动资产周转情况分析

反映流动资产周转情况的指标主要有应收账款周转率、存货周转率和流动资产周转率。

（1）应收账款周转率

应收账款周转率是反映应收账款周转速度的指标,是一定时期内赊销收入净额与应收账款平均余额的比率。一般来说,应收账款周转率越高,平均收账期越短,说明应收账款的收回速度越快;否则,企业的营运资金会过多地呆滞在应收账款上,从而影响正常的资金周转。

（2）存货周转率

存货周转率是衡量和评价企业购入存货、投入生产、销售收回等各环节管理状况的综合性指标。它是销货成本被平均存货所除而得到的比率,或者叫存货的周转次数。一般情况下,存货周转率越高,表明企业的销货成本数额增多,产品销售的数量增长,企业的销售能力加强。存货周转率越高越好;反之,则说明销售能力不强。

（3）流动资产周转率

流动资产周转率是指企业一定时期内主营业务收入净额与平均流动资产总额的比率。流动资产周转率是评价企业资产利用率的另一重要指标。一般情况下,该指标越高,表明企业流动资产的周转速度越快,利用越好。在较快的周转速度下,流动资产会相对节约,相当于流动资产投入的增加,在一定程度上增强了企业的盈利能力;如果周转速度慢,则需要补充流动资产参加周转,从而会形成资金浪费,降低企业的盈利能力。

2. 固定资产周转率分析

固定资产周转率也称固定资产利用率,是企业销售收入与固定资产净值的比率。固定资产周转率主要用于分析厂房、设备等固定资产的利用效率。其比率越高,说明利用率越高,管理水平越好。如果固定资产周转率与同行业平均水平相比偏低,则说明企业对固定资产的利用率较低,可能会影响企业的获利能力。

3. 总资产周转率分析

总资产周转率是指企业在一定时期内主营业务收入净额与平均资产总额的比率。总资产周转率是综合评价企业全部资产经营质量和利用效率的重要指标。通过对该指标的对比分析,可以反映企业本年度及以前年度总资产的运营效率和变化,发现企业与同类企业在资产利用上的差距,从而促进企业挖掘潜力,积极创收,提高产品的市场占有率和资产利用效率。一般情况下，该指标越高，表明企业总资产周转速度越快、销售能力越强、资产利用效率越高。

7.5.3 盈利能力分析

盈利能力是指企业获取利润的能力。

企业盈利能力分析可从企业盈利能力一般分析和股份有限公司税后利润分析两方面来研究。

从企业盈利能力一般分析的角度看，反映企业盈利能力的指标主要有销售净利率、资产净利率、净资产收益率等。

1. 销售净利率

销售净利率是企业实现的净利润与销售收入的比率，用以衡量企业在一定时期的销售收入获取的能力。

销售净利率指标反映每一元销售收入带来的净利润是多少，表示销售收入的收益水平。企业在增加销售收入的同时，必须相应地获得更多的净利润，才能使销售净利率保持不变或有所提高。通过分析销售净利率的升降变动，可以看出企业在扩大销售的同时在经营管理方面是否有所改进、盈利水平是否有所提高。

2. 资产净利率

资产净利率是企业净利润与平均资产总额的比率。

把企业一定期间的净利润与企业的平均资产总额相比较，可表明企业资产利用的综合效果。该指标越高，表明资产的利用效率越高，说明企业在增加收入和节约资金使用等方面取得了良好的效果，否则相反。

3. 净资产收益率

净资产收益率又称股东权益收益率，是净利润与平均股东权益的比率。该指标反映股东权益的收益水平，指标值越高，说明投资带来的收益越高。

应用案例

I 公司的资金筹措

在竞争日益激烈的移动通信市场，I 公司从成立之日起，就担负着打破电信垄断坚冰的重任。公司成立 10 年来，资产由 13.4 亿元增加到 2 050 亿元，增值 150 多倍，手机用户总数逼近 1 亿户大关。

但是，要建设覆盖全国的移动通信网和数据固定业务网，对 2000 年以前的 I 公司来说是一项难以企及的目标。当时，23 亿元的资产只是杯水车薪，国家投资和 I 公司 15 家股东的投资极其有限，国内资本市场也无法满足其资本需求。

尽管 I 公司董事长提出了"建立新机制、建设新网络、采用新技术、实现高增长、发展综合业务"的"两新两高一综合"发展战略，但资金短缺是 I 公司发展道路上的致命"瓶颈"。

"融资目光不能仅限于境内，要紧紧抓住国际资本市场看好中国电信业的非常机遇，争取在香港、纽约挂牌上市。" I 公司董事长说。

综合业务的品牌优势和移动通信业务的高速成长性，成为 I 公司上市的最大卖点。按照"整体上市，分步实施"的原则，I 公司选择了 12 个省、市的资产，在 2000 年 6 月 21 日、22 日分别在香港、纽约成功上市，融资 56.5 亿美元；2002 年 10 月，I 公司的 A 股在上海证券交易所成功上市，融资 115 亿元。随后经过两次注资，在 2003 年 12 月实现了公司核心业务整体上市。

上市只是一个短暂的过程，而带给 I 公司观念和机制的变化却是长久的、根本的。如果说上市前的 I 公司只是简单地追求市场规模和企业规模的扩大，上市后的 I 公司追求的则是企业价值最大化和股东利益最大化。

为了公正考核，I 公司的绩效考核体系细分为收支系数、资产报酬率、收入利润贡献率等多个指标。各分公司的薪酬按照绩效考核得分确定。绩效考核不仅确定经济收入，而且是荣誉的象征。在绩效考核体系中，I 公司的每一位员工都受到激励和制约。

问题讨论
① I 公司是如何有效地解决资金短缺问题的？
② 分析 I 公司的理财观念和财务目标。

边学边做

模拟分析企业财务状况

1. 模拟目的
① 增强学生对企业财务状况的感性认识。
② 培养和提高学生对企业财务情况的分析能力。
2. 内容与形式
① 提供某企业一定时期的财务基本数据。
② 分析企业的短期偿债能力、长期偿债能力、运营能力和盈利能力。
3. 模拟要求
① 教师提供企业一定时期的财务状况基本数据。
② 要求学生自行进行企业的短期偿债能力、长期偿债能力、运营能力和盈利能力分析。
③ 写出企业财务分析报告。
4. 模拟效果
① 每人提交一份简要的分析报告。
② 教师根据学生的分析报告和在班上交流的情况评定成绩。

情境综述

在学习情境 7 中，我们学习了：
① 企业如何筹集资金。
② 企业如何进行投资。
③ 企业怎样进行资产管理。
④ 企业利润的来源及分配。
⑤ 企业进行财务分析的方法。

学习情境 8

创新管理

不创新，就灭亡。

——[美]亨利·福特

情境导入

小李成为蓝天集团的正式员工后，利用工作之余在创新发展方面及时"充电"，以提高自身素质，为企业发展而努力。

学习目标

通过本学习情境的学习，能够树立创新意识，在企业日常经营管理活动中突出创新能力，为企业进行简单的创新活动。

情境任务

1．创新。
2．产品创新与服务创新。
3．技术创新。
4．现代企业文化创新。
5．创新管理。

学习建议

1．将学生分成小组，分别找出企业创新活动成功与失败的有代表性的案例，并进行讨论分析。
2．邀请有经验的企业人士做有关企业创新活动的报告。

情境任务 8.1　认识创新

引导案例

沃尔玛全渠道新一代门店亮相成都

2018年12月13日，沃尔玛在成都市高新区盛邦街正式推出代表着全渠道零售未来发展方向的新一代门店。这是沃尔玛继2018年年初成功推出"惠选"智能超市后，在加快推进零售创新上的又一次尝试。

此次新开的沃尔玛成都盛邦街店营业面积约为5 000平方米，把普通大卖场的面积压缩了近50%，同时加大了租赁区域。租赁区域营业面积约为4 000平方米，精选了近80个以餐饮、社区服务为主的特色品牌，与紧凑的门店形成了互补。门店提供1万多种商品，涵盖鲜食、婴童产品、服装、个人护理、厨房用品等多个领域。

同时，新一代门店还上线了最新一代的自助收银和"扫玛购"一体机；"扫玛购"小程序未来可根据消费者的不同购物喜好推送不同的电子优惠券，同时微信小程序"找找货"也将上线；门店半径3 000米范围内的消费者只需要登录京东到家沃尔玛门店，在线上下单1小时就可以配送到家；为了更好地实现快速拣货，门店还打造了全品类拣货区，持续优化拣货流程，未来还会运用智能穿戴设备提高拣货效率和准确度。

思考：企业创新有何意义？

创新就是在原有资源（工序、流程、体系单元等）的基础上，通过资源的再配置、再整合（改进），进而提高（增加）现有价值的一种手段。

8.1.1　创新过程与创新主体

1. 创新的过程

（1）寻找机会

创新是对原有秩序的破坏。原有秩序之所以要被打破，是因为其内部存在着或出现了某种不协调的现象，这些不协调对系统的发展造成了某种不利的影响。企业的创新，往往是从密切地注视、系统地分析企业在运行过程中的不协调现象开始的，可以说不协调为创新提供了契机。

（2）提出构想

敏锐地观察到不协调的现象以后，还要透过现象研究原因，并据此分析和预测不协调的未来变化趋势，估计它们可能给企业带来的积极或消极的后果。在此基础上，努力利用各种方法消除不协调，使企业在更高层次实现平衡的创新构想。

（3）迅速行动

创新成功的秘密主要在于迅速行动。提出的构想可能还不完善，甚至可能很不完善，但这种并非十全十美的设想必须立即付诸实施才有意义。"没有行动的思想会自生自灭"，这句话对于创新的实践尤为重要。一味追求完美，以减少受讥讽、被攻击的机会，就可能坐失良机，把创新的机会白白地送给自己的竞争对手。

（4）坚持不懈

构想经过尝试才能成熟，而尝试是有风险的，不可能一击即中。创新过程是不断尝试、不断失败、不断提高的过程。因此，创新者在开始行动以后，为取得最终的成功，必须坚定不移地继续下去，绝不能半途而废，否则便会前功尽弃。

2. 创新的主体

① 全体员工是创新活动的源泉。
② 管理人员是管理创新的中坚力量。
③ 管理专家和研究机构是管理创新的辅助。
④ 创新型企业家是管理创新的关键。

由于企业家在整个企业发展中所处的特殊地位和管理支配力，他们或者亲自提出创意付诸实施，或者对管理创新活动产生重大影响，因此企业家是管理创新成败的关键人物。企业要不断创新，首先必须有锐意进取的创新型企业家。

企业家应始终寻求变化，对变化及时做出反应，并把变化作为创新机会予以利用。企业家的创新精神要求他们必须具备一定的心智特征和能力结构。

情境链接

创新型企业家的心智特征和能力结构

心智特征是指由过去的经历、素养、价值观等形成的基本固定的思维方式和行为习惯。作为管理创新主体的企业家应具备这样一些心智特征：善于学习，具有广博的知识；善于思考，具有系统的思维方式；勇于进取的价值取向；健全的心理素质；优秀的品质。

作为管理创新主体的企业家还必须具备一定的能力才可能完成管理创新的过程。这些能力可分为 3 个层次：核心能力、必要能力和增效能力。核心能力突出地表现为创新能力；必要能力包括转化能力和应变能力；增效能力则表现为协调组织以加快进展的能力。

8.1.2 创新的内容、策略与方法

1. 创新的内容

（1）管理观念创新

管理观念又称为管理理念，是指管理人员或管理组织在一定的哲学思想支配下，由现实条件决定的经营管理的感性知识和理性知识构成的综合体。一定的管理观念必定受到一定的社会政治、经济、文化的影响，是企业战略目标的导向、价值原则。同时，管理观念又必定折射在管理的各项活动中。20 世纪 80 年代以来，经济发达国家的优秀企业家提出了许多新的管理观念，如知识增值观念、知识管理观念、全球经济一体化观念、战略管理观念、持续学习观念等。在我国，企业的管理观念存在着经营不明确、理念不当、缺乏时代创新精神等问题，因此应该尽快适应现代社会的需要，结合自身条件构建自己独特的经营管理理念。

（2）目标创新

知识经济时代的到来，导致了企业经营目标的重新定位：一是企业管理观念的革命，要求

企业经营目标重新定位;二是企业内部结构的变化,促使企业必须重视非股东主体的利益;三是企业与社会的联系日益密切、深入,社会的网络化程度大大提高,企业正成为这个网络中重要的连接点。因此,企业经营的社会性越来越突出,从而要求企业高度重视自己的社会责任,全面修正自己的经营目标。在新的经济背景下,企业要生存,目标就必须调整为通过满足社会需要来获得利润。

(3)技术创新

技术创新是市场经济的产物,属于经济学范畴。技术创新的概念是从创新概念演化而来的,是创新的一个重要组成部分。技术创新的基本含义是指与新技术(含新产品、新工艺)的研究开发、生产及其商业化应用有关的经济技术活动。技术创新又是一种能力,体现在市场机会与技术机会的结合,即创造新的商业机会上,是一种能够及时把握住这种商业机会,正确地做出创新决策,并有效地实施这一决策且成功地引入市场的能力。它集中体现为企业市场竞争力的提高。

技术创新主要有产品创新和工艺创新两种类型,同时涉及管理方式及其手段的变革。

(4)制度创新

制度创新是从社会经济角度来分析企业系统中各成员间的正式关系的调整和变革。企业只有具有完善的制度创新机制,才能保证管理观念创新和技术创新的有效进行。如果旧的、落后的企业制度不进行创新,就会成为严重制约企业创新和发展的桎梏。企业制度主要包括产权制度、组织制度和管理制度3个方面的内容。制度创新,就是实现企业制度的变革,通过调整和优化企业所有者、经营者和劳动者三者的关系,使各方面的权利和利益得到充分的体现;就是不断调整企业的组织结构和修正、完善企业内部的各项规章制度,使企业内部各要素合理配置,并发挥出最大限度的效能。

(5)结构创新

在工业化时代,市场环境相对稳定,企业为了实现规模经济效益、降低成本,纷纷以正规化、集权化为目标。但随着企业规模的不断扩大,组织复杂化程度也越来越高,加之信息社会使环境不稳定的因素越来越多,使得竞争越来越激烈。当管理人员意识到传统的组织结构不适应现代环境的多变性时,便会实施创新。一个有效的组织应当是能随着环境的变化而不断调整自己的结构,使之适应新的环境的组织。根据这一认识,现代企业组织正不断朝着灵活性、有机性的方向发展。

(6)环境创新

环境既是企业经营的土壤,也制约着企业的经营。环境创新不是指企业为适应外界变化而调整内部结构或活动,而是指通过积极的创新活动去改造环境,去引导环境朝着有利于企业经营的方向变化。例如,通过企业的公关活动,影响社区政策的制定;通过企业的技术创新,影响社会技术进步的方向。就企业而言,市场创新[1]是环境创新的主要内容。人们一般认为新产品的开发是企业创造市场需求的主要途径,其实市场创新的更多内容是通过企业的市场营销活动来进行的,即在产品的材料、结构、性能不变的前提下通过市场的地理转移,或者通过揭示产品新的物理使用价值来寻找新客户,再通过广告宣传等促销工作,赋予产品一定的心理使用价值,诱导、强化消费者的购买动机,增加产品的销售。

(7)文化创新

现代管理发展到文化管理阶段,可以说已达到顶峰。企业文化经过员工价值观与企业价值观的高度统一,通过企业独特的管理制度体系和行为规范的建立,使得管理效率有了较大提高。

---

[1] 市场创新是指通过企业的活动去引导消费,创造需求。

创新不仅是现代企业文化的一个重要支柱,而且是社会文化中的一个重要部分。如果文化创新已成为企业文化的根本特征,那么创新价值观就得到了企业全体员工的认同,行为规范也就会得以建立和完善,企业创新动力机制就会高效运转。

实例分析 8-1

  运通公司是一个刚刚成立两年多的股份制企业,主营城市公交客运。运通公司打破了北京市公交总公司独家经营的垄断局面,激活了公交市场。运通公司经过近3年的市场调研和无数次的审批才获得市政府的批准。它提出了不享受财政补贴(北京市公交总公司一年近10亿元补贴),并为社会提供了大量的就业岗位。经过两年的发展,运通公司安排了近千名下岗失业人员,上缴税费300多万元,并创造利润600多万元,资产从最初的400万元增值到8 500多万元。取得这些骄人的成绩靠的是什么力量?靠的是运通文化和运通员工的共同价值理念。

2. 创新的策略

① 首创型创新策略。
② 改创型创新策略。
③ 仿创型创新策略。

  在制定创新策略时,企业应适度创新。所谓适度创新,就是既要适应市场需求的发展变化,又要适应本企业的创新条件。只有这样,创新者才能充分利用和发挥本企业的创新优势,尽量减少或避免创新的风险,从而提高创新的效果,促进企业的发展。

3. 创新的方法

(1) 头脑风暴法

  头脑风暴法是美国创造工程学家亚历克斯·奥斯本(Alex Osborn)在1940年发明的一种创新方法。这种方法通过一种别开生面的小组畅谈会,在较短的时间内充分发挥群体的创造力,从而获得较多的创新设想。当一个与会者提出一个新的设想时,这种设想就会激发小组内其他成员的联想。当人们卷入"头脑风暴"的洪流之后,各种各样的构想就会像燃放鞭炮一样,点燃一个,引爆一串。

  头脑风暴法的规则:

① 不允许对他人的意见进行批评或反驳,任何人不做判断性结论。
② 鼓励每个人独立思考,广开思路,提出的改进设想越多越好、越新越好,允许相互之间的矛盾。
③ 集中注意力,针对目标,不私下交谈,不干扰别人的思维活动。
④ 可以补充和发表相同的意见,使某种意见更具说服力。
⑤ 参加会议的人员不分上下级,平等相待。
⑥ 不允许以集体意见来阻碍个人的创造性设想。
⑦ 参加会议的人数不超过10人,时间限制在20分钟到1小时。

  使用头脑风暴法的目的在于创造一种自由奔放的思考环境,诱发创造性思维的共振和连锁反应,产生更多的创造性思维。使用头脑风暴法,讨论1小时能产生数十个乃至几百个创造性设想,适用于问题较单纯、目标较明确的决策。

  头脑风暴法在运用中又有发展,即反头脑风暴法,其做法与头脑风暴法相反——对一种方案不提肯定意见，而是专门挑毛病、找矛盾。它与头脑风暴法一反一正，可以互相补充。

（2）综摄法

综摄法是美国人哥顿在 1952 年发明的一种开发潜在创造力的方法。它以已知的东西为媒介，把毫不关联、互不相同的知识要素结合起来创造出新的设想，也就是摄取各种产品和知识，综合在一起创造出新的产品或知识，故名综摄法。

综摄法有两个基本原则：

① 异质同化，即"变陌生为熟悉"。这实际上是综摄法的准备阶段，是指对待不熟悉的事物要用熟悉的事物、方法、原理和已有的知识去分析、对待，从而提出新设想。

② 同质异化，即"变熟悉为陌生"。这是指对熟悉的事物、方法、原理和知识，用不熟悉的态度去观察分析，从而启发出新的创造性设想。这是综摄法的核心。

综摄法的特点：

① 参加会议准备出主意、提方案的人，并不知道要解决的是什么样的具体问题，只有负责引导思考的会议主持人知道。

② 把问题抽象化，不讲原来的问题，利用熟悉的事物作为迈向陌生事物的跳板。例如，生产剪草机的厂家，不直接提问如何改进剪草机，而是提出"用什么办法可以把一种东西断开"。在这里，不提剪断，因为它会使人想起剪刀，也不提割断，因为它会引导人们从各种刀具方面去思考。而提出断开，人们就会联想到用刀剪、用刀切、扯断、电割、锯断、冲开等，进而提出理发推子形式的刀片、镰刀形式的旋转刀片等。

③ 会议主持人逐个研究解决抽象问题的方案，看其能否解决原来的问题，在会议结束时把问题提出来。

综摄法的优点在于先把问题抽象化，然后提出解决的方案。这是因为在开发新产品的时候，如果只是根据具体的事物想办法，则无论如何都会受到现有事物的约束，提不出彻底的解决方案；如果根据抽象问题思考，则可以帮助人们发挥潜在的创造力，打开未知世界的窗口，得到一些平常想不到的办法。

（3）逆向思考法

逆向思考法是顺向思维的对立面。逆向思维是一种反常规、反传统的思维。顺向思维的常规性、传统性往往导致人们形成思维定式，是一种从众心理的反映，因而往往成为人们的一种思维"框框"，阻碍着人们发挥创造力。这时如果转换一下思路，用逆向法来考虑，就可能突破这些"框框"，取得出乎意料的成功。

逆向思考法由于是反常规、反传统的，因此具有与一般思维不同的特点：

① 突破性。这种方法的成果往往会冲破传统观念和常规，带有质变或部分质变的性质，因而往往能取得突破性的成就。

② 新奇性。由于思维的逆向性，改革的幅度较大，因此必然是新奇、新颖的。

③ 普遍性。逆向思考法应用范围很广，几乎适用于一切领域。

④ 实效性。这是指逆向思考法所产生的实际效果。

（4）检核表法

检核表法几乎适用于任何类型与场合的创造活动，所以又被称为创造方法之母。它是用一张一览表对需要解决的问题逐项进行核对，从各个角度诱发多种创造性设想，以促进创造发明、革新或解决工作中的问题。实践证明，这是一种能够大量开发创造性设想的方法。

检核表法是一种多渠道的思考方法，包括许多创造技法，如迁移法、引入法、改变法、添加法、替代法、缩减法、扩大法、组合法和颠倒法等。它启发人们缜密地、多渠道地思考问题和解决问题，广泛运用于创造、发明、革新和企业管理。

（5）类比创新法

类比就是在两个事物之间进行比较。这个事物既可以是同类的，也可以是不同类的，甚至差别很大。通过比较，找出两个事物的类似之处，再据此推断出它们在其他方面的类似之处。因此，类比创新法是一种富有创造性的创新方法，有利于发挥人的想象力，从异中求同，从同中求异，从而产生新的知识，得到创新性成果。类比方法很多，包括拟人类比法、直接类比法、象征类比法、因果类比法、对称类比法、综合类比法等。

（6）信息交合法

信息交合法是通过若干类信息在一定方向上的扩展与交合来激发创造性思维，提出创新性设想。信息是思维的原材料，大脑是信息的加工厂，通过不同信息的撞击、重组、叠加、综合、扩散、转换，可以诱发创新性设想。要正确运用信息交合法，必须注意抓好3个环节：

① 搜集信息。不少企业已设立专门机构来搜集信息。网络化已成为当今企业搜集信息的发展趋势。搜集信息的重点放在新的信息上，只有新的信息才能反映出科技、经济活动中的最新动态、最新成果，这些与企业有着直接利害关系。

实例分析 8-2

日本三菱公司设置了115个海外办事处，约900名日本人和2 000多名当地员工从事信息搜集工作。

② 拣选信息。它包括核对信息、整理信息、积累信息等内容。

③ 运用信息。搜集、整理信息的目的都是运用信息。运用信息一要快，快才能抓住时机；二要交合，即这个信息与另一个信息进行交合、这个领域的信息与另一个领域的信息交合，把信息与所要实现的目标联系起来思考，以创造性地实现目标。

总之，信息交合法就像一个"魔方"，通过对各种信息的引入和各个层次的交换，引出许多系列的新信息组合，为创新对象提供千万种可能性。

（7）模仿创新法

人类的创造发明大多是由模仿开始的，然后进入独创。勤于思考就能通过模仿进行创造发明。例如，当今有许多项目模仿了生物的一些特征，从而形成了仿生学。模仿不仅用于工程技术、艺术，而且也用于管理方面。

情境任务 8.2　产品创新与服务创新

引导案例

近年来，宝洁公司从外部引进的产品开发创意和技术的比重在全部新产品中占35%，将来要占到50%。以宝洁公司的营业收入，靠员工进行创意以大幅刺激公司的发展不是一件容易的事情。因为宝洁公司（以下简称宝洁）规模巨大，每年需要新创造20亿美元的收入，才能使股东价值高于平均水平，所以必须要以更少的成本来做成更多的事情。

以前，宝洁的创新体制更多地强调内部竞争。研究人员被分成一个个小组，为研发项目、研发资金甚至为获得公司领导的关注而相互竞争。过度竞争并没有带来高效益，因此宝洁CEO雷富礼提出要把竞争放在对外上，对内则要更多地倡导协作。在宝洁，产品创新过程不再被称为研发，而是称为联系与开发，即C+D（Connect and Develop），在开发过程中要加强跨技术、跨学科、跨地域和跨业务之间的联系。

为了扩大外部知识产权来源，宝洁加入了3个科学家网络。2001年8月，宝洁与Nine Sigma公司开始合作。该公司的网站NineSigma.com帮助宝洁与全世界50多万名研究人员联结在一起，当他们有重大创新时，会优先卖给宝洁。Spin Brush电动牙刷技术就是宝洁通过这个网络从一位发明家手中买来的。宝洁也可以通过这个网站发帖子提出技术问题，向世界各地的研究人员征求各种建议性的解决方案。如果看中某个方案，就可以与方案的提出者商谈购买这个方案的条件，并向Nine Sigma公司支付中介费。宝洁公司加入的第二个网络是Invocative.com。该网站是美国礼来制药公司（Eli Lilly）的下属公司，Invocative吸引了全球175个国家的11万多名生物学家、化学家、工程师和其他专业人士。这些专业人士争相助力宝洁这样的大公司解决遇到的问题。最后，宝洁公司还与礼来公司一起创办YourEncore.com。该网站联结起已经退休的科学家，向他们提供相关的咨询。这样，宝洁利用对方的全球性网络获得了更多的科学家和工程师的智慧。

利用外部创新最大的优点是降低了自行研发的费用和失败的概率，无须像对待公司员工那样管理外部研发人员。更重要的是，由于研发成果是现成的，拿来即用，因此不仅无须承担研发过程中的风险，而且缩短了从发现市场机会到获得利润过程的时间。

以前，宝洁往往把内部研发工作的评估重点放在技术产品的性能、专利数量和其他指标上，现在则更加强调可以感知的消费者价值。而且，由于宝洁的7 000多名研发人员分布在9个国家的21个研究中心，更贴近消费者，因此使公司得以更好地关注不同文化下消费者的深层次需要与欲望。宝洁的"360度创新"的概念就是围绕消费者体验进行全方位创新，包括达到所需要性能的产品技术、能够以合适价格生产出该产品的生产技术、产品性能、外观和包装的概念性及审美性因素等。

同时，宝洁进一步解放实验室里的智慧，方式之一就是在全球建立一系列的创新技术的监控点。宝洁精选了60位科学家和工程师，把他们从实验室里解放出来，授予他们"技术创业家"的称号。他们被分别派到欧洲、中国、日本、印度和拉丁美洲，主要工作就是搜寻与公司相关的创新。他们访问政府和学校的实验室，与主要的科学家和教授建立联系，还走进贸易展览会，甚至在超市里面游荡。所有这一切都是为了搜寻可以借鉴的创新，从而对宝洁现有的产品进行改进，或者创造新的产品。

宝洁有一个创新网，该公司分散在全球各地的研发、设计、市场研究、采购等方面的人员可以通过该网进行交流。在创新网上，有一个名为"你来问我来答"的版块，谁在研发过程中遇到困难或有什么需要，就可以把问题贴在上面，然后问题会被转给有相关专业经验的人，往往在24～48小时内就能找到提供答案的人。网上还有各种技术专业社区，供人们讨论交流。当有人在开发中遇到困难时，这些专业社区就会成为其求教的主要场所。

曾经被认为在一个传统行业里暮气沉沉的宝洁，因为走出了实验室，最终成了创新能力很强的国际大公司之一。

思考：宝洁的产品开发与创新给了我们什么启示？

凡是产品整体性概念中任何一部分的创新、改进，能给消费者带来某种新的感受、满足和利益的相对新的或绝对新的产品，都叫新产品。

8.2.1 新产品开发

1. 新产品的主要类型

（1）全新产品

应用新原理、新技术、新材料研制出的具有新结构、新功能的产品，就是全新产品。这种产品对企业、对市场来说都属于新产品。全新产品也可以说是一种发明，占新产品总数的比例为10%左右。

（2）改进型新产品

改进型新产品是指在原有老产品的基础上进行改进，使产品在结构、功能、品质、花色、款式及包装上具有新的特点和新的突破，使其与老产品有较明显的差别。改进后的新产品，其结构更合理、功能更齐全、品质更优，能更多地满足消费者不断变化的需求。例如，一些大的手机生产企业通过不断地提高存储量、更改外形，以及改进速度，来牢牢掌握市场。改进型新产品占新产品总数的26%左右。

实例分析 8-3

海尔"不用洗衣粉"的双动力洗衣机，就是目前全球市场上独一无二的改进型新产品。这款产品凭借环保、健康等优势，创造性地解决了15个世界级难题，拥有32项专利，荣获国家科技进步二等奖，是我国家电行业的唯一获奖产品。新技术、新产品创造出了差异化的增值需求：在马来西亚，其销售单价达3 999马币，而当地市场原来最贵的同类产品只售1 600马币。

（3）模仿型新产品

模仿型新产品是指对国际或国内市场上已经出现的产品进行引进或模仿，由此研制生产出的产品。这是一些小型企业采取的经营策略，这样不仅可以省去前期开发新产品的大笔费用，节省产品促销费用，而且可以利用被仿制产品市场占有率的优势来抢占部分市场份额，或者利用价格优势来挤、抢被仿制产品的市场，如引进汽车生产线，制造、销售各种类型的汽车等。模仿型新产品约占新产品总数的20%左右。

（4）换代型新产品

换代型新产品是指在原有产品的基础上，采用或部分采用新技术、新材料、新工艺研制出来的新产品。

（5）形成系列型新产品

形成系列型新产品是指在原有的产品大类中开发出新的品种、花色、规格等，从而与企业原有产品形成系列，扩大产品的目标市场。形成系列型新产品占新产品总数的26%左右。

（6）降低成本型新产品

降低成本型新产品是指以较低的成本提供同样性能的新产品。这主要是指企业利用新科技改进生产工艺，或者提高生产效率削减原产品的成本，但保持原有功能不变的新产品。降低成本型新产品约占新产品总数的11%左右。

（7）重新定位型新产品

重新定位型新产品是指企业的老产品进入新的市场而被称为该市场的新产品。重新定位型新产品约占新产品总数的7%左右。

企业开发新产品一般是推出上述新产品类型的某种组合,而不是进行单一的产品类型开发。

情境链接

在腾讯的盈利模型中,会员体系是最值得研究的,这个体系对未来中国互联网创业有很大的借鉴性。2013年、2014年之前,中国几乎所有的互联网公司的盈利都来自流量分发;2014年进入移动互联网时代以后,流量分发逐步递减,流量成本越来越高,所有的移动互联网创业者做的事情就是通过内容来获取用户。

这是用户管理系统方面的问题。

在用户管理系统方面,全国最有经验的就是腾讯。腾讯在早期就建立了自己的会员系统,是一个天然的用户型公司,需要每一个用户的贡献。通信交互无法产生利润,但腾讯做了QQ秀,做了会员体系,做了红钻。

2005年,腾讯开发了一个非常重要的产品——QQ空间。QQ空间本是韩国产品。2005年,韩国一个网站把IM放大成了一个空间类的模型(美国的Facebook也是这样一个产品)。韩国的是从IM出发的,美国脸书是从熟人出发的,这是两条不同的路径。所以说脸书的熟人关系多,QQ的陌生关系多,更具有开放性。

2005年,中国香港人汤道生到了QQ空间以后,在PC端最决定性的一战就是QQ空间。QQ秀和QQ空间是腾讯2003年以后获得自主盈利能力非常重要的一环。

在所有的产品里,腾讯最赚钱的是游戏。游戏在很长一段时间内占到了腾讯70%的利润,而且主要来自几款游戏。2016年腾讯公布的上半年半年报显示,腾讯的营收为350亿元人民币,其中170亿元来自游戏,占50%左右,而在2008年占了总营收的70%。

之后,中国由门户时代进入到了BAT时代:阿里巴巴建立了电子商务核心能力;腾讯建立了社交环境核心能力;百度建立了搜索核心能力。腾讯QQ由工具形成虚拟人格,最后变成社交空间。

2. 新产品的开发方式

(1)独立研制方式

独立研制方式是指企业依靠自己的科研和技术力量研究开发新产品。

(2)联合研制方式

联合研制方式是指企业与其他单位,包括大专院校、科研机构及其他企业共同研制新产品。

(3)技术引进方式

技术引进方式是指通过与外商进行技术合作,从国外引进先进技术来开发新产品。这种方式也包括企业从本国其他企业、大专院校或科研机构引进技术来开发新产品。

(4)自行研制与技术引进相结合的方式

自行研制与技术引进相结合的方式是指企业把引进技术与本企业的开发研究结合起来,在引进技术的基础上,根据本国国情和企业技术特点将引进技术加以消化、吸收、再创新,研制出独具特色的新产品。

(5)仿制方式

仿制方式是指按照外来样机或专利技术产品,仿制国内外的新产品。这是迅速赶上竞争对手的一种有效的新产品开发方式。

3. 新产品的开发过程

从市场营销的观点出发，新产品的开发过程大致要经历以下 7 个步骤。

第 1 步　构思形成。新产品开发始于构思的形成，是指企业考虑向市场提供的一种可能产品的主意。据调查发现，在 100 个新产品的构思中，有 39 个能进入产品的开发程序、17 个能通过开发程序、8 个能真正进入市场，到最后只有 1 个能最终实现商业目标。显然，开发新产品是一项具有很大风险的工作，代价十分昂贵，失败率也很高。一般来说，新产品构思的主要来源是企业内部、消费者、竞争对手、销售人员和供应商及科技情报等。这里关键的问题是，对新产品构思的搜寻必须系统进行，既不能依赖于偶然的发现，也不是无穷无尽地搜索。

第 2 步　概念设计。从众多的产品开发案例中可以看出，企业开发产品能否取得成功，很大程度上取决于产品概念形成阶段，因此企业如何选择自己需要开发的新产品就成为一个关键性的问题。从市场营销的角度来理解概念设计，就是利益点的设计，即企业将要着手开发的产品针对的是市场哪一部分的需求、满足的是消费者哪一部分的要求。利益点清晰，产品将来才能好销售。利益点设计不可过于狭窄，但也不能过于宽泛，宽窄应根据调研的数据和企业的能力去把握。

第 3 步　产品设计。产品设计包括产品的功能、外形、价格，甚至包括产品的名称、包装。其中，设计产品的功能、外形和价格的工作必须在新产品正式投入研发之前就予以确定，因为它直接关系到新产品研发过程中的一系列问题，如材料的选择、研发过程中应投入多少人力、物力、财力。这对风险承受能力不强的中小企业尤为重要。经常发生这样的情况：新产品的功能很好，各方面的情况也都很好，但是因为在研发过程中投入过多，以致不得不为新产品定一个高价而导致无人问津，使新产品遭到失败。例如，福特汽车公司在研发水星系列汽车的过程中就屡次发生这样的情况，使福特汽车公司元气大伤。福特汽车公司可以承受这样的损失，但是一般的中小企业就难以承受这样的损失。

第 4 步　正式进行新产品的研发。在这一阶段，要注意研发过程中的财务风险。要对财务风险进行控制，最好设立一个止损点，如果超过这个止损点，新产品还不能研发成功，就应该立即放弃，或者想别的办法。新产品的开发往往是一点一滴累积的，最后成为财务的无底洞和企业的黑窟窿，很多企业包括一些著名的跨国企业就是这样被市场淘汰的。

第 5 步　进行新产品的市场测试。这是非常关键的一步。测试的目的有两个。一是从消费者的角度对新产品进行判断，而不是从开发者的角度对产品进行判断。开发者对产品的判断往往会出现偏差，因而必须根据消费者的意见进行纠偏，即加强新产品受消费者欢迎的特点，纠正其不受消费者欢迎或消费者表现淡漠的特点。二是为了与竞争产品进行比较。

就消费类产品来说，测试的方法有两种：一种是居家测试，即将新产品发放给消费者，由消费者在家中进行体验式消费；另一种是现场测试，即在商店内或其他被允许的地方设立测试点，请过往行人消费企业的产品，并提出看法。前者因为测试的时间比较长、环境比较安静适宜、消费者在体验时不受干扰，所以得出的结论相对后者更为正确；后者则因为测试现场比较嘈杂，消费者体验时间短、心情紧张，所以只能根据第一直觉得出判断，结论往往不够准确，参考价值较低。但居家测试所需费用较高且操作较烦琐，而现场测试则费用低且操作简单。具体采用哪种方法还是两种测试方法并用，要根据企业的情况做出选择。

多数非消费类产品，如生产机械、生产用新型原材料等，只能采用产品留置式测试方法，即将产品交给消费者使用，然后听取消费者意见。

第 6 步　市场试销。市场试销是指新产品和市场营销方案将接受真实的市场环境的检验。

在新产品试销之前,要进行一些决策,如确定试销地区范围、试销时间的长短、在试销过程中需要搜集哪些信息、试销后可能采取哪些行动等。市场试销有两个指标:一是试用率,这是指第一次购买试销品的比率;二是再购率,这是第二次重复购买的比率,它的高低通常能看出新产品是否成功,所以具有十分重要的意义。

第7步 大批投产、正式上市。

4. 新产品的开发策略

(1)抢先策略

抢先策略是指抢在其他企业之前,将新产品开发出来并投放到市场上,从而使企业处于领先地位。采用抢先策略的企业,必须要有较强的研究与开发能力,并有一定的试制与生产能力,还要有足够的人力、物力和资金及勇于承担风险的决心。

实例分析 8-4

日本索尼公司创办于1946年,创建初期不过20人,资本500美元。但40年后,该公司员工已超过4万人,年销售额达50亿美元,产品远销180多个国家和地区。其成功的原因就在于索尼公司是晶体管先驱者和便携式立体声系统的新潮流创始者。

(2)紧跟策略

紧跟策略是指企业一旦发现市场上有畅销产品,就不失时机地进行仿制并投放市场。采用紧跟策略的企业,必须对市场信息进行搜集、处理并迅速反应,而且要具有较强的、高效率的研究与开发能力。

实例分析 8-5

20世纪60年代,每当通用汽车公司的新型车上市,福特汽车公司就立即采购,并在10天内把新车解体,对其零件逐个洗清称重,按功能分别排列在固定的展览板上。然后,与自己的产品对照,分别进行工艺成本的分析,找出应变的对策。

(3)引进策略

引进策略是指把专利和技术买过来,通过组织力量进行消化、吸收和创新变成自己的技术,并迅速转变为生产力。它可以分为3种情况:

① 将企业整个买下。
② 购买现成的技术。
③ 引进掌握专利技术和关键技术的人才。

实例分析 8-6

1945年至1970年,日本花费60亿美元引进国外技术,这些技术的研制费高达2 000亿美元,日本支付的代价不到研制费用的1/30。同时,这些技术的研制时间一般为12~15年,而日本掌握这些技术只用了两三年的时间。这已成为日本一些企业新产品的主要开发策略。

(4)最低成本策略

最低成本策略是指企业大力降低新产品成本,以使新产品的价格具有竞争力。

（5）改进策略

改进策略是指所开发的新产品与原产品相比只发生了量的变化，但同样能满足消费者新的需求。这是代价最小、收获最快的一种新产品开发策略，但也容易被竞争对手模仿。

（6）周到服务策略

周到服务策略是指加强新产品的售前和售后服务，以提高产品的竞争力。

实例分析 8-7

"方太"在做"黄金灶"之前，进行了全国抽样调研，从中得知：消费者对玻璃板嵌入式燃气灶的色彩比较喜欢，但是由于燃气灶回火和消费者的非正常使用等主要原因，使得玻璃容易爆裂伤人的隐患依然存在。同时，消费者又比较喜欢不锈钢的坚固安全，但其色彩的单一性又不能满足厨房装饰个性化的需求。"方太"抓住消费者的需求，通过对产品的"好"与"不好"的结合，发现了一个很大的产品空间——既有丰富色彩又不易爆裂的"嵌入式"灶。这就是市场。

市场找到了，"方太"针对市场需求、市场竞争等方面提出了一系列问题并进行分析：市场上有没有企业已经抢占或正准备抢占；有没有边缘产品。如果没有企业抢占，那就是机会；如果正有企业准备抢占，那就要抢先下手；如果都没有，但市面上有边缘产品，那就要对照竞争对手的产品，搞清楚消费者对此产品最满意的是哪几点、消费者对此产品不满意的又是哪几点。这样，在对竞争对手的了解和调研过程中，又会发现新的市场机会和市场空白点，由此可以对原先的市场进一步完善和修正，从而领先于竞争对手。

对消费者的需求进行了把握，对竞争对手的空白点也进行了圈定，下一步就是对企业的SWOT分析：针对这个细分市场，竞争对手没有抢占，它们可否抢占，它们能否抢占，它们的研发能力、人力资源、资本实力等是否具备；抢占之后，它们是否有足够的资源来支撑企业可持续性发展，它们是否有足够的能力和资源来应对后来者的追击和抢滩，等等。

在了解了消费者的需求和竞争对手的情况，也对自身的优劣势有了一个比较清醒的认识后，接下来就是考虑采取何种新产品开发战略了。"方太"以消费者为关注焦点，以消费者需求为导向，以自身强大的技术实力为基础，决定选择受技术限制较小、成本相对比较低、便于市场和消费者接受的改进型新产品开发战略——采取金黄色不锈钢玻璃，不但解决了爆裂的问题，而且色彩又丰富。在通过一系列的市场营销之后，"方太"终于以"黄金灶，永远的家"这个推广主题，成功地推出了"华丽不爆裂"的"黄金灶"。

8.2.2 服务创新

1. 认识服务创新

服务创新（service innovation）是指新设想、新技术手段转变成新的或改进的服务方式。

（1）服务创新的层次

服务创新源于对消费者体验的深度挖掘与认知。它着眼于消费者体验价值的提升，并由此进一步影响产业行为，进而升级成为产业创新。

服务创新为消费者提供了以前不能实现的新颖服务——这种服务在以前由于技术等限制因素不能提供，现在因突破了限制而得以提供。服务创新包含4个层面：

① 服务概念，即企业以什么概念吸引新、老消费者。
② 客户接口，即企业与客户端交互的平台。

③ 服务传递，即企业和消费者之间有效传递所共创或获取的价值途径。

④ 技术选择，即如何开发新技术并应用于服务系统中，以推出新服务概念、设计更先进的客户接口、建立更有效的传递系统。

（2）服务创新的类型

① 按服务的领域或范围划分，产业部门划分为第一产业、第二产业及第三产业服务的创新；行业部门划分为建材、电子、化工等部门服务的创新。

② 按服务的区域划分，服务创新可分为为国外服务的服务创新、为国内服务的服务创新（又可分为为各地区服务的服务创新，为各省、自治区、直辖市、市及各县、镇、村服务的服务创新）。

③ 按服务目的的不同划分，服务创新主要分为生产性服务创新、生活性服务创新和发展性服务创新。

2. 服务创新的思路和途径

（1）服务创新的思路

① 把注意力集中在对消费者期望的把握上。在竞争对手云集的市场中，不必轻易改变产品本身，而应该把注意力集中在对消费者期望的把握上，认真听取消费者的反映及修改的建议。一般80%的服务创新来源于消费者。

② 善待消费者的抱怨。消费者往往会表示服务有缺陷或服务方式应当改进，这正是服务创新的机会。对消费者的抱怨，应立即妥善处理，设法改善。以耐心、关怀来巧妙解决消费者的问题，这是服务创新的基本策略。

③ 服务要有弹性。服务的对象相当广泛，有不同期望及需要，因此良好的服务需要保持一种弹性。服务有许多难以衡量的东西，如果一味追求精确，则不但难以做到，反而会作茧自缚。

④ 企业员工比规则更重要。创新就是打破一种格局再创造一种新的格局，最有效的策略就是向现有的规则挑战，挑战的主体是人。一般情况下，消费者对服务品质好坏的评价是根据他们与服务人员打交道的经验来判断的。

⑤ 用超前的眼光进行推测创新。服务是靠消费者推动的。当人们生活水平低于或等于生存线时，其需求模式是比较统一的。随着富裕程度的提高，人们的消费需求由低层次向高层次递进，由简单稳定向复杂多变转化。这种消费需求的多样化意味着人的价值观念的转变。

⑥ 在产品设计中体现服务。产品创新从设计开始，服务也从设计开始。要在产品中体现服务，就必须把消费者的需要体现在产品设计上。在产品设计中体现服务，是一种未雨绸缪的创新策略。要使消费者满意，企业必须建立售前、售中、售后的服务体系，并对体系中的服务项目不断更新。服务的品质是一个动态的变量，只有不断地更新才能维持其品质不下降。售前的咨询、售中的指导、售后的培训等内容会随着时间的推移使其性质发生变化，原来属于服务的部分被产品吸收，创新的部分才是服务。

⑦ 把"有求必应"与主动服务结合起来。不同的企业对服务的理解不同，其中很多企业对服务的定义过于狭窄：餐饮企业对服务的理解可能就是笑容可掬；设备销售企业可能把服务理解为"保修"；银行可能认为服务就是快捷且不出差错；商品零售企业可能认为服务就是存货充足和免费送货。这些理解都只是把服务限定在"有求必应"的范围内，满足于被动地适应消费者的要求。一个企业要在竞争中取胜，仅仅做到"有求必应"是不够的，而应不断地创新服务，由被动地适应变为主动地关心、主动地探求消费者的期望。

实例分析 8-8

IBM 认为，公司的发展是由消费者和市场推动的，主张把公司的一切都交给消费者支配。虽然许多公司的产品在技术上胜过 IBM，它们的软件用起来也很方便，但是只有 IBM 肯花时间来了解消费者的需要——IBM 反复细致地研究消费者的业务需求，所以消费者愿意选用 IBM 的产品。由此可见，一个企业不去主动地探求消费者需要哪些服务，或者仅仅做到符合标准而不去创新，就注定要被消费者抛弃。

⑧ 把企业硬件建设与企业文化结合起来。服务行业应用现代科技，对企业的基础设施进行大规模的投资，不仅能极大地扩大服务种类、提高服务效率，而且还能够带来显著的竞争优势。

⑨ 把无条件服务的宗旨与合理约束消费者期望的策略结合起来。企业不遗余力地满足消费者的需要、无条件地服务消费者，是达到一流服务水平的基本原则。但在策略上必须灵活，合理约束消费者的期望常常是必要的。消费者对服务品质的评价，容易受其先入为主的期望所影响，当他们的期望超过企业提供的服务水准时，他们就会感到不满。但当服务水准超过他们的期望时，他们会感到很满意。企业有必要严格控制广告和推销员对消费者的承诺，以免消费者产生过高的期望，而在实际服务时要尽可能超出消费者的期望。正确地处理无条件服务和合理约束两者之间的关系，是企业在服务创新中面临的挑战。

（2）服务创新的途径

实例分析 8-9

在某餐馆吃饭，刚上完茶水，服务员会很细心地拿出一摞塑料袋。客人们正在纳闷的时候，服务员很周到地将每个客人的手机用塑料袋装起来："这样就不会被茶壶漏出来的水淋到了。"一个小小的动作，一句温馨的解释，令客人们恍然大悟，他们在被餐馆老板的聪明和体贴所折服的同时，也就记住了这家餐馆。更妙的是，只是一个小小的塑料袋，批量采购的话，大约也就几分钱一个，却不仅留住了顾客的心，而且也从根本上杜绝了可能由于服务员不小心所带来的纠纷。这笔钱，花得值！

服务创新有 5 种途径：

① 全面创新。全面创新是指借助技术的重大突破和服务理念的变革，创造全新的整体服务。这种创新比例最低，却常常是服务观念革新的动力。

② 局部革新。局部革新是指利用服务技术的小发明、小创新或通过构思精巧的服务概念，使原有的服务得到改善或具备与竞争对手服务存在差异的特色。

③ 形象再造。形象再造是指企业通过改变服务环境、伸缩服务系列、命名新品牌来重新塑造新的服务形象。

④ 改型变异。改型变异是指通过市场再定位，创造出在质量、档次、价格等方面有别于原有服务的新的服务项目，但服务的核心技术和形式不发生根本变化。

⑤ 外部引入。外部引入是指通过购买服务设备、聘用专业人员或特许经营等方式将现成的标准化的服务引入到本企业中。

服务创新需要跨学科的交流和合作，是一种技术创新、业务模式创新、社会组织创新、用户创新的综合。最有意义的服务创新来自对服务对象的深入了解，这种深入比一般的产品创新要深得多。

情境任务 8.3　技术创新

引导案例

华为创立于 1987 年，是全球领先的 ICT（信息与通信）基础设施和智能终端提供商。目前华为约有 19.5 万员工，业务遍及 170 多个国家和地区，服务全球 30 多亿人。

数字化和碳中和是当今世界的两大重要课题，对于 ICT 的未来影响深远。全球数字经济高速发展，数字化需求超出预期；在供给侧，香农定理和冯·诺依曼架构已遇到很大瓶颈。2021 年，面向未来的可持续发展，华为进一步在研究与创新领域加大投资，努力探索科学技术的无尽前沿，识别产业需求并攻克世界级的难题；以愿景和假设为牵引，与全球学术界开放合作，持续探索新理论、新架构、新技术，支撑产业的长期可持续发展。

华为坚持每年将 10%以上的销售收入投入研究与开发。2021 年，研发费用支出为 1 427 亿元，约占全年收入的 22.4%。近 10 年累计投入的研发费用超过 8 450 亿元。2021 年，从事研究与开发的人员约 10.7 万名，约占公司总人数的 54.8%。

华为是全球最大的专利权人之一。截至 2021 年底，华为在全球共持有有效授权专利 4.5 万余族（超过 11 万件），90%以上的专利为发明专利。华为在中国国家知识产权局和欧洲专利局 2021 年度的专利授权量均排名第一，在美国专利商标局 2021 年度的专利授权量位居第五。

华为所持有的专利价值得到行业充分认可。在第三方专业机构发布的专利全景报告中，华为在 5G、Wi-Fi6、H.266 等多个主流标准领域居于行业领先地位。获得华为知识产权许可的厂商已经从传统通信行业扩展到智能汽车、智能家居、物联网等新兴行业。

思考：技术创新有何意义？

技术创新（technology innovation）是指企业应用创新的知识、技术和工艺，采用新的生产方式和经营管理模式，提供新的产品和服务，占据市场并实现市场价值的行为。

8.3.1　认识技术创新

1. 正确理解技术创新

① 技术创新是一种使科技与经济一体化、加速技术应用速度、提高技术应用效率与效益的发展模式。其核心是科研活动与经济建设的一体两面，本质是科学技术转化为现实生产力的"桥梁"与"中介"。

② 技术创新是一个从新产品或新工艺设想的产生到市场应用的完整过程。它包括从某种新设想的产生，经过研究开发或技术引进、中间试验、产品试制和商业化生产到市场销售的一系列活动。

③ 技术创新的成果通常是以实体形态的技术装置和工具表现的物质产品，也包括工艺、方法等软件技术及设计图样、技术文件等知识形态的产品。

④ 技术创新是一种以技术为基础和导向的创新活动，但并不强调任何一项创新都以研究和

开发为起点。这就是说,从科学发现的原理找到依据,构思出可行的技术模型,设计和制造出新的产品,是技术创新;不直接依靠科学发现和发明,而利用现有的大量技术储备,改进与组合已发明的技术,也是技术创新;将成熟的技术转移到新的领域或地区,同样是技术创新。

⑤ 企业家是技术创新主体的灵魂。技术创新是企业家抓住市场潜在的盈利机会,重新组合生产条件、要素和组织,从而建立效能更强、效率更高和生产费用更低的生产经营系统的活动过程。一般来说,它主要包括:新产品、新工艺的制造和改进;新生产方式、新组织体制的管理系统的建立和运行;新资源的开发和利用;新需求、新市场的开拓与占领。

⑥ 技术创新以产生商业化的产品和工艺为目的,并以商业价值的实现为其成功的标志。再复杂的高级技术,如果其成果不能为社会所接纳,不能在市场上实现其价值,那么技术创新就不能实现。而无论某个设想或技术多么简单,只要其成果能被人们承认和接纳,实现其商业价值,那么技术创新就是成功的。

2. 技术创新的内容

企业要在激烈的市场竞争中处于主动地位,就必须顺应甚至引导社会技术的进步,不断地进行技术创新。一定的技术都是通过一定的物质载体来实现的,企业技术创新的内容主要表现在要素创新、要素组合方法创新和产品创新3个方面。

(1) 要素创新

企业的生产过程是一定的劳动者利用一定的劳动手段作用于劳动对象,使之改变物理、化学形式或性质的过程。参与这一过程的要素包括材料、设备及人员。

① 材料创新。材料是构成产品的物质基础,材料费用在产品成本中占很大比重,材料的性能在很大程度上影响产品的质量。

② 设备创新。设备是现代企业进行生产的物质技术基础,不断进行设备创新有利于改善企业产品的质量,减少原材料、能源的消耗,节省活劳动的使用。

③ 人员创新。任何生产手段都需要依靠人来操作和利用,企业在增加新设备、使用新材料的同时,还必须不断提高人员的素质。

(2) 要素组合方法创新

利用一定的方法将不同的生产要素加以组合是形成产品的先决条件。要素组合方法的创新包括生产工艺创新和生产过程的时空组织创新两个方面。

① 生产工艺创新。生产工艺是劳动者利用劳动手段加工劳动对象的方法,包括工艺过程、工艺配方、工艺参数等内容。

② 生产过程的时空组织创新。生产过程的组织包括生产设备、工艺装备、在制品及劳动者在空间上的布局和时间上的组合。

(3) 产品创新

生产过程中各种要素组合的结果是形成企业向社会贡献的产品。产品是企业的象征,产品的创新是企业技术创新的核心内容,企业只有不断地组织并实现产品的创新,才能保持持久的竞争力,充满生命力。企业产品创新包括品种的创新、产品结构的创新及产品使用价值在实现过程中的创新。

① 品种的创新。品种的创新要求企业根据市场需要的变化,根据消费者偏好的转移,及时地调整企业的生产方向和生产结构,不断地开发出受消费者欢迎的、适销对路的产品。

② 产品结构的创新。产品结构的创新要求企业在不改变原有品种的基本性能的前提下,对现有生产的各种产品进行改进和改造,找出更加合理的产品结构。

③ 产品使用价值在实现过程中的创新。这也称市场创新，主要是通过企业的市场营销活动进行。

8.3.2 技术创新的决定因素

根据技术创新理论的代表人物莫尔顿·卡曼和南赛·施瓦茨的研究，决定技术创新的因素有以下 3 个。

1. 竞争程度

竞争引起技术创新的必要性。竞争是一种优胜劣汰的机制，技术创新可以给企业带来降低成本、提高产品质量和经济效益的好处，帮助企业在竞争中占据优势。因此，每个企业只有不断进行技术创新，才能在竞争中击败对手，保存和发展自己，获得更大的超额利润。

2. 企业规模

因为技术创新需要一定的人力、物力和财力并承担一定的风险，所以企业规模越大，这种能力越强。另外，企业规模的大小影响技术创新所开辟的市场前景的大小，一个企业规模越大，在技术上的创新所开辟的市场也就越大。

3. 垄断力量

垄断力量影响技术创新的持久性。垄断程度越高，垄断企业对市场的控制力就越强，其他企业就越难以进入该行业，也就无法模仿垄断企业的技术创新，从而垄断企业技术创新得到的超额利润就越能持久。

在这种市场结构中，技术创新又可分为两类：
① 垄断前景推动的技术创新是指企业由于预计能获得垄断利润而采取的技术创新。
② 竞争前景推动的技术创新是指企业由于担心自己目前的产品可能在竞争对手模仿或创新的条件下丧失利润而采取的技术创新。

情境任务 8.4　现代企业文化创新

引导案例

格兰仕集团（以下简称格兰仕）创立于 1978 年 9 月 28 日，是一家国际化综合性健康家电和智能家居解决方案提供商，是中国家电业具有广泛国际影响力的龙头企业。

格兰仕聚焦家电和开源芯片两大产业。2019 年，格兰仕发布首款自主芯片"BF-细滘"，成为实现反向定制专属芯片的家电企业。格兰仕产品和服务从中国供应到全球近 200 个国家和地区，在 150 个国家和地区注册有自主品牌，适应全球不同国家和地区的文化价值特征——除了 Galanz，还拥有 Yamatsu、almison、willz、EatChU、TotalFry360、speedwave、Toastwave 等多个自主品牌。

作为实体经济的代表、中国制造的一张名片，格兰仕以打造可持续的健康生活方式为使命。格兰仕旗下主营微波炉的广东格兰仕微波生活电器制造有限公司是国家级制造业单项冠军企业。从微波炉到全屋健康家电产业，格兰仕长期坚持自主创新、自我核心配套，走出了一条高度自主可控的全产业链发展道路，推进了全产业链数字化、智能化、绿色化。

格兰仕历经10年成功研制出首台航天微波炉，使中国率先成为让航天员在太空用上微波炉的国家。2021年5月、2022年7月，两台格兰仕航天微波炉分别随"天舟二号"货运飞船和"问天"实验舱入驻中国空间站。每台航天微波炉预计在"天宫"至少值勤10年，以营养美味的一日三餐呵护航天员的身体健康。带着全民共享航天科技的梦想，格兰仕创新打造"宇宙厨房"场景，通过集成、高效、节能、绿色、无边界的智能家居带动绿色智能消费。

"人是格兰仕第一资本"，这是格兰仕的核心价值观。保持"实干创新，永争第一"的文化基因，全球格兰仕人和全产业链伙伴携手并进，通过高质量创新产品和服务，通过工业化和信息化深度融合，从做好家电到做好家人，构建融入全球的品牌文化。

资料来源：格兰仕官方网站.

思考：格兰仕的成功给了我们什么启示？

企业文化创新是指为了使企业的发展与环境相匹配，根据自身的性质和特点形成体现企业共同价值观的企业文化，并不断创新和发展的活动过程。

8.4.1 认识现代企业文化创新

企业文化创新的实质在于在企业文化建设中突破与企业经营管理实际脱节的、僵化的文化理念和观点束缚，实现向贯穿于全部创新过程的新型经营管理方式的转变。

1. 企业文化创新的基本思路

企业文化创新要以对传统企业文化的批判为前提，对构成企业文化的诸要素，包括经营理念、企业宗旨、管理制度、经营流程、仪式、语言等进行全方位、系统性的弘扬、重建或重新表述，使之与企业的生产力发展步伐和外部环境变化相适应。

（1）企业领导者应当加强自身修养，担当企业文化创新的领头人

从某种意义上说，企业文化是企业家的文化，是企业家的人格化，是其事业心和责任感、人生追求、价值取向、创新精神等的综合反映。企业家必须通过自己的行动向全体成员灌输企业的价值观念。这正如我国著名企业家张瑞敏就他个人在海尔公司充当的角色所说的那样："第一是设计师，在企业发展中如何使组织结构适应企业发展；第二是牧师，不断地布道，使员工接受企业文化，把员工自身价值的体现与企业目标的实现结合起来。"

企业文化创新的前提是企业经营管理者观念的转变，所以进行企业文化创新，要求企业经营管理者必须转变观念，提高素质。

首先，要对企业文化的内涵有更全面、更深层次的理解。要彻底从过去那种认为搞企业文化就是组织唱唱歌、跳跳舞，举办书法、摄影比赛等的思维定式中走出来，真正将企业文化的概念定位于企业经营理念、企业价值观、企业精神和企业形象上。

其次，要积极进行思想观念的转变。要从原来的自我封闭、行政命令、平均主义和粗放经营中走出来，牢固树立适应市场要求的全新的发展观念、改革观念、市场化经营观念、竞争观念、效益观念等。

再次，要认真掌握现代化的管理知识、管理技能，同时要积极吸收国外优秀的管理经验用于企业发展，并且在文化上要有国际化视角，为企业走国际化道路做好准备。

最后，要有强烈的创新精神，思维活动和心理状态要保持一种非凡的活力，双眼紧盯国际、

国内的各种信息，紧盯着市场需求，大脑中要能及时地将外界的信息重新组合，构造出新的创新决策。

（2）企业文化创新与人力资源开发相结合

① 人力资源开发在企业文化创新的推广中起着不可替代的作用。全员培训是推动企业文化变革的根本手段。企业文化对于企业的推动作用得以实现，关键在于全体员工的理解认同与身体力行。为此，在企业文化变革的过程中，必须注重培训计划的设计和实施，督促全体员工接受培训、学习。通过专门培训，可以增进员工对企业文化的认识和理解，增强员工的参与积极性，使新的企业文化能够在员工接受的基础上顺利推进——可采取诱导性变迁的方式，即基于员工自愿支持的观念更新与行为模式的转变。除了正式或非正式的培训活动外，还可以利用会议及其他各种舆论工具，如企业内部刊物、标语、板报等大力宣传企业的价值观，使员工时刻都处于充满企业价值观的氛围之中。

② 相应的激励和约束机制是企业文化创新的不竭动力。强制性制度变迁过程往往会在下级组织招致变相的扭曲或其他阻力，况且价值观的形成是一种个性心理的累积过程，这不仅需要很长的时间，而且需要给予不断强化。因此，新的企业文化的建立和运行过程必须通过相应的激励及约束机制予以强化和保障，使之形成习惯稳定下来。另外，企业应该增强管理过程的透明度，对员工实行公正对待。

③ 现代企业之间的竞争既是人才的竞争，也是企业凝聚力的较量。顽强的企业团队精神，是企业获得巨大成功的基础条件。要把企业成千上万名员工凝聚起来，只靠金钱是不够的，必须具备共同的价值观、目标和信念。对共同价值的认同会使员工产生稳定的归属感，从而吸引和留住人才。事实证明，企业只有形成了优秀的企业文化，才能打造一支战无不胜的员工队伍。

（3）建立学习型组织

企业之间的人才竞争，实际上应该是学习能力的竞争。如果说企业文化是核心竞争力，那么其中的关键是企业的学习能力。建立学习型组织和业务流程再造，是当今最前沿的管理理念。为了在知识经济条件下增强企业的竞争力，在世界排名前100家的企业中，已经有40%的企业以"学习型组织"为样本，进行了脱胎换骨的改造。知识经济、知识资本成为企业成长的关键性资源，企业文化作为企业的核心竞争力的根基将受到前所未有的重视。成功的企业将是学习型组织，学习越来越成为企业生命力的源泉。企业要生存与发展，提高自身的核心竞争力，就必须强化知识管理，从根本上提高企业的综合素质。

企业文化的创新与发展是一个大课题，需要有一个逐步探索、逐步深入的过程，要下很大的功夫，才能实现质的突破，才能在现代企业制度的环境下，实现真正意义上的企业文化创新与发展。这既是时代的要求，也是企业追求的永恒主题。

2. 企业文化创新的新趋势

（1）确立双赢价值观的趋势

企业价值观是企业文化的核心，渗透于企业经营管理的各个环节，支配着从企业家到员工的思想和行为。因此，企业文化创新首要的是价值观创新。在传统市场经济条件下，企业奉行非赢即输、你死我活的单赢价值观。这种价值观既有使企业实现技术和产品更新的驱动力，也有为打垮对方而不择手段以致恶性竞争的弊端。以高科技为基础的知识经济的崛起，在使这种狭隘价值观受到致命冲击的同时，也催生出与新的经济发展要求相适应的双赢价值观。

实例分析 8-10

海尔集团不参与同行之间的价格战，坚持靠产品创新和服务来扩大国内外市场份额的成功经验，便是奉行双赢价值观的一个范例。

一个企业只有奉行双赢价值观，才能不断地从合作中获得新知识、新信息等创新资源，提高自身的竞争实力，从而在激烈的市场竞争中左右逢源，立于不败之地。

（2）选择自主管理模式的趋势

传统的企业管理模式，将人视作企业运营过程中按既定规则配置的机器零件，而忽视人的自主精神、创造潜质和责任感等主体能动作用；在管理过程中，较多地依赖权力、命令和规则等外在的硬约束，缺乏凝聚力。随着市场竞争的深化，人的主体价值在企业运营中的作用日益重要，旧的管理模式越来越难以适应新的竞争形势，体现人的主体性要求的自主管理模式逐渐成为企业的自觉选择。

新模式以先进的文化理念为核心，充分尊重人的价值，注重发挥每一个员工的自主精神、创造潜质和主人翁责任感，在企业内部形成一种强烈的价值认同感和巨大凝聚力，从而激发员工的积极性，并通过制度安排，实现员工在企业统一目标下的自主经营和自我管理，进而形成企业创新的动力和创新管理方式。

实例分析 8-11

邯郸钢铁集团公司建立在"人人是主人"的企业理念基础上的管理模式，就是自主管理模式创新趋势的具体体现。

（3）既重视高科技又"以人为本"的趋势

科技革命和人本身的进步总是相伴而行的，二者相辅相成，企业创新过程离开了哪个方面都难以达到目的，企业的竞争力也就难以得到真正提高。有学者指出："高科技可以在一个阶段成为企业制胜的法宝，但更深层次的竞争最终应该是理念方面，'科技以人为本'这句话就包括了这层意思。"这一见解反映了随着高科技的发展，现代人对生产和消费日趋强烈的人性化要求。在这一背景下，企业创新只有把高科技与"以人为本"密切结合起来，才能提供既有高科技含量又充满人性关怀的新产品、新服务，才能开拓新的市场空间。否则，企业即使兴盛一时，终究会因受到消费者的冷落而退出竞争舞台。很多成功企业的一个共同经验，就是在新产品的设计和开发中，紧紧抓住了给各层次的消费者送去真诚的关怀和温暖这个关键。

（4）提高企业家综合素质的趋势

现代企业中，员工的素质是企业文化创新的来源和动力，而由于企业家在企业活动中的领导地位，因此企业家的素质又是企业文化创新的关键。全球经济的发展、知识经济的到来，对企业家的素质提出了新的挑战：需要科技知识与人文知识的综合；需要古今中外多种科技文化知识的综合；要打开国际市场，还需要对各国生活习惯和民风习俗等有综合性的了解与把握。单靠某一门专业知识和管理知识都难以胜任综合创新的任务。实践证明，企业家只有具备了融通古今中外科技知识与人文知识、管理经验与民风习俗，善于应对各种市场变化的智慧，才能具备不断创新的实力，获得市场竞争的主动权。

实例分析 8-12

20世纪80年代初,我国某企业向某阿拉伯国家出口塑料底鞋,由于忽视了研究当地人的宗教信仰和文字,设计的鞋底花纹酷似当地文字中的"真主"一词,结果被当地政府出动大批军警查禁销毁,造成了很大的经济损失和政治损失。

8.4.2 企业文化创新过程中应注意的问题

1. 确立企业核心价值观,树立良好的企业形象

通过确立企业核心价值观,加强企业文化教育,激发员工的归属感、荣誉感、使命感,促使管理出效益、经营上台阶,从而树立产品过硬、质量一流的企业形象。企业形象是企业产品、服务和信誉的象征,是企业经营理念的浓缩,良好的企业形象会使消费者产生信任感,有效地巩固企业在市场中的竞争地位。

2. 突出企业文化个性

每一个企业应该根据自身的优势,把企业文化建设集中在最有特色的环节上,让自己的文化风格与其他竞争对手区别开来,以使企业文化气质在某一领域独树一帜,树立自己独特的企业形象,让企业具有独有的和短时间内难以超越的竞争优势。

3. 营造有利于员工发挥个性的文化环境

企业应营造一种有利于员工张扬个性、敢于创新的文化环境,能充分体现对人的信任、尊重个性、鼓励创新,以使员工始终保持强烈的求知欲和创造欲,自愿把才华奉献给企业,为企业可持续发展提供智力源泉。

4. 摒弃裙带关系

受传统思想影响,我国企业的裙带关系现象相当严重。如果单纯由于感情的因素,破坏了制度的执行,甚至危及"公平公正"的基本道德底线,就会给企业的正常运作带来负面影响。

5. 企业文化创新应与时俱进

随着企业的发展,许多经营者发现过去得心应手的管理方法作用不大了,从而对现状感到困惑和迷茫。这时,要善于反思自己的理论是否过时。须知当过时的理论失去了指导价值之后,那些表面上看起来是联系实际的做法,在本质上很可能已经背离了实践的要求。因此,文化创新也应与时俱进。只有与时俱进的理论,才能指导实践,才能拓展我们的发展思路,确保企业长盛不衰。

情境任务 8.5　管理创新

引导案例

管理创新的灵感有些来自不相关的组织和社会体系。20 世纪 90 年代初，总部位于丹麦哥本哈根的奥迪康助听器公司推行了一种激进的组织模型：没有正式的层级和汇报关系；资源分配是围绕项目小组展开的；组织是完全开放的。几年后，奥迪康取得了巨大的利润增长。这个组织模型的灵感却来源于公司 CEO Lars Kline 曾经参与过的美国童子军运动。Kline 说："童子军有一种很强的志愿性。当他们集合起来就能有效合作而不存在任何等级关系。这里也没有勾心斗角、尔虞我诈，大家目标一致。这段经历让我重视为员工设定一个明确的'意义'，这种意义远远超越了养家糊口。同时，建立起了一个鼓励志愿行为和自我激励的体系。"

创新管理的灵感有些来自背景非凡的管理创新者，他们通常拥有丰富的工作经验。一个有趣的例子是美国 ADI（Analog Devices, Inc.）的经理 Art Schneider，平衡计分卡的原型就是出自他的手笔。在斯隆管理学院攻读 MBA 课程时，Schneider 深受 Jay Forrester 系统动态观念的影响。加入 ADI 前，他在贝恩咨询公司做了 6 年的战略咨询顾问，负责贝恩咨询公司在日本的质量管理项目。Schneider 深刻地了解日本企业，并用系统的视角看待组织的各项职能。因此，当 ADI 的 CEO Ray Strata 请他为公司开发一种生产质量改进流程的时候，他很快就设计出了一整套的矩阵，涵盖了各种财务和非财务指标。

以上两个例子说明了一个简单的道理：管理创新的灵感也可以从一个企业的外部产生。很多企业盲目参照竞争对手的行为，导致整个产业的竞争高度趋同。只有通过从各种来源获得灵感，企业的管理创新者才能够开创出真正全新的东西。

思考：以上案例给我们什么启示？

管理创新是指企业把新的管理要素（如新的管理方法、新的管理手段、新的管理模式等）或要素组合，引入企业管理系统以更有效地实现组织目标的创新活动。

8.5.1　认识管理创新

管理与创新是企业持续发展的永恒主题。管理是企业持续发展的基础，而创新是企业持续发展的动力。企业的不断成长、规模的不断壮大，客观上都要求进行与之相适应的管理机制创新。管理创新作为管理的职能之一，贯穿于管理活动的整个过程。因此，管理创新要通过改进与创新行为，创造一种新的更有效的资源整合模式，使之与环境相协调，以便更好地实现组织目标，实现可持续发展。

1. 管理创新的内容

管理创新包括思路创新、组织创新、制度创新、技术创新、管理方式创新等诸方面的创新。它们之间相互联系，相互作用。

管理创新的内容包括 5 项：

① 提出一种新的运行思路，并加以有效实施。

② 创设一种新的组织机构，并使之有效运转。
③ 发明或引进一项新的技术，并使之付诸实践。
④ 创立或引进一项新的制度。
⑤ 设计一种新的管理方式。

2. 影响管理创新的主要因素

影响企业管理创新的主要因素有以下 3 个。

（1）组织结构

优秀的组织结构对创新有正面影响；拥有富足的资源能为创新提供重要保证；组织内密切的沟通有利于克服创新的潜在障碍。

（2）组织文化

充满创新精神的企业文化通常具有的特征：接受模棱两可；容忍不切实际；外部控制少；接受风险；容忍冲突；注重结果甚于手段；强调开放系统，等等。

（3）人力资源

有创造力的企业积极地对其员工开展培训和发展，以使其保持知识的更新。同时，企业还给员工提供高工作保障，以减少他们因担心犯错误而遭解雇的顾虑；企业也鼓励员工成为革新能手；一旦产生新思想，革新能手们会主动而热情地将思想予以深化、提供支持并克服阻力。

实例分析 8-13

Litton 互联产品公司是一家为计算机组装主板系统的工厂，位于苏格兰的 Glenrothes。1991 年，George Black 受命负责这家企业的战略转型。他说："我们曾是一家前途黯淡的公司，与竞争对手相比，我们的组装工作毫无特色。唯一的解决办法就是采取新的工作方式，为消费者提供新的服务。这是一种刻意的颠覆，也许有些冒险，但我们别无选择。"

Black 推行了新的业务单元架构方案。每个业务单元中的员工都致力于满足某一个消费者的所有需要。他们学习制造、销售、服务等一系列技能。这次创新使得消费者反响获得极大改善，员工流动率也大大降低。

3. 管理创新的过程

（1）对现状的不满

在几乎所有的案例中，管理创新的动机都源于对企业现状的不满，或者是企业遇到危机，或者是商业环境变化及新的竞争对手出现而形成战略威胁，或者是某些人对操作性问题产生抱怨。

（2）从其他来源寻找灵感

管理创新者的灵感既可能来自其他社会体系的成功经验，也可能来自那些未经证实却非常有吸引力的新观念。

（3）创新

这是指管理创新人员将各种不满的要素、灵感及解决方案组合在一起。组合方式并非一蹴而就，而是重复、渐进的，但多数管理创新者都能找到一个清晰的推动事件。

（4）争取内部和外部的认可

与其他创新一样，管理创新也有风险巨大、回报不确定的问题。很多人无法理解创新的潜在收益，或者担心创新失败会对公司产生负面影响，因而会竭力抵制创新。而且，在实施管理创新之前，我们很难准确判断创新的收益是否高于成本。因此，对于管理创新人员来说，一个关键阶段就是争取他人对新创意的认可。

在管理创新的最初阶段，获得企业内部的接受比获得外部人士的支持更为关键。这个阶段需要有明确的拥护者。如果有一个威望高的高层管理人员参与创新的发起，就会大有裨益。另外，只有尽快取得成果才能证明创新的有效性。然而，许多管理创新往往在数年后才有结果。因此，创建一个支持者同盟并将创新推广到企业中非常重要。管理创新的另一个特征是需要获得外部认可，以说明这项创新获得了独立观察者的印证。在尚且无法通过数据证明管理创新的有效性时，高层管理人员通常会寻求外部认可来促使内部变革。外部认可包括 4 种来源：

① 商学院的学者。他们密切关注各类管理创新，并整理、总结企业遇到的实践问题，以应用于研究或教学。

② 咨询公司。它们通常对这些创新进行总结和存档。

③ 媒体机构。它们热衷于向更多的人宣传创新的成功故事。

④ 行业协会。行业协会能够与政府、新闻媒体合作，有利于宣传企业管理创新的活动情况。

外部认可具有双重性：一方面，它增加了其他公司复制创新成果的可能性；另一方面，它也增加了企业坚持创新的可能性。

8.5.2 管理创新的基本条件及发展趋势

1. 管理创新的基本条件

（1）创新主体（企业家、管理人员和企业员工）应具有良好的心智模式

这是实现管理创新的关键。心智模式是指由于过去的经历、习惯、知识素养、价值观等形成的基本固定的思维认识方式和行为习惯。创新主体具有的心智模式：一是远见卓识；二是具有较好的文化素质和价值观。

（2）创新主体应具有较强的能力结构

管理创新主体必须具备一定的能力才可能完成管理创新。

（3）企业应具备较好的基础管理条件

现代企业中的基础管理主要是指一般的、最基本的管理工作，如基础数据、技术档案、统计记录、信息搜集归档、工作规则、岗位职责标准等。管理创新往往是在管理较好的基础上才有可能产生，因为基础管理好可提供许多必要的、准确的信息，资料，规则，有助于管理创新的顺利进行。

（4）企业应营造一个良好的管理创新氛围

创新主体能否有创新意识，能否有效发挥其创新能力，与拥有一个良好的创新氛围有关。在良好的工作氛围下，人们思想活跃，新点子产生得多且快；而不好的氛围则可能导致人们思想僵化、思路堵塞、头脑空白。

（5）管理创新应结合本企业的特点

现代企业之所以要进行管理上的创新，是为了更有效地整合本企业的资源，完成本企业的目标和任务。因此，这样的创新就不可能脱离本企业和本国的特点。在当前的国际市场中，短期内中国大部分企业的实力比西方企业弱，如果"以刚对刚"，就会失败；如果以太极拳的理念以柔克刚，则可能是中国企业走向世界的最佳方略。

（6）管理创新应有创新目标

管理创新目标比一般目标更难确定，因为创新活动及创新目标具有更大的不确定性。尽管确定创新目标是一件困难的事情，但是如果没有一个恰当的目标，就会浪费企业的资源。这本身又与管理的宗旨不符。

2. 现代企业管理创新的十大发展趋势

① 由追求利润最大化向追求企业可持续成长转变。把利润最大化作为管理的唯一主题，是企业"夭折"的重要根源之一。在产品、技术、知识等创新速度日益加快的今天，成长的可持续性已经成为现代企业所面临的比管理效率更为重要的课题。

② 企业竞争由传统的要素竞争转向企业运营能力的竞争。提升企业的运营能力，就要使企业成为一个全新的经营实体：在生产方面，能依照消费者订单，任意批量地制造产品和提高服务；在市场营销方面，能以消费者价值为中心，丰富消费者价值，生产个性化产品和服务组合；在组织方面，能整合企业内部和外部与生产经营过程相关的资源，创造和发挥资源杠杆的竞争优势；在管理方面，能将管理思想转换到领导、激励、支持和信任上来。

③ 企业之间的合作由一般合作模式转向供应链协作、网络组织、虚拟企业、国际战略联盟等形式。现代企业不能只提供各种产品和服务，还必须懂得如何把自身的核心能力与技术专长恰当地与其他各种有利的竞争资源结合起来，以弥补自身的不足和局限。

④ 员工的知识和技能成为企业保持竞争优势的重要资源。知识被认为是与人力、资金等并列的资源，并将逐渐成为企业最重要的资源。企业需要更多地通过组织学习、知识管理和加强协作能力来应对知识经济的挑战，以便将现有组织、知识、人员、流程与知识管理及协作紧密结合起来。

⑤ 从传统的单一绩效考核转向全面的绩效管理。传统的绩效考核是通过对员工工作结果的评估来确定奖惩的，但是过程缺乏控制，没有绩效改善的组织手段作为保证，在推行绩效考核时易遇到员工的反对等。因此，将绩效管理与企业战略联系起来，变静态考核为动态管理，是近年来绩效管理的显著特点。

⑥ 信息技术改变企业的运作方式。信息技术的发展和应用，使业务活动和业务信息得以分离，原本无法调和的集中与分散的矛盾也得以解决。企业通过整合，能够实现内部资源的集中、统一和有效配置。借助信息技术手段，企业能够跨越内部资源界限，实现对整个供应链资源的有效组织和管理。

⑦ 消费者导向观念被超越。近十几年来，以微软、英特尔公司为首的部分高科技企业放弃了消费者导向，采用以产品为中心的经营战略，并取得了巨大成功，由此产生了超越消费者导向的竞争新思维。这主要是因为随着知识经济时代的到来，企业面对的已不仅仅是现有的市场份额，更重要的是未来的市场和挑战。

⑧ 由片面追求企业自身利益转变为注重履行社会责任，实现经济、环境、社会协调发展。良好的企业社会责任策略和实践可以获取商业利益，社会责任表现良好的企业不仅可以获得社会利益，还可以改善风险管理，提高企业的声誉。在目前的商业环境下，已经不是"是否应该"实施社会责任政策的问题，而是"如何有效实施"的问题，大多数的企业发展计划都要进行道德评估和环境影响分析。

⑨ 企业管理创新成主流趋势。我国企业在深化改革和管理创新方面，不断倡导创新精神、激发创新意识、引导创新方向、鼓励创新行为、提升创新能力，这些已成为主流方向。

⑩ 企业管理创新进入新阶段。现在深化改革到了制度创新阶段，企业管理现代化也必然要

进入到管理创新的新阶段,也就是说到了建立管理科学的阶段。管理创新与制度创新并举,管理创新与技术创新协调,形成了生产关系逐渐适应生产力发展的趋势。

8.5.3 中国企业的管理创新

1. 中国企业面临的挑战

中国企业目前正处于一个巨大的创新时期。在这一时期,中国企业既要使自己能够与国家的经济体系的转变合拍,又要使本来管理水平就不高的企业状况能够得以改变并有所创新,以跟上世界现代企业管理发展的步伐。这种双重任务使中国的企业在其发展过程中面临着管理创新的挑战。

管理知识的积累是信息技术等先进技术能够得以发挥作用的重要条件。西方国家能够快速进入知识经济时代,就是因为其所具有的长期的管理积累。而我国企业进入市场经济的时间还很短,与工业发达国家相比还不够成熟,这就决定了我国企业管理水平上的多层次性和复杂性。目前,中国企业面临的问题是向国际化迈进的一种必然:

① 经济制度和体系创新的挑战。
② 知识经济和经济全球化的挑战。
③ 现代生产运作管理方式的挑战。
④ 技术创新能力薄弱的挑战。

实例分析 8-14

张瑞敏曾经感叹说,自己在给别人做下属的时候,最想要的就是一个"公平"。入主海尔后,循此思路,张瑞敏将对公平的感触与思考转化为一系列人力资源管理制度,如"赛马不相马"的人才理念、"三工并存动态转换"的管理制度与 80/20 法则等,从而支持了海尔的超速发展。这种高度重视相对公平的心理,是中国文化突出的特征。通过管理制度落实、保障企业内部公平,在海尔管理模式中具有重要的激励意义。

而在海尔的国际化过程中,因为文化差异,原有成功的管理模式遇到了新的问题,张瑞敏将其总结为:如何认识企业国际化过程中不同文化对企业管理的不同要求,成为制约中国企业国际化速度与成效的重要问题。

2. 中国企业管理创新的阻力及其克服

(1) 中国企业管理创新的阻力
① 观念转变的阻力。
② 目标过高的阻力。
③ 目光短浅的阻力。
④ 内部的阻力。
⑤ 过度分析论证的阻力。

(2) 管理创新阻力的克服
① 观念创新。观念创新必须与外部环境变化同步。这是一个自我否定的过程,要超越固有的思维模式,打破旧的利益分配格局。企业的经营者应该主动进行观念创新,以便适应现在变

化迅速的企业外部环境。

② 领导风格的创新。任何一种工作的实施，都需要有一支强有力的创新领导队伍。没有好的领导，创新工作就很难取得成功。创新的决策和运行需要控制，要求各级管理人员不但要善于领导，还应该具有创造、沟通的能力。这就意味着企业管理者对自身的领导能力要有非常清醒的认识，应该重新审视自己的领导风格，打破传统的等级观念，改变依靠命令推行创新的思想，通过建立适合企业长远发展的创新目标和措施，以及与企业内外部环境的沟通与协调推行创新。

③ 实事求是地分析企业实际情况。企业在进行创新时，目标过高或目光短浅都可能导致创新的失败。这就要求企业能够客观地评价历史和现状。只有对历史和现状有一个正确的评价，才可能让员工切实体会到创新的重要性，从而制定出合理的目标和采取正确的措施。

④ 创新计划的交流。在创新之前，企业有关管理部门应提前对员工进行教育，使员工做好创新的准备——需要向员工传达创新的动因、性质、内容、目的、逻辑及可能的结果等。有时就算管理部门的改革建议能使每个人受益，人们也可能因为没有领会它的目的而反对。这时，管理层和员工之间的良好沟通可以预防或消除抵制。管理人员应该在沟通的基础上引导员工参与到创新计划的制订和实施中来。除了组织内部的成员外，企业还必须顾及其他利益相关的外部人员，如政府机关、供应商、新闻界等，因为有时外部力量对创新也起着很重要的作用。为了创新的成功实施，企业对这些外部环境也不应忽视。

应用案例

不断翻新，领先潮流
——美国吉列公司的技术创新

吉列公司是以生产刀片为主导产品的公司。它的产品能打入国际市场并持续较长时间，与技术创新的关系十分密切。吉列公司的创始人叫吉列。1891年，当他遇到锯齿瓶塞的发明人彭特尔时，彭特尔向他建议：集中精力去开发顾客必须反复购买的产品，是一条成功的捷径。

这一观点虽然激起了吉列的兴趣和好奇心，但却一直缺少具体设想，直到1895年一个夏日之晨，他要刮胡子时却发现其刮胡刀已钝得难以使用，只有等磨刀师磨利后才能再用，为此他很生气。突然，他想到得有一个很薄的非常锋利的刀片……他觉得非常兴奋，因为这种产品可以实现顾客的反复购买，而这正是他几年来梦寐以求的新产品。

1901年，他的好友将吉列刮胡刀的设想告诉了麻省理工学院毕业的机械工程师尼克逊，尼克逊同意研究吉列的设想。数周后，尼克逊成为吉列的合伙人。为了筹措必需的5 000美元生产设备费用，公司的名称改为美国安全刮胡刀公司。

公司在芝加哥物色了一家代销机构，并规定其安全刮胡刀套件的售价为每套5美元；刀片每20片为一包，每包1美元。当年10月，在首次广告上写明了提供30天退款保证，并在《系统》杂志上刊登。至1903年底，共售出51万套安全刀体和168万片刀片。

公司在1906年首次发行股票。在以后的10年中，继续以每年30~40万套的销量出售安全刮胡刀，刀片的销售从45万包增加到7亿包。至1911年，公司的南波士顿厂雇用了1 500名员工。3年后，尼克逊发明了全自动刀磨机，使其生产能力迅速增加。这些新设备比起尼克逊以前发明的机器，既大大降低了生产成本，又提高了刀片的质量。

原来的安全刮胡刀的专利权于1921年10月期满，吉列公司早就为此做好了准备。在当年5月，使其竞争对手吃惊的是，吉列同时推出了两种新产品：一种按原价出售的新型改进吉列安全刮胡刀和另一种售价 1 美元的银朗安全刮胡刀。1923 年，公司再推出镀金刮胡刀，售价仍为 1 美元。当妇女盛行短发的时候，吉列又推出名为得伯特的女用安全刀，售价仅为 79 美分。

1934 年，公司又推出了第一种单面安全刮胡刀和 Probak Junior 刀片，售价为 4 片 10 美分；1936 年，公司推出安全刀片系列以外的产品，即吉列无刷刮胡膏，售价为 98 美分；1938 年秋，公司推出吉列薄刀片，吉列电动刮胡刀也于当年圣诞节问世。电动刮胡刀是在数年前发明的，但直至 20 世纪 30 年代后期才被接受。对公司来说，这一年最重要的事件是史攀出任公司的总经理。在他的领导下，开始了许多新的管理政策。公司仍然保持低价销售策略，但十分强调产品质量，以保持产品的信誉。公司采用了本企业研究的新工艺，以便在制造过程中严格确保刀片的质量。

二战后，吉列公司开始实行对外兼并和内部创新，以便成为世界性的多样化经营企业。经过认真分析之后，公司于 1948 年决定扩大市场，同年购进托尼家用烫发器制造公司，1955 年兼并在加利福尼亚生产圆珠笔和刮胡膏的梅特公司。

1960 年，公司推出超级兰吉利刀片，即全世界第一种涂层刀片。1964 年，公司重新调整了产品组合，形成两大类产品并由两个事业部分管：吉列产品组合，负责刮胡刀产品和男性用品；多样化产品组合，负责其他所有产品。在吉列产品组合负责人吉格勒升任公司总经理后的 10 年里，是公司销售和产品发展最迅速的年代。在他领导下的前几年，公司连续推出盒式刮胡刀组、多笔尖圆珠笔、Hok-One 刮胡膏、可调盒式刮胡刀、超级不锈钢刀片、增塑刀片、微孔笔和几种止汗剂，这些产品的市场投放都取得了成功。1964 年公司的经营状况很好，其年销售额约为 5.2 亿美元。这时，吉列的名字已誉满全球。

1971 年，公司重新调整了产品组合和管理机构。这样，公司在 20 世纪 70 年代初期开发和营销了许多新产品，1974 年以前公司一半以上的销售额来自近 5 年内的新产品。安全刮胡刀在推出 TracⅡ型刮胡刀系列之后，迅速成为市场上的最畅销品，继而又推出女用 Daisy 削发刀及男用 Good News 刮胡刀。保健用品部也营销了多种新产品，如柠檬洗发精、无碱洗发精。1972 年，进入个人用具市场，如开发和营销 Max 手提式烘发机。

问题讨论
① 吉列公司技术创新的源泉是什么？
② 你从吉列公司的技术创新中受到何种启发？

边学边做

模拟分析企业管理创新的内容和程序

1. 模拟目的
① 增强学生对企业管理创新的感性认识。
② 培养和提高对管理创新内容的分析能力和按管理创新程序办事的能力。
2. 内容与形式
① 正确理解管理创新的动因。
② 分析产品创新、技术创新、服务创新、文化创新和管理创新的内容及关系。
③ 对照企业现状运用管理创新程序。
④ 以模拟公司为单位，到改革成功或失败的企业进行调查，或者系统地搜集企业的改革资料。

⑤ 写出简要的模拟分析报告，并以班级小组为单位进行交流。
3. 模拟要求
① 以模拟公司为单位拟定调查提纲，调查的内容包括企业创新的特点和核心要求、企业创新的动因、产品创新、技术创新、企业文化创新和管理创新等情况。
② 要求学生自行联系企业进行调查。
③ 个人的调查分析报告必须按照调查提纲的脉络和要求撰写，并且要结合企业的实际情况。
4. 模拟效果
① 每人提交一份简要的调查分析报告。
② 教师根据学生的调查报告和在班上交流的情况评定成绩。

情境综述

在学习情境 8 中，我们学习了：
① 创新的特征、内容、方法及策略。
② 新产品开发创新、服务创新。
③ 企业技术创新。
④ 现代企业文化创新。
⑤ 管理创新。

参 考 文 献

[1] 高海晨. 企业管理[M]. 2版. 北京：高等教育出版社，2009.
[2] 苗长川，杨爱花. 现代企业经营管理[M]. 2版. 北京：清华大学出版社，2014.
[3] 单凤儒. 管理学基础[M]. 5版. 北京：高等教育出版社，2014.
[4] 季辉. 现代企业经营与管理[M]. 3版. 大连：东北财经大学出版社，2013.
[5] 袁蔚，方青云. 现代企业经营管理概论[M]. 上海：复旦大学出版社，2007.
[6] 韩伟，陈冬梅. 现代企业经营管理[M]. 北京：化学工业出版社，2009.
[7] 赵旭东. 新公司法讲义[M]. 北京：人民法院出版社，2005.
[8] 吴亚红. 市场营销学[M]. 2版. 武汉：武汉理工大学出版社，2013.
[9] 周三多. 管理学[M]. 4版. 北京：高等教育出版社，2014.
[10] 司有和. 现代管理概论[M]. 北京：科学出版社，2006.
[11] 孙陶生. 管理学原理[M]. 郑州：河南人民出版社，2005.
[12] 严学丰，夏健明. 新编管理学[M]. 2版. 上海：立信会计出版社，2004.
[13] 李杜. 小企业经营管理必备手册[M]. 北京：企业管理出版社，2009.
[14] 孟英玉，张桂荣. 管理理论与实务[M]. 北京：北京大学出版社，2008.
[15] 廖泉文. 人力资源管理[M]. 北京：高等教育出版社，2003.
[16] 冯拾松. 人力资源管理与开发[M]. 北京：高等教育出版社，2007.
[17] 董克用，朱勇国. 人力资源管理专业知识与实务（初级）[M]. 4版. 北京：中国人事出版社，中国劳动社会保障出版社，2012.
[18] 赵有生. 现代企业管理[M]. 4版. 北京：清华大学出版社，2012.
[19] 罗钢. 人力资源管理实务教程[M]. 北京：机械工业出版社，2012.
[20] 刘仲康，司岩. 企业经营战略概论[M]. 武汉：武汉大学出版社，2005.
[21] 郑健壮，丁世民. 现代企业管理[M]. 武汉：武汉理工大学出版社，2000.
[22] 杭中茂，霍澜平. 现代企业经营管理[M]. 大连：东北财经大学出版社，2002.
[23] 尤建新，雷星晖. 企业管理概论[M]. 4版. 北京：高等教育出版社，2010.
[24] 黄良杰. 财务管理[M]. 2版. 北京：清华大学出版社，2013.
[25] 罗绍德. 非会计人员财务管理[M]. 2版. 北京：清华大学出版社，2009.
[26] 李淑珍. 不懂财务就做不好管理[M]. 北京：中国纺织出版社，2008.
[27] 荆新，王化成，刘俊彦. 财务管理学[M]. 6版. 北京：中国人民大学出版社，2012.
[28] 多纳斯，等. 物流与库存管理手册[M]. 王宗喜，等译. 北京：电子工业出版社，2003.
[29] 齐二石. 生产与运作管理教程[M]. 北京：清华大学出版社，2006.
[30] 黄海滨. 电子商务物流管理[M]. 北京：对外经济贸易大学出版社，2007.
[31] 黄卫伟. 生产与运营管理[M]. 2版. 北京：中国人民大学出版社，2015.
[32] 田英. 生产与运作管理[M]. 西安：西北工业大学出版社，2005.
[33] 怀特. 企业创新的7堂课[M]. 宋长来，译. 北京：中信出版社，2002.
[34] 梁红凤. 企业文化与核心竞争力[J]. 企业研究，2008（1）.

尊敬的老师：

您好。

请您认真、完整地填写以下表格的内容(务必填写每一项)，索取相关图书的教学资源。

教学资源索取表

书　名			作者名	
姓　名		所在学校		
职　称		职　　务		讲授课程
联系方式	电　话		E-mail	
	QQ 号		微信号	
地址（含邮编）				
贵校已购本教材的数量（本）				
所需教学资源				
系/院主任姓名				

系/院主任：_____（签字）

（系/院办公室公章）

20____年____月____日

注意：

① 本配套教学资源仅向购买了相关教材的学校老师免费提供。

② 请任课老师认真填写以上信息，并请系/院加盖公章，然后传真到 (010) 80115555 转 718438 索取配套教学资源。也可将加盖公章的文件扫描后，发送到 fservice@126.com 索取教学资源。欢迎各位老师扫码添加我们的微信，随时与我们进行沟通和互动。

③ 个人购买的读者，请提供含有书名的购书凭证，如发票、网络交易信息，以及购书地点和本人工作单位来索取。

微信